投资银行实务指引丛书

私募股权投资基金实务操作指引（修订）

SIMU GUQUAN TOUZI JIJIN SHIWU CAOZUO ZHIYIN

谷志威◎编著

法律出版社 | LAW PRESS

作者简介

谷志威　资深律师，吉林大学法学学士，东北大学法学硕士，澳洲麦考瑞大学金融学硕士。主要从事私募基金设立与投资、公司并购重组以及证券法律业务，在美元及人民币私募基金设立、私募股权投资、资产重组、公司兼并收购以及境内外股票发行上市方面拥有丰富经验。

曾为众多美元及人民币投资基金设立提供服务，包括协助中国第一支风险勘探基金即中金增储基金的设立及第一支海洋工程产业基金即开元海工基金的设立；亦曾为数十个美元及人民币PE/VC投融资项目提供法律服务，例如伦敦亚洲基金投资北京万维科技、韩国产业基金投资福建万利瓷业、中国风险投资公司投资河北宇能电气、中关村生命科学园投资北京同昕生物等。

办理过众多境内外股票发行上市项目，典型的案例包括嘉应制药A股IPO（002198）、高科能源纳斯达克上市（APRW）、浏阳花炮加拿大上市（FWX）、米高集团加拿大上市（MGO）等；亦曾为多家上市公司或其母公司提供法律顾问服务，典型的顾问客户包括招商地产（000024）、潍柴动力（000338）、中国银河投资公司、杉杉投资公司、万福集团等。

曾为众多资产及债务重组项目提供服务，例如中国银河证券重组、北京金鹏天润置业公司重组、北京美华地产重组、沈阳五洲商业广场债务置换与资产重组、武汉铜锣湾商业广场破产重组、河南国安化工重组等；亦曾为中国铁建、中国黄金、中远船务等大型企业的并购事宜提供法律服务。

联系方式：guzhiwei@188.com

目 录

第一章
私募股权投资基金概述

第一节　私募股权投资基金概述

一、基本概念

私募股权投资基金就是指通过私募方式获取资金,然后对具有增值潜力的资产进行投资以获取收益的基金。在这里,私募主要是相对于公募而言,是指基于法律上的要求,基金募资时仅向一定范围内的机构或特定个人投资者募集资金。考虑到法律上限制,与公募基金不同,私募基金并不采用宣传材料、媒体广告、研习会等宣传方式进行推销。也就是说,广大的公众投资者是公募的对象,而私募的对象则由少数特定的投资者组成,他们通常具备丰富的行业和投资经验以及充足的资金。通过私募的方式一方面能够弥补基金单一投资者自身能力有限、资金不足等问题,另一方面也能够通过引入多方参与者从而实现风险分担。就其本质来讲,私募基金属于私下集资的证券发行方式,与公开发行的公募基金所不同的是,它并不需要通过证券监管部门的审批。不过,当今金融市场瞬息万变,各种创新层出不穷,上述私募股权投资基金的概念并非绝对。在国外,一些私募股权投资基金为了实现自身的进一步发展,提高企业的透明度,加强资金流动性,也会选择上市,通过股票市场公开募集资金。

从投资对象上来看,私募股权投资基金主要是以获取资产类权益的方式为主进入,而不是向投资对象进行单纯的债权性融资。就其典型模式来说,它通过选择那些未上市但具备较好发展潜力的企业作为目标进行投资,待该企业实现自身价值提升之后,采用上市转让股票、管理层回购、并购转让等方式退出该目标企业,并最终获得投资收益。但是,对于当今的私募股权投资业而言,正如"私募"不是绝对的一样,"股权"也并非其唯一的投资对象。例如,私募股权投资基金也可以以债权或者介乎股权与债权之间的可转债对企业进行投资。

因此,可以认为私募股权投资基金是以私募为主要资本募集方式,以具有所有权性质的权益资产为主要标志性投资对象，通过阶段性持有目标企业的股权或其他权益，以期在最终退出时转让权益获得溢价实现投资收益的基金。

二、盈利方式

私募股权投资基金以获得投资收益为其最终目标。私募股权投资基金所有的投资盈利模式从理论上来说都是通过“资本利得”和“资本评价”这两种渠道来实现的。其中资本利得是指资本本身所获得的收益减去成本支出之后实现的利润；所谓资本评价，就是指包括股票市场在内的资本市场对资产价值的评价。假使资本市场对资产的评价价值比资产的实有价值要高，那么高出的部分即是所谓的资本评价增值。对于我国目前盛行的私募股权投资基金模式来说，多数还是利用资本的市场增值来实现盈利。

任何产业性的投资都是涉及“项目、产品、企业”三者之间两两的不同组合构成了投资的盈利模式的载体，其中主要有五种组合方式包括：“买项目，卖项目”、“买项目，卖产品”、“买企业，卖产品”、“买项目，卖企业”和“买企业，卖企业”。具体来讲，“买项目，卖项目”主要指投资者先投资于处在种子期或成长期的项目，再对其进行调整和完善，待项目逐渐成熟并实现价值的大幅提升之后，将其转卖给其他的投资人，或与其他投资人以项目入股。从盈利方式的角度来看，将项目卖给其他投资人获得的是资本评价，项目入股则主要集中于资本利得。“买项目，卖产品”是指，投资者先投资于某项目，随后设立企业从事生产经营，并最终从经营该企业的过程中获得收益，很显然这主要采用的是资本利得盈利模式。与此不同的是，在“买企业，卖产品”模式下不需要设立新的企业，投资者直接投资于某企业并经营该企业，然后从企业提供的产品或服务中获利，此种盈利模式同样也属于资本利得。“买项目，卖企业”是指投资者首先买来项目，设立企业，并运营管理该企业，但其收益并非来源于企业的经营收入，而是等到该企业的价值大幅提升之后，就在产权市场将企业出售。与上述盈利模式不同，这里主要采用的是资本评价的利益实现模式。在“买企业，卖企业”这种模式之下，投资者首先投资某企业，随后对该企业进行进一步地运营和管理，等到该企业实现价值大幅提升之后，再在产权市场上将该企业出售，最终获得资本评价收益。

对于私募股权投资基金而言，如果其投资的对象是公司股权，基本思路是：低买高卖，为卖而买。因此，私募股权投资方经常采用“买企业，卖企业”模式，即通过收购目标企业股份或认购其增发股份的方法对其投资，并参与其经营管理，待企业发展到一定程度再将所持有的股份售出的方式实现收益。此外，创业投资基金也会采用“买项目，卖企业”的方式取得投资收益。

私募股权投资的盈利主要可以分为以下阶段。首先是价值发现阶段，在该阶段私募股权投资方需要通过多种渠道，寻求具有较好投资价值的项目或企业，并与相关负责人达成投资合作意向。我国盛行的私募股权投资基金模式所投资的目标，往往是处于相关行业的领先地位的拟上市企业。接下来是价值持有阶段,私募股权投资基金的管理人将对其初步选定的目标项目或企业进行业务、财务和法律方面的全方位调查,并在此基础上完成投资,成为相关公司的股东,持有公司价值。在价值提升阶段,基金将充分利用自身在战略、管理、财务等方面的优势,优化企业的经营管理,最大限度地提高企业的内在价值,即其资本利得能力。第四阶段为价值放大阶段。基金投资的项目经过培育,资本利得能力获得实质性提高,并通过资本市场公开发行股票或者溢价出售股权,实现价值的放大。在价值兑现阶段,私募股权投资基金的管理人将选择合适的时机以合理价格转让所持有的目标公司的股权,实现盈利。

就基金管理人的盈利模式来说,其主要由基金管理费和基金运营的收益奖励这两大部分组成。所谓管理费是指,基金管理人每年按照基金资产净值提取的一定比例的管理费。此种费用主要用来作为基金管理人的日常运营和人员支出费用,其收取比例通常为基金数额的1% ~2.5%。收益奖励主要是指,在基金的净资产收益率和现金分红回报率超过了约定标准的情形下,需要从基金现金分红总额中提取一定比例的奖励给基金管理人。通常来讲,私募投资基金中管理人的收益奖励主要按照约定数额的20%和80%的比例进行分配。

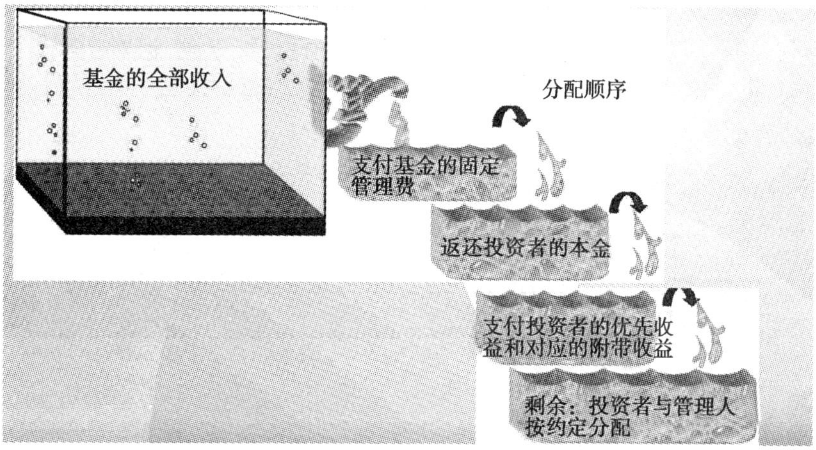

三、组织形式

设立私募股权投资基金首先要面对的重要问题就是采取何种组织形式。基金的组织形式是规范和约束其各项业务以及相关参与者权利义务关系的法律框架。不同的基金组织形式会对基金的募集、投资、管理、退出等各个关键环节带来不同的影响。一般来说,基金创设人决定采取哪种组织形式主要会考虑以下因素,例如,有关法律制度、基金的管理成本、税负差异、约束和激励机制以及基金的稳定性等。目前,我国私募股权投资基金的组织形式主要包括公司型、契约型和有限合伙型。

(一)公司型私募股权投资基金

1946 年在马萨诸塞州成立的美国研究与发展公司(American Research & Development Corp.)是世界上第一个正规的创业投资企业。它采取的就是股份有限公司的形式。1958 年,美国为了解决高新技术企业资金不足的问题,通过了《小企业投资法》,创立了小企业投资公司这一新的组织形式。这在早期大大促进了美国风险投资业的发展。目前德国、澳大利亚等国的私募股权投资基金主要都是采取公司型组织形式。

公司型私募股权投资基金是具备独立法律人格的企业法人。它们能够以其自己的名义拥有财产,对外承担义务和责任,向银行申请贷款或者为被投资企业提供担保。公司型私募股权投资具有破产风险隔离的机能,一旦基金出现投资失败的情形,甚至最终破产,作为股东的基金份额持有人只需要以其出资额为限承担相应的投资损失。对于公司型私募股权投资基金而言,投资公司即是该基金份额的持有人,亦是公司的股东,从而依法享有相应的股东权利,同时对公司债务承担不超过其出资额的有限责任。入资基金的基金份额持有人对于他们的投资拥有较为全面的公司股东权利。他们可以通过董事会委任权的方式对基金管理人进行适当地监督。尽管作为股东的基金份额持有人不能对基金的具体投资与运营管理进行直接干预,但对于部分基金份额持有人来说,仍能够通过基金管理人的投资委员会参与投资决策,并对具体的投资活动产生实质性的影响。

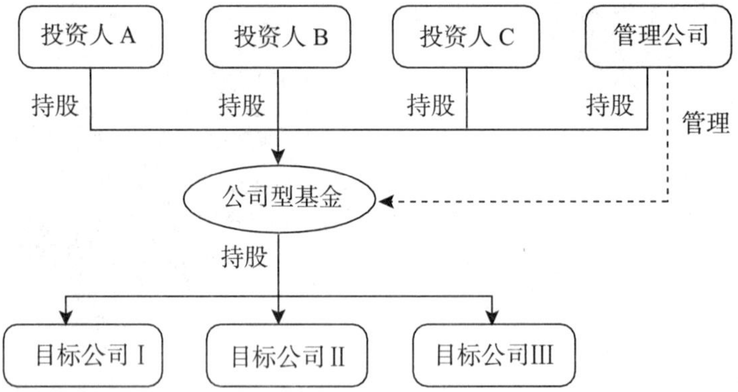

就一般基金管理人的存在形式而言,主要包括以下两种:第一,以公司董事的身份,作为公司高级管理人员直接参与公司投资管理;第二,以外部管理公司的身份,接受公司型私募股权投资基金的管理委托,对其进行投资管理。基金管理人只是基金的代理人,并不会承担公司型私募股权投资基金的债务责任。

公司型私募股权投资基金与有限合伙型私募股权投资基金相比具有更多的资合特性,股权转让一般不会给基金带来直接的影响,基金管理人员的变动也不会导致基金解体，因此具有较好的稳定性。此外，公司型私募股权投资基金受公司法的约束，相关的法律法规比较成熟健全，组织架构较为完备，公司治理较为完善，能够更好地保护投资人的利益。而且由于此类型的基金具有独立的法人资格，在各类交易中更容易得到认可和信赖、更容易被市场所接受。但另一方面，公司型私募股权投资基金却缺少足够的灵活度，需要承担较高的制度成本。其中最重要的就是双重纳税问题。一方面公司就其取得的投资收益要缴纳各种税费，另一方面作为股东的基金份额持有人基于公司的盈利取得的红利还需要缴纳个人所得税，这使得基金的运营成本增加，更压缩了投资人的盈利空间。

依照我国现行《公司法》和2005年11月15日由国家发展和改革委员会、科技部、财政部、商务部、中国人民银行、国家税务总局、国家工商行政管理总局、中国银监会、中国证监会、国家外汇管理局联合发布，2006年3月1日起正式实施的《创业投资企业管理暂行办法》的规定：创业投资企业可以通过有限责任公司、股份有限公司或法律规定的其他企业组织形式设立。以公司形式设立的创业投资企业，可以委托其他创业投资企业、创业投资管理顾问企业作为管理顾问机构，并负责其投资管理业务。申请创业投资企业的备案管理部门分国务院管理部门和省级（含副省级城市）管理部门两级。国务院管理部门为国家发展和改革委员会；省级（含副省级城市）管理部门由同级人民政府确定，报国务院管理部门备案后履行相应的备案管理职责，并在创业投资企业备案管理业务上接受国务院管理部门的指导。

为了解决公司型私募股权投资基金的双重税负问题，许多国家开始采取灵活的做法，要求只要公司将年度所得分配给投资者，由投资者缴纳税收，公司则作为投资管道而免予纳税。我国近年的立法对于私募股权投资基金的税收优惠主要是与国家的相关经济政策和产业政策相结合。2003年1月1日起实施的《中华人民共和国中小企业促进法》第17条规定“国家通过税收政策鼓励各类依法设立的风险投资机构增加对中小企业的投资”。2008年1月1日起实施的《中华人民共和国企业所得税法》第31条规定“创业投资企业从事国家需要重点扶持和鼓励的创业投资，可以按投资额的一定比例抵扣应纳税所得额”。2007年2月7日财政部和国家税务局联合发布的《关于促进创业投资企业发展有关税收政策的通知》则做出了更加具体的规定：创业投资企业采取股权投资方式投资于未上市中小高新技术企业2年以上（含2年），凡符合下列条件的，可按其对中小高新技术企业投资额70%抵扣该创业投资企业应纳税所得额：（1）经营范围符合《创业投资企业管理暂行办法》规定，且工商登记为“[　]创业投资有限责任公司”，“创业投资股份有限公司”等专业性创业投资企业。在2005年11月15日《创业投资企业管理暂行办法》颁布之前完成工商登记的，可保留原有工商登记名称，但经营范围须符合《创业投资企业管理暂行办法》规定。（2）遵照《创业投资企业管理暂行办法》规定的条件和程序完成备案程序，经备案管理部门核实，投资运作符合《创业投资企业管理暂行办法》有关规定。（3）创业投资企业投资的中小高新技术企业职工人数不超过500人，年销售额不超过2亿元，资产总额不超过2亿元。(4)创业投资企业申请投资抵扣应纳税所得额时，所投资的中小高新技术企业当年用于高新技术及其产品研究开发经费须占本企业销售额5%以上(含5%)，技术性收入与高新技术产品销售收入的合计须占本企业当年总收入的60%以上(含60%)。

(二)信托型私募股权投资基金

《信托公司集合资金信托计划管理办法》(以下简称《管理办法》)于2007年实施，推动了中国信托制PE基金出现。《管理办法》下的集合资金信托计划募集规则所涉及的，也就是信托公司如何募集资金进行信托计划的问题，可以拆分为三个部分：一是信托公司如何设立信托计划，二是如何推介信托计划以及信托计划成功与否的后续评价，三是对信托公司设立信托计划的资质与义务作了明确规定。

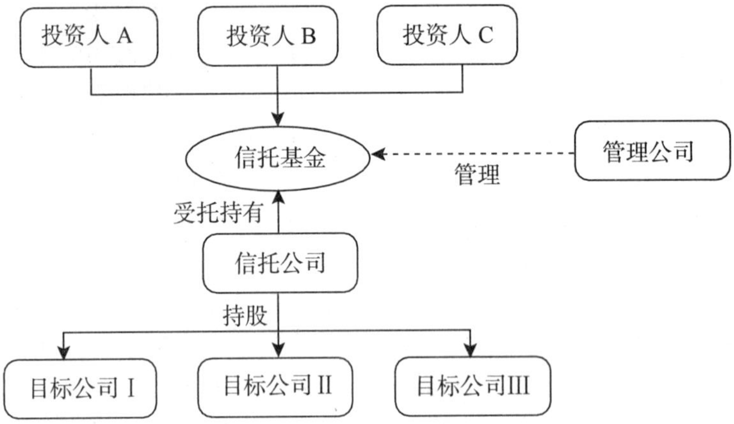

在实践中，信托公司可以自己直接作为私募股权投资基金的投资管理人，也可以与私募股权投资基金的基金管理人合作，作为融资渠道，扮演资金募集人的角色。根据基金信托合同的约定，基金管理人作为受托人，负责契约型私募股权基金运作的专业化管理与投资决策等工作，以自己的名义为基金份额持有人的利益行使基金财产权，并承担相应的受托人责任。基金可以选任一家信托投资公司或者商业银行作为受托人发行信托单位和理财产品。在此过程当中，基金管理人作为受托人聘任的投资顾问公司参与投资管理，或者直接作为受托人。虽然有信托合同作为其权利义务的约束，但要在契约型私募股权投资基金的治理结构中实现基金份额持有人享有的权利依旧不是一件容易的事。名义上基金份额持有人可以任命受托人，但在实践中此类基金一般由受托人发起，如果受托人没有重大过失或违法违约行为，基金份额持有人一般不能通过投票方式解任受托人。除此以外，基金份额持有人会议对受托人的投资决策行为缺乏充分的权力来进行监督。通常来讲，如果基金份额持有人对基金管理人不是很满意，只有选择用脚投票的方式进行回应。基金份额持有人基本上难以干预到作为受托人的基金管理人的决策。由此可见,基金份额持有人在契约型私募股权投资基金中往往处于被动投资者的地位。

信托制私募股权投资基金本身并不具备独立的法律人格,因此无法以基金的名义进行借贷或为他人提供担保。作为受托人,基金管理人可以代表私募股权投资基金持有其对外投资和债务。基金管理人当然也可以以自己的名义申请过桥贷款或者为被投资企业进行担保。但是如果契约型私募股权投资基金出现资不抵债的问题,基金份额持有人依照法律规定只以出资为限承担投资损失。作为受托人的基金管理人如果没有过失,就不对负债承担任何责任。但假使基金管理人以自己的名义借债,则会直接导致债务的发生。

当然,信托制私募股权投资基金也具有自身的优点。由于信托财产具有相对独立性,基金的投资管理和运行不受委托人和受益人(委托人)的干预,也不受各方信用风险额的影响。而且此类基金作为固定期限的封闭型基金,稳定性较强。此外,信托计划本身并不构成法律实体,而仅仅是财产流动的管道,因此基金的收益可以有效地避免双重税负。其次,就集合信托而言,由于信托计划的不同委托人之间不存在相互关系,个别委托人的变化不会影响信托的存续。契约型的私募股权投资基金在日本、英国等国家及中国台湾以及英国相对较为盛行。

(三)有限合伙型私募股权投资基金

目前国际上私募股权投资基金多采用有限合伙制。与普通的合伙制不同的是,在有限合伙制下合伙人被分为有限合伙人和普通合伙人两类,第一类仅以出资为限承担有限责任,而后者则需要对企业的债务承担无限连带责任。有限合伙型私募股权投资基金的有限合伙人是主要的基金份额持有人,其出资份额通常会占全部出资的八成以上,享有对合伙企业的财产权,以其认缴的出资额为限对私募股权投资基金债务承担有限责任。通常来讲,投资者往往会希望基金管理人在与他们利益同享的同时与其实行风险共担,因此,基金管理人往往也需要投入相当份额的资本,通常不少于1%。作为基金管理人,普通合伙人代表私募股权投资基金对外开展经营活动,对基金的债务承担无限连带责任。

有限合伙型私募股权投资基金的组织架构一般包括投资决策委员会、顾问委员会和合伙人会议。其中投资决策委员会主要负责对涉及合伙企业的重大事项做出决策,一般是由普通合伙人组成。因此,作为普通合伙人的基金管理人,依旧在基金的运营中占据主导地位。虽然作为有限合伙人的基金份额持有人还可以通过顾问委员会对作为普通合伙人的基金管理人的经营活动进行监督,但值得注意的是,由于顾问委员会并不享有运营企业方面的权利,因此,基金管理人的决策依然具备一定的独立性。在理论上说,即便顾问委员会对基金管理人的投资决策有不同意见,基金管理人仍然可以代表基金对外开展经营活动。不过在实践中,顾问委员会的意见通常还是会得到基金管理人的充分尊重。合伙人会议则由全部合伙人组成,通常负责对合伙人退伙、入伙、身份转让、权益转让、清算等事项做出决策。

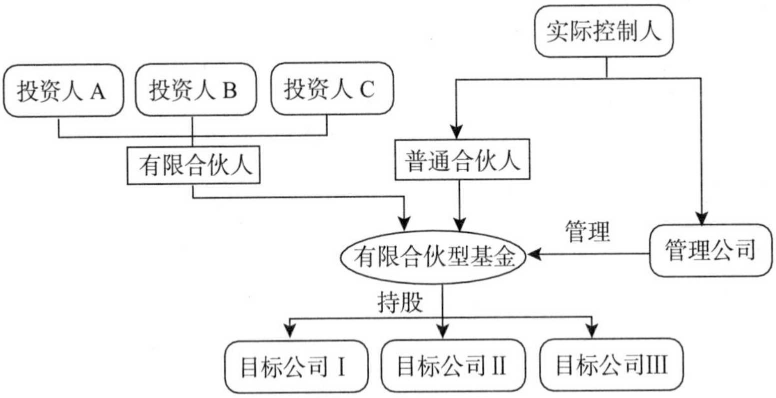

有限合伙型私募股权投资基金的非法人身份并不会对其权利行使造成必然的影响。基金依旧能够据需要以合伙企业的名义申请贷款或者提供担保。基金管理人在履行管理职责时会产生一定的日常费用,这笔费用通常将由所有基金份额持有人共同承担。一般来说,年度管理费为私募股权投资基金承诺出资总额的1% ~2.5%。

有限合伙型私募股权投资基金与公司型私募股权投资基金的重大区别还体现在收益分配模式方面。在有限合伙型私募股权投资基金中,基金份额持有人并不完全根据其所投入资本比例分享投资收益。尽管作为普通合伙人的基金管理人仅贡献了极少份额的出资,但却往往能取得更大份额的收益。在通常的模式之下,基金管理人的收益主要来自以下三个方面:第一,作为有限合伙人的投资收益;第二,管理分红;第三,按资本额计算的管理费。考虑到私募股权投资基金的收益能力取决于基金管理人的经营管理能力和表现,因此,通常会给予基金管理人较高的管理分红作为激励,此种分红的比例通常可以达到利润的20%。管理分红可以按照基金总体利润来计算,也可以按每个投资项目的利润单独计算。而对于作为有限合伙人的其他基金份额持有人来说,他们的收益则完全来自基金投资收益。不过,在收益分配顺序上,有限合伙人优先于普通合伙人。一般来说在特定项目的利润实现之前,所有收益归有限合伙人,而超出任务利润之外的收益,则在有限合伙人和普通合伙人之间按照80%和20%的比例分配。

有限合伙型是当今私募股权投资基金的最普遍的形式。具体来讲,这种形式所具备的优势主要体现在几方面。首先,有限合伙型私募股权投资基金的所有权与管理权相互分离,实现了资源的合理配置。有限合伙人不一定具有相关专业知识、经验和精力,但却具有资金优势,由他们作为基金份额的主要持有者能够保证基金具有相当的规模。而普通合伙人虽具有有限合伙人所缺乏的专业能力,但在财力方面则较为欠缺,因此更适合作为基金的管理者。在此类私募股权投资基金中,主要资金来源并不是基金管理人投入的资金，其对基金的财产并不享有绝对的财产权。但对于作为基金投资与运营的管理人来说，他们必须掌握基金的投资决策权和基金的运营管理权。投资人的决策独立性在公司型私募股权投资基金的制度框架下会受到一定程度的影响，这不利于基金进行有效地投资决策，把握最佳时机。虽然说基金管理人能够采取作为顾问公司的方法控制公司的管理权，但公司的权力最终仍然掌握在作为股东多数的其他的基金份额持有人手中。公司股东作为公司的最高权力层能够左右决策，即便是其他的基金份额持有人还是可以对管理者的决策造成根本的影响。公司方面必须一直对其股东的投资负责，股东以其投资对公司享有权利。相比之下，有限合伙型私募股权投资基金的管理人作为普通合伙人，组成投资决策委员会，可以较为独立地对涉及合伙企业的重大事项直接做出决策。而作为主要基金份额持有人的有限合伙人，仅能间接地通过顾问委员会发表意见。

其次，有限合伙型私募股权投资基金具有有效的激励机制与约束机制，能够确保基金的高效运作，实现利益最大化。在这种形式下，基金管理人是唯一的普通合伙人，享有充分的管理权，并享有相当程度的激励。这一机制通常能够极大地促使私募股权投资基金管理人的才能作用充分发挥出来。基金管理人作为普通合伙人，位于利益分配的最末端。因此，他们只有竭尽所能地为基金赚取超预期利润，才可以从超额利润中按比例取得分成。不过为了维持基金的正常运作，保障管理人相关运作资金的充足性，进而提高工作的积极性，降低因资金缺乏而出现过分冒险行为的可能性，合伙企业也提供一定数量的费用作为普通合伙人的日常开支和管理费，超出部分则由普通合伙人补足。有限合伙型私募股权投资基金的风险承担顺序安排则有利于降低基金管理人的道德风险，有效避免其为了追求高额利润而做出过于冒险激进的投资决策。因为一旦合伙企业发生亏损，有限合伙人仅以其出资承担损失，普通合伙人则要对合伙企业债务承担无限连带责任。

最后，有限合伙型私募股权投资基金的融资结构较为灵活。公司型私募股权投资基金因为受到公司法出资制度的限制，有可能会造成资金的闲置，无形之中降低了基金的收益率。否则的话就要经常地将其注册资本进行改变，大费周折。对于契约型私募股权投资基金而言，通常也难以避免出现闲置现金过高的问题。尽管可以通过采用频繁地设立信托或者给信托分期的方式予以解决，但过于繁琐的手续也会影响投资的效率。而合伙企业没有最低资本金的限制，存在协议出资的制度空间。通过合伙协议约定，合伙人在基金选好投资项目需要投资时才把现金交给基金管理人，可以在最大程度上发挥资金的时间效益。另外，有限合伙型私募股权投资基金的有限合伙人能够较为自由地转让其持有的份额，其他合伙人并不享有优先购买权。

有限合伙型私募股权投资基金的另一个优势就是避免双重税负。合伙企业不具有法人资格，不属于纳税主体。对于基金取得的收益，仅须在合伙人层面纳税即可。

2007 年6 月1 日新的《合伙企业法》正式生效，从而令在我国建立有限合伙型私募股权投资基金有了可能。同年6月26日,我国第一家采用有限合伙方式组建的私募股权投资基金——“南海成长”在深圳成立。同创伟业创业投资有限公司作为其普通合伙人,负责其日常经营管理,承担无限责任,而投资人则作为有限合伙人,最低出资限额为200万元。

四、私募股权投资基金的运作概览

(一)基金募集

设立私募股权投资基金是开展后期投资业务的前提。通常来讲,私募股权投资基金主要以长期投资者为主要资金来源,在实践中一般为机构投资者。对于私募基金而言,建立基金(即进行基金募集)的方式不同于证券投资基金。基金私募通常采用承诺出资的方式。也就是说,在基金设立时并不一定要求所有基金份额持有人投入预定的资本额,而仅仅是由他们给予投资数额的承诺。操作上,首轮募集资金一般会快速投资于已就绪的投资项目。基金后续寻找、筛选并投资的项目,管理公司会根据实际情况向基金出资人发出缴纳通知。在承诺出资后,基金出资人将在基金投资期内,根据管理公司的出资通知书分批缴纳资本金,直至累计的实际出资金额达到承诺出资总额。

在实际的筹资活动过程当中,基金的募集往往设有相应的时间限制,也就是所谓的筹集期限。一旦期限届满,基金就将宣布基金份额认购截止。在实践中,一个基金可能会设有多重认购截止日,但一般来说限制在三次之内。同时,在此阶段也要考虑本基金应当采取什么样的组织形式以更好地规避投资风险和最大化收益。

(二)投资项目筛选

私募股权投资基金投资过程的第一步就是对项目进行筛选和初审,也就是收集项目信息,其中包括提供商业计划书以及相关材料的书面审查以及对于项目企业进行的实地初步考察等方面。一般来说,成熟型的私募股权投资基金主要的投资对象是有市场发展潜力的高成长性企业,以及那些具有类似价值增长空间的权益资产。为了保证投资成功,它们会设定严格的投资项目筛选标准。例如,目标企业的所处行业应在国民经济结构中具有广阔的市场需求和增长前景;企业选择方面应具备商业模式简单透明、较好的赢利性、较高的净利润年增长率等特点;股东及管理层方面应做到股东结构清晰、企业创始人或主要管理层具有良好的领导能力、团结团队的能力、有前瞻性的创造能力、过去有良好的工作业绩等。为保证基金的投资原则策略的执行和投资目标的实现,私募股权投资基金管理人内部都会设立科学的分层决策体制以降低决策风险。

1. 获取信息

在私募股权投资基金的实际运作中,目标项目的选择具有十分重要的作用,极有可能决定私募股权投资基金投资最终的成败。而获取有效的目标项目信息则是选择高质量项目的重要基础。为了解决项目投资决策过程中的信息不对称问题,基金都会设立专职人员或者与外部专业机构合作,对目标企业进行深入的尽职调查。私募股权投资基金管理人可以直接从企业的发展规划中获取有关项目的信息。此外,还可以通过银行、经纪人、投资顾问、律师和会计师、评估师等专业渠道来获得投资项目方面的信息,这些信息往往具备较高的真实性、准确性,能够使投资人对目标项目做出一个比较理性的整体认识。在很多情况下,基金管理人还可以选择通过以前成功投资案例中所建立起来的各种资源关系来获取相应的目标项目信息,并结合自身搜集的相关信息进行判断和选择,这在很大程度上将有利于目标项目的有效选择。

2. 分析要素

在尽职调查结束、收集到各类项目信息之后,私募股权投资基金管理人往往会握有一系列可供选择的项目目标,这就需要其做出明智的选择。私募股权投资基金管理人的投资活动不仅需要勇气,更需要耐心。基金管理人在选择项目过程中切忌鲁莽行事,而需要反复地考察、评估、筛选投资项目,精心构造投资方案,甚至潜心培育投资项目,否则急于求成反而会功亏一篑。它们需要从人员、市场、技术、管理等方面来对目标项目的投资价值进行综合性分析。

具体来讲,私募股权投资方应当从以下几方面对目标项目进行全面的深入分析:首先,对公司团队进行分析。这其中就包括拟投资项目的企业管理人或控制人的素质和评估项目企业的管理。对管理团队进行考察可以说是私募股权投资方考察的核心内容。对于他们而言,技术先进但管理混乱的企业并不具有较强的吸引力,反而宁愿选择一流管理、二流技术的风险企业。因此,企业要想获得私募股权投资,不能仅凭先进的技术,更要有具有专业水平的管理团队。高水平的管理团队不仅能够确保企业能够良性发展,更能有助于私募股权投资进入后双方的有效合作。对于私募股权投资基金管理人来说,需要从各个不同角度对该企业管理人和管理团队或控制人进行考察,比如说技术能力、市场开拓能力、融资能力等综合管理能力等。由于企业的快速成长需要依赖的是企业的销售能力和市场份额,因此私募股权投资基金往往更愿意投资于那些由销售型的企业管理人或控制人所掌控的企业。其次,私募股权投资基金管理人在进行项目筛选时,还对市场进行分析。能被市场接受的产品才是好产品,优秀的产品必须符合市场的需要。技术的革新并不一定带来相应的市场需求。缺乏市场潜力的技术或者产品,其未来盈利状况就不乐观。私募股权投资方投资于这些项目,无法确保未来能够通过转让股份而获取利润,甚至会招致严重损失。最后,基金管理人还需要对产品技术进行评估。他们通常会考察项目企业所生产的产品使用的技术,并对项目中技术是否首创、未经试用或至少未产业化进行分析和判定,并在此基础之上对相关项目的产业化发展前景进行理性分析。

3. 尽职调查

私募股权投资基金管理人在与目标项目相关管理人员初步交流过程中获取的相关信息往往不够详细，为了做出理性的决策，还需要获取进一步的信息和材料。通常来讲，基金管理人对经过筛选阶段的备选项目在与企业控制人达成初步投资意向后，往往还将对该企业进行更为深入细致的尽职调查以及专业评估。尽职调查对于项目的选择和准确评估来说具有极大的影响。商业计划和实地调查可能只能初步说明项目的情况。但是投出去的依然是货真价实的真金白银，为了确保降低投资风险则需要进行详细的尽职调查。基金将依据调查和评估的结果决定是否投资、如何投资以及投资的具体额度。

具体来讲，尽职调查是指私募股权投资基金管理人在与目标企业签订了条款清单之后，组织专业的调查团队，对拟投资项目企业进行全面细致的调查，摸清拟投资项目企业各方面的情况，从而为最后投资的决定提供依据，也为在决定投资后投资协议条款的确定以及对拟投资企业的重组提供一个良好的基础性依据。一般来说，尽职调查通常是由基金管理人自己组建的专业团队或者外聘专业的中介机构来进行，其中主要包括进行调查和评估的会计师和律师。通常来讲，尽职调查的主要内容主要包括：目标企业股东结构、管理团队、发展规划、财务状况、资产状况以及目标企业所处行业状况等方面。尽职调查中很重要的一方面是法律尽职调查，从而评估目标企业面临的法律风险。法律方面尽职调查主要包括考察企业是否涉及纠纷或诉讼、土地和房产的产权是否完整、商标专利权、知识产权、环境问题证明执照等手续。处于创业阶段的中小企业是私募股权投资基金的重要投资对象，但它们却大多存在这样或那样的法律问题。因此，私募股权投资方和目标企业在调查和评估过程中往往需要就这些问题设置相应的解决机制。

（三）投资决策与交易条款谈判

私募股权投资基金与目标企业之间需要进行充分的沟通与交涉，其中涉及项目相关交易条件的问题需要双方通过交易谈判加以确定。交易定价；确定企业控制权、金融工具的种类、组合以及资本结构；对未来融资的要求、管理的介入和资金撤出方式的安排等都是私募股权投资基金管理人与企业控制者谈判的主要内容。借助交易谈判，基金管理人和企业控制者分别针对各自的需求进行协调。

从实际的角度上来讲，私募股权投资基金管理人在谈判过程中主要考虑相对于投资的风险赚取合理的回报、对企业施加足够的影响、在任何情况下都要保证投资顺利撤出等问题；而另一方面，企业控制者则更为关心其对企业的领导权和企业未来的发展前景。这样一来如何协调两者之间的关系就显得极为重要。基金管理人的首要原则是最大程度获得收益，尽可能地规避投资风险。而企业可能更加希望的是战略投资者的加入，而不应当只是作为单纯的投机者。事实上，不管当时具体情况如何，双方此后良好合作的前提保障就在于充分的协调与沟通。

倘若基金管理人经过对目标企业的深入考察,认为其具有投资价值,就会同对方签署初步的前期协议。具体来讲,前期协议包括:承诺函、投资意向书、条款清单、投资备忘录、投资框架协议。虽然名称不同,但是其内容和目的基本是相同的。投资意向书和投资框架协议类同,包括了投资合作过程中应当遵守的一些内容和条件。但在实际运作过程当中,这种意向书或框架协议对于双方并没有法律的约束力,毕竟,项目是否具有投资价值,一直到完成尽职调查之后才能够最终确定。在实际操作过程中,有时投资人为了节省时间以及避免条款所带来的各种麻烦,甚至可能会采用口头的形式达成初步共识,然后再签订最终协议。这里需要注意的是在签订这类前期协议时所涉及的保密条款和排他性条款。排他性条款要求企业在与私募股权投资方的谈判过程中不能再与其他的私募进行接触。保密条款则是约束企业不能将条款中的信息泄露给谈判方以外的第三方,尤其是对于那些具有竞争关系的私募股权投资基金来说,其就更容易拿此清单协议当做与此讨价还价的工具。

(四)投资方案设计

在完成上述信息搜集、项目筛选和初步谈判等工作之后,私募股权投资基金方会制定切实可行的投资方案。通常来讲,此类投资方案应当包括以下重要内容:估值定价、董事会席位安排、退出策略、确定合同条款清单并提交私募股权投资基金投资委员会审批、投资方否决权和其他的公司治理结构等。考虑到投资方和引资方的出发点和利益以及税收考虑不同,在估值和合同条款清单的谈判中,双方往往会不可避免地产生意见分歧,因此,这就需要会计师和律师所提供的专业协助来解决这些问题和分歧。

退出策略的选择是私募股权投资基金管理人在开始筛选企业时就会重点考虑的问题。就目前的实际情况而言,常见的退出途径通常包括公开上市、兼并收购、回购、企业清算或破产。这其中通过项目企业上市退出是投资回报最高的退出方式,而企业的盈利和资本利得是上市的收益来源。假使投资者在上市后的一定时间内依旧持有了被投资企业的股票,即使已经超过了证券交易所规定的管理层股份锁定期,管理层和创始股东也必须保留一定数量的股权。可以说,投资方案在很大程度上影响着被投资项目整体上的运行有效性和最终的成果。

此后,基金管理人就会与被投资人在投资意向书的基础上签订正式的投资协议,就相关投资事宜做出明确约定。完成投资协议的签署之后,双方当事人就会按照投资协议所约定的内容进行相应的股权转让、注资以及企业改组等活动。

(五)投资后项目管理

投资方案制定之后,还需要项目主体进行相应的执行和管理。与传统金融机构仅为融资企业提供资金支持不同,私募股权投资方一般都倾向于在投资之后介入企业的经营管理。通常基金管理人本身就是企业管理方面的专家或与有关专家有着广泛的联系，尤其是在营销方面以及财务方面能够为所投资企业提供强有力的支持。除此以外，与金融机构的密切关系也是私募股权投资方追加融资的重要来源。对于私募股权投资基金来说，通常会采用分批分期的资金注入形式。在每批或者每期资金投入之前基金都会根据企业的运行发展状况来判断是否达到预期标准。在此期间基金还会积极实施有效的监督以降低投资风险。

此外需要注意的是，不同的私募股权投资基金管理人往往会采取适合自己的监管手段，这其中主要包括：采取有效的报告制度和监控制度，参与重大决策，进行战略指导，信息披露等。私募股权投资方还会利用其社会资源网络和渠道帮助项目企业进入新市场、寻找战略伙伴以发挥协同效应、降低成本来提高企业的收益能力。与此同时，为了满足引资企业未来公开发行或国际并购的要求，私募股权投资方通常还会帮其建立适当的管理体系，并组建符合标准的公司治理构架。投资项目的管理可谓是项目动态运作的具体体现，也是影响基金最终收益情况的重要因素。

（六）投资退出

对于私募股权投资基金来说，获取投资收益是其最终目标，而要实现投资获益则需要相应的退出机制。成功的投资退出能够有效控制投资风险，实现投资活动增值和良好的资本循环，提升基金管理人在业界的声誉，有助于基金未来的资金募集和发展壮大。另一方面，对于基金所投资的企业来说，成功的投资退出能够发现其市场价值，给企业带来良好声誉，为其经营扩张和品牌的建立带来机遇。一般来说，私募股权投资基金所采用的投资退出方式主要包括公开上市、兼并收购、回购、企业清算或破产。尽管私募股权投资方往往在做出投资决策之前就已经针对具体项目制定了具体的退出策略和路径，但其最终选择的投资退出项目方式则主要取决于如何最大限度地降低风险和获得收益。

第二节　行业现状与问题[①]

一、行业现状

（一）资金募集状况

1. LP投资趋于谨慎，募资活跃度大幅下降

近年以来世界经济形势总体较为严峻，而我国经济也面临不小的压力，因而企业

① 本节参考德邦证券的研究。

经营风险不小且盈利状况颇有压力。同时,我国的资本市场持续低迷,且监管收紧,企业 IPO 大幅收缩。这种紧张局面导致私募股权投资基金的 IPO 退出暂时受阻,投资收益水平大幅下滑,达不到投资机构的预期水平。在此背景下,私募股权投资基金投资机构普遍持谨慎态度,投资风格也较为保守,私募股权投资基金机构募集资金情况不乐观,数量和规模都呈现大幅收缩状况。

2. 个人投资者逐步退场,机构投资者活跃度有所提高

在目前低迷的全球经济和资本市场环境下,私募股权市场投资和规模出现大幅缩水,投资收益率难以达到预期。在此影响下,曾作为本土私募股权投资基金重要资金来源的个人投资者对私募股权投资基金产品的兴趣大减。此外,发改委及部分地方政府也开始提高个人投资者投资私募股权投资基金的门槛,进一步打击了个人投资者投资私募股权投资基金的积极性。相比之下,境内机构投资者(机构有限责任合伙人)的数量占比及投资规模却相对呈增长趋势。除了原有的上市公司、国有企业、民营企业、政府引导基金、全国社保基金等继续保持对私募股权投资基金投资的关注,相关政策的放开也使得更多类型的机构可以逐渐进入私募股权投资市场,比如,保险公司投资私募股权投资基金门槛的进一步放开、公募基金投资私募股权投资基金的政策放开等,这也是机构投资者在 2012 年表现活跃的重要标志。

3. 银行募资渠道受限,PE 机构加强自有渠道建设

私募股权投资市场面临的最为重要的问题之一即资金募集渠道的开拓。目前,基金募资渠道主要有 GP 自有渠道、商业银行私人银行、第三方理财机构、信托和 FOFs 等,除自有渠道外,掌握着为数众多的高净值客户和中小企业客户资源的私人银行是最为重要的募资渠道。但在 2013 年 3 月银监会对银行代销股权投资类理财产品作出限制。监管态度对于私人银行私募股权投资基金募资业务也有较大不利影响。同时,随着私募股权投资基金投资收益率的下滑,私人银行原有个人客户对私募股权投资基金产品的兴趣也将降低,而机构客户目前尚未成为私人银行的主要关注对象,因此,银行募资业务的收缩已是必然趋势。银行募资渠道受限给第三方理财机构带来一定机会,但第三方理财机构同样是以个人投资者为主导,行业收益率的整体下滑对这一募资渠道同样产生不利影响。并且第三方理财渠道融资具有渠道支出相对较高、相关费用收取苛刻等问题,对很多中小型私募股权投资基金而言并不是理想选择。自建渠道成为私募股权投资基金机构解决募资问题的重要突破口。在方式上则是由私募股权投资基金机构自行搭建财富管理部门,来强化自身的直销渠道,这不仅能够增强其对渠道的控制力,同时也可以适当地降低募资成本。

(二)基金投资状况

受到资本市场低迷影响,中国私募股权投资基金呈现出大幅下滑并达到近年来较低水平、抗周期性行业投资价值凸显、多种类型投资尝试和多种退出渠道探索等投资

状况。

1. PE 投资冷淡

China Venture 投中集团统计，2012 年国内披露私募股权投资案例数量和投资规模分别较 2011 年下滑 31.9% 和 31.4%，主要由于中国私募投资市场从 2011 年下半年以来即呈现降温态势，而 2012 年的宏观经济与市场并未有明显改善，使得这种降温态势持续，以至于全年私募股权投资基金投资处于较低水平。从私募股权投资平均单笔投资规模来看，2012 年与 2011 年基本持平，总体规模的下滑主要是由于披露投资案例数量的减少，说明投资参与情况相对较冷淡。

2. 传统行业居多

从 PE 投资的整体行业分布来看，传统行业在投资案例数量和规模的占比仍然处绝对优势，其中，投资数量排名第一的是制造业，而投资总规模较大的是能源及矿业和金融地产业。在 2012 年投资规模中，排名前十的私募股权投资中，传统行业企业占据半壁江山。值得关注的是，在热门投资行业中，传统行业之外出现了另一类颇受青睐的行业，我们称之为抗周期性行业，如医疗健康、农林牧渔等。

3. 成长型占主流

活跃在快速发展经济浪潮中的高增长的中小企业一直以来就是私募股权投资市场资本流向的主要对象，占私募股权投资案例数量和规模的近半数以上。除此之外，企业处于成长期对资金需求量较大，同时创业投资机构早期投资占比日渐扩大也带来前期处于播种时期的企业逐渐进入成长期，这也是成长型基金数量较多、规模较大的原因之一。

2008 年以来并购和定增基金投资（PIPE）的活跃度均有所提高。随着前期私募股权投资基金市场的发展，大量资本涌入，导致私募投资一级市场投资成本上升，股票二级市场定增公司股价折扣和超额收益就更加凸显吸引力，具体则体现在 PIPE 投资类型占比有所提升。在二级市场持续低迷、股价表现疲软的情况下，上市公司估值水平相对前期较低，安全边际相对较高，未来存在升值空间的可能性变大，而且部分上市公司定向增发项目相对于二级市场也有折扣优势。公司募集来的资金可转化为利润，使得投资获得高收益的概率也较大。

（三）投资退出状况

目前，投资机构通过 IPO 退出受阻，而并购退出则出现快速发展趋势，私募股权投资基金机构间的同业转让以及有限责任合伙人层面的私募投资二级市场也有新发展。如何开拓更为多元化的退出渠道，仍将是中国私募股权投资基金从业者最为关注的问题之一。

1. IPO 退出受阻，亟待开辟新退出渠道

境内 IPO 在政策影响下暂时受阻，导致选择该渠道的投资机构变现压力加大。

2011 年、2012 年中国私募股权投资市场 IPO 退出数量和规模连续减少，占总退出项目数量和规模的比重在 2012 年也出现下滑。从退出回报上看，2012 年私募股权投资基金机构 IPO 退出回报为 4. 38 倍。虽然 IPO 退出回报逐年有所下滑，但相比较其他退出方式来看，其收益仍然较为可观，因此，短时期内还将会是私募股权投资基金市场首选退出方式。但由于境内外 IPO 暂时受阻，私募股权投资基金机构资金退出遭遇困境，开辟更多的退出渠道将是大势所趋。值得指出的是，2012 年新三板的加速扩容或给更多的企业和投资机构带来希望，进而推动其交易更加活跃，使之成为私募股权投资基金投资者重要的投资方向和退出渠道。

2. 并购退出活跃度大幅增长

在首选退出方式 IPO 受阻的情况下，并购退出则受到越来越多投资机构所重视。而参与国内成熟市场，仅从退出规模来看，并购也将逐渐成为私募股权投资基金市场主流退出方式。2007 年至 2012 年间中国私募股权投资市场披露并购退出数量逐步增长，特别是 2012 年披露并购退出数量及占各种退出方式退出案例总数量的比例较 2011 年增长十分显著；虽然披露并购规模没有显示出明显增长，但其占私募股权投资市场披露退出案例总规模的比例在 2012 年有明显提升。

3. PE 二级市场加速发展

同业转售退出方式为私募股权投资市场退出渠道的另一种主要选择，近期同业转售披露退出案例数量占总退出数量比例有所提升。尽管总的来看其数量和规模还相对较小，但不失为常规性退出途径选择，而国内私募股权投资基金二级市场当前处于起步阶段。

2012 年 6 月 28 日，北京金融资产交易所（以下简称北金所）与北京产权交易所、北京股权投资基金协会、北京股权登记管理中心共同发起设立“中国私募股权投资基金二级市场发展联盟”。在联盟成立大会上，北金所发布了经过修订的私募股权投资基金二级市场交易规则体系。2012 年 10 月，私募股权投资基金二级市场联盟完成了首笔有限责任合伙人份额转让交易，交易方为盛世神州一支房地产基金的有限责任合伙人。

二、现存问题

（一）民间资本大量投入，机构投资者欠缺

企业投资者依然是目前创业投资及私募股权投资基金募资的主要来源。私募股权投资基金投资机构以及银行、保险和信托次之。政府机构投资最近有较大幅度增长，主要原因是近年来地方政府、科技园区等参与私募股权投资基金逐渐增多，成为本土有限合伙人群体的重要组成部分。相比企业投资者及政府投资主体数量的快速增长，以银行、保险、养老金等为主的机构投资者增长相对缓慢。总体来看，有限合伙人

过多集中于企业投资者，非市场化运作的政府机构也占有较高比例，而成熟的大型机构投资者相对不足，尤其是公共养老基金方面，目前仅有全国社保基金投资于私募股权投资基金。

从 2010 年开始，保监会出台政策允许保险资金投资私募股权投资基金，进一步推动了保险公司进入有限合伙人行列，但相比整个有限合伙人群体数量的增长，银行、保险类有限合伙人数量仍远远不足。

由于私募股权投资基金行业在国内发展时间较短，投资者对其行业运作模式和业绩评价标准普遍缺乏客观认识，而近年来某些私募股权投资基金实现高收益的现实，也令众多投资者将其视为回报上涨空间巨大的无风险套利工具，忽视了私募股权投资基金行业与资本市场及实体经济之间的联动效应，忽视了私募股权投资基金在流动性、风险和收益上的配置功能。这也导致以民营企业家和民营企业为主的国内非专业有限合伙人出现了干预基金管理团队决策、不履行基金出资承诺、提前从基金撤资、围绕基金回报变动产生争议等不正常的做法，严重影响了私募股权投资基金机构的资金与项目正常运行，大大提高了私募股权投资基金的管理成本。因此，未来国内养老金、保险与 FOF 等专业机构投资者将成为私募股权投资基金的重要资金来源，尤其是 FOF，将成为个人投资者或企业获取专业服务、分散私募股权投资基金投资与风险的有效方式。

（二）基金同质化严重，投资策略单一

2009 年开始的上市热潮中私募股权投资基金的新机构、新基金层出不穷，以 Pre-IPO 投资和突击入股拟上市公司来实现一二级市场间的短期高额套利已经成为国内私募股权投资基金的主流投资方式。据统计，大部分私募股权投资基金以从事上市公司的 Pre-IPO 投资为主，Pre-IPO 项目成了国内私募股权投资基金追逐的目标，大量资金追求短期利润，致使目前我国私募股权投资基金产品同质化现象非常严重，投资策略非常单一。这也导致了私募股权投资基金行业内充斥低水平竞争，投资风险不断提高，以至于多家投资机构在一些热门 Pre-IPO 项目上大打价格战的情况。这既不利于中小企业成长，也压低了有限合伙人的回报水平，并使二级市场出现大量业绩变脸的低质上市公司。同时，这种以 Pre-IPO 和突击入股为主的私募股权投资基金项目投资，成本相对较高，在资本市场出现调整、国家宏观调控的情况下，一旦 IPO 推迟或失败，私募股权投资基金的退出变现就变得难以预测，投资风险骤然升高。

目前私募股权投资基金同质化、投资策略单一的恶果已经初步显现。在 2012 年初的时候，国内 A 股市场新上市企业七成以上遭遇破发，越来越多的 IPO 项目被推迟，这都与私募股权投资基金盲目扎堆抢投拟上市项目、催生泡沫有关。与此同时，2011 年私募股权投资基金机构的 IPO 退出账面回报情况也同样出现下滑。

(三)专业化不足,增值服务缺乏

短期逐利资金的涌入,令以长期价值投资为主要盈利模式的私募股权投资基金行业迅速膨胀,大量缺乏专业化经验的私募股权投资基金机构成立并开展投资。缺乏经验的私募股权投资基金机构要么广种薄收,只投资不管理;要么投资后就派人紧盯着资金,怕企业乱花钱。唯一能提供的服务仅是凭借自身资源,帮助企业打通上市通道,介绍投资银行、会计师和律师等。由于专业化不足,缺乏增值服务能力,不关注投后管理与增值服务,这将难以提升投资企业的整体素质与实力,因此当企业、行业或资本市场出现大幅度波动时,投资亏损的风险也将如约而至,未来被市场淘汰的可能性极大。

目前,私募股权投资基金的"投资 + 上市服务"的模式开始受到挑战,越来越多的投资项目 IPO 被推迟。如今越来越多的私募股权投资基金在和有意向融资的企业沟通时,企业已经变得越来越挑剔,对资源和管理经验的在意程度远远超过了单纯对资金的兴趣。而随着企业家对私募股权投资基金行业和资本市场的了解日益深入,也要求私募股权投资基金尽快提升自身的专业化服务水平,以满足企业在战略规划、经营管理、市场推广、人力资源、资本运作等各层次的需求。在项目相对有限的现状下,如何争抢到项目、提升回报率成为了私募股权投资基金机构纷纷思索的新命题。对于期望打造自身品牌与长期竞争力的知名私募股权投资基金机构而言,提升投后增值服务水平、共同培育优秀上市公司,从而实现风险与回报之间的良好平衡,已成为其赢得企业家和有限合伙人青睐的重要砝码,而这也是私募股权投资基金行业自身价值中必不可少的部分。

(四)受二级市场影响较大

以 Pre-IPO 为主的私募股权投资基金,其投资估值和回报的水平与二级市场走势息息相关。在二级市场出现结构性调整、国家宏观调控的情况下,一旦上市进程推迟或失败,私募股权投资基金的退出变现就变得难以预测,投资风险骤然升高。从目前情况来看,二级市场的形势好坏成了私募股权投资基金发展的风向标;二级市场好,私募股权投资基金就热;市场一熊,私募股权投资基金就降温。本土私募股权投资基金的两轮热潮与国内二级市场的上涨在时间上完全吻合,私募股权投资基金完全成为二级市场的"俘虏"。

首发市盈率下滑,前期在企业未上市时突击进入,期望获得高额回报的私募股权投资基金退出难度显著加大。随着二级市场估值的回归,私募股权投资基金境内退出账面回报倍数也呈现下滑。在 2009 ~ 2010 年,一级市场的 Pre-IPO 项目的投资价格通常在 10 倍左右,只要企业成功上市就有 50 倍以上的市盈率,私募股权投资基金能轻松赚取 5 倍甚至 10 倍的回报。2011 年以来,随着二级市场的调整,IPO 市盈率普遍下降至20倍以下，而一级市场的估值却仍维持在12倍至15倍的高位。另外，2011年以来，不少上市公司的财务状况出现恶化，业绩变脸现象频现。业绩变化对股价走势有消极作用，更进而侵蚀着私募股权投资基金的回报水平。

从近期监管层的态度来看，改变新股发行价格畸高和抑制"炒新"将是今后的主要方向，而新股首发市盈率走低也将成为市场的主流。深交所和上交所发布通知重拳抑制炒新。其中深交所通知规定，当股票上市首日出现盘中交易价较当日开盘价首次上涨或下跌达到或超过10%，或者盘中换手率达到或超过50%两种情形之一的，将对其实施盘中临时停牌。证监会则发布了《关于进一步深化新股发行体制改革的指导意见》，其中引入了存量发行制度，将增加IPO的股份供应量，有助于降低发行价。此外，如发行价格市盈率高于同行业上市公司平均市盈率的25%，发行人须追加盈利预测，除因不可抗力外，上市后实际盈利低于盈利预测的将被证监会问责。新股发行规定令上市回报回落成为长期趋势，这也将迫使私募股权投资基金行业改变此前的盲目高价争抢Pre-IPO项目的局面。

三、监管规则①

（一）规范性文件汇总

1. 监管规则

文件一：《私募投资基金监督管理暂行办法》，2014年8月21日起施行

文件二：《私募投资基金管理人登记和基金备案办法》，2014年2月7日起施行

文件三：《基金业务外包服务指引（试行）》，2015年2月1日起正式施行

文件四：《关于改进私募基金管理人登记备案相关工作的通知》，2015年1月1日起施行

文件五：私募基金登记备案相关问题解答（一）、（二）、（三）、（四）、（五）

文件六：《发行监管问答——关于与发行监管工作相关的私募投资基金备案问题的解答》，2015年1月23日

2. 检查、惩处、纠纷调解规则

文件一：《中国证券投资基金业协会自律检查规则（试行）》，2014年9月5日

文件二：《中国证券投资基金业协会纪律处分实施办法（试行）》，2014年9月5日

文件三：《中国证券投资基金业协会投诉处理办法（试行）》，2014年9月5日

文件四：《中国证券投资基金业协会投资基金纠纷调解规则（试行）》，2014年9月5日

① 资料来源：投行业务资讯公众微信号。

(二)主要监管规则概述

主要监管规则:

1. 不设行政审批

私募基金及私募基金管理人的设立,不设行政审批,强化事中事后监管,依法严厉打击以私募基金为名的各类非法集资活动。

2. 必须登记备案

基金管理人应当依法登记,私募基金应当依法备案,备案机关为中国证券投资基金业协会。按要求,基金管理人应当登记。私募基金在募集设立后 20 个工作日内,应申请备案。目前,基金业协会一般会在 3 日内完成登记备案,并公示。

3. 不得公开或变相公开募集

严格限制投资者人数:有限合伙、有限公司制不得超过 50 人,股份公司、契约制不得超过 200 人。仅限于私募。不得通过报刊、电台、电视、互联网等公众传播媒体或者讲座、报告会、分析会和布告、传单、手机短信、微信、博客和电子邮件等方式,向不特定对象宣传推介。

4. 严格界定合格投资者,禁止向合格投资者之外的人募集

以合伙企业、契约等非法人形式,通过汇集多数投资者的资金直接或者间接投资于私募基金的,应当穿透核查最终投资者是否为合格投资者。

社会保障基金、企业年金等养老基金,慈善基金等社会公益基金,依法设立并在基金业协会备案的投资计划,以及中国证监会规定的其他投资者,视为合格投资者。此类合格投资者投资私募基金的,不再穿透核查最终投资者是否为合格投资者和合并计算投资者人数。

私募基金的合格投资者是指具备相应风险识别能力和风险承担能力,投资于单只私募基金的金额不低于 100 万元且符合下列相关标准的单位和个人:

(1)净资产不低于 1000 万元的单位;

(2)金融资产不低于 300 万元或者最近三年个人年均收入不低于 50 万元的个人。

前文所称金融资产包括银行存款、股票、债券、基金份额、资产管理计划、银行理财产品、信托计划、保险产品、期货权益等。

投资于所管理私募基金的私募基金管理人及其从业人员视为合格投资者。

5. 要求基金托管

除基金合同、合伙协议、公司章程另有约定外,私募基金应当由基金托管人托管。

6. 对注册资本无强制要求

对基金管理公司以及基金规模,不设最低出资额要求。

7. 基金业务可外包

私募基金销售、销售支付、份额登记、估值核算、信息技术系统等业务的服务,可依

法外包。

外包服务机构也应遵守对私募基金的监管规则。

8. 建立分类公示制度

按照私募基金管理人填报的管理规模、运作合规情况、诚信情况等信息，对私募基金管理人进行分类公示。

对运作不规范的基金及基金管理人也予以公示，以提示投资者。

9. 未经登记备案，不允许参与证监会体系内的投资业务

目前，已明确要求中介机构核查参与证券发行的私募基金是否完成登记备案。证监会将进一步要求中介机构核查重大资产重组中的私募基金是否完成登记备案。

10. 严格禁止并强化打击非法集资、集资诈骗等违法犯罪行为

11. 禁止保底保收益

私募基金管理人、私募基金销售机构，不得以任何形式向投资者承诺投资本金不受损失或者承诺最低收益。

12. 禁止汇集他人资金投资

投资者应当确保投资资金来源合法，不得非法汇集他人资金投资私募基金。

13. 允许契约型私募

允许私募基金以合伙制、公司制和契约制存在。

四、天使投资规则汇编

政策名称	颁布时间	颁布机构	主要内容
《私募投资基金监督管理暂行办法（征求意见稿）》	2014年7月	证监会	为突出扶持发展创业投资基金，《征求意见稿》设立了创业投资基金专章，对创业投资基金作出特别规定。《征求意见稿》明确提出，鼓励和引导创业投资基金投资创业早期的小微企业，享受国家财政税收扶持政策的创业投资基金，其投资范围应符合国家相关规定。此外，基金业协会在基金管理人登记、基金备案、投资情况报告要求和会员管理等环节，对创业投资基金采取区别于其他私募基金的差异化行业自律，并提供差异化会员服务。
《关于加快上海创业投资发展的若干意见》	2014年7月	上海市政府	加快推动天使投资发展。鼓励社会各类资金参与天使投资，通过设立上海市天使投资引导基金，引导社会资本共同设立机构化天使投资企业。经政府相关部门认定的天使投资企业，可参照创业投资企业实现政府相应鼓励政策。

续表

政策名称	颁布时间	颁布机构	主要内容
《关于进一步做好支持创业投资企业发展相关工作的通知》	2014年5月	国家发展改革委办公厅	支持发展天使投资机构。鼓励符合条件的天使投资机构备案为创业投资企业,享受相应扶持政策。各地可结合实际情况研究制定促进天使投资发展的政策措施,积极发挥其在支持创新创业、扩大就业方面的积极作用。
《关于大力推进体制机制创新　扎实做好科技金融服务的意见》	2014年1月	中国人民银行、科技部、银监会、证监会、保监会、知识产权局	推动创业投资发展壮大,鼓励发展天使投资。发挥政府资金杠杆作用,充分利用现有创业投资基金,完善创业投资政策环境和退出机制,鼓励更多社会资本进入创业投资领域。完善和落实创业投资机构相关税收政策,推动运用财政税收等优惠政策引导创业投资机构投资科技企业,支持符合条件的创业投资企业、股权投资企业、产业投资基金发行企业债券;支持符合条件的创业投资企业、股权投资企业、产业投资基金的股东或有限合伙人发行企业债券。
《关于中关村国家自主创新示范区建设国家科技金融创新中心的意见》	2012年8月	国家发改委、科技部、财政部、人民银行、税务总局、证监会、银监会、保监会、外汇管理局、北京市人民政府	支持天使投资发展,壮大天使投资人队伍,推动创业投资机构聚集,继续保持中关村创业投资在全国的领先地位;支持境外个人在中关村开展天使投资业务,培育天使投资者队伍。
《合肥市天使投资基金管理办法(试行)》	2014年5月	合肥市人民政府	天使投资基金是政府性非营利性基金,以股权、债权投资形式支持高端创新团队来肥创办企业;支持具有自主知识产权、科技含量高、创新能力强、商业模式新的省级以上科技企业孵化器孵化的种子期、初创型科技型企业;支持大学生创办种子期科技型企业;支持以我市创新创业竞赛中优秀项目为载体而创办的种子期科技型企业。

续表

政策名称	颁布时间	颁布机构	主要内容
《扬州市天使投资引导资金管理暂行办法》	2013年10月	扬州市财政局、科技局	扬州市天使投资引导资金向已投资种子期或初创期科技型小微企业的市天使投资机构提供一定数额的风险准备金，支持天使投资机构向科技型小微企业投资；对省天使引导资金资助项目给予配套。
《武汉市科技创业天使投资基金暨种子基金管理暂行办法》	2013年9月	武汉市人民政府	武汉市科技创业天使投资基金暨种子基金对符合条件的种子期或者初创期科技型企业和科技创业个人提供股权投资、履约投资，以及创业辅导、人才培训、管理咨询等服务。基金按照被投资企业规模发展阶段等实施差别化投资：对处于种子期的单个企业投资金额原则上不超过100万元，对处于初创期的单个企业投资金额原则上不超过300万元。基金不为被投资企业实际控制人，不参与企业日常经营管理。
《青岛市天使投资引导资金管理暂行办法》	2013年8月	青岛市财政局、科技局	青岛市天使投资引导资金是以财政资金为主设立的不以营利为目的的政策性资金，重点用于引导社会资金发起组建天使投资组合基金合伙企业，主要支持科技企业孵化器初创期科技型企业。引导资金的引导方式为阶段出资、跟进投资、风险补助等。
《广东省关于发展创业投资促进产业转型升级的意见》	2013年7月	广东省发改委、金融办	建立天使投资人备案登记制度。 对于经备案登记的天使投资人，广东省战略性新兴产业创业投资引导基金可按程序对其投资且符合引导基金使用管理规定的种子期和初创期创新型企业进行跟进投资。
《关于落实中关村国家自主创新示范区建设国家科技金融创新中心的实施方案》	2013年6月	海淀区金融办	要培育聚集天使投资人，支持小微企业孵化成长。建立健全合格天使投资人备案登记制度，开展知名天使投资人、天使投资机构和优秀创业导师评选，吸引境内外天使投资人聚集并开展业务。鼓励各类天使投资会议活动在我区举办，搭建天使投资与项目的交流对接平台，为小微企业提供增值服务。支持以车库咖啡、创投圈为代表的天使投资中介服务机构和行业组织聚集，并通过线上线下方式实现投融资对接，促进小微企业通过股权融资实现创新创业。

续表

政策名称	颁布时间	颁布机构	主要内容
《宁波市天使投资引导基金投资管理实施细则》	2013年3月	宁波市天使投资引导基金管理委员会办公室	宁波市天使投资引导基金是不以营利为目的的政策性基金引导基金，主要用于对获得天使投资的创新型初创企业进行跟进投资。根据该细则，天使投资引导基金按企业规模、企业发展阶段等对企业实施差别化投资，对单个企业的投资额一般不超过200万元，累计投资金额不超过500万元。
《宁波市天使投资备案管理实施细则（暂行）》	2013年3月	宁波市科技局	天使投资人备案应具有人民币100万元以上的投资资本（银行存款）。天使投资机构备案应满足机构或其委托的其他创业投资企业、创业投资管理顾问企业有至少3名具备2年以上创业投资或相关业务经验的人员承担投资管理责任。此外，个人或机构应已有天使投资行为或有天使投资意向。
《江苏省天使投资引导基金管理暂行办法》	2013年2月	江苏省科技厅、财政厅	江苏省天使引导资金作为弥补天使投资损失的风险补偿资金，向已投资种子期或初创期科技型小微企业的天使投资机构提供一定数额的风险准备金，支持天使投资机构向科技型小微企业投资。
《关于促进科技和金融结合加快创新型湖南建设的实施意见》	2012年12月	湖南省人民政府	发展天使投资基金。发挥湖南高新麓谷天使基金的引领示范作用，建立健全天使基金风险管理、项目组织、专家评审、盈利退出模式以及激励约束机制。出台优惠政策，通过政府让利、风险补偿等方式，支持社会资本参与天使投资。
《宁波市关于加快天使投资发展的若干意见》	2012年11月	宁波市人民政府	加大政策引导和扶持力度，包括加大对天使投资发展的奖励扶持、推动科技资源支持天使投资、拓宽天使投资退出渠道、建立天使投资项目库、搭建天使投资对接平台。
《江苏省关于鼓励和引导天使投资支持科技型中小企业发展的意见》	2012年8月	江苏省科技厅、财政厅	切实加大对天使投资发展的政策引导和扶持力度，包括设立政策性天使投资引导资金、建立天使投资发展保障机制强化对天使投资发展的税收扶持等。

续表

政策名称	颁布时间	颁布机构	主要内容
《成都高新区创业天使投资基金管理办法》	2012 年 6 月	成都高新区管委会办公室	成都高新区创业天使投资基金天使投资基金重点支持成都高新区“天府之星”中的优秀企业(含千人计划、百人计划等高层次人才创新创业企业),且应符合高新区重点产业发展方向,包括电子信息、生物医药、精密机械制造、环保、新能源新材料、现代服务业等。
《深圳市科技和信息局天使投资人备案登记非行政许可审批和登记实施办法》	2009 年 2 月	深圳市科技和信息局	从事天使投资业务的个人进行备案登记,应当具备较强的经济实力和风险承受能力,个人资产超过 500 万元人民币;从事天使投资业务的机构进行备案登记,应在行业具有较高的知名度,具有较强的经济实力和风险承受能力,注册资本金不低于 3000 万元。此外还需要下列单位之一的推荐意见,包括:深圳市金融顾问协会天使投资俱乐部、深圳市创业投资同业公会、经我市备案的创业投资企业、经我市认定的科技企业孵化器以及其他在行业内具有较大影响力的社团法人和事业单位法人。

第三节　基本模式

近年来,金融行业由于市场环境和监管制度发生了不小的变化,因而业务模式也发生了很大的变化,私募股权投资基金的运作也相应地有了不小的变化。本章只是略举几个比较常见的例子来反映这种变化,而实务当中还需要业者根据实际情况,发挥其才智设计符合具体项目要求的交易结构。

一、并购基金

并购基金属于私募股权基金(PE 基金)的一种,主要投资于扩张期或成熟期的企业,有时也会选择投资于已上市的公司,并购基金的退出往往发生在企业完成一系列并购重组交易之后。

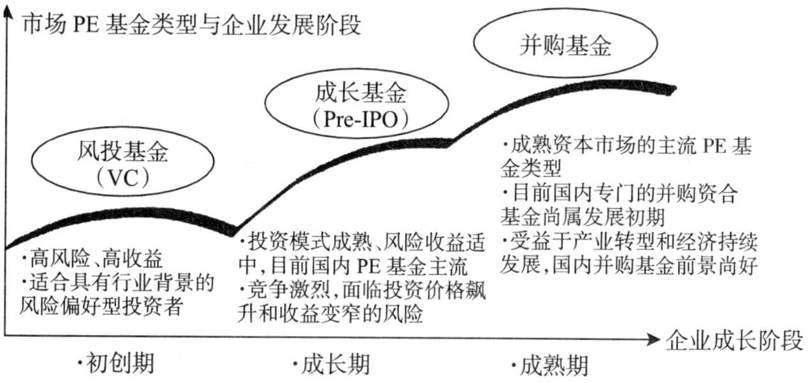

（一）Pre-IPO 投资基金发展困局

1. 同质化、功利化和高估值化的倾向越来越明显

就像炒煤、炒楼、炒股一样，私募股权投资基金已经成为资金热烈追逐的对象，“全民 PE”的背后却是私募股权投资基金机构一窝蜂地涌向 Pre-IPO 项目，市场对机构要求的不再是专业能力，而是获得项目信息、出高价抢项目的能力。这种“全民 PE”的风潮的后果是 GP 越来越多，LP 越来越少，而好项目也越来越难找，要价越来越高，一级市场上项目估值从原来的 8 ~ 10 倍市盈率，一路涨到 15 倍乃至 20 倍，甚至高于国外成熟市场二级市场的估值水平。估值泡沫显示出市场的非理性，使得 PE 投资的风险越来越大，市场缺乏理性的价值标杆。

2. IPO 项目否决率逐渐提高，发行市盈率越来越低

根据 WIND 的统计，2009 年发审委 IPO 项目审核通过率为 84. 92%，2010 年为 82. 54%，而 2011 年全年 IPO 审核通过率下降为 77. 66%，证监会审核尺度趋严，拟上市企业整体质量有下降趋势。

2010 年 12 月发行平均市盈率升至最高的 75. 88 倍之后，IPO 项目的首发市盈率以极快的速度降低；2011 年全年 IPO 家数 278 家，同比下降 20%，平均首发市盈率（发行后）降为 46 倍，较 2010 年的 59 倍下降近 25%，特别是 2011 年下半年首发市盈率均值快速回落至 37 倍。尽管一级市场上新股首发市盈率已大幅走低，但破发局面仍未改善。私募股权投资基金机构的股权尚未解禁面对的便是大幅下跌的股价。

Pre-IPO 投资风险加大，投资机构数量激增，恶性竞争加剧，风险防范流于形式，证监会审核趋严，否决率逐渐升高，企业高速的业绩增长越来越难以维持。私募股权投资基金行业进入黄金发展期，但国内市场 80% 的私募股权投资基金都集中在争抢 Pre-IPO 项目的局面必然需要调整。而在欧美成熟的市场中，私募股权投资基金中超过 50% 都是并购基金。从目前的市场形势来看，并购基金将是国内 PE 未来的发展方向。与 IPO 业务相比之下，并购交易相对复杂，对基金管理人的专业化要求较高，并购基金不大可能出现数量激增、互相抬价的恶性竞争局面。而且，国家政策层面出台多项鼓

励措施，并购活动日趋活跃，并购基金大有可为。

3. 并购基金与其他类型PE基金的主要差异

并购基金

(1)投资行业不特定，既投资于上市公司也会投资于非上市的企业；

(2)所投资企业一般具有稳定现金流、相对成熟，或为已经上市的公司；

(3)可根据投资企业或项目的具体情况参股或控股被投资企业；

(4)交易方案相对复杂，退出渠道多样化(IPO、并购、售出、管理层回购等)。

其他类型的私募股权投资基金

(1)一般仅投资于非上市企业，投资领域专注于某一个或某几个特定行业；

(2)主要投资于初创期或成长期的企业；

(3)参股标的企业；

(4)交易方案较为简单，退出渠道相对单一。

4. 并购基金国内市场环境

国企改制的时代机遇以及国内民营企业家对出让控制权交易的接受度较低、项目资源有限导致国内并购基金数量稀少，2010年国内并购基金占全部PE基金规模不足5%，其中比较有名气的国内并购基金仅有弘毅、鼎晖、厚朴、建银国际等少数几家。

并购重组市场的日趋活跃为并购基金发展提供了良好的市场机会。2010年8月国务院27号文发布后，多部委联手发布实质性落实政策，促使本轮以产业结构调整升级为主线的资产并购重组迎来新的高潮，工信部推动八大重点行业并购重组以及国资委主导的央企资源整合成为亮点。国内并购市场规模空前放量，2010年完成并购交易622宗，披露价格的501宗交易并购总金额348亿美元，同比增长达111.6%；2011年并购交易量再创历史新高，交易案例数量和涉及金额均同比实现100%以上增长。政府部门鼓励并积极推动组建并购基金。证监会、国资委、发改委等部委在国务院27号文“积极探索设立专门的并购基金等兼并重组融资新模式”的要求下，积极推动政策型并购基金的设立。证监会明确提出支持包括设立并购基金等并购融资模式的探索，并拟与发改委联手牵头共同推动控股型和参股型并购基金组建，弥补上市公司此前过多依赖发行股份作为并购支付工具的方式。鼓励证券公司做并购基金试点，证监会对并购基金采取试点经营、积累试点经验、逐步推进的原则。

在市场与法律环境变化的推动下，私募股权投资基金经常是通过并购重组方式进行退出。IPO发行市场环境和审核政策的变化、私募股权投资基金规模和投资企业数量的井喷，导致单一的IPO退出通道日益狭窄，并购将成为私募股权投资基金的重要投资退出通道。未来私募股权投资基金并购退出的主要方式将是上市公司和非上市公司之间的重组并购交易，而上市公司新增股份将成为该类并购的主要支付手段；类似恒逸石化借壳ST光华(鼎晖系)、翔鹭石化借壳ST黑化(建银国际)等瞄准并购退出通道的基金投资案例会逐渐增多。

（二）并购基金投资模式

1. 产业/行业重组整合

水泥、煤炭、汽车等传统成熟行业的龙头企业具有较强的整合需求，并购基金作为财务投资人，为龙头企业提供资金支持，共享整合后协同效应。中小板、创业板已上市高新技术企业，以超募资金和股份为手段，通过实施横向和纵向的产业并购迅速做大做强，并购基金提前介入被整合对象，并通过上市公司的整合收购行为溢价退出。

基金提前入股业务发展良好且具有行业并购整合前景的标的公司，并在标的公司出售给上市公司时，通过换股或定增交易将标的公司股权转换为上市公司股权而获得退出通道。由于并购整合类交易方式灵活，基金也可通过向产业整合者（上市公司）提供资金并最终换取其股份，由整合后的协同效应获取增值收益。该类投资的核心在于对行业发展趋势的把握，对并购重组交易的专业理解，以及主动寻找整合标的和创造交易的能力。近期典型案例如中信产业基金携手三一重工共同出资3.6亿欧元（其中中信基金占10%）收购德国“大象”100%股权。

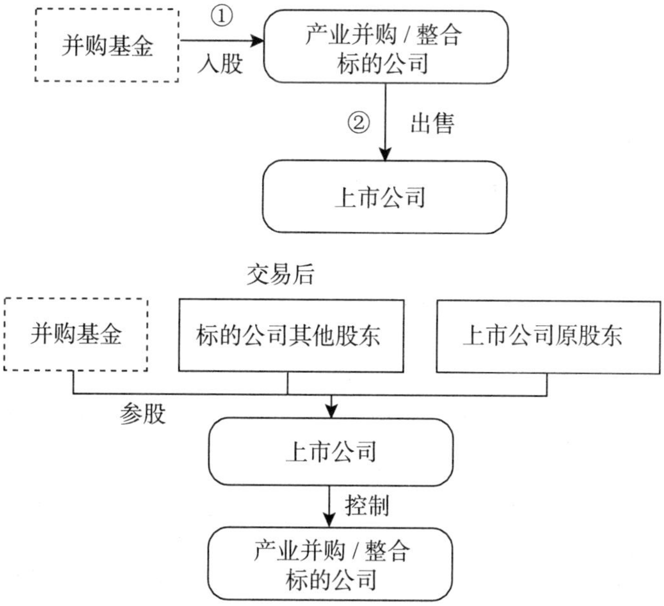

2. 并购重组及配套融资

通常模式即通常所说的“借壳上市”，并购基金为拟借壳企业提供资金支持并获取上市公司的股权，在借壳上市或上市公司发行股票购买资产方案获得证监会批准实施后，基金所持有的标的公司股权变为上市公司股票在限售期过后通过在二级市场转让来获得溢价收益；上市公司发行股份购买资产可同步配以部分现金融资（配套融资），并购基金可参与认购上市公司所新发行的股份，因而可以从资产注入带来的业绩和股价提升中获得收益。

2011 年 8 月，证监会公布《关于修改上市公司重大资产重组与配套融资相关规定的决定》规定，“上市公司发行股份购买资产的，可以同时募集部分配套资金，其定价方式按照现行相关规定办理”。基金参与该类交易的盈利模式在于为上市公司的并购整合直接提供资金支持并换取股票，并由上市公司并购整合协同效应及二级市场股价上涨获取收益。目前上市公司重大资产购买交易中，所购买资产的未来业绩一般均有业绩补偿协议作为未来盈利承诺的保证，因此，基金参与该类交易的增值前景较有保障。目前市场已有不少私募股权投资基金通过所投企业借壳或资产重组方式实现投资退出，如鼎晖系参与恒逸石化借壳 ST 光华案例。

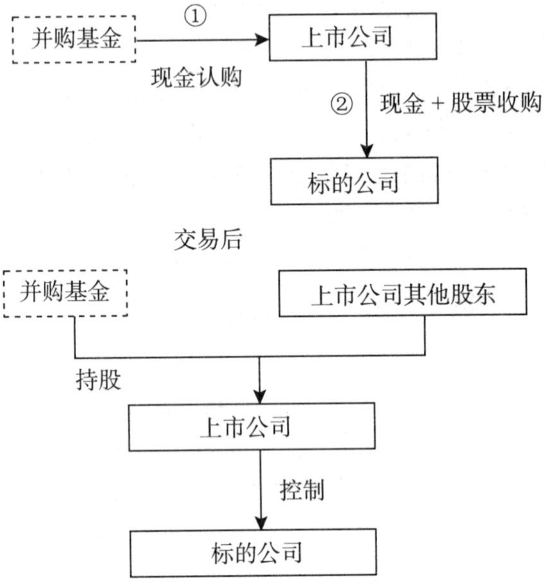

3. 控股型并购整合投资

此种模式下并购基金直接以“整合者”角色介入并购重组交易，强调获得并购标的的控制权，并以此主导目标企业的整合、重组及运营；控股型并购能最大限度地提高并购效率和资金使用效率，是美国并购基金的主流模式；控股型并购意味着需要对标的企业进行全方位经营整合，现阶段国内私募股权投资基金普遍缺乏该种能力。

控股买入—运营增值—出售退出“三部曲”是并购基金控股型投资的典型模式；控股型并购的时机通常是标的企业经营困难或是出现事件驱动类投资良机，标的企业原股东出售意愿较强，并购基金较易获得企业控制权；该模式下，并购基金获益源自于标的公司经营改善带来的价值提升，因此，并购基金是否具有经营管理、整合决策的专业团队，是否能够有效提升标的公司的运营效率和价值则至关重要。典型案例如新桥投资深发展案例；以及中信资本参与 ST 亚华重大资产重组案例，其借助外部重组方（浙商集团）的力量成功将 ST 亚华优质乳业资产私有化，并置于其预设的境外架构下独立运营，以谋求日后境外上市退出。

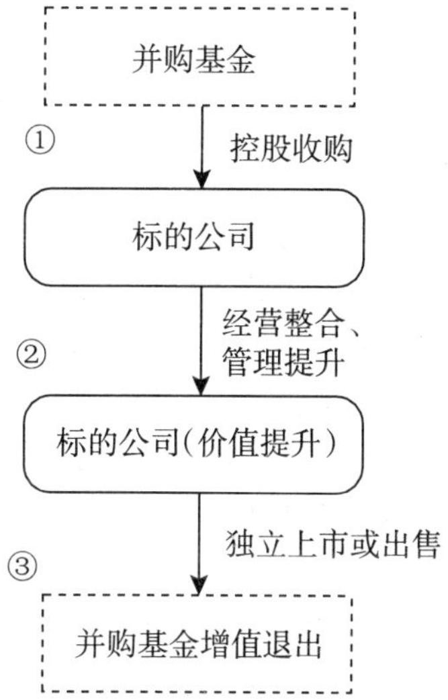

4. 大量上市公司参股并购基金[①]

2014 年 7 月 11 日，证监会修订《上市公司重大资产重组管理办法》、《上市公司收购管理办法》等。据修订后的规则，不涉及借壳上市、不涉及发行股份购买资产的并购重组将取消审批。除此之外，证监会首次明确鼓励依法设立的并购基金、股权投资基金、产业投资基金等投资机构参与上市公司的并购重组。对于广泛参与上市公司并购重组的并购基金而言，这无疑是个好消息，其娴熟的资本运作能力将获得大展身手的空间；对于上市公司而言，则意味着可以使用较少的资金撬动较大金额的并购。

据不完全统计，2014 年以来已有约 62 家 A 股上市公司参与设立并购基金，设立总规模超过 460 亿元。这些并购基金的投资多是围绕上市公司相关行业展开，其中大多成立于 2014 年 8 月以后。一名熟悉"上市公司 + PE"模式的 PE 机构人士指出，PE 先通过定增方式获取上市公司部分股权，然后为上市公司提供产业并购服务，包括对公司的价值链进行梳理、对公司的管理模式和组织架构进行优化等，使得上市公司业务—资产—财务完整匹配。随后，PE 会提供相应的并购标的，通过一系列的运作，使得上市公司的整个产业链更加完善。该 PE 机构人士透露，目前 PE 成立的并购基金布局新兴行业的比较多，因为这是国家经济转型的方向，也是市场的热点。与此同时，有券商分析师指出，通过并购基金的介入，上市公司既能够享受到并购带来的潜在收益，又能规避潜在的并购风险。如果上市公司直接进行并购，对那些处于早期阶段的项目，因项目失败可能性较大，很容易对上市公司的经营造成不良影响。而在并购基金的辅助下，在项目达到一定的盈利能力后再由上市公司进行收购，有利于消除这种风险。此外，专业的投资团队也

① 本文来源于《每日经济新闻》。

有助于加快并购速度。另外，还可以通过外部募资来解决一部分资金问题。

PE 作为并购的主要推手，通过参与定增、大宗交易等方式收集筹码，之后就开始帮助上市公司在上下游产业链寻找并购标的，以提升公司业绩、刺激股价上涨，这也是目前上市公司热衷成立并购基金的原因所在。上市公司的并购行为往往能刺激股价上涨，而上市公司与 PE 机构合作设立并购基金，往往也被投资者理解为短期内存在并购重组预期。《每日经济新闻》记者注意到，一些上市公司在成立并购基金后不久便出现了并购案例，长园集团、朗玛信息、中恒集团、延华智能、北大医药等均是此类。

目前 A 股上市公司参与的产业并购基金，可以归纳为三种模式。

第一种模式是与券商联合设立并购基金。2014 年下半年，券商设立并购基金成为热潮，比如华泰证券通过旗下全资子公司华泰紫金设立了华泰瑞联基金管理有限公司，之后华泰瑞联发起设立了北京华泰瑞联并购基金中心，吸引到了如爱尔眼科、蓝色光标和掌趣科技等多家上市公司参与。海澜之家与华泰证券设立的华泰瑞麟股权投资基金合作，并使用 1 亿元参与设立华泰新产业基金，紧盯移动互联网领域的投资机会。除此之外，2014 年 8 月，楚天高速与天风证券共同发起成立天风并购基金，规模为 5 亿元，以文化旅游、影视传媒、医药行业、高端制造业、环保行业、能源服务业等为投资重点。同年 12 月，三变科技与国泰君安创新投资等发起设立国泰君安并购基金；珠江钢琴与广证创投成立并购基金广珠壹号，以投资艺术教育领域为核心业务。

第二种模式是联手 PE 设立并购基金。比如 2014 年 12 月，康得新与控股股东康得投资以及森煜投资等合作设立面向新能源电动车、智能化等新材料的产业投资基金。其他例子还有中恒集团、昆药集团、健民集团等。

第三种模式是联合银行业成立并购基金。比如 2015 年 1 月，东方园林与民生银行建立战略合作关系，协助公司制定产业链并购整合发展的金融方案。双方将设立并购基金，对东方园林选取的上下游产业链并购目标进行收购和培育。

二、夹层基金[①]

即使面对的都是"成熟企业"，但根据企业对资金规模和时间的不同需求、基金投资者对收益和风险的不同偏好以及基金管理人不同的投资风格等因素，PE 仍会采取不同的投资策略。在市场急速膨胀的 2008 年之前，股权投资是国内 PE 最为推崇的工具，没有之一。但之后遇到国际、国内陆续发生的经济危机，市场陷入长期的低迷，IPO 一度暂停直至 2014 年 6 月重启，会里排队的企业已经突破 800 家，原本炙手可热的 PE 突然陷入退出无门的窘境，手里的股权无法变现，投资者的收益无法兑现。与此同时，利率市场化的呼声唤起了资金市场的活跃，小额贷款公司势如破竹，给市场带来了充足的现金流的同时获得了可观的利益。债权投资引起了 PE 的兴趣，于是本来在国内

① 张群：《夹层基金操作实务》，法律出版社。

不怎么引人注意的夹层基金逐渐走进了公众的视野。

“夹层”是由源自意大利语的“mezzanine”翻译而来,是“中等”或“较低”的意思。所谓“夹层融资”(mezzanine financing)是一种介于低风险的优先级债务(比如银行贷款、抵押贷款)和高风险的股本之间的融资方式,对于资金的提供方(投资者)来说称为“夹层资本”,对于资金的需求方(融资者)来说称为“夹层债务”。夹层融资产品是夹层资本为实现投资目的而设计出的金融工具,夹层基金是专门投资于夹层融资产品的一个 PE 类型。

本着金融领域通行的“风险与收益匹配”的原则,夹层资本的风险和收益均介于债务资本和股权资本之间,通常是一种无担保的债权类风险资本,但区别于普通债权的核心在于它实质上是一种附有认股权证的债权:夹层基金可以依据事先约定的期限或触发条件,以事先约定的价格购买被投资企业的股权,或者因无法满足转股条件而以债权形式退出。虽然无担保为常态,但实际操作中夹层基金有时也会要求融资方提供一定的担保措施保证资金的安全,比如资产抵押、股权质押、大股东连带担保、第三方担保等。夹层融资这种亦股亦债、又非股非债的属性,使它具备了可以采取灵活丰富的非标投资工具的特点。典型的夹层资本提供者可以选择将夹层资本一部分转化为融资方的股权,如期权、认股权、转股权等,通常以可转股债权、可赎回优先股等形式操作。随着我国立法不断完善,这些原本属于灰色地带的投资工具陆续得到了阳光化。其中《优先股试点管理办法》经 2013 年 12 月 9 日中国证券监督管理委员会第 16 次主席办公会会议审议通过,2014 年 3 月 21 日中国证券监督管理委员会令第 97 号公布,优先股的法律地位终于得到了认可。

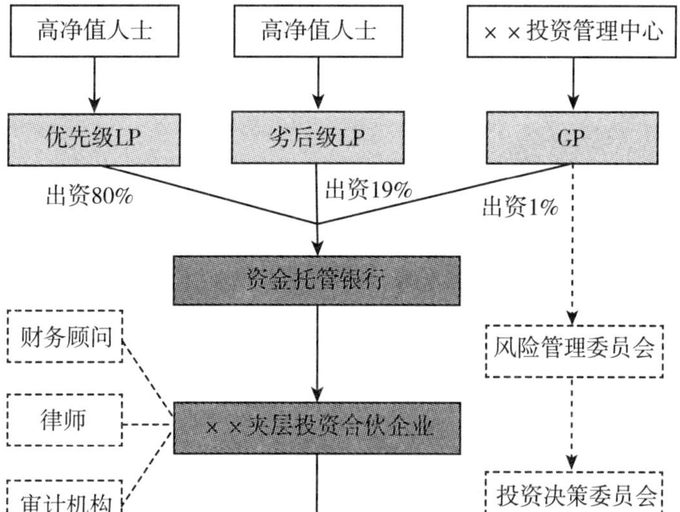

基金结构图

夹层融资主要关注较为成熟阶段的目标企业,它们往往拥有充足的现金流并且可持续发展,在项目的具体选择和判断上更加清晰,再结合投资的风控手段,能够更加有效地降低投资风险。夹层投资的收益较稳定,一部分来自于夹层债权性质带来的较高现金利息,一部分来源于夹层股权性质带来的股本溢价和分红以及融资方提前还款带来的溢价。

夹层融资在一定程度上既满足了 PE 对收益率的最低要求,同时又赋予了 PE 在恰当的时间转股以实现超额收益的权利,在纯股权投资缺少退出渠道、二级市场与一级市场利益重新分配的时代,其优势相较于传统的 PE 股权投资不言自明。对于被投资企业来说,有时难以获得银行贷款或者不满足公开发债的条件,有时股权融资不能从 PE 渠道获得满意的市盈率定价,为了获得发展所需的资金而接受夹层投资,可以在最小限度内稀释股权,同时受到较少的财务限制,若能好好借力这笔夹层资本取得突破性发展,仅需要支付一定的财务成本就可以在未来以一个比较高的估值出现在资本市场,这么看来还真是一笔不错的交易!

虽然夹层基金与其他类型的 PE 基金相比,在投资工具和投资项目的选择上有其自身的个性和偏好,但无论在组织形式还是投资过程中,都符合一支典型的 PE 基金所具备的共性,因此夹层基金更贴切地讲是一种 PE 投资模式。

夹层融资与其他投资产品对比

	收益性	风险性	流动性
银行存款、国债	固定收益, 低收益	极低风险	定期/活期, 一般较强
股票、证券	不确定收益, 相对较高	中、高风险	流动性强
期货	不确定收益, 有杠杆,相对较高	高风险	一般较强
PE/VC 股权投资	不确定收益, 较高	高风险	一般有锁定期, 流动性差
信托产品	8% ~10% 不等	中等风险	一般较差
夹层融资	10% ~20% 不等, 固定收益+浮动收益	视投资标的和结构, 一般有保障措施, 中等风险	一般较差

三、定增基金

(一)概述

定增基金是投资于上市公司定向增发项目的基金。随着 Pre-IPO 投资利润缩水和 IPO 市场的停滞,投资于上市公司的定向增发项目近年来在私募基金市场中认可度越来越高。简单说,定向增发即为业内人士所说的"一级半市场",相对于二级市场买卖股票,定增能够取得一定的折扣,导致投资定向增发有了一层事先的"安全垫"。定向增发有着很大的投资机会,定向增发的发行价相比二级市场的股价往往有一定的折扣,而且定增募集资金投资于特定的项目,其有利于上市公司的发展和业绩增长,反过来会助推上市公司股价上涨,因而现在越来越多的私募产品参与到上市公司的定向增发项目中来,希望能从中获取溢价收益。

定向增发投资的特点

参与门槛高

·资金投资时效性很强,过期不候
·定向增发具有非公开性质,拿到好项目需要足够的专业性和资源渠道

有限售锁定期

·从取得标的股票到可以解禁抛售,一般须锁定 1 年

一般折价发行

·2007 年以来 303 家增发公司中,有 287 家折价发行,平均折价率为 25%以上

平均收益率高

·2007 年以来 300 多家上市公司定向增发平均收益率为 46%

定增投资类似于 Pre-IPO 投资,即低价进入,待其增值后在二级市场上退出获得收益。对于私募定增投资基金来说,其一般的要求是:

基金(固定)收益率:一般来说,投资收益回报是不确定的,得因项目而异,投资有一定的风险。目前,由于市场低迷,投资风险大,因此,一般来说基金为了保证能够获取投资收益,会要求进行固定收益的定增投资。通常,所投资项目 IRR > 15%;基金投资回报倍数(含本金)1. 75 倍(1 ~5 年)。

基金进入:一般情况下采取低于流通股价 30% 进入被投企业。股权的方式,同股同权,按股权比例进行收益分配。

基金管理:基金管理人参与项目调研、回购签约、推出邀约等事宜,维护基金在项目公司知情权和基金利益。

基金的退出:当解禁上市流通后或约定退出期限前启动基金退出相关工作,基金退出时一般由市场情况决定二级市场退出时间或上市企业回购。

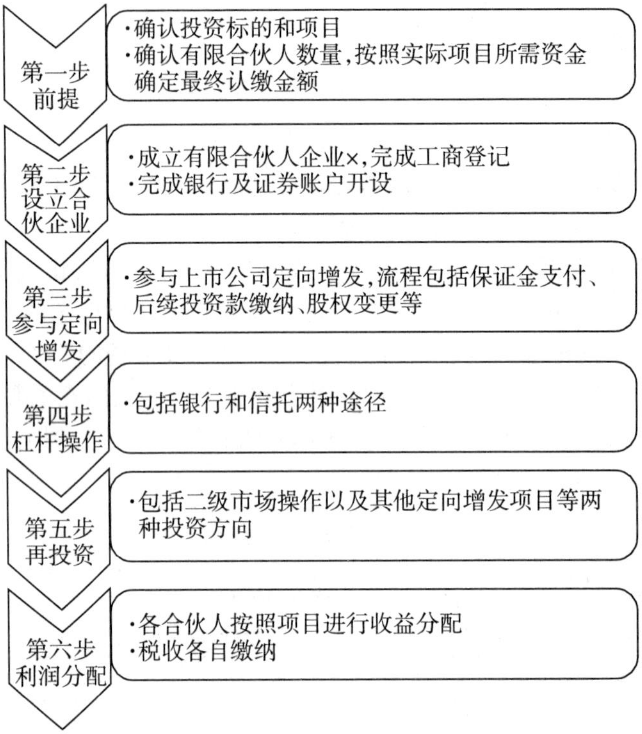

（二）GP 的职责

GP 的职责包括进行基金管理，例如选择独立第三方机构定期对项目公司进行调研、选择独立第三方机构在基金退出时对项目公司股权价值进行评估。GP 在项目层面通过委派董事的方式，参与重大事项决策，例如审批项目公司年度经营计划及资金计划、审批项目公司所增发的目标成本、审批项目公司年度销售进度、制订项目公司的利润分配方案。

GP 还要进行基金经营管理、后期股权质押、三次融资等包括但不限于如下事项：A 股上市企业定向增发产品融资，以流通股价七至八折介入（注：买入价就具备成本优势）；与被投企业签订回购协议，如低于或者等于增发购买价格时，由被投上市企业议价 10% 的回购协议进行股份回购，或者由大股东以担保的方式或者大股东参与定增但作为劣后分配来对于收益率提供保障支持；获得对应股权股份后，由合作银行、券商进行融资融券，所融资金不低于股价的 50%，利率不高于 8%，所得资金进行三次投资并签约不低于 10% 议价回购邀约。市场表现突出、获得市场增值溢价、杠杆溢价、双高额收益。

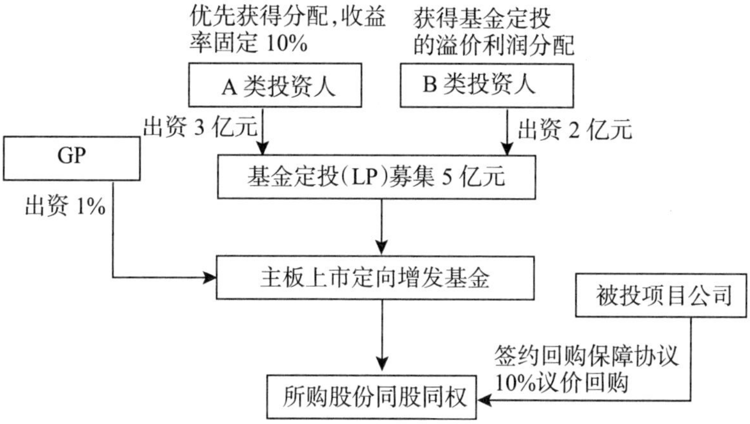

四、融资通道

在很多情况下，企业或者项目的融资因为各种原因需要通过设立独立的基金来进行。我们在最近的一项财务顾问业务中即遇到这种情况。某大型政府平台公司下属的一个园区管委会需要融资进行一级土地开发，而该园区具有半政府性质，因而又在园区管委会下专门设立了一个平台投资公司。但是该管委会的领导又不愿意直接以此投资公司作为融资主体，想要另外设一个项目公司或者以基金的形式来进行融资。针对该内容不确定的需求，我们设计了三种方案供其选择。

第一种方案是纯债权的模式：

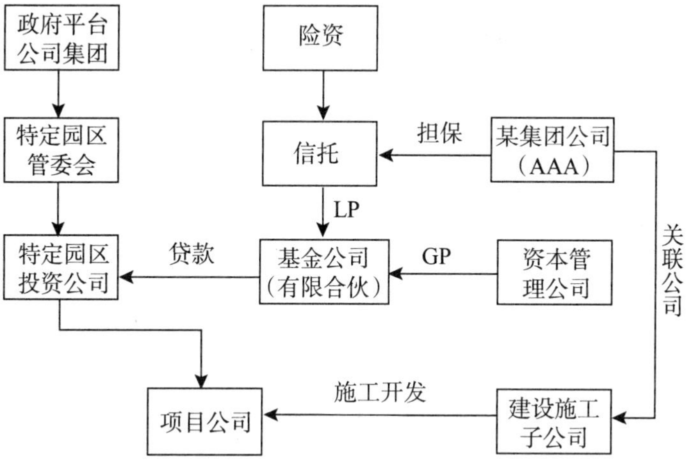

在此方案中，我们的资本管理公司募集资金设立基金公司，由该基金发行信托引入保险资金购买信托，由信托作为基金的 LP 来提供资金，然后以此资金直接向园区投资公司提供贷款。

在此方案中，由主体信用评级为 AAA 级某企业集团为信托提供担保，以满足信托发行的增信要求。

对于提供担保的该企业集团来说，其提供担保的对价是由该集团的下属某建设施工子公司来负责项目公司的土地一级开发施工。

第二种方案是纯股权的模式：

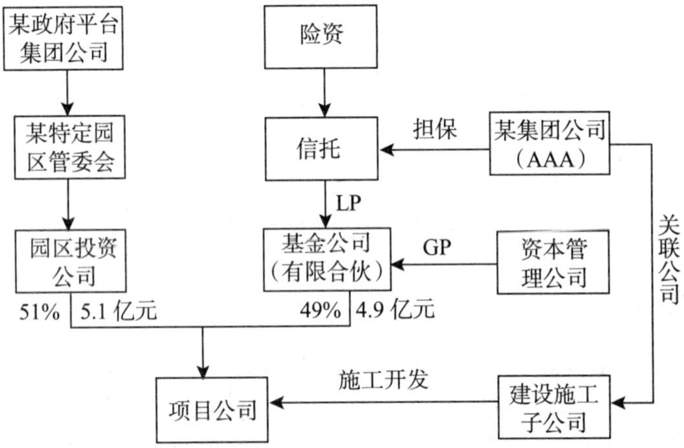

我们的资本管理公司募集资金设立基金公司，由该基金发行信托引入保险资金购买信托，由信托作为基金的 LP 来提供资金，然后该基金直接入股教育园区下面的项目公司，占49%，而园区的投资公司也需要出资占有项目公司 51% 的股份（具体数字比例可调）。

在此方案中，由主体信用评级为 AAA 级某企业集团为信托提供担保，以满足信托发行的增信要求。

对于提供担保的该企业集团来说，其提供担保的对价是由该集团的下属某建设施工子公司来负责项目公司的土地一级开发施工。

这一模式下，园区需要承担一定的出资压力。

第三种方案是股权加债权的模式：

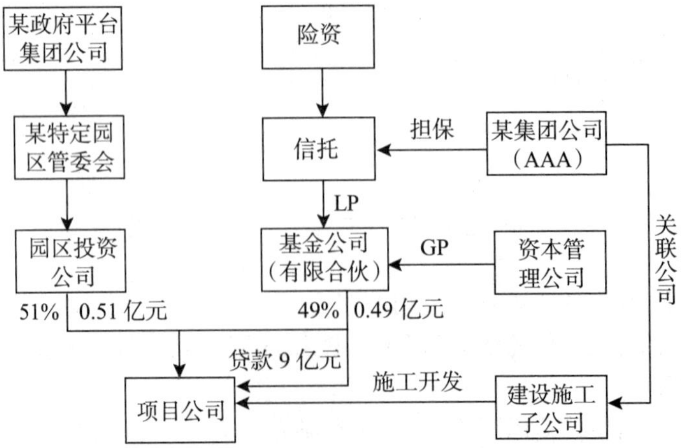

我们的资本管理公司募集资金设立基金公司，由该基金发行信托引入保险资金购买信托，由信托作为基金的LP来提供资金，然后该基金直接入股教育园区下面的项目公司，占49%，同时，基金公司为项目公司提供9亿元的股东借款。

在此方案中，由主体信用评级为AAA级某企业集团为信托提供担保，以满足信托发行的增信要求。

对于提供担保的该企业集团来说，其提供担保的对价是由该集团的下属某建设施工子公司来负责项目公司的土地一级开发施工。

以上各出资比例、出资金额、借款金额均可调。

这种模式下，园区公司以较少出资实现更高收益。

五、房地产融资

（一）房地产基金概况

房地产基金最近三年也持续取得了长足的发展。目前市场上存在着近100家管理机构，超过200支基金，超过1000亿元人民币的管理资金量。当前房地产基金的退出方式主要以项目方回购或者散售为主。国内的房地产基金大多根植于房地产开发商，起步也以与自己内部体系的项目合作为主，对于外部项目则是采取审慎和逐步开放的态度。因此，房地产基金通常也被理解为开发商一个新的融资渠道，肇因于国内房地产市场融资手段的变迁而非独立房地产基金管理人的崛起。诚然，国内房地产基金的勃兴与发展，与国内宏观的房地产金融市场息息相关。银行开发贷款通道变窄挤压导致过去两年房地产信托的快速扩容，而有限合伙制房地产基金也由于房地产信托产品逐渐严格的审查在过去一年间大幅发展。但目前来看，房地产基金管理人的独立品牌与投资管理能力很难在混乱的大环境中凸显。国内LP市场的环境并不令人乐观，大型的机构投资人鲜有考虑房地产基金市场的投资，所以，总体来说房地产基金都是小份额的散户募集。并且，个人投资人通常是希望其投资能够快进快出，这又进一步限制了房地产基金采取长期投资策略，因而限制了房地产基金品牌经理人的发挥空间。

最近，随着市场的发展，一些独立优秀的人民币房地产管理团队也正在组建和形成。房地产基金管理人的品牌团队正在逐渐地形成，其真正的投资能力与管理能力开始被市场认知，基金募集规模逐渐扩大，很多投资期限更长、项目组合式的大型基金也开始出现，投资策略也更多地从实质债权融资走向夹层、股权等多元手段，从住宅地产走向商业办公领域，甚至有部分基金已经走完了基金投资、管理、退出的全部产业流程，开始为投资人创造满意的投资回报。

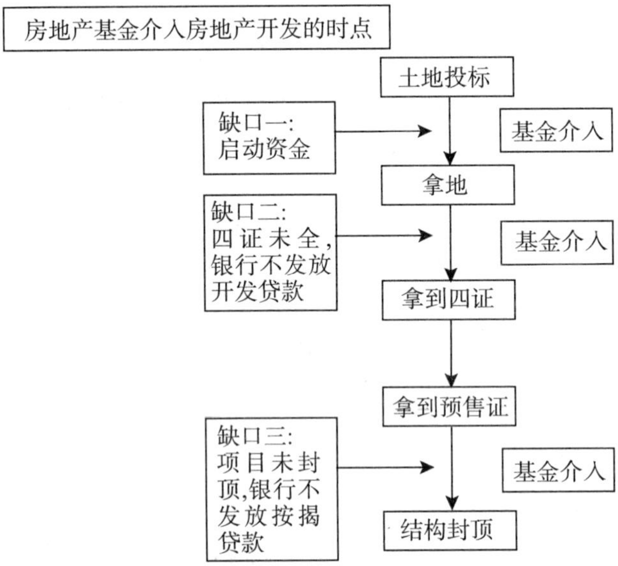

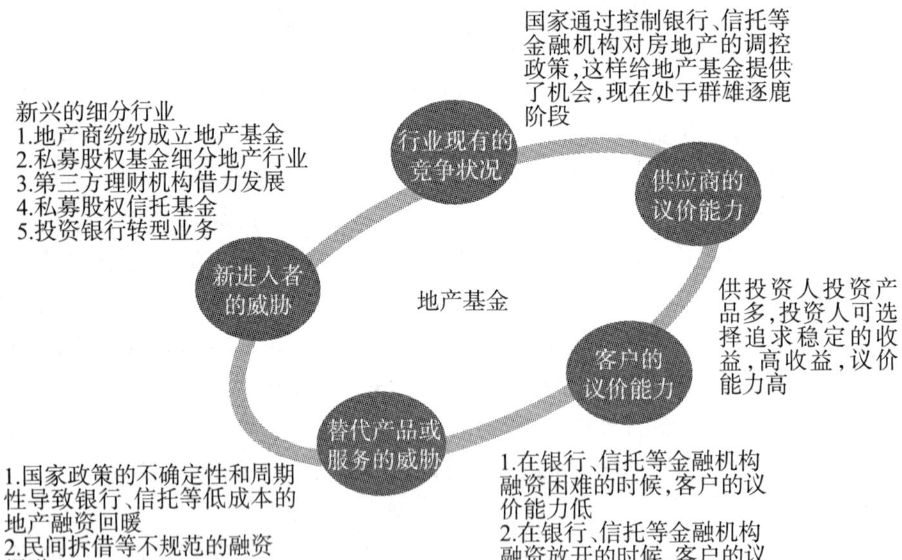

除了庞大的资金规模外,人民币房地产基金初现行业格局,股权投资、债权投资、夹层投资等投资方式各行其道,住宅地产、商业地产、城市综合体等投资模式百花齐放,独立品牌内资 GP、金融机构关联 GP、房地产商关联 GP 异彩纷呈,机会型、增值型、核心型各种房地产基金策略均大展拳脚。行业内的佼佼者在募集规模、投资项目、管理能力和退出业绩方面展示出不俗的实力。与此同时,保险公司投资不动产的细则出台推动保险公司已经开始在传统私募股权投资领域布局,为房地产基金 LP 市场打开一扇大门,它们也会逐渐开始关注符合险资投资条件的人民币地产基金。当前的市场机构以债权投资和住宅类投资为主,未来市场投资策略必将向多元化发展,形成更为丰富的多元化市场格局,满足投资人资产配置的需求。

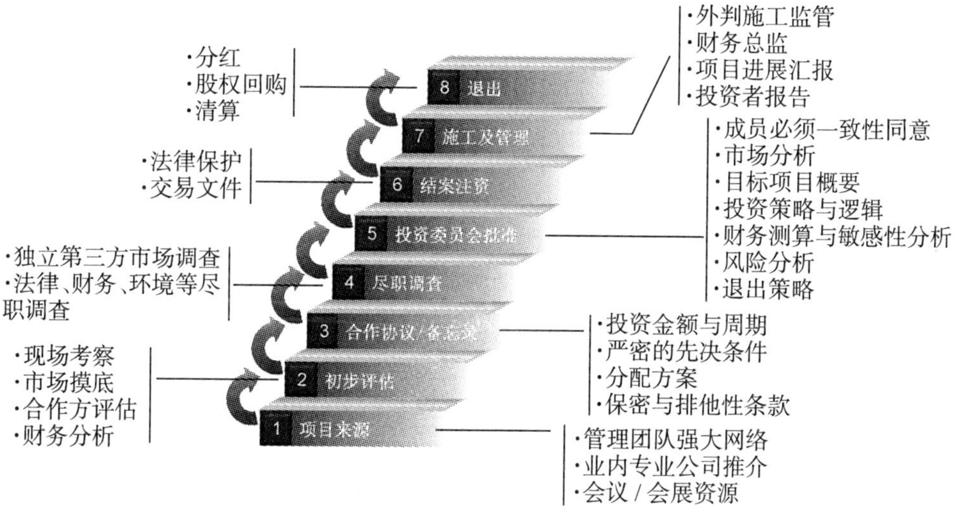

(二)典型的房地产基金架构①

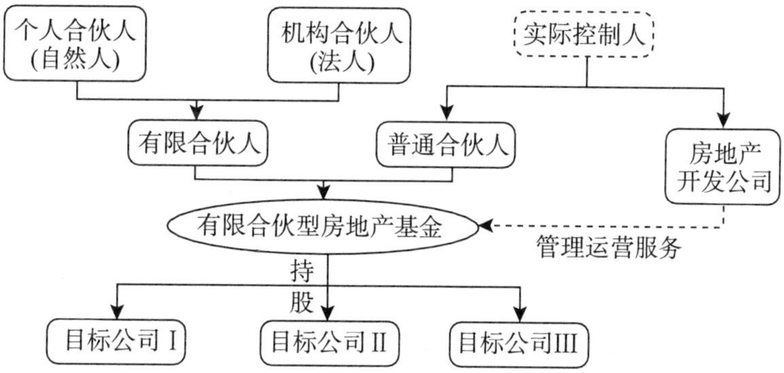

信托型房地产投资基金

① 选自王巍主编:《房地产信托投融资实务及典型案例》,经济管理出版社 2012 年版。

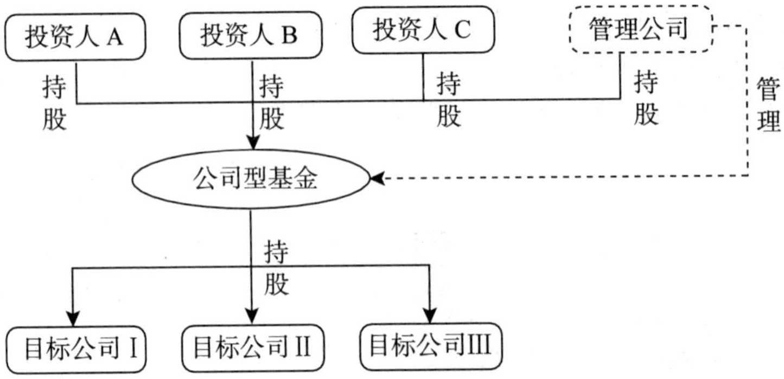

公司型房地产投资基金

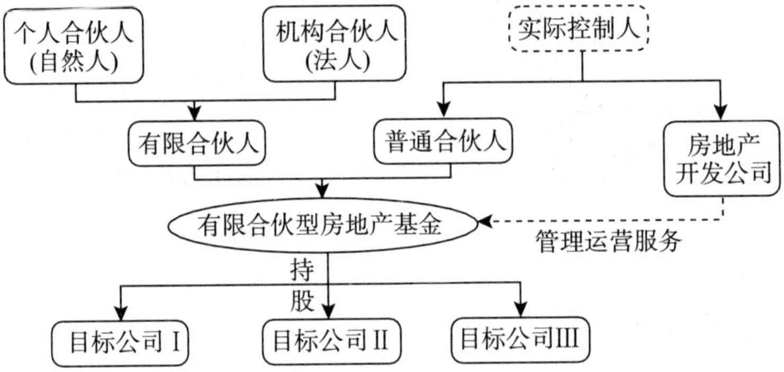

有限合伙型房地产投资基金

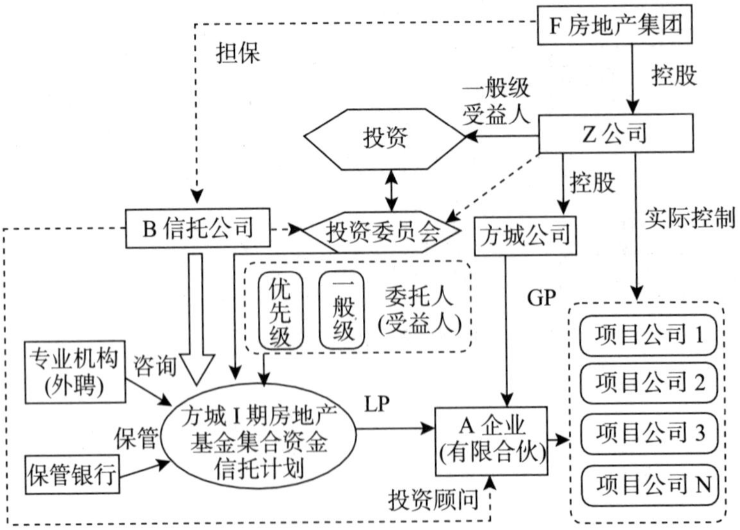

混合型房地产投资基金

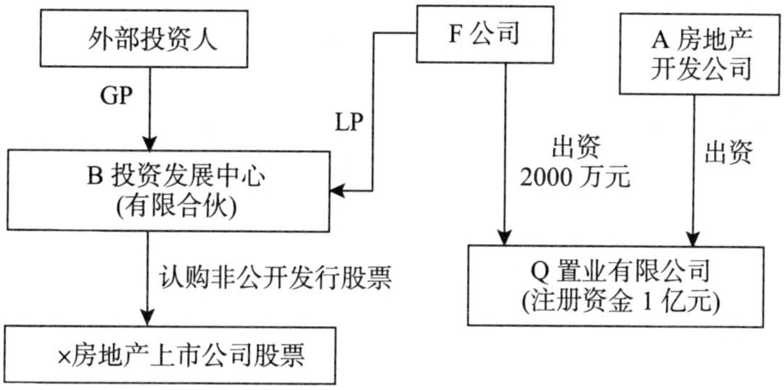

公司—有限合伙混合型房地产投资基金

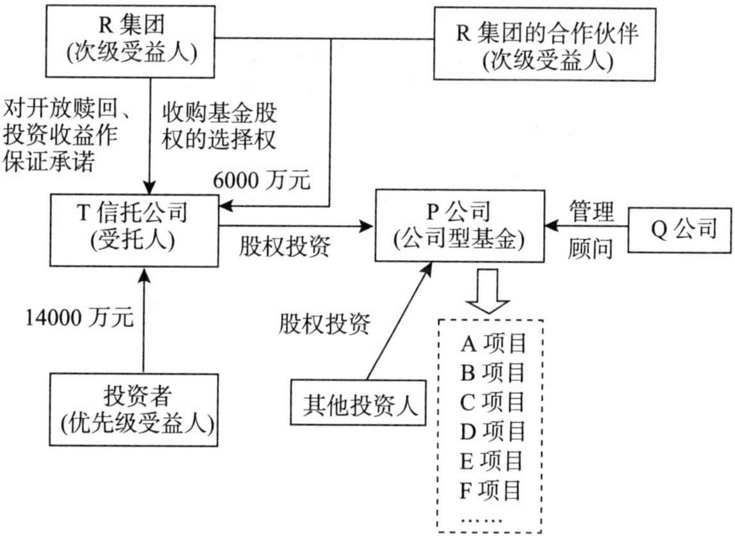

公司—信托混合型房地产投资基金

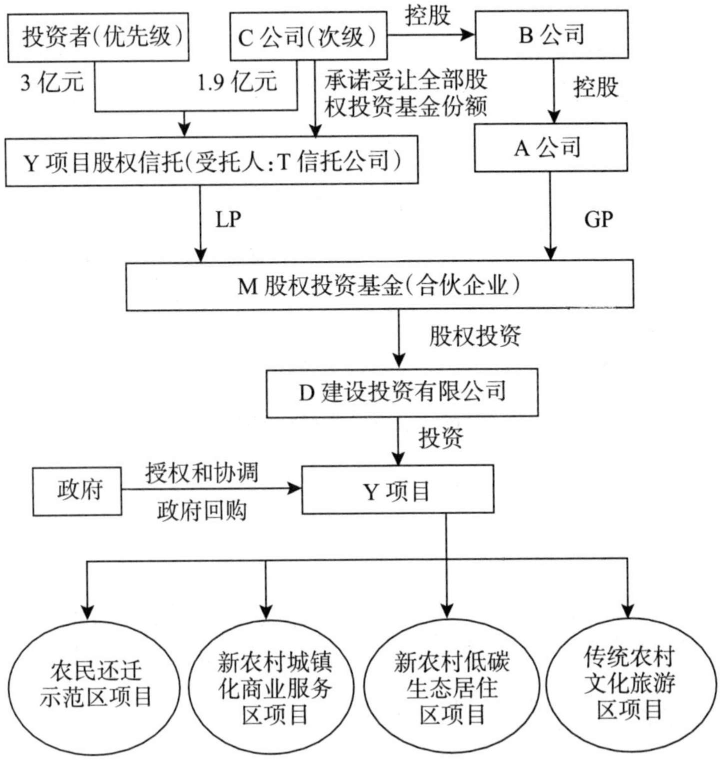

公司—信托—有限合伙混合型房地产投资基金

第二章 基金资金的募集

第一节 基金资金募集

充裕、稳定的资金来源是私募股权基金顺利设立、健康运行的前提和保证，只有募集成功并达到设立的基本条件，才能开始基金的设立工作。资金募集的成功对于私募股权基金的成立和运作至关重要。设立一家私募股权投资基金企业时，一般是先募集资金然后设立相应的企业，业内称之为“成立募集”。在私募股权投资基金行业里，成立募集是最常见的基金募集设立方式，募集和设立是一个相辅相成、一脉相承的过程。

在基金的成立募集过程中，基金的发起人会以投资理念为基础，考虑各方面因素，选择以公司型、合伙型还是信托型进行设立。这三种组织形式的私募股权投资基金企业在募集和设立的适应法律和程序上有一定的不同，但共同点是基金发起人都要做好充足的准备，特别是准备一份到位的资本招募说明书。

相对于成立募集，另一种资金募集方式是后续募集。所谓“后续募集”就是对已经设立的私募股权投资基金进行增资。实践中，通常只有那些单一股东的私募股权投资基金企业才会采取增资的方式来扩大基金规模。而对于投资人较多的基金来说，私募股权投资基金开始运作对外投资后，对于所投资企业的估值有较大的难度，因而私募股权投资基金很少会进行增资，如果确实需要更多的资金，则是采取另外新设一只基金的方式来扩大管理资金规模。

就目前的法律规定来说，与私募股权投资基金企业募集资金有关的规定主要见于《公司法》、《合伙企业法》、《证券法》、《信托法》、《刑法》等法律以及国务院及部委规定、地方规定之中。在这些法律中，多数法律法规并非专门为私募股权投资基金企业而制定的。只是因为私募股权投资基金仅仅是一个经济概念，而在组织形式上要按照已经存在的法律形式来设立，因而只要其符合某部法律的适用条件，其资金募集行为就要受该等法律法规调整。比如说，对于采用公司型、合伙型私募股权投资基金的企业，《公司法》、《合伙企业法》中关于公司股东、合伙企业合伙人人数的规定均适用于其募集对象数量问题。

一、资金募集的方式和渠道

（一）资金募集的方式

资金募集的胜败对于私募股权基金的成立和运作至关重要，以有限合伙模式为例，LP和GP的关系选择在基金组建中更是非常重要的一步。GP的专业化程度、LP对其的信任程度，对私募股权基金募资都具有重要意义。根据资金来源不同，私募股权投资基金投资可以分为利用自有资金的直接投资和募集外部资金进行的基金投资。而就外部募集来说，从募集主体看，可以分为自行募集和委托募集。所谓自行募集，就是由发起人自行拟定资本募集说明书、寻找投资人的基金募集方式。而委托募集，则是指基金发起人委托第三方机构代为寻找投资人或者借用第三方的融资通道来完成资金募集工作，并支付相应服务费或者“通道费”。就借用通道来说，一般是借用证券公司的资产管理计划和信托公司的信托通道。由于中国银监会监管下的信托公司在合规成本方面高于中国证监会监管的证券公司，因而其通道费也比证券公司的通道费要高很多。此外，股权投资企业的所有投资者只能以合法的自有货币资金认缴出资。股权投资企业的投资者人数也要符合《公司法》和《合伙企业法》的规定。投资者为集合资金信托、合伙企业等非法人机构的，应打通核查最终的自然人和法人机构是否为合格投资者，并打通计算投资者总数，但投资者为股权投资母基金的除外。从实际操作来看，私募股权投资基金通常采取资金承诺方式，即当基金管理者发现合适投资机会时，只须提前一定时间通知投资者即可，但这也要求投资者须具备足够的流动性。

《关于促进股权投资企业规范发展的通知》规定，私募股权投资基金的资本只能以私募方式向特定的具有风险识别能力和风险承受能力的合格投资者募集，不得通过在媒体（包括各类网站）发布公告、在社区张贴布告、向社会散发传单、向公众发送手机短信或通过举办研讨会、讲座及其他公开或变相公开方式（包括在商业银行、证券公司、信托投资公司等机构的柜台投放招募说明书等），直接或间接向不特定或非合格投资者进行推介。股权投资企业的资本募集人须向投资者充分揭示投资风险及可能的投资损失，不得向投资者承诺确保收回投资本金或获得固定回报。

（二）资金募集的渠道

通常来说，私募股权基金的资金来源主要有：财政资金、国有机构、非国有机构、个人和外资。根据主体性质不同，大体可归纳为三类：个人投资者、机构投资者和政府资金。需要说明的是，对于一个基金来说，其资金来源未必是单一的，其可能会多方募集，并且还可能通过结构化，设立优先、次级、劣后等结构层次的方式来吸引不同风险偏好的资金。在结构化的基金中，分配顺序处于次、劣位序的资金为优先的资金提供了保障，但是其也会因为承担了过多的风险的原因在基金收益丰厚时能够放大其本身的收益水平。

1. 个人投资者

我国个人或家庭的储蓄存款规模巨大，并且始终保持增长态势，同时，随着国家整体经济增长，个人收入也相应提高，富有的个人投资者是股权和创业投资基金的重要力量。根据《中国创业投资行业发展报告》，2011 年实到资本个人出资占比为 12.68%，承诺资本中个人出资占比为 13.67%。但总体来说，现阶段，个人直接参与私募投资的时机尚不成熟，而个人投资者的大量介入，也容易使得私募股权投资基金面临“非法集资”的法律风险，因此，无论是政策导向还是 GP 自身意愿，均不希望以个人资金作为其主要资金来源。

另外，由于私募股权投资具有高风险、高回报、监管宽松的特点，为了保护个人投资者，《创业投资企业管理暂行办法》要求，单个投资者对创业投资企业的投资不得低于 100 万元人民币；而国家发展改革委《股权投资企业资本招募说明书指引》规定，单个投资者对股权投资企业的最低出资金额不低于 1000 万元。

2. 机构投资者

机构投资者包括国有机构、非国有机构和外资机构。从成熟市场的经验来看，私募股权投资基金由于其长期投资的特点决定了中小投资者很难成为其主要资金来源，机构投资者应该是基金投资的主要力量。但我国目前金融机构投资者范围还有限，如社保基金、保险公司、证券公司、商业银行、信托公司、保险公司、养老基金等机构。除此之外，目前很多基金项目通过第三方理财机构来进行募资，也有一些基金管理公司设立了自己的财富管理机构。

3. 政府资金

目前，我国私募股权投资基金行业还处于其发展的初级阶段，政府投入在相当长的一段时间内还将是私募股权投资基金资金的重要来源之一。如国家发改委 2009 年在全国范围内成立了 20 家创业投资基金，并提供财政专项资金予以支持，而各地政府也从财政预算中安排一定的专项资金，成立政府引导基金或投资公司，引导社会资金投入到本地企业中，放大政府资金的效应。政府引导基金具有“让利于民”的特点，同时资金来源相对来说也有保证。目前，越来越多地市级政府也开始以引导基金方式推动当地股权投资市场发展，对私募股权投资基金企业在当地设立基金具有吸引力。

引入政府引导资金的方式请参见后面相关部分的内容。

4. 其他来源

值得注意的是，中国市场上也开始出现了基金的基金（Fund of Fund），此外，还有少数大学基金也开始参与私募股权投资，LP 的种类也越来越多样化。下表对目前中国市场上的四大类型的投资人进行比较，分别是全国社保基金、政府引导基金、民营企业及富有个人、金融机构。

LP 的类别比较及分析

	市场容量	投资案例	法规依据
社保基金	国家批准社保基金资产规模 7765 亿元的 10% 可投资私募股权基金。目前这一比例在 1% 左右	IDG、中比基金、渤海产业基金、鼎晖、弘毅、绵阳产业基金	《公司法》、《合伙企业法》、《信托法》、《创业投资企业管理暂行办法》、《产业投资基金管理暂行办法》、各地市的私募股权投资基金发展办法等
政府引导基金	截至目前规模是 60.65 亿元	各地的产业引导基金等	
金融机构	商业银行、证券公司、保险公司等金融机构	2006 年国开行投资渤海产业基金	证券公司、银行已经获得直投资格
机构/个人投资者	资金储备充沛的工商企业：江浙沪、珠三角、北京等地的企业主等	市场化的私募股权投资基金	

5. 两个例子

我们以前述的定增基金为例，说明私募股权投资基金是如何通过信托和银行的“通道”来募集资金的。

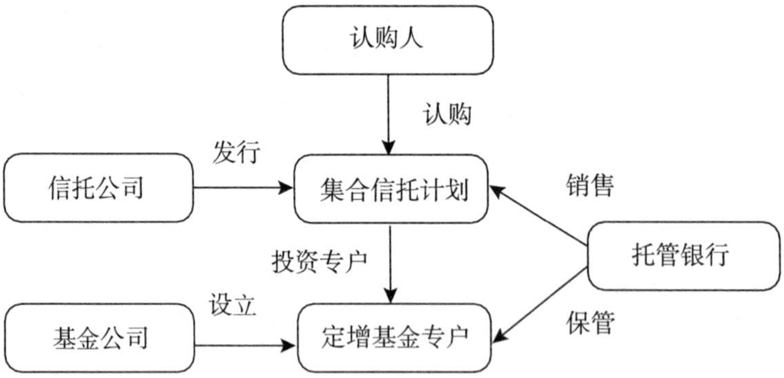

通过信托募集资金

资料来源：海通基金管理有限公司

在上面的图示中，基金通过信托公司发行集合信托计划来向公众募集资金。集合资金信托计划作为单一客户委托基金专户投资，规避了一对多基金专户的“双十”投资限制，可以投资于单个定增项目。部分风险承受能力更高的客户，可以通过信托计划融资，然后再委托基金专户投资于定向增发项目，提高了次级客户的投资收益率。

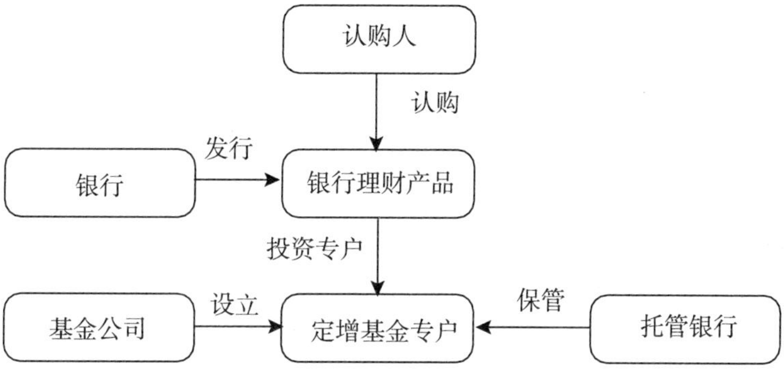

通过银行募集资金

资料来源:海通基金管理有限公司

而在上面的图示中,基金则通过商业银行发行银行理财产品的方式来向公众募集资金。

二、基金募集的程序[①]

股权投资基金的募集,一般要经过以下几个步骤。

(一)澄清与先前管理基金所投项目之间的利益冲突

通常情况下,主营业务为基金管理的投资公司旗下不止管理一只基金,因此当其发起成立一只基金时,基金经理须首先明确拟募资的基金与公司先前管理的基金在利益冲突方面的处理原则。通常情况下,拟募资的基金会明确以下方面:①拟募资基金成立后,当遇到优秀投资项目时,新成立基金与先前管理的基金投资的优先顺序;②当已投资项目进行增资扩股时,新成立基金与先前管理基金进行新增投资的优先顺序;③当新成立基金对先前管理基金已投资的项目进行投资时,投资价格的控制;④包括投资退出的一系列事宜的安排等。

(二)撰写基金募集说明书(或募资备忘录)

在国内,发行股权投资基金的第一项重点工作就是撰写基金募集说明书,在国外也叫募资备忘录。通常基金募集说明书内较为详细地阐明了基金设立的情景、拟募资的规模、投资人与管理人的权利义务、基金的治理结构和组织设计、基金的管理团队及历史业绩、基金资金使用方式、投资方式、获利方式、风险防范等。

(三)路演

基金的路演即与潜在的投资人举行会议,在充分交流的条件下,促进基金成功募

① 赵岗:《中国股权投资基金运营新略》。

集发行的重要推介、宣传活动。

基金路演是基金募集的最重要也是最关键的一步，通常路演效果的好坏，直接影响可能投资的有限合伙人是否有进一步了解基金情况的意向。因此，在基金路演过程中，根据路演对象的类别不同(例如机构或是个人)和路演对象的多少，采取不同的路演方法和营销策略。近年来，通过第三方渠道的路演较为普遍，例如通过银行、信托、证券营业部等向其大客户进行推介、路演。

路演的同时，发行基金的投资机构会向潜在有限合伙人提供认购意向书。根据路演效果，基金经理会根据情况，例如，超额认购情况早早出现，来调整募资总额，同时也会增加或减少所需路演的次数。

(四)与符合条件的投资人进一步磋商

基金路演结束后，即是与符合条件的有限合伙人进行进一步磋商的阶段，为正式建立投资关系奠定基础。同时，有的符合条件的有限合伙人会进一步了解基金更详细的情况。通常，有限合伙人会拜会基金管理人，了解基金管理人日常管理流程、项目储备情况、投资决策流程、拟投资项目的详细情况等，甚至根据需要还会要求实地考察拟投资企业。

(五)与主要投资人沟通(或谈判)最终条款(如需)

在基金管理人和符合条件的有限合伙人充分接触了解后，双方会就最终条款展开谈判。通常情况下，谈判主要内容包括：符合条件的有限合伙人的知情权、表决权、议事规则等的具体内容规定等。

(六)达成协议，缴纳投资款，募资结束

在与有限合伙人通过预先谈判达成原则性协议后，各有限合伙人缴纳投资款，基金管理人确立基金募集结束日期，并最后确定基金总规模，传阅最终会计事务所审计文件，就宣告了基金募集的结束。通常基金募集缴款结束后，会确定并召开基金创立大会，一般在创立大会上各有限合伙人会集体签署合伙协议，自此整个基金募资流程宣告结束。

三、募资过程中的注意事项[①]

整个股权投资基金募资过程中，须重点控制两点：一是要保持发行的私募状态，这是由《公司法》和《证券法》规定的；二是要控制有限合伙人的人数，这是由《有限合伙企业法》规定的。否则，便容易陷进“非法集资”的陷阱。

① 赵岗：《中国股权投资基金运营新略》。

(一)非法集资

非法集资是指单位或个人未依照法定的程序经有关部门批准,以发行股票、债券、彩票、投资基金证券或者其他债权凭证的方式向社会公众筹集资金,并承诺在一定期限内以货币、实物及其他利益等方式向出资人还本付息给予回报的行为。

根据《最高人民法院关于审理非法集资刑事案件具体应用法律若干问题的解释》的规定,非法集资的构成条件主要有以下四条,违反其中之一的话,就会被认为踩了“非法集资”的红线:

(1)未经有关部门依法批准或者借用合法经营的形式吸收资金;

(2)通过媒体、推介会、传单、手机短信等途径向社会公开宣传;

(3)承诺在一定期限内以货币、实物、股权等方式还本付息或者给付回报;

(4)向社会公众即社会不特定对象吸收资金。

(二)募资注意事项

1. 限制投资人数和最低投资数额

股权投资基金通常向特定对象募集资金,但如何界定“特定对象”目前法律尚无明确规定。一方面投资人数应符合法律规定,如以有限合伙企业形式募资的,投资人数不得超过 50 人;另一方面,投资人应当具有相应的风险承受能力,具体表现为对单个投资人的最低投资数额进行限制,如自然人投资者投资数额不得低于 100 万元等。

2. 不承诺保底收益或最低收益

承诺固定收益的一种表现形式是保本付息。因此,是否签订了保本付息条款是是否构成非法集资的主要认定标准;另外,承诺的形式也不限于货币,承诺给予固定的实物、股权等也可被认为承诺固定收益。

3. 不公开宣传

不能够以广告形式宣传。为了合法且兼顾效率,在严格遵守其他几点的前提下,可通过小范围、参加人数不超过投资人数上限的推介会形式进行路演,随后筛选特定投资者或与个别投资者面谈。

4. 合法、合规使用募集资金

如果出现基金募集后被用于挥霍导致无法返还、抽逃募资款、转移募资款、携带募资款藏匿、伪造投资失败、用于违法犯罪活动等,都将会涉嫌集资诈骗。此外,募集新基金来偿还老基金的本金和收益,也会涉及非法集资问题。

此外,在资金募集的时候,股权投资基金还应注意向投资者充分提示投资风险,披露相关信息,同时也要严禁代持股投资者的加入。代持股是指一名投资人为了达到最低出资标准,集合多个投资人的资金参与。否则,一旦超过投资者人数限制,就容易涉嫌向不特定对象募集资金,从而亦导致非法集资的可能。

第二节　有限合伙(公司)形式基金设立方案的规划

只有吸引到投资人投资于拟设立的基金,基金才可能有运作的资金前提。为了能够吸引到足够的投资,基金发起人(通常是GP)需要制定可行的基金设立方案,并且要有简洁易懂的书面资料,包括方案书和以此为基础进行路演时展示的PPT。作为一个能够充分传达信息的基金设立方案,其内容应当包括基金设立、投资、收益等各个主要方面。我们下面就以中方渤海投资直投部赵方方总经理前几年起草的一个艺术品投资基金的设立方案为例,来说明基金设立方案应当包含的基本内容。

一、市场分析

房产、证券和艺术品被公认为当前最主要的三种投资方式,但由于艺术品投资要求投资人对艺术品本身和艺术市场有很高的判断能力,单体对艺术品的直接投资往往具有较大风险并要经过漫长的经验培育期,因此普通投资者往往被艺术品市场拒之门外。在此背景下,通过积累广大投资者的闲散资金,由专业的艺术品投资者代为投资艺术品,已经成为一种时代必然。

20世纪80年代开始,欧洲基金开始涉足艺术品市场,并取得了巨大成功。2006年底,国内基金开始了对艺术品投资的尝试,并在过去的几年里取得了长足的进展。

通过专业艺术品投资基金进行艺术品投资已经成了众多投资者的当然之选,并将日益成为主流。

基金投资应当针对具有活跃市场及丰厚、稳定收益的项目。因此,基金设立方案应当先对于拟投资项目的市场前景进行说明,以让投资人看到潜在的商机。

二、基金概况

- 注册地:中国北京
- 基金结构:有限合伙;人民币投资基金
- 基金规模:目标规模5亿元人民币
- 基金期限:5年(3+2)
- 基金管理人/普通合伙人:北京赢佳艺术品投资管理有限公司(筹)
- 基金管理方式:基金管理人负责基金的操作和运营
- 投资领域:中国近现代书画、中国当代艺术品、古代书画作品(具体细分品类待定)
- 认购及出资方式:最低认购1000万元人民币;一次性付清
- 普通合伙人出资比例:10%
- 最高投资者数量:最多不超过50名投资者

◆ 基金管理费率:2.5%/年
◆ 基金增值费率:　/年(待定)
◆ 管理团队业绩激励分成:
　◇ 年化收益率介于0% ~10%区间,提取0%收益佣金;
　◇ 年化收益率介于10% ~50%区间,提取30%收益佣金;
　◇ 年化收益率介于50%以上区间,提取40%收益佣金。
　(年化收益扣税后计算)
◆ 分配方式:投资艺术品实现退出后一次性清算
◆ 投资退出策略:出售
◆ 预期收益率:20%/年
◆ 募集期间:2012年3~8月
◆ 托管银行:中国银行
◆ 法律顾问:北京德恒律师事务所
◆ 会计师事务所:信永中和会计师事务所

本部分对于基金的核心要素进行了说明,使投资者了解基金的目的和基本结构以及收益分配方式。

三、基金投资策略及投资领域

1. 投资理念

◆ 专注于名家精品,最大限度地保值增值。
◆ 专注于某个细分领域,集中分次购入,分散售出。
◆ 着力于投资后增值服务,集中精力推动艺术品市场价值提升。

2. 投资方式

艺术品收购,方式包括:
◆ 与藏家直接协议购买
◆ 参与市场竞拍

3. 收益模式

◆ 艺术品出售
　◇ 通过市场竞拍
　◇ 与藏家直接协议出售
◆ 艺术品租赁

4. 投资标准

◆ 所投资的艺术家必须是已经被市场认可的大师级艺术家
◆ 所投资的艺术品必须是大师的精品之作
◆ 预计在投资退出期结束前被市场追捧的作品

◆ 合理的投资价格

◆ 低鉴定风险、低市场风险、低市场偏好风险

◆ 单一投资占比:不高于募集资金总额的20%

5. 投资限定

◆ 投资种类

盛世嘉成艺术品投资基金第一期以稳健为主,原则上选择占市场交易总额50%以上的书画类艺术品,包括中国书画和油画作品。

◆ 投资年代

为最大限度规避鉴定风险,盛世嘉成艺术品投资基金第一期拟选择投资近现代和当代艺术家的作品,比如齐白石、张大千等。

本部分对于基金的投资策略和投资领域进行更为具体、专业的说明,使投资者对于投资的盈利可能性有进一步的评估。

四、基金管理人及团队介绍

1. 基金管理人

基金管理人暨普通合伙人为北京赢佳艺术品投资管理有限公司,公司由北京××集团、北京××艺术品拍卖公司以及富有艺术品投资与投资基金运作经验的专业人士联合组建。

公司注册资本1000万元,拥有规范的组织结构、专业的管理团队、国内顶级的艺术品鉴专家和投资顾问团队。

2. 管理架构

基金公司设立投资决策委员会与投资顾问专家团机制。

◆ 投资决策委员会

◇ 基金公司设立投资决策委员会,作为艺术品投资及退出的唯一决策机构。

◇ 投资决策委员会由五名委员组成。

◇ 投资决策委员会常务委员一届任期为一年。

◇ 投资决策委员会设主任一名,由普通合伙人指派。

◇ 投资决策委员会主任作为投资决策委员会的召集人,负责召集、召开并主持投资决策委员会会议。

◇ 投资决策委员会设秘书一名,由普通合伙人委派。

◇ 投资决策委员会秘书负责投资决策委员会的日常事务。

◆ 投资顾问专家团

◇ 基金公司根据所投资的艺术品涵盖种类及标的,外聘艺术品鉴赏及投资相关领域的专家组成投资顾问专家团。

◇ 投资顾问专家团设艺术专家顾问成员5名。

◇ 投资顾问专家团成员负责对基金公司投资标的的真伪、市场价值提供专业建议。

◇ 投资顾问专家团成员负责出具品鉴意见，作为投资决策的参考意见，具体机制如下：

> 参加投资品专家论证会议，详细地从拟投资标的藏品的真伪、存世量、升值空间等方面进行考量，判断标的藏品的投资可能性、合适的投资时间及投资价格。并形成书面会议文件，文件内容包括鉴定的依据、结果、存世量的数据及数据来源，升值空间的估计方法和估计结果，专家及有关人员签字。

> 投资决策委员会依据专家认证会议对拟投资标的的品鉴意见，结合藏品的真伪、存世量、升值空间等确定投资及退出方案，进行投资决策。

3. 核心管理团队

×××：投资决策委员会委员……

×××：投资决策委员会成员……

×××：投资决策委员会成员……

×××：投资决策委员会成员……

×××：投资决策委员会成员……

4. 投资顾问专家团队

×××：

×××：

×××：

×××：

×××：

投资收益的可能性取决于基金管理人的专业能力，因此本部分对于基金投资管理的团队进行介绍，向投资人展示基金管理团队的专业能力。

五、风险管控机制

1. 风险控制体系

◆ 法律风险：

有限合伙制法律框架和制度设计

托管银行资金保管

有效合理的信息沟通机制

◆ 道德风险：

设计约束激励机制，促进管理团队与基金利益的一致

规范关联交易

避免利益冲突

◆ 市场风险：

采用严谨的投资筛选和决策流程

有效的投资管理

1.1 法律风险控制

◆在基金的法律框架设计上采用国际主流的有限合伙制，明确普通合伙人(GP)和有限合伙人(LP)的权责分工，以有限合伙制的独特约束机制控制风险。

◇基金管理人担任基金的GP，对基金的对外债务承担无限责任，这要求GP的经营行为必须谨慎，必须将风险控制放在首位，同时努力提高自己的业绩和声誉，才有可能在行业中立足。

◇投资人作为LP，只承担有限责任，而且可以通过合伙人会议对基金的运作过程实施监督。

◆ 执行事务合伙人将在托管银行开设专户，所有到账资金将存放于托管银行，提高投资人资金的安全保障。

◇托管银行对资金的保管：作为投资人权益代表，安全保管基金资金；

◇托管银行对基金的监督：在资金使用方面监督基金管理公司的投资运作，如果发现有违规行为，托管银行可以向投资人、主管部门报告，并督促基金管理公司立即予以纠正；

◇托管银行对基金的报告：托管银行将定期、独立地向基金和投资人提交托管报告。

◆ 有效合理的信息沟通机制，使投资人充分了解基金运作。

◇基金管理公司向投资人定期提交基金运作情况报告；

◇定期报告：季度报告、半年度报告、年度报告；

◇投资人拥有对基金及其投资组合进行审核的权利；

◇聘请独立第三方机构；

◇财务审计；

◇法律审查。

1.2 道德风险控制

◆ 为保证管理公司和管理团队在从事基金运营的过程中勉力尽责，将强制管理公司和管理团队出资基金规模10%的金额，作为普通合伙人出资于基金，并承担无限连带责任，从而将基金的利益与管理公司和管理团队的利益牢牢绑定在一起，从机制上防范团队在进行投资决策时可能出现的道德风险，最大化激励管理团队在审慎的基础上做出有利的投资决策、维护投资人的利益。

1.3　市场风险控制

◆ 专家的品鉴意见将作为判断艺术品艺术价值的重要依据。结合艺术价值与市场价格判断艺术品市场及艺术品的未来走势，投资被市场认可的近现代及当代艺术大师的精品之作是我们规避市场风险的重要方式之一。

◆ 对单个艺术品的投资额，一般不超过基金规模的20%，防止单个投资品的市场价格变化巨大对基金业绩造成过大的影响。

◆ 通过积极有效的投资后增值管理服务，最大限度地提升投资品在市场中的美誉度与稀缺性认知，从而创造市场饥饿局面。

2. 动态风险监测

◆ 建立投资品专人负责制，负责该投资品的人员紧密跟踪被投资艺术品的市场走势、定期与对应品类的专家顾问沟通，并向管理人内部提供及时的情况分析。

◆ 积极掌握被投资艺术品和艺术家相关的重大事项，分析可能带来的风险点及应对方案。

3. 定期估值报告

◆ 建立投资品定期价值评估及报告制度。

◆ 对各个投资品进行季度/年度的回顾，对投资品在未来一段时间内的市场反应情况作出预判，并进行相应价值与风险评估。

4. 风险控制节点

◆ 风险控制的三个节点：

◇投资品筛选和鉴定；

◇投资方案；

◇投资后管理。

◆ 投资顾问专家团鉴证会议机制：

◇拟投资的艺术品必须经鉴证会议，由艺术领域专家顾问出具鉴定意见，并形成论证会议决议文件。

◆ 投资决策机制：

◇全票通过制；

◇由投委会5名成员参加投票。

金融行业是一个管理风险的行业，而任何金融投资多多少少都会有风险，投资人的专业能力是对投资项目存在风险的精准审查和可靠的把控。因此，一个好的设立方案应当对于拟投资项目存在的风险进行充分、诚实的披露，并且要有可行的管控方案。

六、投资流程与投资后管理

1. 投资流程

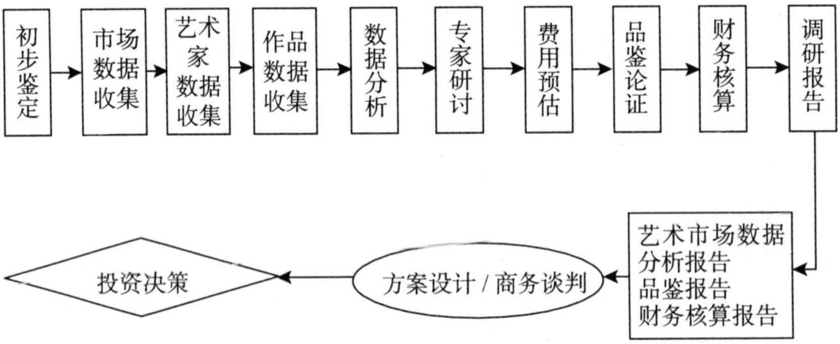

2. 投资流程管理

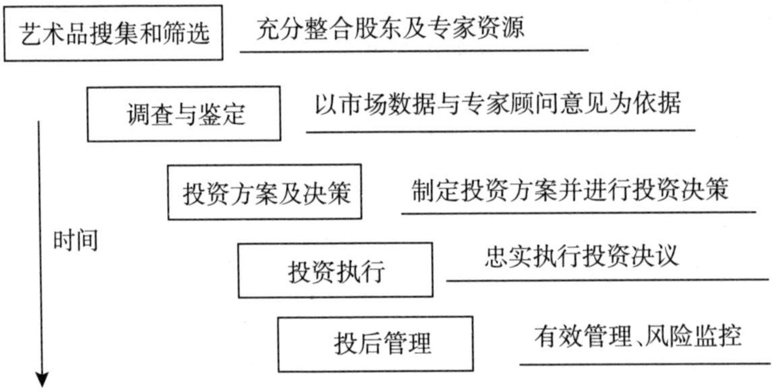

3. 投资后管理

◆ 对已投资艺术品进行市场跟踪，跟踪分析同类、同时代、同艺术家书画的市场表现，根据市场动向及时调整投资方案，定期组织投资顾问专家团对已投资艺术品进行跟踪评估及市场预测，并形成书面报告。

◆ 对不同投资风险进行定期评估，对于风险上升的已投资艺术品要及时制定退出方案或规避风险方案，并组织实施。

◆ 积极主动通过可行有效的方式提升已投资艺术品的市场认同度和市场价值，例如参加展览、媒体宣传等。

七、基金募集方案

1. 募集资金方案

募集资金认购流程

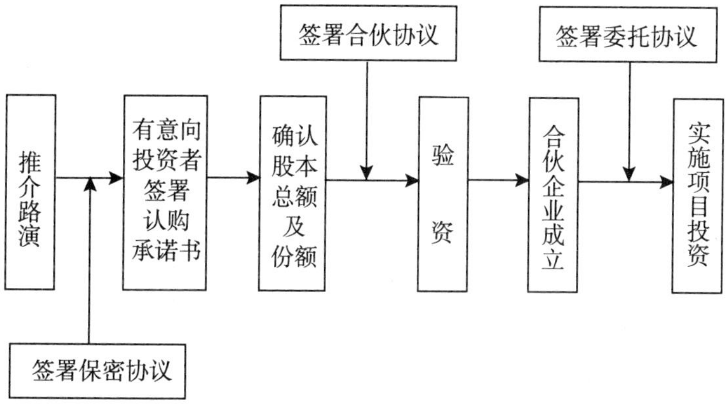

2. 基金的认购与分配

◆ 首次认购截止日:2011 年 5 月 18 日(若首次认购满额或超额不再进行二次认购,7 个工作日内签署合伙协议)。

◆ 二次认购截止日:2011 年 8 月 18 日。

◆ 认购规模:30000 万元人民币。

◆ 普通合伙人(GP)认购:北京赢佳艺术品投资管理有限公司(筹)认购基金出资的 10%,并承诺作为不可撤销投资。

◆ 资金投入:承诺资金投资截止日须投入承诺资金的 100%,逾期取消认购资格。

投资分配:按照项目退出时的收益进行分配,收益确认和核算原则请参照《合伙协议》。

第三节　信托形式基金设立方案的规划

××信托·私募股权投资基金
集合资金信托计划说明书

受托人:××信托有限公司

一、信托计划名称

××·私募股权投资基金集合资金信托计划(以下简称本信托计划或本信托)。

二、信托计划目的和类型

本信托发挥金融服务与私募股权市场的协同优势，基于专业、规范、透明和稳健原则，整合××信托、××集团以及天津××××股权投资基金管理有限公司在各自领域的专业经验和协同增效优势，通过组建专业化的基金管理团队，贯彻信托公司主动管理的原则，秉持价值发现和价值创造的理念，以资本金投资管理及服务为核心，构建专注于私募股权领域优秀的股权投资基金，为委托人提供专业、规范、透明和稳健的资产管理服务。

委托人基于对受托人的信任，将其合法拥有的资金委托给受托人集合管理，运用于以股权、债权、可转股债权、购买特定资产收益权等法律允许的方式投资于安全边际足够、具有增值潜力的私募股权相关设施（包括酒店、商业物业项目、旅游设施等），对其进行升级改造、实施资本管理以及结构重组，改善治理与运营，实现目标资产的价值提升，并在其增值后出售或上市获利。资金闲置期间可用于银行存款、国债、金融债、新股申购以及中国银监会允许股权投资基金投资的其他金融工具，以获取收益，并分配给受益人。

本信托为委托人指定用途，并由受托人以集合方式管理、运用和处分信托财产的集合资金信托计划。

三、信托计划要素

（一）信托计划的相关主体

1. 委托人与受益人：指签订信托合同，足额交付其认购金额，依据信托合同规定分享收益并承担风险的自然人、法人或依法成立的其他组织。

2. 管理人及受托人：指××信托有限公司。

3. 投资顾问：指天津××股权投资基金管理有限公司。

4. 保管人：指________。具体依照受托人与保管人签署的《保管协议》加以执行。

保管人对本信托计划财产的保管并非对本信托计划资金或收益的保证或承诺，也不承担本信托计划的投资风险。信托存续期内，由于保管人原因不能正常履行本信托计划所规定的责任时，受托人为维护受益人利益可以变更保管人。

5. 专业服务机构：

（1）本信托计划拟聘请×××会计师事务所：

（a）在项目投资过程中提供尽职调查服务；

（b）担任本信托计划所投资之项目公司的会计师。

（2）本信托计划拟聘请××律师事务所担任本信托计划的法律顾问；

（3）本信托计划拟聘请×××担任本信托计划的评估及咨询顾问；

(4)根据项目投资及后续管理需要,本信托计划还将聘请其他具有卓越市场声誉的专业服务中介机构,提供相关专业服务。

(二)信托计划期限

本信托计划期限为2+2年,自当期信托单位生效之日起计算。

本信托计划当期期限届满2年时,经与投资顾问协商同意,管理人有权根据实际情况决定延长当期信托单位的期限,如决定延期,则应提前3个月书面通知受益人。管理人自主决定信托单位延期的时间不得超过2年。

(三)信托规模和信托单位

本信托计划总规模预计为人民币30亿元,信托资产初始总额5亿元。优先级信托资金规模以实际募集金额为准。

信托受益权划分为等额的信托单位,信托单位是委托人认购本信托时的计量单位,每信托单位对应认购资金人民币1元。

(四)信托财产的范围及种类

信托财产包括下列一项或数项:

1. 委托人交付的信托资金。
2. 受托人因信托财产的管理、运用、处分或者其他情形而取得的财产。
3. 前述一项或数项财产灭失、毁损或其他事由形成或取得的财产。

(五)信托报酬

1. 本信托计划的信托报酬分为固定报酬与浮动报酬。
2. 信托报酬的收取标准和支付

本信托计划按投资者已缴纳的信托资金规模的2%/年向受托人支付固定报酬。

固定报酬应于每个信托年度开始的5个工作日内,由保管银行根据受托人出具的划款指令从信托账户直接划付该信托年度的固定报酬。

3. 浮动报酬的标准和计提

本信托计划期满,当信托计划年化收益率不超过投资者预期收益率时,则不提取浮动报酬;当信托计划年化收益率超过投资者预期收益率时,则受托人就超过的部分,提取20%的浮动报酬。

浮动报酬于本信托计划终止时由保管银行根据受托人出具的划款指令从信托账户直接划拨至受托人名下。

(六)管理费用

1. 本信托计划投资顾问收取的管理费用分为固定管理费用与浮动管理费用。

2. 管理费用的收取标准和支付

本信托计划按投资者已缴纳的信托资金规模的0.5%/年向投资顾问支付固定管理费用。

固定管理费用应于每个信托年度开始的5个工作日内,由保管银行根据受托人出具的划款指令从信托账户直接划付该信托年度的固定管理费用。

3. 浮动管理费用的标准和计提

本信托计划期满,当信托计划年化收益率不超过投资者预期收益率时,则不提取浮动管理费用;当信托计划年化收益率超过投资者预期收益率时,则投资顾问就超过的部分,提取20%的浮动管理费用。

浮动管理费用于本信托计划终止时由保管银行根据受托人出具的划款指令从信托账户直接划拨至投资顾问名下。

(七)信托收益的计算和分配

1. 信托收益的计算

(1)信托收入来源于信托财产管理、运用、处分过程中产生的收益,包括项目投资收益、银行存款利息收益及其他收益。信托费用指本合同第十三条约定的信托费用中应由信托财产承担的部分。

(2)信托收益=信托收入-信托费用。

(3)信托年化收益率=信托收益÷信托计划规模÷信托期限×100%(其中信托期限为按年计算的信托实际存续期,其不满一年的部分,按实际存续天数除以365折算为年)。

(4)本信托计划收益分为:

现金类预期收益,每信托年度末分配一次;

本信托计划预期收益率如下:

受益人在2年的信托期限内享受11%/年的预期年化收益率,每信托年度末分配收益;

信托计划延期的,在延长期限内,受益人可享受13%/年的预期年化收益率,每信托年度末分配收益;

如信托期限期满时,信托计划年化收益率大于预期年化收益率(预期年化收益率指在信托期限2年内为11%/年,信托期限延长期限内为13%/年)时,优先级受益人按超额收益(超过11%或13%的部分)的20%享受浮动收益;

如信托期限期满时,信托计划年化收益率小于预期年化收益率时,则劣后级受益人按约定的预期年化收益率，受让全部优先级受益人的信托权益；

本信托计划的预期回报率不构成受托人/管理人或投资顾问对信托收益的保证或承诺。

2. 信托财产及收益的分配

(1)除受益人大会另行决议外，信托财产及收益以现金方式进行分配，由受托人支付到受益人指定的账户。

(2)信托财产及收益分配方案必须遵循以下原则：

(a)首先，在每信托年度末按照本信托合同规定的预期收益率向优先级受益人支付当期应分配的信托收益；

(b)其次，在信托计划到期时，按照分配当日优先级受益人持有的信托单位占全部受益人持有的信托单位的比例，向受益人支付信托单位本金；

(c)第三，对于进行前述分配后剩余的部分，则按受益人持有的信托单位占全部受益人持有的信托单位的比例，向受益人分配信托资金本金；

(d)第四，如有剩余，则按照受益权的预期收益率(不计复利)向受益人分配自信托生效之日起，至向受益人分配之日止的预期收益；

(e)最后，对于进行前述分配后剩余的部分，按20%、20%、20%和40%的比例分别支付给受益人、受托人、投资顾问和劣后级受益人，作为受益人的浮动收益、受托人的浮动报酬、投资顾问的浮动管理费用以及劣后级受益人的浮动收益。

四、加入信托计划的条件和方式

(一)委托人资格

作为本信托计划的委托人须是中华人民共和国境内具有完全民事行为能力的自然人、法人或者依法成立的其他组织；投资者认购本信托计划优先级信托单位的起点为人民币100万元，且最高不高于20000万元，按照10万元的整数倍增加。××信托作为受托人可以以自有资金认购本信托计划，其认购的信托资金与其他委托人的信托资金集合管理与运用，并享有同等权益。

(二)认购方式

投资人应以现金认购本信托计划的信托单位。

(三)资金缴付

受托人开设独立的信托资金专用账户对信托资金进行管理，本信托的一切资金往来均须通过该账户进行。

1. 委托人应在本合同签订时，将信托资金交纳至以下临时信托专用账户：

账户名称：××信托有限公司
开户银行：
账　　号：
2. 每一期的信托单位生效前，临时信托专用账户资金应转入以下信托资金专用账户：
账户名称：××信托有限公司
开户银行：
账　　号：

（四）合法性要求

委托人保证其认购信托单位时缴纳的信托资金是其合法所有的具有完全支配权的财产，并符合《信托法》及相关法律法规的规定。

（五）信托计划的加入

委托人在与受托人签订信托合同后，应缴纳信托资金，自当期信托计划成立之日或者当期信托单位生效之日起即视为加入当期信托计划。本信托计划的加入遵循金额优先、时间优先的原则。

（六）信托收据

受托人在收妥当期信托计划委托人交付的信托资金并且当期信托计划生效后，统一为委托人开具信托收据。

（七）认购信托计划的资料要求

1. 委托人为自然人，需携带：
①身份证原件及复印件；
②人民币储蓄存折或银行卡原件及复印件（用于分配信托收益）。
若授权他人办理的，代理人除需持
①本人身份证件原件；
②授权人身份证件原件及复印件；
③授权人储蓄存折或银行卡原件及复印件；
④授权委托书原件。
2. 委托人为机构，若经办人为法定代表人本人，需携带：
①机构营业执照副本原件及复印件（需加盖公章）；
②组织机构代码证副本原件及复印件（需加盖公章）；
③税务登记证原件及复印件（需加盖公章）；

④法定代表人身份证原件及复印件(需加盖公章);

⑤法定代表人证明书原件;

⑥机构开户银行、户名、账号证明(用于分配信托收益)。

若经办人不是法定代表人本人,则经办人除需持上述文件外,还需持经办人身份证原件及复印件(需加盖公章)和有法定代表人签名并加盖公章的授权委托书原件。

以上材料所提供的复印件均需委托人签字或加盖公章。

五、信托计划的推介及成立

本信托计划可视市场情况分期募集、分期成立,每期将独立核算、独立管理。

(一)信托计划的推介

本信托计划推介地为重庆市。募集推介期为 30 个工作日,自 2011 年___月___日到 201 ___年___月___日止,若有需要,可适当延长或提前结束。

(二)信托计划的成立条件及募集安排

1. 本信托计划发行规模预计为人民币 30 亿元,以实际募集金额为准。

2. 本信托计划可分期募集并成立,信托计划资金初始金额预计 5 亿元,信托计划可以成立。

3. 信托计划各期成立日期以受托人挂网或其他方式发布的成立生效公告为准。

在首次募集期内,信托计划募集规模满 5 亿元后,受托人可视情况宣布当期信托计划成立,即为××信托·××私募股权投资基金集合资金信托计划(第Ⅰ期)。

(三)信托计划的生效

当期信托计划成立之日即为当期信托计划生效之日,并于当日开始计算当期投资者收益。

如果当期信托计划因募集不足未能成立,则受托人应于募集推介期结束后 10 个工作日向委托人返还已缴纳的认购资金及其在信托账户中获得的按中国人民银行规定计算的活期存款利息。此外,受托人不再承担其他任何义务。

(四)信托资金在信托计划生效前产生的利息计算及其分配

信托资金在受托人收到日至信托计划生效日期间产生的利息按中国人民银行规定的活期存款利率计算,由受托人在当期信托计划终止时支付给受益人。

六、信托财产的管理与运用

(一)投资管理原则

本信托计划的风险管理与控制将遵循以下原则进行:

1. 全面性原则

风险管理和内部控制覆盖本信托计划涉及的各项业务、各运营主体(受托人、投资顾问)和各级人员,并涵盖到决策、执行、监督、反馈等各个经营环节。

2. 有效性原则

受托人和投资顾问须竭力维护风险管理和内部控制的有效执行,任何人不具有超越风险管理和内部控制约束的权利。

3. 独立性原则

受托人和投资顾问在精简高效基础上设立能充分满足工作需要的机构、部门和岗位,各机构、部门和岗位职能上保持相对独立。

4. 相互制约原则

内部部门和岗位的设置权责分明、相互牵制,并通过切实可行的相互制约机制消除风险管理和内部控制中的盲点。

5. 防火墙原则

受托财产、受托人固有财产和其他财产的运作分离。

6. 成本效益原则

受托人和投资顾问运用科学化的经营管理方法降低运作成本,提高经济效益,力争以合理的控制成本达到最佳的风险管理和内部控制效果。

7. 适时性原则

受托人将根据国家法律、政策等外部环境的变化及时对公司风险管理和内部控制进行相应的完善。

(二)投资管理机制

1. 受托人组建信托计划投资决策委员会(以下简称投委会),投委会为基金最高投资决策机构,并负责制定投资建议。投资决策委员会由 5 人组成,受托人委派 3 人,外部专家 2 人。投资决策须经投资决策委员会 3/5 以上的委员同意后方可实施。

2. 受托人聘请投资顾问为本信托计划提供投资顾问服务。投资顾问负责向投资决策委员会提出投资建议,投资建议包括拟投资的项目、数量、比例、价格(范围)、时间、持有时间、退出计划安排等。投资顾问应协助受托人对投资项目和目标公司进行筛选、初步审查、立项、尽职调查,协助受托人进行投资以及投资后的跟踪管理、制订退出安排计划等。

3. 投资决策委员会对投资顾问提交的投资建议进行审议，并形成投资方案，向受托人提交。

4. 受托人对投资决策委员会提交的投资方案进行合规性审核，在不违反相关约定的前提下由受托人按照该投资建议进行操作。

5. 如受托人经审核发现投资决策委员会提交的投资方案有违反相关法规、资金信托合同的约定的情形，可拒绝执行该投资方案，并及时书面通知投资决策委员会和投资顾问。

（三）投资管理流程

本信托计划具体的投资管理流程分为筛选与立项、尽职调查、投资决策、投资执行、跟踪管理与退出六个环节。具体内容如下：

1. 筛选与立项

投资顾问在宏观经济分析、行业研究的基础上，筛选出符合本基金投资方向与要求的项目，在经初步审查后，将有发展潜力和投资价值的目标形成《项目立项意见书》，投资顾问召开工作会议讨论并做出是否立项的决议。对于立项的项目，投资顾问成立项目组以执行项目计划。

2. 项目尽职调查

对于立项的项目，投资顾问的项目组进行尽职调查，必要时将咨询或聘用会计师、律师、评估师和专家顾问，形成《尽职调查报告》。

尽职调查的主要内容包括：目标公司基本情况、业务及行业状况、财务状况、关联交易情况、有无风险、公司董事、监事、高级管理人员情况及员工构成等。

3. 投资决策

投资顾问召开总经理办公会审查项目组提交的报告和方案，审查通过的，安排进入投资决策程序；投资顾问向投资决策委员会递交《项目投资决策建议书》，投委会据此形成书面决议。提交投委会审议的项目，公司应提前7日将资料提交给每位参加会议的委员。

投委会根据《项目投资决策建议书》，对拟投资项目进行评估，并形成《项目投资决议书》。

对有条件通过的项目，在项目组补充完资料后，可安排第二次审议。

4. 投资执行

对形成投资决议的项目，投资顾问的投资部和项目组在律师协助下起草正式投资协议，并和项目企业签署投资协议，完成投资手续；

受托人、保管银行根据投委会的项目投资书面决议和与项目企业的有关协议，进行合规性审查，向被投资项目划拨投资款。

5. 投资后项目管理

对目标项目投资进入后，受托人对被投资企业进行项目管理，具体措施为：

(1)跟踪被投资项目,形成《项目经营管理情况报告》;

(2)向投资项目委派高级专业管理人员,参与项目经营管理;

(3)要求被投资项目定期向受托人递交财务报表。

6. 投资项目退出

(1)投资顾问依据被投资项目的经营状况和外部环境,选择合适的退出渠道,形成《项目退出决策建议书》,递交投委会审批。投资顾问或者选择恰当时机,协助企业完成上市程序;或根据投资和退出计划及项目发展状况,及时调整退出方案,经项目审议会审议后报投委会批准或备案,实施股权退出等。

(2)基金投资项目退出的决策机制参照该项目投资决策流程进行。

(3)受托人根据投委会书面决议,对已投资项目实施退出。

(四)投资人的授权与认可

投资人签署相关文件并认购本信托计划,即表示其:

(1)同意授权管理人根据本合同以及相关信托文件的约定,履行本信托计划的具体管理职责;

(2)同意授权本信托计划的投资决策委员会,代表全体投资人对信托财产的投资管理进行决策;

(3)同意并不可撤销地授权管理人,在其认为必要的情况下,设立项目公司或者其他特殊目的载体,或者以本信托计划的信托资金或财产认购前述特殊目的载体的份额或股权,并通过前述特殊目的载体实施本信托计划相关信托文件规定的投资行为;

(4)认可本信托计划采取此类投资管理和投资决策方式。

(五)投资范围

本信托计划的投资范围包括:以股权、债权、可转股债权、购买特定资产收益权等法律允许的方式投资于安全边际足够、具有增值潜力的私募股权相关设施(包括酒店、商业物业项目、旅游设施等),对其进行升级改造,对其实施资本管理以及结构重组,改善治理与运营,实现目标资产的价值提升,并在其增值后出售或上市获利。资金闲置期间可用于银行存款、国债、金融债、新股申购以及中国银监会允许股权投资基金投资的其他金融工具,以获取收益,并分配给受益人。

(六)投资禁止

禁止以本信托计划项下的资金或财产从事以下行为:

(1)投资于国家政策禁止投资的领域、项目;

(2)将信托资产运用于可能承担无限责任的投资;

(3)投资于信托合同规定的投资范围以外的或者禁止投资的品种;

(4)将信托资产用于本信托合同规定之外的担保、资金拆借或者贷款;

(5)国家法律、法规及相关监管机构禁止的其他投资行为。

(七)信托账户的管理

(1)信托所有账户的开设和管理由受托人负责,受托人承诺开设独立的信托账户对信托资金进行管理,本信托的一切资金往来均需通过该账户进行。

(2)根据具体情况的需要,本信托可开设其他账户,但仅限于满足开展本信托业务的需要。

(3)受托人不得假借本信托的名义开立任何其他账户,亦不得使用本信托的任何账户进行本信托业务以外的活动。

七、新受托人的选任方式

(一)若本合同的受托人在现行法律法规下因故不能继续履行受托人的责任,则根据有关规定,首先由委托人选任新受托人。委托人不指定或者无能力指定的,由受益人选任,受益人为无民事行为能力人或者限制民事行为能力人的,依法由其监护人代行选任。

(二)更换受托人的程序

1. 提名:新任受托人由委托人提名并形成决议。

2. 批准:委托人决议经法定监管部门批准后,受托人方可退任,新任受托人经法定监管机构审查批准方可继任。

3. 公告:由委托人在获得法定监管机构批准受托人更换后5个工作日内公告。

八、受益人大会

(一)受益人大会由全体受益人组成。

(二)出现以下事项而信托计划文件未有事先约定的,应当召开受益人大会审议决定:

1. 提前终止信托合同或者延长信托期限;

2. 改变信托财产运用方式;

3. 更换受托人/管理人或者投资顾问;

4. 提高信托报酬标准;

5. 变更信托财产及收益分配原则;

6. 需要召开受益人大会的其他事项。

(三)受益人大会由受托人负责召集,受托人未按规定召集或不能召集时,代表信托受益权份额百分之十以上的受益人有权自行召集。

(四)召集受益人大会,召集人应当至少提前10个工作日公告受益人大会的召开时间、会议形式、审议事项、议事程序和表决方式等事项。受益人大会不得就未经公告的事项进行表决。

（五）受益人大会可以采取现场方式召开，也可以采取通信等方式召开。受益人大会召开时，受益人按照拥有的受益权在全部信托受益权中的份额具有相应票数的表决权，受益人可以委托代理人出席受益人大会并行使表决权。

（六）受益人大会应当有代表百分之五十以上份额的优先级信托单位受益人、代表百分之五十以上份额的次级信托单位受益人参加，方可召开；大会就审议事项作出决定，应当经参加大会的优先级信托单位受益人所持表决权的三分之二以上（含）通过、次级信托单位受益人所持表决权的三分之二以上（含）通过，但更换受托人、改变信托财产运用方式、提前终止信托合同，应当经参加大会的受益人全体通过。

（七）受益人大会决定的事项，应当及时通知相关当事人，并向监管部门报告。

九、投资决策委员会

（一）投资决策委员会的组成

投资决策委员会经受益人大会授权，行使本信托计划投资决策权力。投资决策委员会是本信托计划的最高投资决策机构。

投资决策委员会由 5 人组成，其中受托人委派 3 人，聘请外部专家 2 人。

投资决策委员会委员不能履行其职责的，由受托人按照前述规定的程序，另行选任其继任者。

（二）投资决策委员会的职责

投资决策委员会的职责包括：

1. 建立本信托投资目标和投资策略；
2. 批准本信托的投资策略和运营规则；
3. 全面负责信托管理决策和运营监督；
4. 代表信托做出投资决策、后续管理重大事项决策和退出决策；
5. 批准信托分配政策和方案，及信托单位的提前结束或延期方案；
6. 批准年度财务报告、年度预算或其他商业计划；
7. 批准经营管理委员会建议的独立审计师、律师和评估师等专业服务机构；
8. 批准本信托计划投资的项目公司的董事任免。

（三）投资决策委员会的议事规则

1. 投资决策委员会会议可由下列人员提议召开：投资决策委员会主任委员、过半数委员；

2. 投资决策委员会主任委员负责确定会议的时间、地点和方式；

3. 投资顾问必须在会议召开 7 日之前以书面的形式提交与会议所议事项有关的材料；

4. 投资决策委员会可以采用现场或者通信方式对投资项目或者方案进行表决；

5. 投资决策委员会委员必须亲自参加投资决策委员会会议，每一位委员享有一票表决权；

6. 表决事项经 3/5 委员表决通过，方可生效；

7. 投资决策委员会主任委员根据表决结果或者以通信方式送达的表决意见决定决议是否通过，并应当在会上或以通信方式向各个委员宣布表决结果，决议的表决结果载入会议记录；

8. 出席会议的委员应在会议记录及决议上签字。

（四）投资决策的备案

投资决策委员会的所有会议记录及决议均须提交××信托内审稽核部及合规法律部备案，以便其定期或者不定期审查本信托计划在项目投资和后续管理过程中的合规性。

（五）投资决策委员会拟聘人员名单及简历

本信托计划由____先生担任投资决策委员会主任委员，由____以及____先生担任投资决策委员会委员。

投资决策委员会委员信息还在商讨过程当中，待公司最终确定后补充。

十、信托费用的核算及支付

（一）本信托运作过程中涉及的各纳税主体，分别依照国家法律、行政法规的规定履行纳税义务。

（1）受益人与受托人应就各自的所得按照有关法律规定依法纳税。

（2）应由信托财产承担的税费，按照法律、行政法规及国家有关部门的规定办理。

（二）除非委托人或者本信托计划所投资的项目公司另行支付，受托人/管理人因处理信托事务发生的下述费用与税费由信托财产承担：

（1）信托报酬；

（2）投资顾问管理费；

（3）银行保管费、信托发行费用；

（4）相关文件或账册制作、印刷费用；

（5）信息披露费用、信托受益人大会费用，以及信托终止时的清算费用；

(6)与信托相关的审计费、律师费、评估费等;

(7)信托财产管理、运用或处分过程中发生的税费和交易费用,包括但不限于出售本信托计划投资的项目公司股权时产生的印花税、交易税费等;

(8)按照有关规定可以列入的其他费用。

上述第(2)~(8)项费用统称其他费用。

(三)信托各项费用计提方法、计提标准和支付方式

(1)信托报酬按照第十六条的规定办理。

(2)管理费用按照第十七条的规定办理。

(3)信托其他费用于该等费用实际发生时从信托财产及收益中扣除。

(四)费用计提应符合如下原则:

(1)受托人因违反本合同所导致的费用支出,以及处理与本信托无关的事项发生的费用不列入应由信托财产承担的费用。

(2)应由信托财产承担的费用从信托财产中支付,列入当期费用。受托人如以固有财产先行垫付的,受托人有权从信托财产中优先受偿。

(3)如信托计划延期,则按照原有费率于当个信托年度的第一个工作日,计提信托报酬、保管费用等。

(4)已收取的信托报酬、保管费用等不予退还。

十一、信托计划风险及对策

(一)行业政策及市场风险

市场风险主要是指与整个市场波动相联系的风险,它是由各类因素的共同作用,并通过影响企业经营状况、企业并购价值或者企业股权价值等方式来体现,从而导致项目投资收益的变化。行业政策导向以及与之相关的市场风险是本信托计划面临的主要风险之一。

为有效控制市场风险,管理团队将强化对宏观经济和本信托计划投资项目的市场研究,加强对投资项目相关行业整体状况的研究和跟踪,增强对行业政策导向及市场风险的识别和判断能力;避免投资集中于可能受行业政策影响较大因而面临较大市场风险的地区或者项目;积极将部分资产配置于符合国家政策导向的安全边际足够、具有增值潜力的私募股权相关设施(包括酒店、商业物业项目、旅游设施等),以增强本信托计划抗御市场风险的能力;积极指导被投资项目公司采取措施应对市场波动风险;严格执行信托合同约定的禁止性投资的相关规定。

(二)投资及管理过程的尽职风险

本信托计划属于主动的资产管理信托产品,投资和管理能力是决定投资业绩和资

产安全的核心因素，因此，投资及管理过程中的尽职风险将是主要风险。

为控制管理过程的尽职风险，管理团队将建立规范严格的项目投资及项目管理的流程。在投资及管理过程中，本信托计划将以行业研究能力以及行业投资经验为基础构建专业的投资管理团队。在投资前的尽职调查过程中，为确保审慎地投资调研，管理团队将进行充分的尽职调查、市场研究，科学构建财务模型，保障投资判断的准确性。在投资决策过程中，本信托计划将建立合理的决策流程，设定严格且透明的投资决策流程，以规范的程序确保管理团队善尽其注意义务。在进行投资决策时，管理团队将要求投资项目具有充分的投资安全边际，并进行充分的压力测试以确保投资的安全边际。管理团队将进行主动的风险管理，在投资阶段引入充分的风险控制机制，并设定明确的退出安排，设定与投资期限匹配的退出机制。

（三）流动性风险

流动性风险指的是资金投入项目公司后，无法立即或不适于变现，又或者变现将造成损失的风险。

为有效控制流动性风险，管理团队将在资金投出阶段和项目企业管理过程中加强对流动性风险的评估和控制，从而在资金投出阶段就对流动性风险过高的投资项目进行排除，对流动性风险较高的投资项目事先做出流动性方面的安排，在项目企业管理过程中积极改善投资项目的流动性。

针对项目开发建设过程中的流动性风险，在资金投出阶段，管理团队将在优选项目的基础上，落实退出安排和备选的项目处置安排。在完成投资后，管理团队、信托经理将严格按照有关法规和××信托的相关制度要求，做好项目的后续跟踪管理工作，并根据项目实际运作情况制订相关风险控制预案，当出现流动性风险时，将及时对项目公司股权和资产进行处置，以降低相应的流动性风险。

（四）投资对象风险

投资对象风险指的是被投资对象本身存在或潜在的风险。

为有效控制投资对象风险，管理团队将强化资金投出阶段的尽职调查工作，完善股权投资交易结构中的补偿机制，在资金投出阶段以及项目企业管理阶段积极采取措施化解其本身存在或潜在的风险，对投资对象风险很高的项目进行否决。

（五）资产配置风险

资产配置风险指的是资产配置状况所带来的风险。

为有效控制资产配置风险，管理团队将严格执行法律、法规及信托合同中对股权投资配置的相关规定，设置合理的投资行业组合，在法律允许的范围内在投资载体的设计方面进行尝试和创新，在投资载体的组合方面做出合理安排。

（六）道德风险

道德风险主要是指管理团队内部雇员以及被投资项目公司管理人员及雇员的道德问题所带来的风险。

为有效控制内部雇员的道德风险，管理团队将建立健全内控制度体系。在硬指标上，要求雇员必须具有本科以上学历，信托经理以上雇员须具备相关的股权投资经验且无不良的信用及诚信记录，须严格遵守管理人内部岗位规范及相关规定；在软指标上，要求雇员必须爱岗敬业，有责任心。

为有效控制被投资项目公司管理人员及雇员的道德风险，管理团队应调查被投资项目公司管理人员的信用及诚信记录，加强并完善被投资项目企业的文件备案及信息披露制度，协助被投资项目企业建立健全企业内控制度。

（七）执行操作风险

执行操作风险指的是由不完善或有问题的内部程序、员工和信息科技系统以及外部事件所造成损失的风险。

为有效控制执行操作风险，管理团队将加强雇员的岗位培训，完善内部组织架构和授权体系，推行重大操作双人独立复核制度，强化执行操作监控和备案制度。

（八）其他风险及控制

本信托计划不排除因为宏观经济、政策法规、自然灾害等不可抗力因素导致的收益不确定的可能性。

尽管不可抗力因素非人力可避免与化解，但受托人将竭尽所能，积极加强对不可抗力因素的研究判断分析能力，以便采取相应的对策。

特别提示：

对于上述各种风险，虽然受托人/管理人及投资顾问将采取有效防范措施，但仍有可能发生并有可能给信托财产带来损失。根据相关法规，该损失应由信托财产承担。

股权投资为高风险高收益的投资，本信托计划投资是一种长期投资。本信托计划的投资将是非流通性的，可能无法及时变现，因此，该等投资资产的处置可能需要较长时间。

受托人/管理人及投资顾问不对预期收益率作出任何承诺，亦不保证投资本金可被部分或全部收回，投资者应有充分的资金实力及意愿承担本金损失的风险。管理人及投资顾问过往业绩不代表未来表现。

次级信托单位投资人在本信托中的投资风险高于优先级投资人，次级信托单位在短期内可能仅可获得少量甚至没有现金回流。

十二、信托计划的信息披露

（一）信托事务报告由受托人在受托人网站公告、受托人营业场所公告，或者以发送电子邮件，或以邮寄的形式报告受益人与委托人。

（二）信托清算报告

1. 受托人应在信托终止后10个工作日内编制信托财产分配的清算报告，委托人同意受托人出具的清算报告不须经过第三方审计。

2. 受益人与委托人自收到信托清算报告或报告公布之日起10日内未提出书面异议的，受托人就信托清算报告所列的有关事项解除责任。

（三）季度及年度报告、临时报告与公告

1. 受托人按季制作信托资金管理的报告和信托资金运用及收益情况表，以备受益人与委托人和监管部门查询。按每自然季度定期向受益人与委托人披露信托资金管理报告及收益情况表、按年向受益人与委托人挂网披露信托资金保管人出具的信托财产保管报告。

2. 在信托计划存续期内，如果发生可能对信托受益人权益产生重大影响的事项时，受托人在知道临时事项发生之日起10个工作日内向受益人与委托人作临时披露。

十三、信托受益权转让（捐赠）、继承和质押

（一）信托受益权转让（捐赠）

1. 在信托期限内，受益人可以转让信托受益权，信托受益权进行拆分转让的，受让人不得为自然人。机构所持有的信托受益权，不得向自然人转让或拆分转让。劣后级受益权不得转让。

2. 受益人转让（捐赠）信托受益权，转、受让双方应持信托合同及已生效的《信托受益权转让协议书》及相关身份证明文件，亲临受托人处办理转让登记手续。未办理登记手续的，受托人视原登记的受益人为合法受益人，由此发生的经济和法律纠纷，与受托人无关。

3. 受益人转让（捐赠）信托受益权，转、受让双方应当分别按拟转让（捐赠）信托财产（受益权）的0.1%向受托人缴纳转让登记手续费。

4. 受托人在认定信托合同的受益人和受益权时将以生效日期最新的《信托受益权转让登记表》中的记载为准。

（二）信托受益权继承

信托受益权的继承，按照国家相关法律、法规办理，并到受托人处办理变更登记手续，并按拟继承信托财产（受益权）的0.1%缴纳变更登记手续费。

（三）信托受益权质押

1. 信托期限内，受益人可以质押其拥有的信托受益权。

2. 受益人质押信托受益权，质押人和质押权人双方应持本信托合同、质押协议及相关身份证明文件，亲临受托人处办理质押登记手续。未办理质押登记手续的，受托人按原信托文件的约定处置信托受益权。

3. 已质押的信托受益权，不得办理挂失、转让、再质押及其他对信托受益权的处置事宜。质押期间，有关信托收益的分配，质押协议有明确约定的，依照其约定执行，未约定或约定不明确的，受托人不向任何一方分配信托收益。

4. 受益人质押信托受益权，质押人和质押权人应当分别按拟质押信托财产（受益权）的0.1%向受托人缴纳质押登记手续费。

5. 质押到期或提前解除质押时，质押权人应持信托合同、解除质押函及相关身份证明文件，亲临受托人处办理解除质押登记手续。质押或信托到期，未办理解除质押登记手续的，如质押协议有明确约定，依照其约定执行，如未约定或约定不明确的，信托受益权仍然冻结。

十四、信托的变更、终止、清算

1. 信托合同生效后，除受益人可依法转让信托受益权，委托人、受托人均不得擅自变更。如需要变更信托合同，须经双方协商一致。

2. 信托期限内，委托人不得随意提前终止信托合同。如确有必要提前终止信托合同，委托人应提前10个工作日向受托人发出书面通知，并经受托人同意。由于委托人提前终止合同造成的损失，全部由委托人承担。

3. 信托合同信托期限届满，信托合同设定的资金信托即告终止，受托人将全部信托财产以现金形式归还给受益人。

4. 信托合同终止日起10个工作日内由受托人将信托财产划拨至受益人指定账户。

5. 信托财产的保管

受托人于信托财产分配后10个工作日内，书面通知受益人取回应得财产，未被取回的财产由受托人负责保管。保管期间，受托人只能将该财产存于银行，不得进行其他方式的运用。保管期间的收益归受益人所有，发生的保管费用由被保管的信托财产承担。

十五、违约责任及纠纷解决

1. 受托人以全部信托财产为限向受益人承担支付信托收益的义务。受托人因管理不当或者违反法律、法规及信托合同的规定致使信托资金损失的，受托人应当予以补偿或者赔偿。

2. 如委托人违约（包括但不限于擅自变更合同、未按约定方式提前终止合同等），委托人应负责赔偿受托人处理信托事务而支出的费用和所受到的损失，以及因委托人违约而给信托计划造成的损失。

3. 对于委托人和受托人在履行信托合同中发生的争议，由双方协商解决。协商不成，可向受托人所在地具有管辖权的人民法院提起诉讼。

第四节　资金募集说明书的制备

在基金设立方案的基础上，基金的发起人应当制定更为详细的资金募集说明书，对于各方主体的权利义务进行明确地分配。在此，我们以中国投资协会的股权和创业投资专业委员会所编写的《中国股权和创业投资法律实务指引》中提供的《资本招募说明书》为例来说明其内容。

一、公司型基金《资本招募说明书》

基金名称

资本招募说明书

发起人机构名称：
法定代表人：
办公地址：
联系电话：
传真：
邮政编码：
编制日期：

重 要 提 示

本基金管理人保证本《资本招募说明书》的内容真实、准确、完整。基金管理人依照恪尽职守、诚实信用、谨慎勤勉的原则管理和运用基金资产，但不保证基金一定盈利，也不保证最低收益。

目前我国资本市场、市场主体及市场规则不够成熟，有关产业投资基金的相关法规和政策尚未公布，特提醒投资者对此予以关注。

本基金的基金管理人——基金管理公司名称已经依法设立。

基金投资有风险，投资者投资于本基金前应认真阅读本《资本招募说明书》。

股权投资企业备案管理部门对本股权投资企业和/或受托管理机构的备案，不表明其对本股权投资企业的价值和收益做出实质性判断或保证，也不表明投资于本股权投资企业不存在风险。

本《资本招募说明书》适用于基金名称的本次募集工作。本基金是根据本《资本招募说明书》所载明的资料进行募集的，基金管理人没有委托或授权任何其他人提供未在本《资本招募说明书》中载明的信息，或对本募集说明书作任何解释或者说明。

1. 释义

在本《资本招募说明书》中，除非上下文另有明确说明，下列词语分别具有本条所指含义：

1.1 "基金"、"本基金"，指基金名称。

1.2 "基金公司"指基金公司名称（基金公司的名称最终以工商登记机关核准的名称为准）。

1.3 "基金章程"，指《基金公司名称章程》。

1.4 "募集说明书或本募集说明书"，指《基金募集说明书》。

1.5 "国家主管部门或国家发展改革委"，指中华人民共和国国家发展和改革委员会。

1.6 "基金委托人"，指托管银行名称。

1.7 "基金管理人、基金管理公司或管理公司"，指基金管理公司名称。

1.8 "基金投资者"，指在基金募集期签署基金认购承诺书或意向书，承诺认缴基金公司出资额和/或在基金存续期内依据有关法律法规和基金章程成为基金公司股东的机构。

1.9 "基金股东"，指依据有关法律法规和基金章程，对基金公司进行出资并在工商登记机关登记为基金公司股东的基金投资者。

1.10 "管理协议"，指《基金公司名称基金管理协议》。

1.11 "托管协议"，指《基金公司名称基金托管协议》。

1.12 "存续期"，指基金成立至终止之间的期限。

1.13 "承诺投资金额"或"承诺认购金额"，指基金投资者签署基金认购承诺书或意向书时承诺投资的金额或基金投资者签订基金出资人协议时承诺投资的金额。

1.14 "基金收益"，指基金投资所得红利、股息、债券利息、银行存款利息、转让投资所得及其他合法收入。

1.15 "基金的关联交易"，指基金管理人以基金资产进行投资、收购、出售、转让等运作事宜涉及与基金的关联方形成的交易事项。

1.16 "元"，指人民币元。

2. 基金基本信息

名称：基金名称

组织形式:

投资目标:

投资区域:

投资行业:

注册地:

基金主要发起人:

基金管理人:

基金托管人:

资本规模:______元

募集方式:以私募方式,向特定的具有风险识别能力和风险承受能力的合格投资者募集

认缴出资:单个投资者的最低出资金额不低于______万元

存续期限:________年

基金募集时间:________年____月至________年____月,根据需要可以适当延长

投资决策委员会:基金管理公司设投资决策委员会,主要由基金管理公司的核心专业管理人员构成

专家顾问委员会:基金管理公司设专家顾问委员会,由基金发起人委派的代表和行业专业人士等构成,主要为基金的投资决策提供专业咨询意见

3. 基金的管理人和管理团队

3.1 管理人概况

名称:

注册地址:

办公地址:

法定代表人:

设立日期:

组织形式:

注册资本:

存续期限:

联系人:

联系电话:

传真:

管理人名称是一家专业的基金管理公司,将通过募集社会资金设立本基金,并作为本基金的管理人,选择符合国家产业政策、有利于__________产业结构调整和技术进步的企业或项目予以投资,支持中国__________产业的发展和繁荣。基金管理公司将充分利用各股东在行业研究、投资管理、基金运作以及客户资源等方面的优势,按照

规范构建良好的公司治理结构、内部控制系统、投资管理体系,追求稳定、持久和卓越的投资回报。

管理人股东甲、管理人股东乙与管理人股东丙于________年____月____日投资设立了管理人名称。其中,________出资____万元,出资比例为____%;____出资____万元,出资比例为____%;__________出资____万元,出资比例为____%。

3.2 基金管理人股东情况介绍

(1)管理人股东甲的基本情况

(2)管理人股东乙的基本情况

(3)管理人股东丙的基本情况

3.3 管理人的组织架构

管理人各职能部门的主要职责如下:

(1)投资管理部:主要负责项目投资、项目跟踪管理以及项目的退出。

(2)市场营销部:主要负责营销、募集和品牌推广工作。

(3)研究部:主要负责产品设计、行业投资资讯的收集整理等为基金投资和管理提供参考依据的工作。

(4)财务部:主要负责管理人的财务核算、资金保障工作。

(5)风控合规部:主要负责基金运作过程中的风险管理,负责对基金投资项目的立项、上投资决策委员会前的风险控制、项目管理及退出的风险管理,出具风险控制报告,独立发表风险控制意见。负责有关法律合规工作。

(6)综合发展部:主要负责管理人的行政事务及后勤保障工作。

3.4 管理人的投资团队

3.5 管理人的专家顾问

3.6 管理人董事会、监事会、投资决策委员会、顾问委员会

(1)基金管理人的董事会

基金管理人的董事会由____人组成。基金管理人董事成员及总经理个人背景如下:

(2)基金管理人的监事会

基金管理人的监事会由____人组成。

(3)基金管理人的投资决策委员会

基金管理公司设投资决策委员会,主要由基金管理公司的核心专业管理人员构成。

(4)基金管理人的专家顾问委员会

董事会下设专家顾问委员会,专家顾问委员会由____行业有名望有影响力的专家组成。

4. 基金对投资人的出资认缴要求

基金对投资人的出资认缴要求如下：

(1)投资者人数不超过____人；

(2)单个投资者的最低出资金额不低于____万元；

(3)投资人应为依据中国法律成立并有效存续的实体；

(4)所有投资者只能以合法的自有货币资金认缴出资，所有投资者均不得采取委托某个投资者代持的方式投资于本基金。

5. 基金的组织构架与管理

5.1 基金的组织构架

基金名称采用有限责任公司的组织形式。

(1)管理人

管理人名称作为基金管理人，负责管理基金的投资业务。

关于管理人及管理团队信息详见本《资本招募说明书》第3部分(基金的管理人和管理团队)。

(2)股东会

基金公司股东会由全体股东组成，是基金公司的议事机构。

股东会分为定期会议和临时会议。定期会议每年度召开一次，其内容主要为沟通信息及报告投资情况。临时会议主要讨论基金章程规定的特定事项。

(3)董事会

基金公司设董事会，其成员为____人。董事会设董事长一人，副董事长____人。董事会职能以及董事长、副董事长的产生办法由基金章程规定。

(4)投资决策委员会

基金管理人组建投资决策委员会，委员会定期召开会议，在紧急情况下可召开临时会议。投资委员会的主要工作是确定基金的项目投资事宜。

(5)约束机制

基金的投资决策由投资委员会作出；对于存在潜在利益冲突或超出投资限制的投资事项，投资决策委员会通过后，须报基金董事会批准。

对于基金的重大事项，应根据基金章程规定由股东会审议通过。

5.2 基金拟任高级管理人员的基本信息

5.3 资产托管情况

(1)托管机构的基本信息

名称：

住所：

经营范围：

经营期限：

法定代表人：

办公地址：
邮政编码：
联系电话：
联系人：
注册资本：
(2)基金的资产托管安排
托管机构的基本职责：
托管操作原则：
6. 基金的投资
6.1 投资领域
基金将主要投资于______领域的企业。
6.2 投资策略
基金的投资策略为：
(1)投资项目多样化；
(2)以财务回报作为主要业绩参考指标；
(3)争取在所投资项目中的话语权；
(4)注意投资组合的匹配。
6.3 投资方式
基金资金以股权投资方式以及中国法律、国家主管部门允许的其他方式进行投资。

基金的闲置资金仅限于投资于低风险、流动性强的投资产品，包括但不限于银行存款、政府债券及法律、法规允许投资的其他产品等。

基金只能投资于管理人筛选的投资项目；基金投资者须通过管理人推荐投资项目。

6.4 投资限制

未得到董事会的事先批准，基金不得对同一投资组合公司进行超过基金总认缴出资额____%的投资。

基金将不得在二级市场上以获取短期差价为目的投机性买卖上市股票。

6.5 投资决策程序

独立的投资决策委员会将负责基金的投资决定。投资决策程序包括：项目筛选和立项、尽职调查、定性和定量分析、形成初步投资意向、投资决策。

投资决策的主要依据有：

(1)有关法律、法规、国家发展改革委规范性要求和本基金相关协议、文件的有关规定；

(2)国家宏观经济环境及其对产业结构的影响；

(3)财政政策、货币政策、产业政策;

(4)行业、地区发展状况。

6.6 投资后的持续监控

投资后的被投资企业管理包括两个主要方面:风险管理和增值服务。

风险管理通常涉及对被投企业的日常拜访、预算管理和运营业绩跟踪,充分了解被投企业的经营情况,并与投资预期进行比较,进而发现潜在问题,然后同管理层紧密配合共同解决问题和规避风险。

投资管理团队将利用其行业知识和管理能力为被投企业提供有效的增值服务。

6.7 投资风险防范

基金将建立项目评审、投资决策、风险控制、资产托管、后续管理、应急处置等业务流程,制定风险预算管理政策及危机解决方案,实行全面风险管理和持续风险监控,防范操作风险和道德风险。

6.8 投资退出

(1)首次公开发行股票并上市

首次公开发行股票并上市是指基金通过被投资企业的股票首次公开发行上市,在二级市场出售基金所持有的股权,以实现退出并增值。

(2)出售股权

出售股权有两种方式,一种是将所持股份转让给其他基金,其实质是基金通过非公开市场出售其所持股权,从而实现投资退出;另一种出售股权方式就是借助于所投资企业被整体收购实现投资退出。

(3)回购

基金在对企业进行投资时,通过在投资协议中约定当被投资企业在一定期限内未实现上市或未满足一定条件时,以约定的价格由被投资企业或被投资企业的实际控制人、控股股东回购或收购基金所持有的股权,以实现投资退出。

(4)清算

对投资项目结束清算后进行收益分配。

7. 基金的资产

基金的资产范围包括投资人对基金的出资,以及基金利用该等出资进行投资活动而形成的全部资产。基金将严格按照基金公司章程规定的投资和分配方式及程序对基金资产进行处置。

基金的资产独立于管理人及托管机构的固有资产。

8. 基金的收益、费用、业绩报酬支出与分配

8.1 收益的构成

基金所回收的资金包括三个部分:第一部分,基金因其投资而获得的股息、利息以及其他分配所产生的当期现金收益;第二部分,基金因处置任何投资项目的全部或部

分而取得的现金;第三部分,基金的其他合法收入。

8.2 收益的分配

基金取得投资收益后,应每年进行两次分配,分配方式包括但不限于利润分配、依法同比例减少公司注册资本等。

对于基金所回收的资金,按下列原则和顺序进行分配:

(1)如该项目年化收益率达到______%/年以上的,则投资本金和年化收益率为______%/年的优先回报部分,由基金公司享有。超过部分按照______%的绩效分成比例提取给基金管理人,存入共管账户,其余______%由基金公司享有。基金公司所获得的投资本金、优先回报和绩效分成首先用于满足归还基金的投资本金,然后归还优先回报。本处的年化收益率就是指该项目的收益率以年计算为多少。

(2)在基金存续期内,每年12月31日为回收资金分配的调整日,按照基金成立之日至调整日时已处置投资项目的年化收益率情况,按前述标准计算调整日基金管理人和基金公司应当取得的绩效分成金额。

(3)自基金成立日至调整日,若基金回收的资金不足其按约定应取得的投资本金和优先回报,则基金管理人应该以截至调整日累计计提的绩效分成为限对该等不足部分进行补偿。

(4)当基金公司累计收回的资金已达到其全部认缴出资的______%,基金管理人可于该条件成就之日起五日内提取调整后的共管账户累计余额的______%。

(5)当基金公司累计收回的资金已归还其全部认缴出资的______%,同时基金累计退出项目的年化收益率达到______%/年以上后,基金管理人可于该条件成就之日起五日内提取调整后的共管账户累计余额的______%,共管账户取消。基金管理人和基金公司在共管账户取消之前须按照绩效分成的原则对累计实现的绩效分成进行调整。

(6)在此之后产生的基金所回收的资金在依法扣除相关款项后按照:______的比例在基金管理人和基金公司之间进行分配。

8.3 管理费用支出

自首次交割日起、在基金整个存续期限内,每年分两期向管理人支付管理费。投资期内,基金每年应支付的管理费为基金认缴出资额总和的______%;投资期结束后,基金每年应支付的管理费为基金实缴出资额中于应付管理费之日用于分担基金尚未变现的项目投资的投资成本之和的______%。

8.4 设立费用及需要基金承担的其他费用

基金应负担所有与基金的设立、运营、终止、解散、清算等相关的费用。

8.5 亏损弥补方式

由于本基金主要进行长期股权投资,存在获得巨大盈利和出现亏损的可能性,当出现亏损时,由各投资人按照基金章程的规定进行分担。

9. 基金的税赋

本基金依照国家有关税收规定纳税。

10. 基金的解散与清算

10.1　基金应当解散的情形

(1)按基金章程规定的经营期限届满;

(2)基金股东会决议解散;

(3)因基金合并或者分立需要解散;

(4)依法被吊销营业执照、责令关闭或者撤销;

(5)人民法院按照《中华人民共和国公司法》第183条的规定予以解散;

(6)法律法规、国家主管部门及基金章程规定的其他情况。

10.2　基金的清算

(1)基金清算组

基金解散的,应自解散事由出现之日起15日内成立清算组。

基金清算组成员由公司股东组成。公司清算组可以聘请必要的工作人员。

基金清算组负责基金资产的保管、清理、估价、变现和分配,编制基金清算报告。基金清算小组可以依法进行必要的民事活动。

(2)清算程序

清算组应当自成立之日起10日内通知债权人,并于60日内在报纸上公告。债权人应当自接到通知书之日起30日内,未接到通知书的自公告之日起45日内,向清算组申报债权。债权人申报债权,应当说明债权的有关事项,并提供证明材料。清算组应当对债权进行登记。在申报债权期间,清算组不得对债权人进行清偿。

清算组在清理公司财产、编制资产负债表和财产清单后,应当制订清算方案,并报股东会确认。

公司财产按下列顺序清偿:

①支付清算费用;

②支付职工工资、社会保险费用和法定补偿金;

③缴纳所欠税款;

④清偿公司债务。

公司财产按前款规定清偿后的剩余财产,按股东实缴的出资比例分配给股东。

(3)清算组在清理公司财产、编制资产负债表和财产清单后,发现公司财产不足清偿债务的,应当立即向人民法院申请宣告破产。公司经人民法院裁定宣告破产后,清算组应当将清算事务移交给人民法院。

(4)清算费用

清算费用是指基金清算组在进行基金清算过程中发生的所有合理费用,清算费用由基金清算组从基金资产中支付。

(5)清算的公告

公司清算结束后,清算组应制作清算报告,报股东会或人民法院确认。清算组应当自股东会或人民法院对清算报告确认之日起30日内依法向公司登记机关办理注销公司登记,并公告公司终止。

(6)清算账册及文件的保存

基金清算账册及有关文件由基金托管人保存20年以上。

11. 风险提示

本基金只适合具备足够风险承受能力的投资人。此部分提及的因素均将给基金的表现带来负面影响,投资人应仔细阅读此部分内容并在充分考虑的基础上做出投资决策。

此部分提及的风险因素并未涵盖股权投资及本基金的全部风险。投资人在做出投资决策之前应向自己的财务、税务和法律顾问寻求更多关于风险的建议。

投资于本基金的风险包括但不限于:

本部分应全面、准确、如实地揭示基金在设立和投资运作各环节的风险因素,包括可能存在的法律与政策风险。

12. 信息披露

12.1 信息披露的形式

本基金的信息披露将按照法律、行政法规、国家发展改革委的政策及基金相关文件的有关规定进行。具体信息披露形式包括:季报、中报、年度报告以及年度工作计划和总结,其中年度报告中的财务报表须经具有从事证券相关业务资格的会计师事务所进行审计。

12.2 信息披露的内容及时间

基金管理人将及时向基金公司报告基金运行过程中出现的重大事件。定期向基金公司提交基金财务报告。在3月和9月结束后一个月内提交基金季度财务报告,在每半年终了后两个月内提交基金中期财务报告,在每一会计年度终了后的四个月内提交基金年度财务报告(经审计)。

同时随时配合国家主管部门对本基金的募集、设立、投资运作以及相关的业务活动和财务会计资料所进行的检查、稽核。

12.3 向备案管理部门的信息披露

基金应当于每个会计年度结束后4个月内,向备案管理部门提交年度业务报告和经会计师事务所审计的年度财务报告。基金的托管机构应当于每个会计年度结束后4个月内,向备案管理部门提交年度资产管理报告和年度资产托管报告。基金在投资运作过程中发生下列重大事件的,应当在10个工作日内,向备案管理部门报告:

(1)修改基金或者基金管理人的公司章程;

(2)基金或者基金管理人增减资本或者对外进行债务性融资;

(3)基金或者基金管理人分立与合并;

(4)基金管理人或者托管人变更,包括基金管理人高级管理人员变更及其他重大变更事项;

(5)基金解散、破产或者由接管人接管其资产。

12.4 向社会公众披露的信息

在不泄露商业机密的前提下,本基金可通过网站以及相关媒体等方式向社会适度披露信息,接受社会监督。但是,前述信息披露不得涉及任何与本基金资本募集相关的内容。

二、合伙型基金《资本招募说明书》

基金名称
资本招募说明书

发起人机构名称:

法定代表人:

办公地址:

联系电话:

传真:

邮政编码:

编制日期:

重 要 提 示

本《资本招募说明书》适用于本基金的此次募集工作。

本基金以非公开发行方式向特定的具有资金实力的潜在投资者募集资金。本《资本招募说明书》不构成任何形式的要约或要约邀请,普通合伙人有权独立决定接受或不接受投资者所认缴的对基金的出资。投资者取得的本基金权益并无可公开交易的市场,其应为投资目的而认缴出资,而不得再销售或分销该等权益。除非符合法律规定及基金的《有限合伙协议》(以下简称《有限合伙协议》)的约定,认缴人取得的基金权益不得转让。

本基金的管理人(管理人名称)已经依法设立。

本基金的管理人保证本《资本招募说明书》的内容真实、准确、完整。管理人依照恪尽职守、诚实信用、谨慎勤勉的原则管理和运用本基金的资产,但不保证基金一定盈利,也不保证最低收益。

目前我国资本市场、市场主体及市场规则不够成熟,有关产业投资基金的相关法规和政策尚未公布,特提醒投资者对此予以关注。

投资有风险,投资者投资于本基金前应认真阅读本《资本招募说明书》。

基金备案管理部门对本基金和/或管理人的备案，不表明其对基金的价值和收益做出实质性判断或保证，也不表明投资于本基金不存在风险。

1. 释义

在本《资本招募说明书》中，除非上下文另有明确说明，下列词语分别具有本条所指含义：

1.1 “基金”、“本基金”，指基金名称，系拟根据《中华人民共和国合伙企业法》在中国境内注册的有限合伙形式的股权投资企业。

1.2 “《有限合伙协议》”，指本基金之普通合伙人及有限合伙人为组建本基金所签署的有限合伙协议，包括其所做的修订、补充或重述。

1.3 “《合伙企业法》”，指《中华人民共和国合伙企业法》，由中华人民共和国第十届全国人民代表大会常务委员会第二十三次会议于2006年8月27日修订通过，自2007年6月1日起施行。

1.4 “发起人”、“管理人”，指管理人名称。

1.5 “管理团队”、“高级管理人员”，指管理人的管理团队、高级管理人员。

1.6 “托管机构”，指本基金委托的对基金账户内的现金实施保管的机构。

1.7 “普通合伙人”，指普通合伙人名称。

1.8 “有限合伙人”，指认缴出资或受让有限合伙权益而被接纳为本基金有限合伙人的投资人。

1.9 “存续期限”，指本基金的存续期限。

1.10 “认缴出资额”，指合伙人承诺的向本基金缴付，并为普通合伙人所接受的现金金额。

1.11 “实缴出资额”，指合伙人履行其出资承诺，实际向基金缴付的出资金额。

1.12 “实缴出资比例”，指上下文提及的某一类或某几类合伙人中、任何一个合伙人的实缴出资额占该等合伙人实缴出资额之和的比例。

1.13 “预期基本收益”，指对于每一合伙人而言，基于该合伙人实缴出资额，自每一笔出资实际缴付之日起至相应金额被该合伙人收回之日止，为该合伙人提供____%的年化收益率的金额。

1.14 “管理费”，指作为管理人向本基金提供投资管理和行政事务服务的对家而由本基金支付给管理人或其指定的履行管理职责的其关联方的报酬。

1.15 “合伙费用”，指应由基金负担的所有与基金的设立、运营、终止、解散、清算等相关的费用。

1.16 “元”，指人民币元。

2. 基金基本信息

名称：基金名称

组织形式：

投资目标：

投资区域：

投资行业：

注册地：

普通合伙人：

管理人：

有限合伙人：

资本规模：____元

募集方式：以私募方式，向特定的具有风险识别能力和风险承受能力的合格投资者募集

认缴出资：单个投资者的最低出资金额不低于____万元

存续期限：指基金成立至终止之间的期限

3. 基金的管理人和管理团队

3.1 管理人概况

名称：

注册地址：

办公地址：

法定代表人：

设立日期：

组织形式：

注册资本：

存续期限：

联系人：

联系电话：

传真：

管理人名称作为一家股权投资管理公司，将通过募集社会资金设立本基金，并作为本基金的管理人，选择符合国家产业政策的企业或项目予以投资。

管理人股东情况介绍：

管理人股东甲、管理人股东乙与管理人股东丙于________年____月____日投资设立了管理人名称。其中，________出资____万元，出资比例为____%；________出资____万元，出资比例为____%；____出资____万元，出资比例为____%。

各股东基本情况如下：

(1)管理人股东甲的基本情况

(2)管理人股东乙的基本情况

(3)管理人股东丙的基本情况

3.2　管理人的组织架构

管理人各职能部门的主要职责如下：

(1)投资管理部：主要负责项目投资、项目跟踪管理以及项目的退出。

(2)市场营销部：主要负责营销、募集和品牌推广工作。

(3)研究部：主要负责产品设计、行业投资资讯的收集整理等为基金投资和管理提供参考依据的工作。

(4)财务部：主要负责管理人的财务核算、资金保障工作。

(5)风控合规部：主要负责基金运作过程中的风险管理以及法律合规工作。

(6)综合发展部：主要负责管理人的行政事务工作。

3.3　管理团队

管理团队介绍

4. 基金对投资人的出资认缴要求

基金对投资人的出资认缴要求如下：

(1)投资者人数不超过____人；

(2)单个投资者的最低出资金额不低于____万元；

(3)投资人应为依据中国法律成立并有效存续的实体；

(4)所有投资者只能以合法的自有货币资金认缴出资，所有投资者均不得采取委托某个投资者代持的方式投资于本基金。

5. 基金的组织构架与管理

5.1　基金的组织构架

基金名称采用有限合伙企业的组织形式，普通合伙人名称为其普通合伙人，普通合伙人决定接受的投资人为有限合伙人。

管理人名称为本基金的管理人。

(1)普通合伙人

普通合伙人对基金的债务承担无限责任。

(2)管理人

普通合伙人制定管理人名称作为管理人，负责管理基金的投资业务。

关于管理人及管理团队信息详见本《资本招募说明书》第3部分(基金的管理人和管理团队)。

(3)合伙人会议

基金将设合伙人会议作为其全体合伙人的议事机构。

合伙人会议分为定期会议和临时会议。定期会议每年度召开一次，其内容为沟通信息及普通合伙人向有限合伙人报告投资情况。临时会议主要讨论《有限合伙协议》约定的特定重大事项。

(4)决策机构：投资委员会

普通合伙人将指定管理人专门为本基金设置投资委员会,投资委员会由管理团队的专业人士组成,负责基金项目投资的决策。普通合伙人将根据管理人的决策意见执行基金的投资业务。

(5)顾问机构:咨询委员会

普通合伙人将组建一个咨询委员会作为基金的咨询机构。咨询委员会的成员由普通合伙人邀请有限合伙人的代表担任。职责主要包括对存在潜在利益冲突或超过投资限制的投资事项、估值事项、关联交易事项等进行讨论并向普通合伙人提出建议。

(6)约束机制

基金的投资决策由投资委员会做出;对于存在潜在利益冲突或超出投资限制的投资事项,投资委员会批准后,须报咨询委员会进行讨论。

对于基金的重大事项,如《有限合伙协议》中涉及合伙人权利义务的条款的实质性修改、基金的解散及清算等,由相应的合伙人会议审议通过。

5.2　基金拟任高级管理人员的基本信息

5.3　资产托管情况

(1)托管机构的基本信息

名称:

住所:

经营范围:

经营期限:

法定代表人:

办公地址:

邮政编码:

联系电话:

联系人:

注册资本:

(2)基金的资产托管安排

托管机构的基本职责:

托管操作原则:

6. 基金的投资

6.1　投资对象

基金将主要投资于______的企业。

6.2　投资策略

基金的投资策略为:

(1)投资项目多样化;

(2)以财务回报作为主要业绩参考指标;

(3)争取在所投资项目中的话语权;

(4)注意投资组合的匹配。

6.3　投资方式

基金资金以股权投资方式以及中国法律、国家主管部门允许的其他方式进行投资。

基金的闲置资金仅限于投资于低风险、流动性强的投资产品,包括但不限于银行存款、政府债券及法律、法规允许投资的其他产品等。

基金只能投资于管理人筛选的投资项目;基金投资者须通过管理人推荐投资项目。

6.4　投资限制

未得到董事会的事先批准,基金不得对同一投资组合公司进行超过基金总认缴出资额____%的投资。

基金将不得在二级市场上以获取短期差价为目的投机性买卖上市股票。

基金不得进行法律、法规规定的风险投资、创业投资。

6.5　投资决策程序

独立的投资决策委员会将负责基金的投资决定。投资决策程序包括:项目筛选和立项、尽职调查、定性和定量分析、形成初步投资意向、投资决策。

投资决策的主要依据有:①有关法律、法规、国家发展改革委规范性要求和本基金相关协议、文件的有关规定;②国家宏观经济环境及其对产业结构的影响;③财政政策、货币政策、产业政策;④行业、地区发展状况。

6.6　投资后的持续监控

投资后的被投资企业管理包括两个主要方面:风险管理和增值服务。

风险管理通常涉及对被投企业的日常拜访、预算管理和运营业绩跟踪,充分了解被投企业的经营情况,并与投资预期进行比较,进而发现潜在问题,然后同管理层紧密配合共同解决问题和规避风险。

投资管理团队将利用其行业知识和管理能力为被投企业提供有效的增值服务。

6.7　投资风险防范

基金将建立项目评审、投资决策、风险控制、资产托管、后续管理、应急处置等业务流程,制定风险预算管理政策及危机解决方案,实行全面风险管理和持续风险监控,防范操作风险和道德风险。

6.8　投资退出

(1)首次公开发行股票并上市

首次公开发行股票并上市是指基金通过被投资企业的股票首次公开发行上市,在二级市场出售基金所持有的股权,以实现退出并增值。

(2)出售股权

出售股权有两种方式,一种是将所持股份转让给其他基金,其实质是基金通过非公开市场出售其所持股权，从而实现投资退出；另一种出售股权方式就是借助于所投资企业被整体收购实现投资退出。

(3)回购

基金在对企业进行投资时，通过在投资协议中约定当被投资企业在一定期限内未实现上市或未满足一定条件时，以约定的价格由被投资企业或被投资企业的实际控制人、控股股东回购或收购基金所持有的股权，以实现投资退出。

(4)清算

对投资项目结束清算后进行收益分配。

7. 基金的资产

基金的资产范围包括投资人对基金的出资，以及基金利用该等出资进行投资活动而形成的全部资产。基金将严格按照《有限合伙协议》约定的投资和分配方式及程序对基金资产进行处置。

基金的资产独立于管理人及托管机构的固有资产。

8. 基金的收益、费用、业绩报酬支出与分配

8.1 收益来源

基金的收益主要来自于项目投资，闲置资金将以临时投资方式进行管理并获取相应的收益。基金取得的来自于投资组合公司的投资变现、分红及利息等收入一般不得再用于项目投资，扣除应付的合伙费用、承担合伙企业的债务、义务或责任所需款项，并扣除普通合伙人根据法律、法规的要求或合伙企业经营的需要独立决定保留的用以支付合伙费用、承担合伙企业的债务、义务及责任所需款项后，可供分配的部分，应于取得后尽早进行分配。

8.2 收益分配

基金因项目投资产生的收益，在基金所有合伙人之间按照如下方式进行进一步分配：

首先，在有限合伙人及普通合伙人之间根据各自实缴出资额按相互间实缴出资比例分配，直至每一有限合伙人或普通合伙人均按照本项约定累计收回其各自实缴出资额；

其次，在有限合伙人及普通合伙人之间根据各自实缴出资额按相互间实缴出资比例分配，直至每一有限合伙人或普通合伙人均按照本项约定各自获得其预期基本收益；

最后，如有余额，则将余额的____%在有限合伙人之间根据各自实缴出资额按相互间实缴出资比例分配，余额的____%分配给普通合伙人。

8.3 管理费用支出

自首次交割日起、在基金整个存续期限内，每年分两期向管理人支付管理费。投资期内，基金每年应支付的管理费为基金认缴出资额总和的____%；投资期结束后，基金每年应支付的管理费为基金实缴出资额中于应付管理费之日用于分担基金尚未变

现的项目投资的投资成本之和的____%。

8.4 设立费用及需要基金承担的其他费用

基金应负担所有与基金的设立、运营、终止、解散、清算等相关的费用。

8.5 亏损弥补方式

由于本基金主要进行长期股权投资，存在获得巨大盈利和出现亏损的可能性，当出现亏损时，由各合伙人按照《有限合伙协议》的约定进行分担。

9. 基金的税赋

本基金依照国家有关税收规定纳税。

10. 基金的解散与清算

10.1 基金应当解散的情形

当下列任何情形之一发生时，基金应被解散并清算：

(1)经普通合伙人提议并经合伙人同意而解散；

(2)存续期限届满；

(3)基金的项目投资全部变现，普通合伙人决定解散；

(4)普通合伙人被除名或根据《有限合伙协议》约定退伙且基金没有接纳新的普通合伙人；

(5)有限合伙人一方或数方严重违约，致使普通合伙人判断基金无法继续经营；

(6)基金被吊销营业执照；

(7)出现《合伙企业法》及《有限合伙协议》规定的其他解散原因。

10.2 基金的清算

基金的清算人由普通合伙人担任，除非合计持有有限合伙三分之二以上实缴出资额的合伙人决定由普通合伙人之外的人士担任。

在确定清算人以后，所有基金未变现的资产由清算人负责管理，但如清算人并非普通合伙人，则普通合伙人有义务帮助清算人对未变现资产进行变现。

清算期不超过一年，清算期结束时未能变现的非现金资产按照《有限合伙协议》约定的分配原则进行分配。

11. 风险提示

本基金只适合具备足够风险承受能力的投资人。此部分提及的因素均将给基金的表现带来负面影响，投资人应仔细阅读此部分内容并在充分考虑的基础上做出投资决策。

此部分提及的风险因素并未涵盖股权投资及本基金的全部风险。投资人在做出投资决策之前应向自己的财务、税务和法律顾问寻求更多关于风险的建议。

投资于本基金的风险包括但不限于：

本部分应全面、准确、如实地揭示基金在设立和投资运作各环节的风险因素，包括可能存在的法律与政策风险。

12. 信息披露

12.1　记账和会计年度

基金管理人应当在法定期间内维持符合有关法律规定的、反映交易项目的基金的会计账簿，作为向合伙人提交基金的会计报表的基础依据。

基金的会计年度为日历年度；首个会计年度自基金设立之日起到当年之12月31日止。

12.2　年度会计报告和审计

基金管理人应当在年度终了之后，编制下列会计报表：

（1）资产负债表；

（2）损益表；

（3）现金流量表；

（4）各该合伙人在基金中的账户余额及在该会计年度的变化。

基金的年度会计报表应由独立审计机构进行审计。

12.3　定期报告

自基金设立的第一个日历年度结束时起，普通合伙人于每年____月____日前应向有限合伙人提交年度报告。内容为上一年度投资活动总结和上一年度经审计的财务报告。

12.4　查阅会计账簿

有限合伙人在提前15天书面通知的前提下，有权在正常工作时间内的合理时限内亲自或委托代理人为了与其持有的有限合伙权益相关的正当事项查阅基金的会计账簿。有限合伙人在行使本条项下权利时应遵守基金不时制定或更新的保密程序和规定。

12.5　向备案管理部门的信息披露

基金应当于每个会计年度结束后4个月内，向备案管理部门提交年度业务报告和经会计师事务所审计的年度财务报告。基金的托管机构应当于每个会计年度结束后4个月内，向备案管理部门提交年度资产管理报告和年度资产托管报告。基金在投资运作过程中发生下列重大事件的，应当在10个工作日内，向备案管理部门报告：

（1）修改基金或者基金管理人的公司章程；

（2）基金或者基金管理人增减资本或者对外进行债务性融资；

（3）基金或者基金管理人分立与合并；

（4）基金管理人或者托管人变更，包括基金管理人高级管理人员变更及其他重大变更事项；

（5）基金解散、破产或者由接管人接管其资产。

12.6　向社会公众披露的信息

在不泄露商业机密的前提下，本基金可通过网站以及相关媒体等方式向社会适度披露信息,接受社会监督。但是,前述信息披露不得涉及任何与本基金资本募集相关的内容。

三、信托型基金《资本招募说明书》

××信托·私募股权投资基金集合资金信托计划
资金信托合同

鉴于

委托人系依据中华人民共和国法律、法规登记注册的企业法人、依法成立的其他组织或具备完全民事行为能力的自然人,具备所有必要的权利和授权并能以自身的名义将来源合法的资金委托受托人进行资金信托,并对其信托资金享有合法的处分权。

受托人系依据中华人民共和国法律成立、持有中国银行业监督管理委员会颁发的《金融许可证》并经工商行政管理部门核准登记的企业法人,具备所有必要的经营金融业务的资格。

委托人与受托人本着平等、互利的原则,根据《中华人民共和国信托法》、《信托公司管理办法》、《中华人民共和国合同法》及其他有关法律、法规和规章,签订本合同,共同遵照执行。

第一条　释　　义

本合同中除非文意另有所指,下列词语具有如下含义:

一、本合同或《信托合同》:指《××信托·私募股权投资基金集合资金信托计划资金信托合同》及对本合同的任何修订和补充。

二、信托计划或本信托计划或本基金:指根据本合同设立的××信托私募股权投资基金集合资金信托计划。

三、信托或本信托:指依据《信托合同》所设立的资金信托。

四、信托资金:指委托人按《信托合同》的约定,交付给受托人的资金。

五、信托单位:信托受益权划分为等额份额的信托单位,每个信托单位对应信托资金1元。

六、信托资金专用账户或信托专户:指受托人在______开立的信托资金专用账户。

七、信托合同当事人:指受本合同约束,根据本合同享受权利并承担义务的法律主体。

八、信托收入:指信托财产管理、运用或处分过程中产生的收入。

九、信托收益:信托收入扣除按照本合同规定可以扣除的费用后的余额。

十、信托资产初始总额:指信托计划首期成立时的信托资金总额。

十一、信托文件:指本合同、信托计划说明书和信托财产管理、运用风险申明书。

十二、工作日：指中华人民共和国国务院规定的金融机构正常营业日。

十三、元：指人民币元。

十四、保管人：指______________。

十五、管理人及受托人：指××信托有限公司。

十六、投资顾问：指天津××私募股权投资基金管理有限公司。

十七、担保人：指××集团或××集团有限公司。

十八、优先级受益权/人：指本信托计划中享有优先分配信托资金和收益的受益权/人。

十九、劣后级受益权/人：指本信托计划中在优先级受益权/人之后分配信托资金和收益的受益权/人。

二十、超额收益：指当期信托计划到期时，在支付信托计划相关费用以及向投资者分配信托预期收益后的剩余部分，即为超额收益。

二十一、信托年度：指受益人认购的当期信托计划存续期每次达到1年的时间期间。为本合同之目的，第一个信托年度指本信托计划生效之日至本信托计划生效满1年之日；第二个信托年度指本信托计划生效满1年之日的次日，至本信托计划生效满2年之日，以此类推。

第二条　信托当事人

（请委托人务必确保填写的资料正确有效，如因填写错误导致的任何损失，受托人<和代理机构>不承担任何责任）

委托人：

法人名称或个人姓名：______________________________

证件类型：______________________________

证件号码：□□□□□□□□□□□□□□□□□□□□□□

法定代表人或负责人：______________________________

联系地址：______________________________

邮政编码：

联系电话：

电子邮件：

传　　真：

受托人：××信托股份公司

法定代表人：

住所：

邮政编码：

客服电话：

传　　真：
受益人：与委托人为同一人
受益人用于分配信托收益和信托财产的银行账号或卡号
开户银行：
账户户名：
银行账号（或卡号）：

第三条　信托目的

本信托发挥金融服务与私募股权市场的协同优势，基于专业、规范、透明和稳健原则，整合××信托、××集团以及天津××私募股权投资基金管理有限公司在各自领域的专业经验和协同增效优势，通过组建专业化的基金管理团队，贯彻信托公司主动管理的原则，秉持价值发现和价值创造的理念，以资本金投资管理及服务为核心，构建专注于私募股权领域优秀的股权投资基金，为委托人提供专业、规范、透明和稳健的资产管理服务。

委托人基于对受托人的信任，将其合法拥有的资金委托给受托人集合管理，运用于以股权、债权、可转股债权、购买特定资产收益权等法律允许的方式投资于安全边际足够、具有增值潜力的私募股权相关设施（包括酒店、商业物业项目、旅游设施等），对其进行升级改造、实施资本管理以及结构重组，改善治理与运营，实现目标资产的价值提升，并在其增值后出售或上市获利。资金闲置期间可用于银行存款、国债、金融债、新股申购以及中国银监会允许股权投资基金投资的其他金融工具，以获取收益，并分配给受益人。

第四条　信托类别

本信托为委托人指定用途，并由受托人以集合方式管理、运用和处分信托财产的集合资金信托计划。

第五条　信托规模及期限

一、信托规模

本信托计划总规模预计为人民币30亿元，信托资产初始总额不低于5亿元。优先级信托资金规模与劣后级信托资金规模比例为4∶1，优先级信托资金规模以实际募集金额为准。劣后级信托单位将由××集团有限公司和本信托计划投资顾问认购，其中投资股份认购规模不低于本信托计划规模的10%。

二、信托单位的期限

本信托计划期限为2+2年，自当期信托单位生效之日起计算。信托计划期限届满2年时，经与投资顾问协商同意，管理人有权根据项目投资的实际回款情况决定延长信托计划期限，如决定延期，应提前三个月书面通知受益人。管理人自主决定延期的时间不得超过 2 年。

第六条　信托的认购

一、本信托计划的信托受益权划分为等额份额的信托单位，每份信托单位的价格为人民币 1 元。

二、本信托计划项下委托人认购优先级信托单位数量为个，对应信托资金金额为人民币（大写）元整（小写￥：元）。

三、受托人开设独立的信托资金专用账户对信托资金进行管理，本信托的一切资金往来均须通过该账户进行。

（一）委托人应在本合同签订时，将信托资金交纳至以下临时信托专用账户：

账户名称：××信托股份有限公司

开户银行：

账　　号：

（二）每一期的信托单位生效前，临时信托专用账户资金应转入以下信托资金专用账户：

账户名称：××信托有限公司

开户银行：

账　　号：

四、信托收据：受托人在收妥当期信托计划委托人交付的信托资金并且当期信托计划生效后，统一为委托人开具信托收据。

第七条　信托的推介、成立与生效

一、本信托计划可视市场情况分期募集、分期成立，每期将独立核算、独立管理。

二、本信托计划推介地为重庆市。本期募集推介期为 30 个工作日，自 2011 年___月___日到 201 ___年___月___日止，若有需要，可适当延长或提前结束。

三、本信托计划的成立条件及募集安排

1. 本信托计划发行规模预计为人民币 30 亿元，以实际募集金额为准。

2. 本信托计划可分期募集并成立，信托计划资金初始金额满 5 亿元时，信托计划可以成立。

3. 信托计划各期成立日期及规模以受托人挂网或其他方式发布的成立生效公告为准。

四、信托计划的生效

当期信托成立之日即为当期信托生效之日，并于当日开始计算当期投资者收益。

五、信托资金在信托计划生效前产生的利息计算及其分配

信托资金在受托人收到日至本信托计划生效日期间产生的利息按中国人民银行

规定的活期存款利率计算，由受托人在本信托计划终止时支付给受益人。

六、本信托计划未成立或未生效时，受托人根据约定向委托人退还信托本金及相应银行活期存款利息，除此之外不承担其他任何责任。

第八条　信托财产的范围、种类

信托财产包括下列一项或数项：

一、委托人交付的信托资金。

二、受托人因信托财产的管理、运用、处分或者其他情形而取得的财产。

三、前述一项或数项财产灭失、毁损或其他事由形成或取得的财产。

第九条　信托财产的管理与运用

一、投资管理原则

本信托计划的风险管理与控制将遵循以下原则进行：

1. 全面性原则

风险管理和内部控制覆盖本信托计划涉及的各项业务、各运营主体（受托人、投资顾问）和各级人员，并涵盖到决策、执行、监督、反馈等各个经营环节。

2. 有效性原则

受托人和投资顾问须竭力维护风险管理和内部控制的有效执行，任何人不具有超越风险管理和内部控制约束的权利。

3. 独立性原则

受托人和投资顾问在精简高效基础上设立能充分满足工作需要的机构、部门和岗位，各机构、部门和岗位职能上保持相对独立。

4. 相互制约原则

内部部门和岗位的设置权责分明、相互牵制，并通过切实可行的相互制约机制消除风险管理和内部控制中的盲点。

5. 防火墙原则

受托财产（基金财产）、受托人固有财产和其他财产的运作分离。

6. 成本效益原则

受托人和投资顾问运用科学化的经营管理方法降低运作成本，提高经济效益，力争以合理的控制成本达到最佳的风险管理和内部控制效果。

7. 适时性原则

受托人将根据国家法律、政策等外部环境的变化及时对公司风险管理和内部控制进行相应的完善。

二、投资管理机制

1. 受托人组建信托计划投资决策委员会（以下简称投委会），投委会为基金最高投资决策机构，并负责制定投资建议。投资决策委员会由 5 人组成，受托人委派 3 人，外部专家 2 人。投资决策须经投资决策委员会 3/5 以上的委员同意后方可实施。

2. 受托人聘请投资顾问为本信托计划提供投资顾问服务。投资顾问负责向投资决策委员会提出投资建议，投资建议包括拟投资的项目、数量、比例、价格（范围）、时间、持有时间、退出计划安排等。投资顾问应协助受托人对投资项目和目标公司进行筛选、初步审查、立项、尽职调查，协助受托人进行投资以及投资后的跟踪管理、制订退出安排计划等。

3. 投资决策委员会对投资顾问提交的投资建议进行审议，并形成投资方案，向受托人提交。

4. 受托人对投资决策委员会提交的投资方案进行合规性审核，在不违反相关约定的前提下由受托人按照该投资建议进行操作。

5. 如受托人经审核发现投资决策委员会提交的投资方案有违反相关法规、资金信托合同的约定，可拒绝执行该投资方案，并及时书面通知投资决策委员会和投资顾问。

三、投资管理流程

本信托计划具体的投资管理流程分为筛选与立项、尽职调查、投资决策、投资执行、跟踪管理与退出六个环节。具体内容如下：

1. 筛选与立项

投资顾问在宏观经济分析、行业研究的基础上，筛选出符合本基金投资方向与要求的项目，在经初步审查后，将有发展潜力和投资价值的目标形成《项目立项意见书》，投资顾问召开工作会议讨论并做出是否立项的决议。对于立项的项目，投资顾问成立项目组以执行项目计划。

2. 项目尽职调查

对于立项的项目，投资顾问的项目组进行尽职调查，必要时将咨询或聘用会计师、律师、评估师和专家顾问，形成《尽职调查报告》。

尽职调查的主要内容包括：目标公司基本情况、业务及行业状况、财务状况、关联交易情况、或有风险、公司董事、监事、高级管理人员情况及员工构成等。

3. 投资决策

投资顾问召开总经理办公会审查项目组提交的报告和方案，审查通过的，安排进入投资决策程序；投资顾问向投资决策委员会递交《项目投资决策建议书》，投委会据此形成书面决议。提交投委会审议的项目，投资顾问应提前 7 日将资料提交给每位参加会议的委员。

投委会根据《项目投资决策建议书》，对拟投资项目进行评估，并形成《项目投资决议书》。

对有条件通过的项目，在项目组补充完资料后，可安排第二次审议。

4. 投资执行

对形成投资决议的项目，投资顾问的投资部和项目组在律师协助下起草正式投资

协议,并和项目企业签署投资协议,完成投资手续;

受托人、保管银行根据投委会的项目投资书面决议和与项目企业的有关协议,进行合规性审查,向被投资项目划拨投资款。

5. 投资后项目管理

对目标项目投资进入后,受托人对被投资企业进行项目管理,具体措施为:

(1)跟踪被投资项目,形成《项目经营管理情况报告》;

(2)向投资项目委派董事或财务总监等专业管理人员,参与项目经营管理;

(3)要求被投资项目定期向受托人递交财务报表。

6. 投资项目退出

(1)投资顾问依据被投资项目的经营状况和外部环境,选择合适的退出渠道,形成《项目退出决策建议书》,递交投委会审批。投资顾问或者选择恰当时机,协助企业完成上市程序,或根据投资和退出计划及项目发展状况,及时调整退出方案,经项目审议会审议后报投委会批准或备案,实施股权退出等。

(2)基金投资项目退出的决策机制参照该项目投资决策流程进行。

(3)受托人根据投委会书面决议,对已投资项目实施退出。

四、投资人的授权与认可

投资人签署相关文件并认购本信托计划,即表示其:

(一)同意授权管理人根据本合同以及相关信托文件的约定,履行本信托计划的具体管理职责;

(二)同意授权本信托计划的投资决策委员会,代表全体投资人对信托财产的投资管理进行决策;

(三)同意并不可撤销地授权管理人,在其认为必要的情况下,设立项目公司或者其他特殊目的载体(SPV),或者以本信托计划的信托资金或财产认购前述特殊目的载体的份额或股权,并通过前述特殊目的载体实施本信托计划相关信托文件规定的投资行为;

(四)认可本信托计划采取此类投资管理和投资决策方式。

五、投资范围

本信托计划的投资范围包括:以股权、债权、可转股债权、购买特定资产收益权等法律允许的方式投资于安全边际足够、具有增值潜力的私募股权相关设施(包括酒店、商业物业项目、旅游设施等),对其进行升级改造,对其实施资本管理以及结构重组,改善治理与运营,实现目标资产的价值提升,并在其增值后出售或上市获利。资金闲置期间可用于银行存款、国债、金融债、新股申购以及中国银监会允许股权投资基金投资的其他金融工具,以获取收益,并分配给受益人。

六、投资禁止

禁止以本信托计划项下的资金或财产从事以下行为:

(一)投资于国家政策禁止投资的领域、项目;

(二)将信托资产运用于可能承担无限责任的投资;

(三)投资于信托合同规定的投资范围以外的或者禁止投资的品种;

(四)将信托资产用于本信托合同规定之外的担保、资金拆借或者贷款;

(五)国家法律、法规及相关监管机构禁止的其他投资行为。

七、信托账户的管理

(一)信托所有账户的开设和管理由受托人负责,受托人承诺开设独立的信托账户对信托资金进行管理,本信托的一切资金往来均需通过该账户进行。

(二)根据具体情况的需要,本信托可开设其他账户,但仅限于满足开展本信托业务的需要。

(三)受托人不得假借本信托的名义开立任何其他账户,亦不得使用本信托的任何账户进行本信托业务以外的活动。

第十条　信托当事人的权利、义务

一、委托人的权利与义务

(一)权利

1. 监督信托运作情况,获取信托管理与运用等资料;

2. 提请受托人按《信托合同》规定承担应尽的义务;

3. 按《信托合同》的规定解聘受托人;

4. 法律、行政法规规定的其他权利。

(二)义务

1. 保证委托的全部信托资金来源合法,且为其合法可支配财产;

2. 按本合同的约定及时将信托资金交付受托人;

3. 保证已就设立信托事项向其合法债权人履行了告知义务,并保证设立信托未损害其债权人利益;

4. 按规定缴纳相关税费;

5. 承担信托亏损或者终止的责任;

6. 不从事任何有损本信托利益的活动;

7. 法律、行政法规规定的其他义务。

二、受托人的权利与义务

(一)权利

1. 依《信托合同》约定持有并管理、运用信托财产。

2. 依《信托合同》约定获得信托报酬,并可对本合同的受益人转让其享有的信托受益权的行为分别向出让人和受让人收取手续费。

3. 受托人因管理、运用或处分信托财产所支出的费用和对第三人所负债务,以信托财产承担。受托人以其固有财产先行支付的,对信托财产享有优先受偿的权利。

4. 法律、行政法规规定的其他权利。

（二）义务

1. 受托人从事信托活动，应当遵守法律、法规和本合同的约定，不得损害国家利益、社会公众利益和他人的合法权益；

2. 遇国家金融政策重大调整，及时通知委托人，双方应就收益分配等内容进行协商和调整；

3. 信托财产不属于受托人的固有财产，受托人终止时，信托财产不属于其清算财产或破产财产；

4. 受托人应当为委托人、受益人以及处理信托事务的情况和资料保密，但法律法规或者信托文件另有规定的除外；

5. 受托人应当将信托财产和固有财产分开管理，并将不同信托计划的信托财产分别记账；

6. 妥善保管信托业务交易的完整记录、原始凭证及资料，保存期为自本信托终止之日起 15 年；

7. 法律、行政法规规定的其他义务。

三、受益人的权利与义务

（一）权利

1. 自信托生效之日起享有信托受益权；

2. 获取信托收益，获取信托清算后的剩余财产；

3. 受益人可以放弃信托受益权；

4. 信托受益权可以依法转让和继承；

5. 法律、行政法规规定的其他权利。

（二）义务

1. 承担本信托亏损或者终止的责任；

2. 法律、行政法规规定的其他义务。

第十一条　信托财产的保管

一、受托人聘请担任信托财产的保管人。受托人与保管人订立《保管协议》，明确受托人与保管人之间在信托财产的保管、信托财产的管理和运作及相互监督等相关事宜中的权利、义务及职责，确保信托财产的安全，保护受益人的合法权益。

二、保管人的职责包括：

1. 安全保管信托财产；

2. 对所保管的信托财产单独设置账户，确保信托财产的独立性；

3. 确认与执行受托人管理运用信托财产的指令，核对信托财产交易记录、资金和财产账目；

4. 记录信托资金划拨情况，保存受托人的资金用途说明；

5. 定期向受托人出具保管报告；

6. 法律法规、保管协议规定的其他义务。

第十二条　信托受益权的转让(捐赠)、继承和质押

一、信托受益权转让(捐赠)

(一)在本合同信托期限内，受益人可以转让信托受益权，信托受益权进行拆分转让的，受让人不得为自然人。机构所持有的信托受益权，不得向自然人转让或拆分转让。劣后级受益权不得转让。

(二)受益人转让(捐赠)信托受益权，转、受让双方应持本信托合同及已生效的《信托受益权转让协议书》及相关身份证明文件，亲临受托人处办理转让登记手续。未办理登记手续的，受托人视原登记的受益人为合法受益人，由此发生的经济和法律纠纷，与受托人无关。

(三)受益人转让(捐赠)信托受益权，转、受让双方应当分别按拟转让(捐赠)信托财产(受益权)的 0.1% 向受托人缴纳转让登记手续费。

(四)受托人在认定本合同的受益人和受益权时将以生效日期最新的《信托受益权转让登记表》中的记载为准。

二、信托受益权继承

信托受益权的继承，按照国家相关法律、法规办理，并到受托人处办理变更登记手续，并按拟继承信托财产(受益权)的 0.1% 缴纳变更登记手续费。

三、信托受益权质押

(一)信托期限内，受益人可以质押其拥有的信托受益权。

(二)受益人质押信托受益权，质押人和质押权人双方应持本信托合同、质押协议及相关身份证明文件，亲临受托人处办理质押登记手续。未办理质押登记手续的，受托人按原信托文件的约定处置信托受益权。

(三)已质押的信托受益权，不得办理挂失、转让、再质押及其他对信托受益权的处置事宜。质押期间，有关信托收益的分配，质押协议有明确约定的，依照其约定执行，未约定或约定不明确的，受托人不向任何一方分配信托收益。

(四)受益人质押信托受益权，质押人和质押权人应当分别按拟质押信托财产(受益权)的 0.1% 向受托人缴纳质押登记手续费。

(五)质押到期或提前解除质押时，质押权人应持本合同、解除质押函及相关身份证明文件，亲临受托人处办理解除质押登记手续。质押或信托到期，未办理解除质押登记手续的，如质押协议有明确约定，依照其约定执行，如未约定或约定不明确的，信托受益权仍然冻结。

第十三条　信托费用的核算及支付

一、本信托运作过程中涉及的各纳税主体，分别依照国家法律、行政法规的规定履行纳税义务。

（一）受益人与受托人应就各自的所得按照有关法律规定依法纳税。

（二）应由信托财产承担的税费，按照法律、行政法规及国家有关部门的规定办理。

二、除非委托人或者本信托计划所投资的项目公司另行支付，受托人/管理人因处理信托事务发生的下述费用与税费由信托财产承担：

（一）信托报酬，包括固定报酬及浮动报酬；

（二）投资顾问管理费，包括固定管理费和浮动管理费；

（三）银行保管费；

（四）相关文件或账册制作、印刷费用；

（五）信息披露费用、信托受益人大会费用，以及信托终止时的清算费用；

（六）与信托相关的审计费、律师费、评估费等；

（七）信托财产管理、运用或处分过程中发生的税费和交易费用，包括但不限于出售本信托计划投资的项目公司股权时产生的印花税、交易税费等；

（八）按照有关规定可以列入的其他费用。

上述第（二）~（八）项费用统称其他费用。

三、信托各项费用计提方法、计提标准和支付方式

（一）信托报酬按照第十五条的规定办理。

（二）管理费用按照第十五条的规定办理。

（三）信托其他费用于该等费用实际发生时从信托财产及收益中扣除。

四、费用计提应符合如下原则：

（一）受托人因违反本合同所导致的费用支出，以及处理与本信托无关的事项发生的费用不列入应由信托财产承担的费用。

（二）应由信托财产承担的费用从信托财产中支付，列入当期费用。受托人如以固有财产先行垫付的，受托人有权从信托财产中优先受偿。

（三）如信托计划延期，则按照原有费率于当个信托年度的第一个工作日，计提信托报酬、保管费用等。

（四）已收取的信托报酬、保管费用等不予退还。

第十四条　信托收益的计算和分配

一、信托收益的计算

（一）信托收入来源于信托财产管理、运用、处分过程中产生的收益，包括项目投资收益、银行存款利息收益及其他收益。信托费用指本合同第十三条约定的信托费用中

应由信托财产承担的部分。

(二)信托收益＝信托收入－信托费用。

(三)信托年化收益率＝信托收益÷信托计划规模÷信托期限×100%(其中信托期限为按年计算的信托实际存续期,其不满一年的部分,按实际存续天数除以365折算为年)。

(四)本信托计划收益分为:

1. 现金类预期收益,每信托年度末分配一次;

2. ××集团另行提供的一揽子旅游类优惠服务。

本信托计划预期收益率如下:

受益人(含优先级和劣后级)在2年的信托期限内享受每年11%/年的预期年化收益率,每信托年度末分配收益;

信托计划延期的,在延长期限内,受益人可享受13%/年的预期年化收益率,每信托年度末分配收益;

如信托期限期满时,信托计划年化收益率大于预期年化收益率(预期年化收益率指在信托期限2年内为11%/年,信托期限延长期限内为13%/年)时,优先级受益人按超额收益(超过11%或13%的部分)的20%享受浮动收益;

如信托期限期满时,信托计划年化收益率小于预期年化收益率时,则劣后级受益人按约定的预期年化收益率,受让全部优先级受益人的信托权益;

本信托计划的预期回报率不构成受托人、管理人或投资顾问对信托收益的保证或承诺。

二、信托财产及收益的分配

(一)除受益人大会另行决议外,信托财产及收益以现金方式进行分配,由受托人支付到受益人指定的账户。

(二)信托财产及收益分配方案必须遵循以下原则:

1. 首先,在每信托年度末按照本信托合同规定的预期收益率向优先级受益人支付当期应分配的信托收益;

2. 其次,在信托计划到期时,按照分配当日优先级受益人持有的信托单位占全部优先级受益人持有的信托单位的比例,向优先级受益人支付优先级信托单位本金;

3. 其三,对于进行前述分配后剩余的部分,则按劣后级受益人持有的信托单位占全部劣后级受益人持有的信托单位的比例,向劣后级受益人分配劣后级信托资金本金;

4. 其四,如有剩余,则按照劣后级受益权的预期收益率(不计复利)向劣后级受益人分配自信托生效之日起,至向劣后级受益人分配之日止的预期收益;

5. 最后,对于进行前述分配后剩余的部分,按20%、20%、20%和40%的比例分别支付给优先级受益人、受托人、投资顾问和劣后级受益人,作为优先级受益人的浮动收益、受托人的浮动报酬、投资顾问的浮动管理费用以及劣后级受益人的浮动收益。

第十五条　信托报酬和管理费用

一、信托报酬

（一）本信托计划的信托报酬分为固定报酬与浮动报酬。

（二）信托报酬的收取标准和支付

本信托计划按投资者已缴纳的信托资金规模的2%/年向受托人支付固定报酬。

固定报酬应于每个信托年度开始的5个工作日内，由保管银行根据受托人出具的划款指令从信托账户直接划付该信托年度的固定报酬。

（三）浮动报酬的标准和计提

本信托计划期满，当信托计划年化收益率不超过投资者预期收益率时，则不提取浮动报酬；当信托计划年化收益率超过投资者预期收益率时，则受托人就超过的部分，提取20%的浮动报酬。

浮动报酬于本信托计划终止时由保管银行根据受托人出具的划款指令从信托账户直接划拨至受托人名下。

二、管理费用

（一）本信托计划的管理费用分为固定管理费用与浮动管理费用。

（二）管理费用的收取标准和支付

本信托计划按投资者已缴纳的信托资金规模的0.5%/年向投资顾问支付固定管理费用。

固定管理费用应于每个信托年度开始的5个工作日内，由保管银行根据受托人出具的划款指令从信托账户直接划付该信托年度的固定管理费用。

（三）浮动管理费用的标准和计提

本信托计划期满，当信托计划年化收益率不超过投资者预期收益率时，则不提取浮动管理费用；当信托计划年化收益率超过投资者预期收益率时，则投资顾问就超过的部分，提取20%的浮动管理费用。

浮动管理费用于本信托计划终止时由保管银行根据受托人出具的划款指令从信托账户直接划拨至投资顾问名下。

第十六条　信托文件的挂失

一、在信托财产分配之前，委托人的信托文件如不慎遗失，应及时办理挂失手续。

二、挂失手续的办理：

（一）法人或依法成立的其他组织：挂失办理人员须持有单位有效授权文件、本人身份证，并提供信托财产的性质、数量等有关信托内容。授权文件须加盖单位公章。

（二）自然人：挂失时须持有本人身份证亲自办理，并提供信托财产的性质、数量等有关信托内容。

三、挂失人申请办理挂失手续时,应按照100元/笔的标准向受托人缴纳信托文件挂失手续费。

四、受托人对挂失内容审核确认无误后办理挂失手续,并按规定补制信托文件,即在该存档信托文件复印件的封面加盖公司公章和挂失补制章,并标注补制日期。

第十七条　信托变更、终止及信托财产的归属

一、本合同生效后,除受益人依法转让信托受益权,委托人、受托人均不得擅自变更。如需要变更本合同,须经双方协商一致。

二、信托期限内,委托人不得随意提前终止合同。如确有必要提前终止信托合同,委托人应提前10个工作日向受托人发出书面通知,并经受托人同意。由于委托人提前终止合同造成的损失,全部由委托人承担。

三、本合同信托期限届满,本合同设定的资金信托即告终止,受托人将全部信托财产以现金形式归还给受益人。

四、本信托合同终止日起10个工作日内由受托人将信托财产划拨至受益人指定账户。

五、信托财产的保管

受托人于信托财产分配后10个工作日内,书面通知受益人取回应得财产,未被取回的财产由受托人负责保管。保管期间,受托人只能将该财产存于银行,不得进行其他方式的运用。保管期间的收益归受益人所有,发生的保管费用由被保管的信托财产承担。

第十八条　受益人大会

一、受益人大会由全体受益人组成。

二、出现以下事项而信托文件未有事先约定的,应当召开受益人大会审议决定:

(一)提前终止信托合同或者延长信托期限;

(二)改变信托财产运用方式;

(三)更换受托人、管理人或者投资顾问;

(四)提高信托报酬标准;

(五)变更信托财产及收益分配原则;

(六)需要召开受益人大会的其他事项。

三、受益人大会由受托人负责召集,受托人未按规定召集或不能召集时,代表信托受益权份额百分之十以上的受益人有权自行召集。

四、召集受益人大会,召集人应当至少提前10个工作日公告受益人大会的召开时间、会议形式、审议事项、议事程序和表决方式等事项。受益人大会不得就未经公告的

事项进行表决。

五、受益人大会可以采取现场方式召开,也可以采取通信等方式召开。受益人大会召开时,受益人按照拥有的受益权在全部信托受益权中的份额具有相应票数的表决权,受益人可以委托代理人出席受益人大会并行使表决权。

六、受益人大会应当有代表百分之五十以上份额的优先级信托单位受益人、代表百分之五十以上份额的劣后级信托单位受益人参加,方可召开;大会就审议事项作出决定,应当经参加大会的优先级信托单位受益人所持表决权的三分之二以上(含)通过、劣后级信托单位受益人所持表决权的三分之二以上(含)通过,但更换受托人、改变信托财产运用方式、提前终止信托合同,应当经参加大会的受益人全体通过。

七、受益人大会决定的事项,应当及时通知相关当事人,并向监管部门报告。

第十九条　新受托人的选任方式

一、若本合同的受托人在现行法律法规下因故不能继续履行受托人的责任,则根据有关规定,首先由委托人选任新受托人。委托人不指定或者无能力指定的,由受益人选任,受益人为无民事行为能力人或者限制民事行为能力人的,依法由其监护人代行选任。

二、更换受托人的程序

(一)提名:新任受托人由委托人提名并形成决议。

(二)批准:委托人决议经法定监管部门批准后,受托人方可退任,新任受托人经法定监管机构审查批准方可继任。

(三)公告:由委托人在获得法定监管机构批准受托人更换后5个工作日内公告。

第二十条　投资决策委员会

一、投资决策委员会的组成

投资决策委员会经受益人大会授权,行使本信托计划投资决策权力。投资决策委员会是本信托计划的最高投资决策机构。

投资决策委员会由5人组成,其中受托人委派3人,聘请外部专家2人。

投资决策委员会委员不能履行其职责的,由受托人按照前述规定的程序,另行选任其继任者。

二、投资决策委员会的职责

投资决策委员会的职责包括:

(一)建立本信托投资目标和投资策略;

(二)批准本信托的投资策略和运营规则;

(三)全面负责信托管理决策和运营监督;

(四)代表信托做出投资决策、后续管理重大事项决策和退出决策;

（五）批准信托分配政策和方案，及信托单位的提前结束或延期方案；

（六）批准年度财务报告、年度预算或其他商业计划；

（七）批准经营管理委员会建议的独立审计师、律师和评估师等专业服务机构；

（八）批准本信托计划投资的项目公司的董事任免。

三、投资决策委员会的议事规则

（一）投资决策委员会会议可由下列人员提议召开：投资决策委员会主任委员、过半数委员；

（二）投资决策委员会主任委员负责确定会议的时间、地点和方式；

（三）投资顾问必须在会议召开 7 日之前以书面的形式提交与会议所议事项有关的材料；

（四）投资决策委员会可以采用现场或者通信方式对投资项目或者方案进行表决；

（五）投资决策委员会委员必须亲自参加投资决策委员会会议，每一位委员享有一票表决权；

（六）表决事项经 3/5 委员表决通过，方可生效；

（七）投资决策委员会主任委员根据表决结果或者以通信方式送达的表决意见决定决议是否通过，并应当在会上或以通信方式向各个委员宣布表决结果，决议的表决结果载入会议记录；

（八）出席会议的委员应在会议记录及决议上签字。

四、投资决策的备案

投资决策委员会的所有会议记录及决议均须提交××信托内审稽核部及合规法律部备案，以便其定期或者不定期审查本信托计划在项目投资和后续管理过程中的合规性。

第二十一条　信托事务的报告

一、信托事务报告由受托人在受托人网站公告、受托人营业场所公告，或者以发送电子邮件，或以邮寄的形式报告受益人。

二、信托清算报告

（一）受托人应在信托终止后 10 个工作日内编制信托财产分配的清算报告，委托人同意受托人出具的清算报告不须经过第三方审计。

（二）受益人自收到信托清算报告或报告公布之日起 10 日内未提出书面异议的，受托人就信托清算报告所列的有关事项解除责任。

三、季度及年度报告、临时报告与公告

（一）受托人按季制作信托资金管理的报告和信托资金运用及收益情况表，以备委托人和监管部门查询。按每自然季度定期向委托人披露信托资金管理报告及收益情况表、按年向委托人挂网披露信托资金保管人出具的信托财产保管报告。

（二）在信托计划存续期内，如果发生可能对信托受益人权益产生重大影响的事项时，受托人在知道临时事项发生之日起10个工作日内向委托人或受益人作临时披露。

第二十二条　风险的揭示与承担

一、风险揭示与控制

本信托计划将按照诚实、信用、谨慎、有效的经营原则，严格遵守国家有关的法律、法规，将以受益人利益最大化为宗旨处理相关事宜。

（一）行业政策及市场风险

市场风险主要是指与整个市场波动相联系的风险，它是由各类因素的共同作用，并通过影响企业经营状况、企业并购价值或者企业股权价值等方式来体现，从而导致项目投资收益的变化。行业政策导向以及与之相关的市场风险是本信托计划面临的主要风险之一。

为有效控制市场风险，管理团队将强化对宏观经济和本信托计划投资项目的市场研究，加强对投资项目相关行业整体状况的研究和跟踪，增强对行业政策导向及市场风险的识别和判断能力；避免投资集中于可能受行业政策影响较大因而面临较大市场风险的地区或者项目；积极将部分资产配置于符合国家政策导向的安全边际足够、具有增值潜力的私募股权相关设施（包括酒店、商业物业项目、旅游设施等），以增强本信托计划抗御市场风险的能力；积极指导被投资项目公司采取措施应对市场波动风险；严格执行信托合同约定的禁止性投资的相关规定。

（二）投资及管理过程的尽职风险

本信托计划属于主动的资产管理信托产品，投资和管理能力是决定投资业绩和资产安全的核心因素，因此，投资及管理过程中的尽职风险将是主要风险。

为控制管理过程的尽职风险，管理团队将建立规范严格的项目投资及项目管理的流程。在投资及管理过程中，本信托计划将以行业研究能力以及行业投资经验为基础构建专业的投资管理团队。在投资前的尽职调查过程中，为确保审慎地投资调研，管理团队将进行充分的尽职调查、市场研究，科学构建财务模型，保障投资判断的准确性。在投资决策过程中，本信托计划将建立合理的决策流程，设定严格且透明的投资决策流程，以规范的程序确保管理团队善尽其注意义务。在进行投资决策时，管理团队将要求投资项目具有充分的投资安全边际，并进行充分的压力测试以确保投资的安全边际。管理团队将进行主动的风险管理，在投资阶段引入充分的风险控制机制，并设定明确的退出安排，设定与投资期限匹配的退出机制。

（三）流动性风险

流动性风险指的是资金投入项目公司后，无法立即或不适于变现，又或者变现将造成损失的风险。

为有效控制流动性风险，管理团队将在资金投出阶段和项目企业管理过程中加强对流动性风险的评估和控制，从而在资金投出阶段就对流动性风险过高的投资项目进行排除，对流动性风险较高的投资项目事先做出流动性方面的安排，在项目企业管理过程中积极改善投资项目的流动性。

针对项目开发建设过程中的流动性风险，在资金投出阶段，管理团队将在优选项目的基础上，落实退出安排和备选的项目处置安排。在完成投资后，管理团队、信托经理将严格按照有关法规和××信托的相关制度要求，做好项目的后续跟踪管理工作，并根据项目实际运作情况制订相关风险控制预案，当出现流动性风险时，将及时对项目公司股权和资产进行处置，以降低相应的流动性风险。

（四）投资对象风险

投资对象风险指的是被投资对象本身存在或潜在的风险。

为有效控制投资对象风险，管理团队将强化资金投出阶段的尽职调查工作，完善股权投资交易结构中的补偿机制，在资金投出阶段以及项目企业管理阶段积极采取措施化解其本身存在或潜在的风险，对投资对象风险很高的项目进行否决。

（五）资产配置风险

资产配置风险指的是资产配置状况所带来的风险。

为有效控制资产配置风险，管理团队将严格执行法律、法规及信托合同中对股权投资配置的相关规定，设置合理的投资行业组合，在法律允许的范围内在投资载体的设计方面进行尝试和创新，在投资载体的组合方面做出合理安排。

（六）道德风险

道德风险主要是指管理团队内部雇员以及被投资项目公司管理人员及雇员的道德问题所带来的风险。

为有效控制内部雇员的道德风险，管理团队将建立健全内控制度体系。在硬指标上，要求雇员必须具有本科以上学历，信托经理以上雇员须具备相关的股权投资经验且无不良的信用及诚信记录，须严格遵守管理人内部岗位规范及相关规定；在软指标上，要求雇员必须爱岗敬业，有责任心。

为有效控制被投资项目公司管理人员及雇员的道德风险，管理团队应调查被投资项目公司管理人员的信用及诚信记录，加强并完善被投资项目企业的文件备案及信息披露制度，协助被投资项目企业建立健全企业内控制度。

（七）执行操作风险

执行操作风险指的是由不完善或有问题的内部程序、员工和信息科技系统以及外部事件所造成损失的风险。

为有效控制执行操作风险，管理团队将加强雇员的岗位培训，完善内部组织架构和授权体系，推行重大操作双人独立复核制度，强化执行操作监控和备案制度。

（八）其他风险及控制

本信托计划不排除因为宏观经济、政策法规、自然灾害等不可抗力因素导致的收益不确定的可能性。

尽管不可抗力因素非人力可避免与化解，但受托人将竭尽所能，积极加强对不可抗力因素的研究判断分析能力，以便采取相应的对策。

二、风险的承担

（一）受托人依据本合同的约定管理、运用、处分信托资金导致信托资金受到损失的，由本资金信托的信托财产承担。

（二）受托人违背本合同的约定管理、运用、处分信托资金导致信托资金受到损失的，其损失部分由受托人负责赔偿，不足赔偿时由投资者自担。

（三）受托人承诺以受益人的最大利益为宗旨处理本资金信托的信托事务，并谨慎管理信托财产，但不承诺信托资金不受损失，亦不承诺信托资金的最低收益。

特别提示：

对于上述各种风险，虽然受托人、管理人将采取有效防范措施，但仍有可能发生并有可能给信托财产带来损失。根据相关法规，该损失应由信托财产承担。

股权投资为高风险高收益的投资，本信托计划投资是一种长期投资。本信托计划的投资将是非流通性的，可能无法及时变现，因此，该等投资资产的处置可能需要较长时间。

受托人、管理人及投资顾问不对预期收益率作出任何承诺，亦不保证投资本金可被部分或全部收回，投资者应有充分的资金实力及意愿承担本金损失的风险。管理人及投资顾问过往业绩不代表未来表现。

第二十三条　违约责任及纠纷解决

一、受托人以全部信托财产为限向受益人承担支付信托收益的义务。受托人因管理不当或者违反法律、法规及本合同的规定致使信托资金损失的，受托人应当予以补偿或者赔偿。

二、如委托人违约（包括但不限于擅自变更合同、未按约定方式提前终止合同等），委托人应负责赔偿受托人处理信托事务而支出的费用和所受到的损失，以及因委托人违约而给信托计划造成的损失。

三、对于委托人和受托人在履行本合同中发生的争议，由双方协商解决。协商不成，可向受托人所在地具有管辖权的人民法院提起诉讼。

第二十四条　合同的生效

一、本合同在同时具备以下条件时生效：

（一）委托人已按照合同约定足额交付信托资金；

（二）自然人委托人已签字，机构委托人的法定代表人（或负责人）或其授权代表已签字或盖章并加盖公章；

（三）受托人的法定代表人或其授权代表已签字或盖章并加盖公章。

二、本合同一式叁份,委托人持一份,受托人持二份,每份合同均具有同等法律效力。

第二十五条 其 他 事 项

一、本合同中的信托关系不因受托人的名称变更、法人变更、依法解散、被宣告破产或者被依法撤销而终止,也不因受托人的辞任而终止,但法律或者信托文件另有规定的除外。

二、本合同规定的受托人接收款项或支付款项的日期如遇法定节假日,应顺延至下一个工作日。

三、本信托相关事宜的办理,如信托文件的签署,信托推介材料的发放,信托收据的领取,信托的挂失、转让等,须在受托人处或其指定的地点、代收付机构办理。

四、本合同如有未尽事宜,由合同当事人各方共同协商解决。当事人可依据《中华人民共和国信托法》、《信托公司管理办法》及《信托公司集合资金信托计划管理办法》等有关法律、行政法规签订补充协议,补充协议与本合同具备同等法律效力。

五、下列附件是本合同不可分割的部分,具有同等法律效力:

(一)《认购风险申明书》;

(二)《信托计划说明书》。

第二十六条 通　　知

一、委托人或受托人通信地址或联络方式(包括但不限于电邮)发生变化,应自发生变化之日起 15 天内以书面形式通知另一方。如果在信托期限届满前发生变化,应在 2 天内以书面形式通知另一方。

二、受托人按在本信托合同中委托人所填写的通信地址或联络方式以电邮或挂号信件、传真、电传或电报等有效方式,就处理信托事务过程中需要通知的事项通知委托人或受益人。

三、如果通信地址或联络方式发生变化的一方(以下简称变动一方),未将有关变化及时通知另一方,除非法律另有规定,变动一方应对由此而造成的影响和损失负责。

第五节 出资认缴文件的制备

一、认缴出资意向函

认缴出资意向函

致:管理人名称(筹)

本公司在签署本认缴意向函之前,已经初步了解了由管理人名称(筹)(以下简称管理人）拟募集设立并管理的基金名称（以下简称基金简称）募集说明书及相关文件的全部内容，并经独立判断确信自身已做好足够的风险评估与财务安排，避免因投资于发展基金而遭受难以承受的损失。

本公司拟以____万元人民币（￥__________）投资于基金简称。

本公司签署本认缴意向函，表明本公司已经理解并愿意自行承担未来投资于基金简称的风险和损失。若未来经管理人同意，本公司成为基金简称的投资人，则本公司将配合管理人签署与基金简称有关的正式法律文件。

本公司同时作出如下声明及保证：

1. 本公司认缴基金简称出资的资金为自有且来源合法的资金。

2. 本公司具备中国法律、法规、规章、规范性文件以及主管部门要求的认购基金简称出资的资格和能力，并就作为基金简称投资人出资基金简称已获得必要的授权和批准，认缴基金简称出资不会与本公司已经承担的任何法定或约定的义务构成抵触或冲突。

3. 本公司就认缴基金简称出资所提供的各种资料均为真实、准确、完整的，不存在隐瞒、误导、遗漏等情形。

本公司承诺对本投资事项及其涉及的所有资料负保密义务。

二、认缴出资确认书

认缴出资确认书

根据《合伙企业法》和本企业合伙协议的有关规定，对全体合伙人的认缴和实缴出资确认如下：

合伙人姓名/名称	证件号码	认缴出资额	出资方式	出资比例	实缴出资额	出资方式

全体合伙人约定于________年____月____日以前将出资款交入合伙企业在银行设立的专户上。

全体合伙人签章：

三、认缴出资通知函

实缴出资通知函

出资人姓名/名称

根据基金名称的出资进度安排及资金支付要求，现通知贵公司于________年____

月____日之前向下账户支付出资人民币____元(￥__________元):

账户名称:

开户行:

账户号码:

特此通知!

基金管理人

年　月　日

第三章
基金组织的设立

第一节　公司型私募股权投资基金的设立

一、相关政策规定

根据《创投办法》和《PE通知》的规定，私募股权投资基金企业可以以有限责任公司、股份有限公司或法律规定的其他组织形式设立。公司型私募股权投资基金企业设立的主要法律依据是《公司法》、《证券法》、《企业法人设立登记管理条例》、《公司登记管理条例》、《公司登记管理条例实施细则》、《公司注册资本管理条例规定》、《公司登记程序规定》、《国家发改委办公厅关于促进股权投资企业规范发展的通知》（以下简称《PE通知》）等相关法律文件。修改之前的《公司法》规定公司的募集设立必须向社会公开募集，而不允许私募设立方式存在。《公司法》修订后对该条作了修正，明确了公司设立方式可以采用私募的形式，从而从立法角度确立了与公募对应的私募概念。非公开发行是私募的一个重要特征，《证券法》对公开发行的判断标准主要在于发行人数，其规定向特定对象200人以上发行就是公开发行，相反，不超过200人就是非公开发行。

由于公司制私募股权基金是严格依据《公司法》而设立的，相对而言，其法律规范程度要高于其他类型的私募股权基金。目前，除了产业投资基金须国家发展改革委批复（2012年后国家发展改革委不再审批产业投资金）外，公司型私募股权投资基金企业的设立没有限制性规定，也没有前置审批程序和制度，但应当在其设立后进行备案。

公司制基金严格按照《公司法》设立，法律法规比较健全，具有比较完备的现代企业管理制度，拥有股东会、董事会、监事会等分权与制衡机构，治理结构比较完善，运营规范的特点比较明显。公司制私募股权投资基金的投资决策也比较缜密，管理运营团队下面会设项目经理，由其带领自己的团队进行投资项目的挖掘、行业调研、初步筛选、投资指标评价、企业考量等基础性工作，然后汇报给基金管理运营团队，基金管理

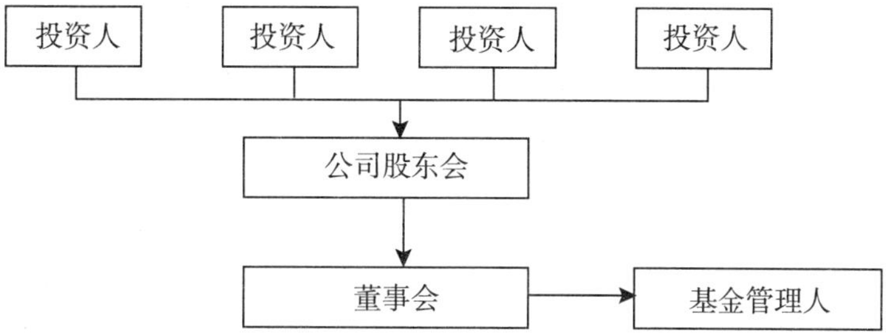

公司制私募股权基金组织结构

运营团队经过核实、考量并组织尽职调查,形成投资建议书,再呈报给董事会进行决策。这种层层把关、逐级上报的决策程序,保证了投资决策的科学性,有利于风险控制。

公司制私募股权基金是现行法律环境下通过 IPO 退出最理想的私募基金形式。因此在实践中,绝大多数有限合伙制私募股权基金或信托制私募股权基金最终都是通过转化为公司制私募股权基金形式实现投资项目的上市并最终退出。

但由于法律法规的限制,公司制私募股权基金运作时有时会显得比较刻板,不利于及时调整以适应私募股权基金实际发展的需要。因此,公司制私募股权基金在实际操作中也会偶尔脱离《公司法》进行一些变通。

对于公司制基金的弊端,首先,在公司制私募股权基金中,公司的所有者是投资者即股东,而管理者是由董事会聘请的投资管理公司,投资者享有的股权与公司的实际经营权分立,于是产生了代理成本问题。如何有效解决公司治理中的代理成本问题,是公司制私募股权基金需要首要考虑的。

其次,公司制私募股权基金存在着双重征税的问题,也就是说在基金层面以及在公司制基金的股东层面,都会对相应收益收税,而对于遵循“先分后税”原则的合伙制基金则不存在这一问题。双重征税使得公司运作成本增加,投资者的利润空间被压缩,这也是国外很多私募股权基金不选择公司制形式的主要原因。

(一)有限责任公司型设立的相关规定

根据现行《公司法》的规定,设立有限责任公司应当符合《公司法》第 23 条的规定,也就是说股东人数应当符合法定人数;股东出资达到法定资本最低限额;股东共同制定公司章程;有公司名称,建立符合有限责任公司要求的组织机构;有公司住所。

按照以上设立公司的五个条件的规定,设立有限责任公司型私募股权投资基金企业应具备相应的条件。按照现行《公司法》第 24 条的规定,有限责任公司由 50 个以下股东出资设立,也就是说设立有限责任公司型的私募股权投资基金企业,股东人数应当在 50 人以下。就法定的出资最低限额来说,应当遵从各地对于私募股权投资基金出资额的规定,限额有所不同。有限责任公司型的私募股权投资基金企业应当有全体股东签字、确认的公司章程，而且有符合法律规定的企业名称，比如说××股权投资有限公司、××创业投资有限公司。此外，按照主管部门的规定，企业需要有具备一定的管理经验、行业经验的高级管理人员，而企业一般以该私募股权投资基金企业的注册、办公地作为其住所；并以该注册地享受住所地的优惠政策及行业管理。

(二)股份有限公司型设立的相关规定

按照现行《公司法》的规定，设立股份有限公司，发起人数应当符合法律规定人数，发起人认购和募集的股本达到法定资本的最低限额，股份发行、筹办符合法律规定，发起人制定公司章程，采用募集方式设立的经创立大会通过，有公司名称，建立符合股份有限公司要求的组织机构，有公司住所。

股份有限公司型私募股权投资基金企业的设立，需要特别注意，"设立股份有限公司应当有二人以上二百人以下为发起人，其中须有半数以上的发起人在中国境内有住所"。再有，按照规定，私募股权投资基金企业募集资金只能采取私募方式，即不得以任何公开的方式或变相公开的方式，直接或间接向社会非特定主体募集资金。同时，《公司法》第81条规定，股份有限公司的注册资金最低不少于五千万元。然而，实践中，根据私募股权投资基金企业的行业特点，中央及地方政府相关主管部门所要求的最低注册资本一般都在这个数额标准的两倍以上。

二、公司制私募股权投资基金设立所需法律文件

公司型私募股权投资基金企业设立时，负责企业设立管理的政府机构是国家工商总局及下属的省/市/区工商管理机构。对于企业的设立管理，登记机构采取"申请资料齐全、形式合法"的形式审查，相关人员按照国家工商局制定的申请书格式提交申请，根据拟设立企业的不同情况，工商登记机构会做出当场准予设立登记/补正资料后受理登记申请/规定期限内准予设立登记等具体许可行为。根据《创投办法》和《PE通知》的规定，申请设立私募股权投资基金企业以及股权和创业投资管理顾问企业，依法直接到工商行政管理部门注册登记。

(一)申请名称预先核准

按照现行企业设立制度的规定，企业设立之前须预先核准企业拟用的名称，企业名称须符合《企业名称登记管理规定》和《企业名称登记管理实施办法》的规定。设立有限公司制的私募股权投资基金，须由公司的全体股东指定的代表或共同委托的代理人向公司登记机构申请名称预先核准；设立股份公司制的私募股权投资基金，应当由全体发起人指定的代表或共同委托人的代理人向公司登记机构申请名称预先核准。

设立公司制的私募股权投资基金，需要向公司登记机构提交相应的法律文件。其中，按照《公司登记管理条例》的规定，申请名称预先核准时应当提交下列文件：

(1)有限责任公司的全体股东或股份有限公司的全体发起人签署的公司名称预先核准申请书;

(2)全体股东或者发起人指定的代表或共同委托代理人的证明;

(3)国家工商行政管理局规定要求提供的其他文件。

需要指出的是,公司制的私募股权投资基金可以在名称内使用"××创业投资责任有限公司"、"××创业投资股份有限公司"等名称,以表明该企业是专门从事创业投资的私募股权投资基金企业。股权投资企业可以在名称内使用"××股权投资有限公司"或者"××股权投资股份有限公司"和"××股权投资管理有限公司",也可以表述为"××股权投资基金股份有限公司"和"××股权投资基金管理股份有限公司"。名称经核准之后,工商登记机构在规定的工作日内出具《企业名称预先核准通知书》,该预先核准的名称保留期为6个月。

(二)设立登记

有限公司制私募股权投资基金企业的设立,由全体股东指定的代表或者共同委托的代理人向公司登记机构申请设立登记;股份公司制私募股权投资基金企业的设立,由董事会向公司登记管理机关申请设立登记。

1. 有限责任公司制私募股权投资基金企业的设立登记

设立有限责任公司制私募股权投资基金的,应当由全体股东指定的代表或者共同委托的代理人,按照工商登记部门的规定递交登记申请资料。包括下列文件:

(1)公司法定代表人签署的设立登记申请书;

(2)全体股东指定的代表或者共同委托的代理人的证明;

(3)公司章程;

(4)依法设立的验资机构出具的验资证明;

(5)股东的主体资格证明或者自然人身份证明;

(6)载明公司董事、监事、经理的姓名、住所的文件以及有关委派、选举或者聘用的证明;

(7)公司法定代表人任职文件和身份证明;

(8)企业名称预先核准通知书;

(9)公司住所证明;

(10)其他文件。

2. 股份有限公司制私募股权投资基金企业的设立登记

股份有限公司制的私募股权投资基金应当由董事会向公司登记管理机关申请设立登记并递交登记申请资料。该步骤所需法律文件包括:

(1)公司法定代表人签署的设立登记申请书;

(2)董事会指定的代表或者共同委托的代理人的证明;

(3)公司章程;

(4)依法设立的验资机构出具的验资证明;

(5)发起人股东的主体资格证明或者自然人身份证明;

(6)载明公司董事监事、经理的姓名、住所的文件以及有关委派、选举或者聘用的证明;

(7)公司法定代表人任职文件和身份证明;

(8)企业名称预先核准通知书;

(9)公司住所证明;

(10)其他文件。

(三)领取营业执照

公司制的私募股权投资基金依法设立后,由公司登记机关发给企业营业执照。公司营业执照签发日期为公司的成立日期。公司凭公司登记机关核发的企业法人营业执照刻制印章、开立银行账户、办理组织机构代码证及申请纳税登记(包括国税、地税)。至此,私募股权投资基金企业设立登记完成。

三、私募投资基金管理人登记和私募投资基金备案流程

(一)私募投资基金管理人登记流程

《私募投资基金监督管理暂行办法》第7条规定,各类私募基金管理人应当根据基金业协会的规定,向基金业协会申请登记,报送以下基本信息:

(1)工商登记和营业执照正副本复印件;

(2)公司章程或者合伙协议;

(3)主要股东或者合伙人名单;

(4)高级管理人员的基本信息;

(5)基金业协会规定的其他信息。

基金业协会应当在私募基金管理人登记材料齐备后的20个工作日内,通过网站公告私募基金管理人名单及其基本情况的方式,为私募基金管理人办结登记手续。

《私募投资基金监督管理暂行办法》第8条规定,各类私募基金募集完毕,私募基金管理人应当根据基金业协会的规定,办理基金备案手续,报送以下基本信息:

(1)主要投资方向及根据主要投资方向注明的基金类别。

(2)基金合同、公司章程或者合伙协议。资金募集过程中向投资者提供基金招募说明书的,应当报送基金招募说明书。以公司、合伙等企业形式设立的私募基金,还应当报送工商登记和营业执照正副本复印件。

(3)采取委托管理方式的,应当报送委托管理协议。委托托管机构托管基金财产

的，还应当报送托管协议。

(4)基金业协会规定的其他信息。

基金业协会应当在私募基金备案材料齐备后的20个工作日内，通过网站公告私募基金名单及其基本情况的方式，为私募基金办结备案手续。

(二)私募基金备案流程

1. 简要流程

登录中国证券投资基金业协会(以下简称基金业协会)私募基金登记备案系统，进行私募基金管理人登记和私募基金备案。系统网址为：https://pf. amac. org. cn。

2. 信息公示

登记备案后，基金业协会将对外公示私募基金管理人、私募基金的基本信息。如需阅览私募基金管理人公示信息，请查看 https://pf. amac. org. cn/open/comnotice；如需阅览私募基金公示信息，请查看 https://pf. amac. org. cn/open/fundnotice。

3. 特别说明

《私募投资基金监督管理暂行办法》第9条规定，基金业协会为私募基金管理人和私募基金办理登记备案不构成对私募基金管理人投资能力、持续合规情况的认可；不作为对基金财产安全的保证。

4. 私募投资基金登记备案总体情况(截至2014年11月末)

截至2014年11月末，已完成登记的私募基金管理机构4856家，管理私募基金6787只，管理规模19597. 9亿元，私募基金行业从业人员85504人。

已备案私募基金中，私募证券投资基金3163只，规模3882. 2亿元；股权投资基金2544只，规模12046. 9亿元；创业投资基金665只，规模1440. 7亿元；其他类型基金415只，规模2228. 1亿元。

已登记私募基金管理机构中，按管理资产规模划分，管理资产规模100亿元以上的30家，50亿元~100亿元的36家，20亿元~50亿元的146家，10亿元~20亿元的162家。

第二节　合伙型私募股权投资基金企业设立

有限合伙制是绝大多数私募股权基金的法律架构，由GP和LP两类合伙人共同出资组成。在中国，有限合伙制私募股权基金的法律基础主要是《合伙企业法》、《合伙企业法登记管理办法》、《外国企业或个人在中国境内设立合伙企业管理办法》、《国务院关于个人独资企业和合伙企业征收所得税问题的通知》等。

一、合伙型私募股权基金设立的相关规定

1997年我国《合伙企业法》的制定，标志着合伙企业成为我国一种新的企业组织形式。2006年我国对《合伙企业法》进行修订，确立有限合伙制度，为合伙型私募股权基金企业的设立构建了法律基础。

有限合伙私募股权基金根据《合伙企业法》设立，一般由投资管理机构或团队设立有限合伙企业，合伙人分为普通合伙人和有限合伙人，从事直接股权投资。其中，普通合伙人(GP)通常是由投资管理机构发起设立的公司或合伙制基金，作为一般合伙人在有限合伙制基金中承担无限责任，负责基金的投资、经营、管理(在实际操作中，基金管理也会交由外部管理机构负责，而此机构一般为GP的发起者)。基金的其他普通投资人担任有限合伙人，以其认缴的出资额为限承担有限责任，只负责基金的投资，并不具体过问基金的经营管理。有限合伙制私募股权基金一般不设立股东大会、董事会、监事会，只设立合伙人大会，对有限合伙制私募股权基金行使权利。

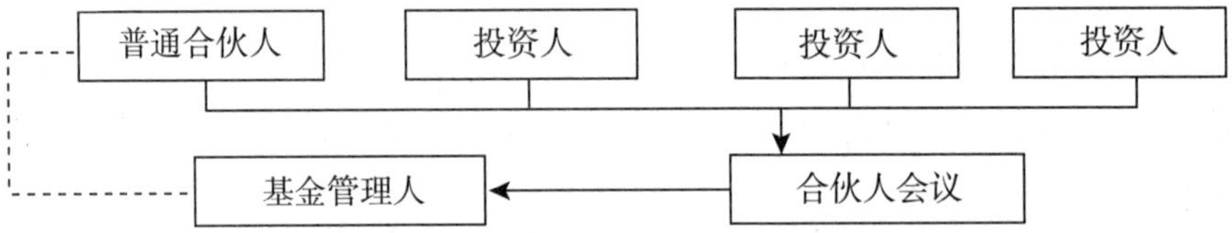

有限合伙型私募股权投资基金的架构

有限合伙制体现了激励和制约原则，具有很强的资源整合和抗风险能力。有限合伙制基金可避免双重征税，由于合伙企业不属于法人实体，因此，有限合伙制私募股权基金仅在合伙人层面征税，这是有限合伙制基金相比公司制基金最大的优势，也是国外私募股权基金通常采用该形式的主要原因。事实上，在《中华人民共和国合伙企业法》修订生效之前，一些地方就对有限合伙进行了地方立法的尝试。北京市2001年颁布《北京市有限合伙管理办法》，而浙江省杭州市在2001年也颁布了《杭州市有限合伙管理暂行办法》。2007年经修订实施的《合伙企业法》从国家法律的层面上确认有限合伙制度，为合伙制私募股权投资基金企业奠定了坚实的法律基础。有限合伙制私募股权基金组织结构更具有韧性，组织上比较灵活便捷，可以根据合伙人需要设立相对应的组织结构。而且，对于普通合伙人来说，由于激励与制约并存，既可以促进普通合伙人谨慎妥善经营管理基金，又可以激励普通合伙人更加积极勤勉地创造业绩；对有限合伙人来说，由于承担有限责任，其投资风险相对可控。

《合伙企业法》修订实施后，《合伙企业登记管理办法》、《企业登记程序》、《关于合伙企业合伙人个人所得税问题的通知》、《证券登记结算管理办法》、《合伙企业等非法人组织证券账户开立业务操作指引》等一系列配套的行政法规、部门规章陆续修订或出台，为合伙型私募股权基金企业的设立登记程序、税收以及IPO退出渠道的问题提

供了法律解决途径。2010 年国务院还出台了《外国企业或者个人在中国境内设立合伙企业管理办法》、《外国投资合伙企业登记管理规定》,对外国企业或者个人在中国境内设立合伙企业做出了相关规定。

尽管有其优势,但是由于自身的组织特点,私募股权基金采取有限合伙制也会具有一定的劣势。

首先,私募股权投资基金采用有限合伙制时,按照合伙人约定的出资额出资,设立之后各合伙人的出资成为基金的资本金。在确定出资数额后,合伙人要再增加出资还需要重新登记注册。因此,改变有限合伙制私募基金的规模不是简单的事。如果投资项目出现超出预算的追加投资,可能的问题是,虽然追加投资明显有利于实现投资人的利益最大化,但却会因为没有后续的资金支持而放弃机会。

其次,有限合伙制基金中有限合伙人与普通合伙人之间的关系是一种经济学意义上的委托代理关系,对有限合伙人来说,投资成功的关键之一是寻找到一个值得信赖的普通合伙人。反过来说,普通合伙人的信用风险是很重要的投资风险。具体来说,发生在普通合伙人身上的信用风险可能包括运作能力、道德问题与清偿能力等。

最后,普通合伙人在经营管理基金的时候需要依赖一个紧密配合的专业团队,一旦基金管理团队中的关键人物出现退休、离职或团队关系恶化等情况,将会严重影响基金的有效运作。此外,基金的投资运作也很倚重人脉资源,而有限合伙制基金特别强调作为基金管理人的普通合伙人的人脉资源。然而,人际关系是一种不具有法律约束力的关系,很容易发生变动。一旦出现负面的人际变故,将直接损害项目投资的成功。有限合伙制基金中,普通合伙人本身也是一种人力资源,当其发生变故时,基金也将面临解散、清退的风险,对保本资金的增值会产生极为不利的影响。

二、合伙型私募股权投资基金企业设立步骤及所需法律文件

合伙型私募股权投资基金企业的设立要求及程序基本遵循《合伙企业登记管理办法》、《关于做好合伙企业登记管理工作的通知》、《企业登记程序规定》等文件的要求。需要注意的是,各个地方在设立条件及程序方面有着不太一样的要求。根据《合伙企业法》的相关规定,设立有限合伙企业,应当具备下列条件:

(1)有限合伙企业由 2 个以上 50 个以下合伙人设立,但是法律法规另有规定的除外。有限合伙企业至少应当有一个普通合伙人。

(2)有书面合伙协议。

(3)有限合伙企业名称中应当标明“有限合伙”字样。

(4)有合伙人认缴或者实际缴付的出资;有限合伙人可以用货币、实物、知识产权、土地使用权或者其他财产权利作价出资。但有限合伙人不得以劳务出资。

(5)法律法规规定的其他条件。

（一）设立步骤

1. 进行名称预先核准

合伙型私募股权投资基金企业应按照规定申请名称核准，名称必须标明“有限合伙”。在进行名称核准之前，应至少确定企业的商号、注册资本、投资人及投资比例等相关事项。但各地对名称核准的要求有所差异，设立时应以注册地命名要求为准。如天津合伙型股权投资企业的命名格式为“××股权投资合伙企业（有限合伙）”，北京则要求在企业名称中使用“基金”或“投资基金”式样。

2. 申请设立登记

设立有限合伙企业，应按照工商登记部门的要求提交申请材料。申请人应当由全体合伙人指定的代表或者共同委托的代理人向企业登记机关提交设立所需文件。

3. 领取营业执照

申请人提交的申请资料齐全，符合法定形式，企业登记机关能够当场登记的，应予当场登记，颁发营业执照。合伙企业营业执照签发日期为合伙企业成立日期。领取营业执照后，还应刻制企业印章（至少应刻制公章、财务章、执行事务合伙人及其授权代表人名章），办理组织机构代码证，申请纳税登记（包括国税、地税），开立银行基本账户，在取得企业基本账户开户许可证后，企业方可进行对外投资。

4. 备案登记

《关于促进股权投资企业规范发展的通知》要求股权投资企业实行强制备案，股权投资企业除下列情形外，均应当按照本通知要求，在完成工商登记后的1个月内，申请到相应管理部门备案：

（1）已经按照《创业投资企业管理暂行办法》备案为创业投资企业；

（2）由单个机构或单个自然人全额出资设立，或者由同一机构与其全资子机构共同出资设立以及同一机构的若干全资子机构出资设立。合伙型创业投资企业实行自愿备案，合伙型私募股权投资基金企业设立后可根据自身需要自愿去备案管理部门备案。

备案相关内容详见本书后面相关部分。

（二）设立所需法律文件

1. 需向工商机关提交的文件

申请设立合伙型私募股权投资基金企业时，一般应当提交基金企业的名称预先核准申请书及企业名称预先核准通知书；全体合伙人签署的设立登记申请书；全体合伙人的身份证明；全体合伙人指定代表或者共同委托代理人的委托书；合伙协议；全体合伙人对各合伙人认缴或者实际缴付出资的确认书；全体合伙人委托执行事务合伙人的委托书（执行事务合伙人为法人或者其他组织的，还应当提交执行事务合伙人委派代表的委托书和身份证明)；主要经营场所证明；国务院工商行政管理部门规定提交的其他文件。

各地政府对于合伙型私募股权投资基金企业的设立登记可能还会颁布其他的一些法律文件，因而投资者应在注册前充分了解注册地的相关规定。比如说，在天津，除提交前述所列文件之外，合伙型私募股权投资基金企业进行注册登记时还需提交首期实缴验资证明；高级管理人员的简历及证明文件；合法合规募集资本的承诺函；风险提示书；名称中含“基金”字样的，需提交资本认缴承诺书及法律意见书。

2. 关于《合伙协议》的特别说明

《合伙协议》的约定应符合《合伙企业法》的规定，一般应当载明合伙企业的名称和主要经营场所的地点；合伙目的和合伙经营范围；合伙人的姓名或者名称、住所；合伙人的出资方式、数额和缴付期限；利润分配、亏损分担方式；合伙事务的执行；入伙与退伙；争议解决办法；合伙企业的解散与清算；违约责任。

尽管合伙型私募股权投资基金企业有其特殊性，但组织形式上仍然是“有限合伙企业”，因而除了上述所列事项外，按照《合伙企业法》第 63 条的规定，《合伙协议》还应当载明普通合伙人和有限合伙人的姓名或者名称、住所；执行事务合伙人应具备的条件和选择程序；执行事务合伙人权限与违约处理办法；执行事务合伙人的除名条件和更换程序；有限合伙人入伙、退伙的条件、程序以及相关责任；有限合伙人和普通合伙人相互转变程序。

合伙型私募股权投资基金企业因其特殊性决定，一般还应在合伙协议中约定以下几个方面的事宜：

(1)管理费。在合伙型私募股权投资基金企业中，由作为基金管理人的普通合伙人负责执行合伙企业的事务，承担基金的管理责任，因此，合伙协议中会确定管理费的比例。通常来说，每年的管理费为承诺资金的 2%，也可以在基金存续前后期分为不同的比例。具体如何安排管理费的比例，由合伙人协商确定。

(2)收益分成。为了激励普通合伙人，争取基金投资回报最大化，合伙协议中也会规定执行事务的管理人的报酬以及报酬提取方式。就行业内的通行做法来说，一般要约定回报率(一般为 8%)，达到之后才能参与收益分成，分成比例行业内通常为 20%。

(3)承诺和出资。在合伙型私募股权投资基金企业中，有限合伙人承担着主要的出资义务，因此，需在合伙协议约定有限合伙人的出资比例和时间。为了确保普通合伙人和有限合伙人的利益一致，普通合伙人也经常会出一部分资金，出资比例为 1% 或更多，但这个其实意义不大，管理人的一年的管理费就把它给赚回来了。

(4)基金存续期限。在合伙型私募股权投资基金企业的《合伙协议》中应当约定基金的期限，即合伙企业的存续期限。实务中，一个投资项目的投资周期通常为 5 ~ 7 年，合伙企业的存续期限一般应等于或高于这一期限。《创投办法》规定，创业投资企业事先约定有限的存续期限的，最短不得短于 7 年。

(5)单笔投资额。为了降低投资风险,投资人可在《合伙协议》中约定向单一项目投资的比例以此来避免把所有的鸡蛋都放在同一个篮子中。根据《创投办法》,私募股权投资基金企业对单个项目的投资不得超过私募股权投资基金企业总资产的20%。

(6)投资领域。实务中,私募股权投资基金企业在设立时通常会限定基金的投资领域,比如说以国家的产业政策为导向,投资一些高增产、高附加值的领域。同时,私募股权投资基金的投资者也可在《合伙协议》中约定禁止的投资领域,例如限定不以任何方式投入到某些项目或领域。

三、设立实务中需要注意的问题

(一)合伙人的资格

在合伙型私募股权投资基金企业中,企业是由普通合伙人和有限合伙人组成的,按照《合伙企业法》的规定,普通合伙人对合伙企业债务承担无限连带责任并负责执行合伙事务,有限合伙人以其认缴的出资额为限对合伙企业债务承担责任,但不执行合伙事务,不得对外代表有限合伙企业。在设立合伙型私募股权投资基金企业时,由于有限合伙企业的普通合伙人和有限合伙人的资格要求不一样,在设立时应当予以注意。

1. 普通合伙人的资格

按照现行《合伙企业法》的要求,作为普通合伙人的自然人,其应当具有完全民事行为能力。国有独资公司、国有企业、上市公司以及公益性的事业单位、社会团体不得作为合伙企业的普通合伙人。其中,国有独资公司是指国家单独出资、由国务院或者地方人民政府授权本级人民政府国有资产监督管理机构履行出资人职责的有限责任公司。而何谓国有企业,则国家发展改革委颁布的《股权投资企业合伙协议备案指引》将其定义为国有股权合计达到或超过50%的企业。

2. 有限合伙人的资格

《合伙企业法》对有限合伙人的资格并无限制性规定,任何自然人和法人均可担任有限合伙人,并且其资格亦可被继承,但各地一般要求担任合伙型私募股权投资基金企业的有限合伙人为具备一定风险识别能力和风险承受能力的合格投资者。就金融机构来说,目前来看,信托公司更多将信托计划作为有限合伙人参与到外部私募股权投资基金中。社保基金可投资于有限的几只私募股权投资基金,如投资中比产业基金、鼎晖人民币基金、弘毅人民币基金等。另外,2010年保监会颁布《保险资金投资股权暂行办法》,从政策层面放开了保险公司参与未上市企业股权投资,并允许保险公司可以采取直接投资(投资未上市企业)或间接投资(投资私募股权基金)两种方式。国内的商业银行由于分业经营的限制,目前不能直接参与私募股权投资这个市场。

（二）募集方式

设立合伙型私募股权投资基金企业时，应严格按照相关规定进行非公开的募集，严格控制有限合伙人（包括直接投资者和间接投资者）的人数。

2864 号文对私募股权投资基金企业的资本募集方式进行了限定，要求私募股权投资基金资金只能以私募方式，向特定的具有风险识别能力和风险承受能力的合格投资者募集。根据最高人民法院的司法解释，向社会公众（包括单位和个人）吸收资金或以投资入股的方式非法吸收资金时，如果未经有关部门依法批准或者借用合法经营的形式吸收资金，通过媒体、推介会、传单、手机短信等途径向社会公开宣传，承诺在一定期限内以货币、实物、股权等方式还本付息或者给付回报，向社会公众即社会不特定对象吸收资金，会被定性为“非法吸收公众存款罪”。

从《合伙企业法》的角度来说，设立合伙型私募股权投资基金企业的合伙人的人数应当限定在 2 人以上 50 人以下，也就是说作为有限合伙人的投资者人数不能超过 49 人，并且根据 2864 号文的要求，计算合伙企业的投资者总人数时，应当予以打通计算，即“投资者为集合资金信托、合伙企业等非法人机构的，应打通核查最终的自然人和法人机构是否为合格投资者，并打通计算投资者总数。但投资者为股权投资母基金的除外。”

（三）出资方式及最低出资额

1. 出资方式

《合伙企业法》虽然规定合伙人可以用货币、实物、知识产权、土地使用权或者其他财产权利出资，也可以用劳务出资。有限合伙人可以用货币、实物、知识产权、土地使用权或者其他财产权利作价出资。有限合伙人不得以劳务出资。但是，鉴于私募股权投资基金企业的投资性质，以现金方式出资更为合适。因而《创投办法》和《PE 通知》规定，私募股权投资基金企业的所有投资者只能以合法的自有货币资金认缴出资，因此，目前来看，我国合伙型私募股权投资基金企业所有投资人均只能以自有货币出资。

2. 最低出资额

对于出资人的最低出资额，通常都是由基金合伙协议和出资承诺书等文件来事先予以规定，并没有法律层面上的限定。但是，国家发展改革委的《PE 通知》要求股权投资企业“所有投资者的首期实缴出资额应不低于认缴出资的 20%”、“所有投资者的认缴出资额合计应不低于 1 亿元人民币或等值外币”。

从地方政府的监管制度来看，目前各个地方基本上也都规定了合伙型私募股权投资基金企业的首期到位资金额，其与对那些公司型私募股权投资基金企业的要求基本相当。比如说，上海规定股权投资企业的股东或合伙人应当以自己的名义出资，其中单个自然人股东（合伙人）的出资额应不低于 500 万元；而天津则规定，合伙型股权投资企业首期实际缴付资本不少于 1000 万元，股权投资管理机构首期实际缴付资本不低于200万元。

(四)投资时差

就行业内的通行做法来说,合伙型私募股权投资基金企业的出资采用的是承诺出资,作为合伙人的基金投资人只需要按照合伙协议的约定按期足额缴纳出资就可以,没有必要在基金还没有确定投资项目时就把资金压在基金企业的账户上。这么做是出于资金成本考虑,基金企业在确定了投资项目后,再由出资者出资的操作流程。但需要注意的问题是,按照人民银行的相关规定,企业账户设立之后,必须经过72小时才可以对外进行划款,也就是说,新设企业取得基本账户后72小时方可实际开展投资业务。因而,基金企业设立过程中,在签署投资协议及制定项目投资时间表时,应当特别注意人民银行规定的这个时限要求,避免因该72小时的投资时差出现错失投资机会、违反投资约定等风险。

(五)有限合伙人的责任承担

实务中,为了让有限合伙人对于基金管理人的投资运作起到监督作用,许多合伙型私募股权投资基金企业约定,由有限合伙人组成投资决策委员会,对于管理人选取的投资项目进行审查并决定是否予以投资。这么做是在我国的市场环境下的无奈之举,虽然有利于防止道德风险,但是,企业存在一定的法律风险。按照《合伙企业法》的规定,有限合伙企业由普通合伙人执行合伙事务,有限合伙人不执行合伙事务,第三人有理由相信有限合伙人为普通合伙人并与其交易的,该有限合伙人对该笔交易承担与普通合伙人同样的责任。但有限合伙人参与决定普通合伙人入伙、退伙、对企业的经营管理提出建议等事项不视为执行合伙事务的行为。因此,如果《合伙协议》中做出有限合伙人以任何直接或间接方式,参与或变相参与投资企业管理与投资决策的约定,则有限合伙人需要面对投资失策或者其他合伙事务的执行承担相应法律责任的风险。当然,鉴于私募股权投资基金企业的业务范围,这一问题的风险也不应过于夸大。

第三节　信托型私募股权投资基金设立

信托型私募股权投资基金是指信托公司通过股权投资信托计划的形式,将募集所得资金交由专业的基金管理团队或由信托公司来进行投资管理。信托型私募股权基金不是法人实体,而是一种信托资产。一个完整的信托型私募股权投资基金,一般包括投资者、信托公司、受益人、投资顾问和托管银行五个主体,其中投资者是信托关系中的委托人,信托公司是受托人,受益人是投资者或者投资者指定的第三人。信托型股权和创业投资主要通过契约的形式约束各方当事人,由各方当事人就相关投资计划和收益分配进行约定。信托制基金由基金持有人作为委托人兼受益人出资设立信托,基金管理人依照基金信托合同作为受托人，以自己的名义为基金持有人的利益行使基金财产权，并承担相应的受托人责任。

一、信托型私募股权投资基金设立的相关规定

（一）信托相关规定

信托制私募股权基金是由信托公司集合多个信托投资客户的资金而形成的基金，直接或委托其他机构进行私募股权投资的一种组织形式。2001 年，我国《信托法》的出台，标志着我国已将信托作为一种法律制度引进中国。目前信托业务所依托的法律法规主要有《信托法》、《信托公司管理办法》、《信托公司集合资金信托计划管理办法》、《关于实施〈信托公司管理办法〉和〈信托公司集合资金信托计划管理办法〉有关具体事项的通知》、《关于证券投资基金税收政策的通知》、《关于向金融机构入股的暂行规定》、《信托公司私人股权投资信托业务操作指引》等。

《信托法》与 2007 年银监会颁布的《信托公司管理办法》、《信托公司集合资金信托计划管理办法》组成了规范我国信托业的“一法两规”基础性制度。在“一法两规”的基础上，《信托公司治理指引》、《信托公司受托境外理财业务暂行规定》、《信托公司净资本管理办法》等规定确立了信托公司自营业务与信托业务相分离的原则，对信托公司的净资本管理和风险控制制度做出了规定。这些规定一同组成了为信托制私募股权基金的法律制度基础。虽然涉及信托的法律法规比较多，但是直接定义信托制私募股权基金并作明确规范的法律法规并不多，还有待进一步实践和细化。

信托公司可以依据前述法律文件的规定对业务结构进行相应规划，开发面对高端合格投资者的“高风险、高收益”的私人权益类新型信托产品。《信托公司集合资金信托计划管理办法》规定，信托公司设立信托计划应该符合以下要求：

（1）委托人为合格投资者；

（2）参与信托计划的委托人为唯一受益人；

（3）单个信托计划的自然人人数不得超过 50 人，合格的机构投资者数量不受限制；

（4）信托期限不少于一年；

（5）信托资金有明确的投资方向和投资策略，且符合国家产业政策以及其他相关规定；

（6）信托受益权划分为等额份额的信托单位；

（7）信托合同应约定受托人报酬，除合理报酬外，信托公司不得以任何名义直接或间接以信托财产为自己或他人牟利；

（8）中国银行业监督管理委员会规定的其他要求。

2008 年，银监会颁布《信托公司私人股权投资信托业务操作指引》，为信托制私募股权基金提供了明确的政策支持。按照该指引的规定，信托公司可以将信托计划项下资金投资于上市企业股权、上市公司限售流通股或中国银监会批准可以投资的其他股权的信托业务。

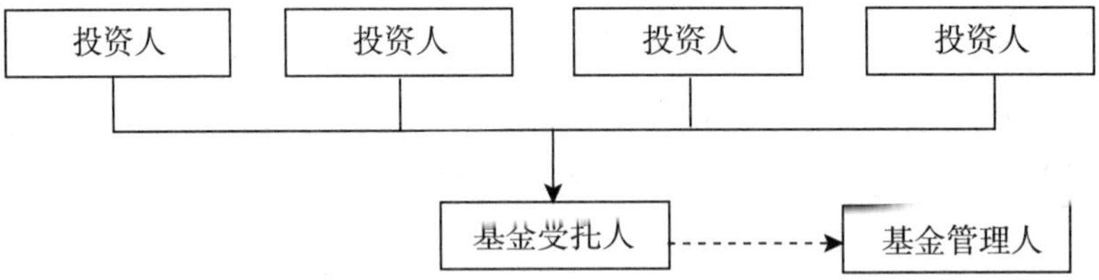

信托型私募股权投资基金

（二）股权和创业投资相关规定

1. 创业投资的相关规定

对于创业投资基金企业，2003 年的时候，原对外贸易经济合作部等五个部委联合出台了《外商投资创业投资企业管理规定》，对于外商投资创投企业进行了规定。在 2005 年底，国家发改委等十部委又发布《创业投资企业管理暂行办法》，随后一些部门又相继出台了有关引导基金规范运作方面的文件。总体来说，对于创业投资方面的立法并没有限制创业投资采取信托形式存在，因此为信托型创业投资基金留下了发展空间。

2. 股权投资的相关规定

2011 年，国家发展改革委发改办财金[2011]253 号出台，即《关于进一步规范试点地区股权投资企业发展和备案管理工作的通知》，该通知并没有提到信托型股权投资活动，但是，在其措辞中，仅仅指出“股权投资企业应当遵照《中华人民共和国公司法》和《中华人民共和国合伙企业法》有关规定设立”，并没有提及需要遵照信托法律规定，因而似乎将信托型股权投资基金排除在外。2011 年 11 月时，国家发展改革委又发布《关于促进股权投资企业规范发展的通知》（发改办财金[2011]2864 号），此通知延续了前述 253 号文件对信托型股权投资的态度。尽管发改委没有在其规范文件中提及信托型股权投资活动，但是这并不等于禁止信托型股权投资，只是其文件中所规定的制度不适用于信托型股权投资基金而已。

（三）其他规定

目前来说，《公司法》、《合伙企业法》、《证券法》等法律仍然是规范私募股权投资基金企业设立和管理的基本法律文件。与国家创业投资、股权投资立法相适应，某些地方政府的立法虽然涉及信托型股权和创业投资，但并没有专门的细节性规定。

目前来看，信托型股权和创业投资的应用及发展影响比较大的是证监会颁发的一些部门规章和非成文的意见。比如说，2007 年太平洋保险在进行 IPO 之前，证监会曾勒令太平洋保险限期清理法人股中的信托资金持股问题。证监会在发行审核时对信托的态度是“以委托、信托方式持股的，为做到股权明晰，原则上不予允许，需要直接量化到实际持有人，量化后不能出现股东数超过 200 人”。证监会的这一“窗口指导”严重阻碍了信托型股权和创业投资通过 IPO 退出的渠道，对其产生非常重要的影响。

二、信托型私募股权投资基金的优缺点

信托制私募股权基金作为一种全新的风险收益灵活组合信托，既能符合信托行业的功能定位，发挥信托公司运作领域广泛、手段灵活的业务特点，又能体现出私募股权投资基金行业高收益的特点。“受人之托，代人理财”是信托制私募股权基金设立的基础，其中蕴含的“信托—受托”关系，由受托人以自身名义对基金资产进行经营，投资人作为受益人或者指定受益人分享利益，不参与基金的具体运作，因此，相比公司型、有限合伙制私募股权基金，信托型具有独特优势。但在实践中，信托制基金最大的弊端是 IPO 退出障碍，证监会始终对信托制私募股权投资基金保持谨慎，并于 2009 年口头要求 IPO 过程中须清理拟上市公司的信托股东。在这种情况下，目前多数信托公司以 PE 方式参股企业的投资方式因无法上市，难以实现预期中的高额回报。鉴于此，信托型私募股权投资基金又有新的业务创新，最近比较常见的是信托计划资金投资于有限合伙企业作为有限合伙人，再通过有限合伙企业投资目标公司的模式，或者信托公司成立 SPV（特殊目的公司），再通过 SPV 向目标公司投资的模式。

（一）信托制基金的优点

相比公司型、有限合伙制私募股权基金，信托型私募股权基金具有独特优势。

信托型私募股权基金实质上只是一种法律关系，有法律地位却无实际主体，从交易成本来看，其仅仅是利用一种简单的合同关系将各方结合在一起，无须注册专门的组织实体，因而不需要大量独占性不动产、动产和人员投入，交易及运营成本低廉。集合信托制私募股权基金不同委托人之间不存在相互制约关系，某一部分委托人的变动不影响信托的有效存续，因此，可以通过信托契约的专门约定实现投资人的灵活退出；另一方面，灵活的退出机制又意味着灵活的进入机制，在一定封闭期之后可以进行定期的申购安排，有助于信托型私募股权基金增加融资额度、扩大投资规模。

再有，信托型私募股权基金设定委托人、受托人和托管人三者分离的制度安排，提高资金安全性的同时有效防范受托人的道德风险。从税收的角度来说，信托只是一种财产流动的管道而不是一个法律实体，其并不构成应税实体，其所得课税是由受益人直接来承担，因此可以避免双重征税问题，有效降低投资人税收成本。

(二)信托制基金的缺点

但信托制私募股权基金也存在着不可忽视的劣势。对于投资者来说,其投资最重要的是退出渠道。对于私募基金投资来说,通过IPO退出,或者能够通过流动性强的二级市场转让退出。在我国,信托制基金目前最大的弊端是IPO退出障碍。由于证监会始终对信托制私募股权基金保持谨慎,并于2009年口头要求IPO过程中须清理拟上市公司的信托股东。原因在于,信托业缺乏有效登记制度,信托公司作为企业上市发起人股东无法确认其代持关系。在这种情况下,目前多数信托公司以私募股权基金方式参股企业的投资方式因无法上市,难以实现预期中的高额回报。除了IPO退出的困难之外,在我国,信托公司并不能够采用收益凭证方式发行,能够证明投资者对信托财产及其收益拥有权力的凭证就是信托合同。目前来说,法律对于信托合同的内容、格式等规定比较原则化,信托合同并不属于标准化契约,这导致其转让手续繁琐,因而在二级市场上的流动性很差。如果信托期较长,在信托期间交易需求将变得迫切,流动性不足的问题将比较突出。

再有,在信托制私募股权基金的运作中,受托人名义上是信托公司,并将基金以信托公司的名义在银行开设专户。但从实质上来讲,信托制私募股权基金的运作并不由信托公司进行,而是由基金投资人另行委托给第三方团队运营和管理,托管人只是保障资金按照约定方式使用,并没有权利过问基金的决策及投资行为。而由于缺乏对第三方管理团队的约束制衡和激励机制,基金投资者多少会面临一些道德风险问题。

三、信托型基金设立步骤

信托制私募股权基金可以分为股权投资资金信托计划和间接股权投资信托,前者是典型信托制私募股权基金,而后者是广义上的信托制私募股权基金。

(一)典型信托制私募股权基金

2007年《信托公司集合资金信托计划管理办法》出台之后,市场上涌现出一批以信托计划募集的、以直接投资未上市企业股权为目的的典型信托制私募股权基金。这种信托制私募股权基金主要是由信托公司设立集合资金信托计划来募集资金,然后将资金投资于目标项目,最终通过各种退出途径来获得投资收益。该类型信托制私募股权基金的设立及运营依据《信托法》、《信托公司私人股权投资信托业务操作指引》的规定,其设立也要遵循信托型资金计划一般设立步骤和流程。

1. 典型信托制私募股权基金的设立及运作流程

(1)以信托公司作为发起人和受托人发行集合信托计划向投资者募集资金。

(2)投资者作为委托人与信托公司签署《集合信托合同》,购买信托单位凭证,同时投资顾问认购不低于信托计划10%的信托单位。

(3)信托公司与第三方银行签署《信托资金保管合同》,由第三方银行对信托资金进行保管和监管,并提供资金划拨、清算、交割等业务。

(4)根据信托计划的约定,信托公司聘请投资顾问来为信托资金的运用提供专业的投资意见和建议。通常来说,投资顾问担当的角色有三类:其一是信托公司担当信托计划的受托人,主要负责信托资金募集,外聘的投资顾问主要负责信托财产的管理运用和变现退出;其二是由信托公司既担任信托计划受托人,又担当投资管理人直接参与股权投资;其三是信托公司担任信托计划的受托人,并与投资顾问共同担当投资管理人,信托公司负责信托资金募集和信托财产的管理运用,投资顾问主要负责项目投资、中后期管理和退出变现等,在此过程中信托公司拥有最终的决定权。

(5)投资项目完成后,投资者按照《信托合同》的约定分享收益,信托公司按照《信托合同》的约定提取管理费,并在信托计划终止并实现盈利时收取业绩报酬。

2. 设立所需法律文件

设立典型信托制私募股权基金时需要制备的文件主要包括《信托计划》、《信托合同》、《信托资金保管合同》、《投资顾问合同》。此外,还会涉及发行公告、认购风险申明书、成立公告等一般性法律文件。其中,《信托资金保管合同》、《投资顾问合同》与一般的资金保管合同、顾问合同类似。

(二)广义信托制私募股权基金

典型信托制私募股权基金通过上市退出存在障碍,因而实践中的做法是将信托计划资金作为出资,投资到私募股权基金作为有限合伙人(LP)或股东,以私募股权基金的名义投资拟上市公司,或者,由信托公司出资成立特殊目的公司(SPV),再由典型信托制私募股权基金作为有限合伙人或公司股东进行股权投资。

1. 设立运作流程

广义信托制私募股权基金一般的设立及运作流程如下:

(1)信托公司发行信托计划来募集资金。

(2)由投资者购买信托单位信托计划。

(3)信托公司以信托计划资金成立有限合伙企业;或者信托公司以信托计划出资成立特殊目的公司,再以特殊目的公司作为有限合伙人投资设立有限合伙企业。

(4)投资公司作为一般合伙人来负责投资。

2. 设立所需法律文件

广义信托制私募股权基金设立所需要的法律文件包括前述典型信托制私募股权基金设立所需要的法律文件,除此之外还涉及成立合伙型或公司型私募股权投资基金设立所需要的法律文件。

四、私募股权投资信托组织模式

(一)单一的信托模式(参与型)

信托公司通过向合格投资者发行集合信托计划募集资金构建私募股权投资基金,并将资金投资于被投资企业。其结构请见下图。

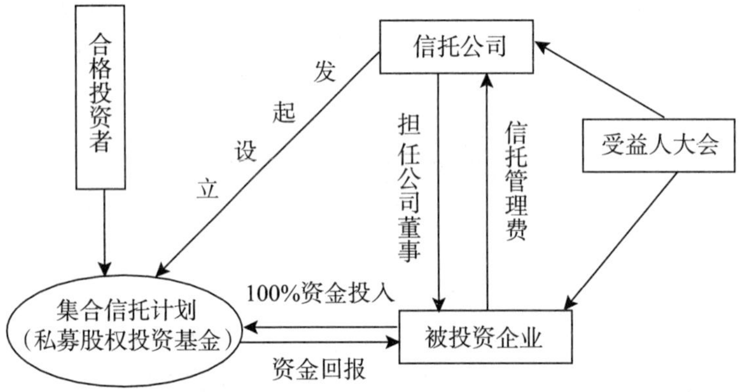

在该模式中,信托公司既是基金的发行人,同时也是基金的管理人,负责基金的发行、管理和运作;受益人大会代表受益人监督信托公司对资金的运用。资本收益在扣除信托管理报酬后为集合信托计划的受益人享有。

(二)结构化的信托模式(参与型)

在信托公司发行的集合信托计划(私募股权投资基金)中,信托公司为劣后受益人,其他合格投资者为优先受益人。该模式结构见下图。

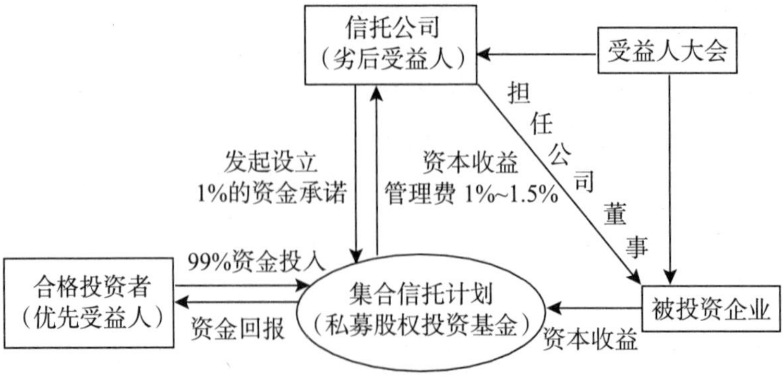

在该模式中,信托公司发起设立集合信托计划构建私募股权投资基金,由信托公司本身认购一部分基金份额,并充当劣后受益人,其他合格投资者认购其余的份额,并充当优先受益人,劣后受益人后于优先受益人分配信托收益(当投资成功取得收益时)

而先于优先受益人承担损失(当投资失败发生亏损时),两者的认购比例分别是1%和99%(根据国外经验)。信托公司负责基金的发行、管理和运作。受益人大会主要由优先受益人组成,负责监督信托公司对资金的运用。基金的治理规则以及劣后受益人、优先受益人的权利义务与利益、风险分配由信托契约予以约定。

(三)"信托+有限合伙"模式(非参与型)

信托公司发展设立的集合信托计划(私募股权投资基金)委托专业的私募股权投资管理机构管理,专业私募股权投资管理机构为普通合伙人,其他投资者为有限合伙人。该模式结构见下图。

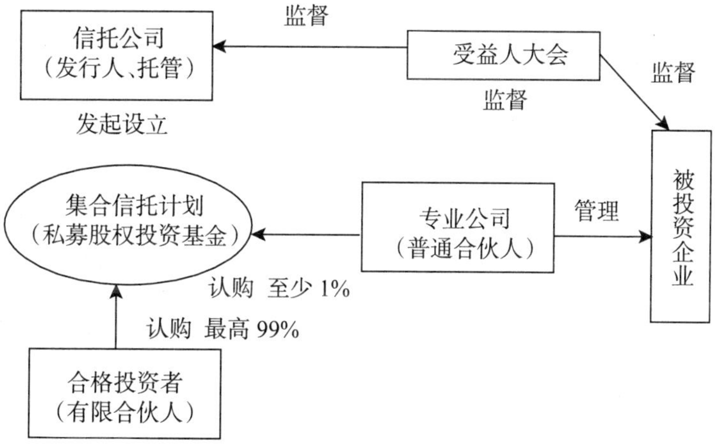

在该模式中,信托公司发起设立集合信托计划构建私募股权投资基金,并委托专业的私募股权投资管理机构管理。在基金的发行中,由专业私募股权投资管理机构认购一部分基金份额,并充当普通合伙人,其认购比例至少1%,其他合格投资者认购其余的基金份额,并充当有限合伙人。信托公司负责基金的发行和托管,专业私募股权投资管理机构作为普通合伙人负责基金的管理和运作。受益人大会主要由信托公司和有限合伙人组成,负责监督专业私募股权投资管理机构对资金的运用。基金的治理规则以及普通合伙人、有限合伙人、信托公司的权利义务与利益、风险分配由信托契约予以约定。

第四节 外资基金的设立

外资私募股权投资基金企业是指由境外资金设立的主要投资于我国境内未上市企业或非公开交易股权的私募股权投资基金企业。早在20世纪90年代互联网泡沫时期,大量境外创投基金就开始投资我国互联网公司,我国三大门户网站新浪、搜狐和网易背后都有境外创投基金的影子。近几年中国经济持续高速增长,经济转轨过程中不断涌现的高额投资回报深深吸引着国内外私募股权基金，中国私募股权领域正成为境内外资本争先涌入的“资本洼地”。与此同时，由于中国经济率先于欧美复苏，一些外国的基金经理开始看好瞄准中国本土投资者的私募股权基金的未来。

一、外资基金架构选择

外资私募股权投资基金在相当长的时间内主导国内私募股权基金投资市场，为我国私募股权基金业的发展做出了重要贡献。外资私募股权基金企业在目前的法律框架下，主要有公司和合伙两种。相比较公司制而言，外资合伙企业之法律依据颁布较晚，监管部门对其没有统一书面要求，合伙制外资私募股权基金企业目前成功案例较少。

（一）法律制度

2003 年 3 月 1 日起生效的《外商投资创业投资企业管理规定》，为外资设立私募股权投资基金企业提供了法律依据，随着引进外资实践的不断深入，外资私募股权投资基金企业在中国设立和运作的法律障碍在逐步消除，但总体来说我国目前对外资私募股权投资基金投资还是缺少一个体系完整的法律架构，外资私募股权投资基金企业在中国开展私募股权投资基金投资业务会因其选择架构的不同而受到不同法律、法规的管辖。除适用于内资私募股权投资基金投资的法规之外，外资私募股权投资基金企业设立涉及的法律法规主要包括：

（1）2000 年 10 月 31 日修订并生效的《中华人民共和国外资企业法》；

（2）国务院于 2001 年 4 月 12 日修订并生效的《中华人民共和国外资企业法实施细则》；

（3）2001 年 3 月 15 日修订并生效的《中华人民共和国中外合资经营企业法》；

（4）国务院于 2001 年 7 月 22 日修订并生效的《中华人民共和国中外合资经营企业法实施条例》；

（5）原对外经济贸易合作部（现商务部）、科学技术部、国家工商行政管理总局、国家税务总局和外汇管理局联合颁布并于 2003 年 3 月 1 日生效的《外商投资创业投资企业管理规定》；

（6）国务院发布并于 2010 年 3 月 1 日生效的《外国企业或者个人在中国境内设立合伙企业管理办法》；

（7）国家工商行政管理总局发布并于 2010 年 3 月 1 日生效的《外商投资合伙企业登记管理规定》。

《外商投资创业投资企业管理规定》规定，创业投资的对象主要是未上市的高新技术企业。对于投资对象并非未上市的高新技术企业的情况，则无法享受相关优惠政策。据此，外资创投企业在投资对象上受到一定限制。《外商投资创业投资企业管理规定》还规定，创投企业境内投资比照执行《指导外商投资方向规定》和《外商投资产业指导目录》的规定。据此，外资创投企业在投资范围上无法享受与内资企业一样的待遇。

（二）境外基金与境内基金的选择

在很长的一段时间内，外资私募股权投资基金企业更偏向于以“红筹模式”来向中国境内的项目进行投资。在这种模式下，外资私募股权投资基金企业在境外募集设立面向中国投资的专项私募股权投资基金。该等基金投资时，往往会要求被投资企业的创始人到境外的维尔京群岛、开曼群岛等避税天堂设立特殊目的公司，然后由该特殊目的公司收购境内企业之后以境外该拥有境内企业权益的特殊目的公司为主体在境外资本市场上市，以此来实现该基金投资在境外通过资本市场 IPO 退出。简言之，该等基金在“红筹模式”下，基金的募集、投资和退出均在境外进行。红筹模式一度成为外资私募股权投资基金企业的主流模式。但是，2006 年商务部等六部委公布《关于外国投资者并购境内企业的规定》，即所谓的 10 号文出台，使得红筹模式下的境内收购面临着严格的关联并购审批。尽管很多企业仍然在打擦边球并且也有一些获得成功，但是此中的法律风险仍然是很大的。因而现实情况是，绝大多数关联并购项目想要获得商务部的批准是非常不确定的事。因此，被投资企业在搭建红筹模式时会受到很大的影响。10 号文的出台使得那些偏好“红筹模式”的境外私募基金在选择投资对象时受到了巨大影响，因而越来越少用红筹模式。

基于上述原因，很多外资私募股权投资基金企业倾向于在境内按照中国法律发起设立基金，募集境内有限合伙人的人民币资金来直接投资于境内企业，并在境内寻求退出。但是随着实践的发展，除了上述境外基金之外，中外合作的平行基金模式应运而生，它是外资私募股权基金间接落地中国募集设立人民币基金的一种模式。外资私募股权投资基金企业通过与境内机构合作，由境内机构利用境内的有限合伙人资源在境内发起设立一家基金，外资私募股权投资基金企业利用境外有限合伙人资源在境外发起设立一家规模类似的基金，然后由外资私募股权投资基金企业与境内机构共同设立一家共同的私募股权投资基金管理公司，直接或间接地管理这两支基金。管理公司作为一个机构，行使基金管理人的职能，负责寻找项目、审核项目、尽职审查。一旦投资项目确定，即向境外基金和国内基金同时推荐项目，两只基金同时进行投资，一般是各占投资额的 50%。投资后，管理公司直接参与所投项目公司的运作及管理，帮助其成长。必要时，管理公司也积极帮助所投公司进行再融资。待企业成功后，可以采取境外上市或国内上市，境外基金和国内基金（公司）可以通过股权协议转让的方式顺利完成退出。这种模式被称为“平行基金”。平行基金模式下，境内有限合伙人在境内投资于一支人民币基金，境外有限合伙人投资于一支外币基金，但是该两支基金又被同一家基金管理企业进行管理。在法律上，这两个基金彼此独立，但是由于它们有着共同的普通合伙人或基金管理企业,使得境内外两支基金可以在投资策略、决策、程序上互相配合,以取得最大化的收益。

设立平行基金的根本原因在于中国对外商投资的特殊管制,采用中外合作平行基金模式的优点在于可以有效地解决境外资金因外汇管制所导致进入难、退出难的问题以及国内资金无法走出国门的困境。同时,中外基金各自有自己的管理团队和风险控制体系,可以进一步降低投资风险度。此外,在退出方面则更为灵活,无论是国内还是境外上市退出均可以游刃有余。

(三)设立地点的选择

在选择了法律架构之后,外资私募股权基金企业还应当根据各地政策的不同选择设立地点。目前,很多地方都出台了鼓励外商投资私募股权基金企业发展的政策,包括资金补助、租/购房补贴、人才奖励、出入境便利化、高管子女入户及教育优惠措施。以下,我们比较一下北京和上海两地的政策。

就投资领域限制来说,上海并没有具体要求,而北京的要求是投资于节能环保、新一代信息技术、生物、高端装备制造、新能源、新材料和新能源汽车等七大战略性新兴产业。北京在申请试点条件方面的要求是股权投资基金由境内募集人民币资金和境外募集外币资金构成,外资认缴资金额原则上不得超过基金规模的50%。单支基金规模原则上不少于5亿元人民币(或等值外币),基金管理企业认缴一定比例的基金份额。股权投资基金的章程或合伙协议约定的投资重点为七大战略性新兴产业。境外投资者具有健全的治理结构和完善的内控制度,近两年未受到司法机关和相关监管机构的处罚。境外投资者或者关联实体应当具有相关投资经历。而上海则要求,在申请前的上一会计年度,具备自有资产规模不低于5亿美元或者管理资产规模不低于10亿美元。有健全的治理结构和完善的内控制度,近两年未受到司法机关和相关监管机构的处罚。境外投资者或其关联实体应当具有五年以上相关投资经历。外商投资股权投资试点企业中外商投资股权投资企业的境外投资者应主要由境外主权基金、养老基金、捐赠基金、慈善基金、基金的基金(FOF)、保险公司、银行、证券公司以及联席会议认可的其他境外机构投资者组成。

在资金托管与外汇管理方面,北京规定,委托境内符合一定条件的商业银行作为资金托管银行。试点基金管理企业可以按相关外汇管理规定向托管银行办理结汇,并将结汇后的资金全部投入到所发起的股权投资基金中,结汇金额的上限为股权投资基金实际到账金额的(包括累计结汇金额)5%。股权投资基金的投资款与股权投资基金管理公司的其他资金的使用分开核算。上海规定,试点的外商投资股权投资管理企业可使用外汇资金对其发起设立的股权投资企业出资,金额不超过所募集资金总额度的5%,该部分出资不影响所投资股权投资企业的原有属性。而在备案管理方面,北京的要求是试点企业须在每个会计年度结束后3个月内向市金融局提交业务报告、托管银行有关资金托管报告和经注册会计师审计的年度财务报告，并在每个季度初报告上一季度投资运作过程中的重大事件。而上海规定，试点企业在工商登记后 10 个工作日向所在区（县）职能部门备案。试点企业应当在每半年向所在区（县）职能部门报告上半年投资运作过程中的重大事件。

二、外资私募基金相关企业设立程序

（一）外资基金管理企业设立条件和步骤

外资私募基金管理企业在组织形式上既可以采取公司型也可以采取合伙型，但是均需要经省级外经贸主管部门批准。

1. 设立的条件

（1）以受托管理创投企业的投资业务为主营业务；

（2）拥有三名以上具有三年以上创业投资从业经验的专业管理人员；

（3）注册资本或出资总额不低于 100 万元人民币或等值外汇；

（4）有完善的内部控制系统。

2. 设立的步骤

设立外资私募基金管理企业的步骤包括：

（1）经拟设立外商投资创业投资管理公司所在地省级外经贸主管部门报商务部批准。

（2）商务部在收到全部上报材料之日起 45 天内，做出批准或不批准的书面决定。予以批准的，发给《外商投资企业批准证书》。

（3）获得批准设立的外商投资创业投资管理企业应自收到审批机构颁发的《外商投资企业批准证书》之日起一个月内，持此证书向登记机关申请办理注册登记手续。

3. 设立所需法律文件

申请设立外资私募基金管理企业应当向商务部报送的文件包括：

（1）设立申请书；

（2）外商投资创业投资管理公司合同及章程；

（3）投资者的注册登记证明（复印件）、法定代表人证明（复印件）；

（4）商务部要求的其他与申请设立有关的文件。

（二）外商投资创业投资企业设立条件和步骤

1. 设立的条件

外资私募股权投资基金企业的投资对象主要是未上市高新技术企业，其方式是股权投资，并且为投资项目提供创业管理服务，以此来获得资本增值收益。在组织形式上，外资私募股权投资基金企业的设立可以采取非法人制组织形式，也可以采取公司组织形式。外资私募股权投资基金企业设立时应当在名称中加注“创业投资”字样。除了作为创投企业的外资私募股权投资基金企业外,其他外商投资企业不能使用创业投资字样。

外资私募股权投资基金企业的设立应当经过省级外经贸主管部门的批准,其设立应具备相应的条件,包括:投资人数在 2 人以上 50 人以下,至少拥有一个必备投资者;符合最低出资要求;有明确的组织形式;有明确合法的投资方向;除了将本企业经营活动授予一家创业投资管理公司进行管理的情形外,创投企业应有 3 名以上具备创业投资从业经验的专业人员。

外商投资创业投资公司的外方投资者可以是国外的创业投资基金,也可以是其他的投资者,对其资格条件并不一定要求太高,只要具备相当的实力即可,外国投资者应当具备的条件是:

(1)以创业投资为主营业务。

(2)在申请前三年其管理的资本累计不低于 1 亿美元,且其中至少 5000 万美元已经用于进行创业投资。若为中国投资者,则在申请前三年其管理的资本累计不低于 1 亿元人民币,且其中至少 5000 万元人民币已经用于进行创业投资。

(3)拥有 3 名以上具有 3 年以上创业投资从业经验的专业管理人员。

(4)未被所在国司法机关和其他相关监管机构禁止从事创业投资或投资咨询业务或以欺诈等原因进行处罚。

(5)如果某一投资者的关联实体满足上述条件,则该投资者可以申请成为必备投资者。

2. 设立所需法律文件

申请设立外资私募股权投资基金企业提交的法律文件包括向审批机构提交的文件和向工商登记机关提交的文件。按照现行法律规定,申请设立外资私募股权投资基金企业应当由商务部审批并报送以下文件:

(1)经必备投资者签署的设立申请书;

(2)投资各方共同签署的创投企业合同及章程;

(3)必备投资者书面声明,声明内容包括投资者符合《外商投资创业投资企业管理规定》第 7 条规定的资格条件、所有提供的材料的真实性、投资者将严格遵循本规定及中国其他有关法律法规的要求;

(4)律师事务所出具的对外必备投资者合法存在及其上述声明已获得有效授权和签署的法律意见书;

(5)必备投资者的创业投资业务说明、申请前三年其管理资本的说明、其已投资资本的说明及其拥有的创业投资专业管理人员简历;

(6)投资者的注册登记证明(复印件)、法定代表人证明(复印件);

(7)名称登记机关出具的创投企业名称预先核准通知书;

(8)如果必备投资者的资格条件是依据《外商投资创业投资企业管理规定》第7条第4款的规定,则还应报送其符合条件的关联实体的相关材料;

(9)审批机构要求的其他与申请设立有关的文件。

在获得审批机构的批准后,申请设立外资私募股权投资基金企业的申请人可以向登记机关报送下列文件,并对其真实性、有效性负责:

(1)创投企业董事长或联合管理委员会负责人签署的设立登记申请书;

(2)合同、章程以及审批机构的批准文件和批准证书;

(3)投资者的合法开业证明或身份证明;

(4)投资者的资信证明;

(5)法定代表人的任职文件、身份证明和企业董事、经理等人员的备案文件;

(6)企业名称预先核准通知书;

(7)企业住所或营业场所证明;

(8)申请设立非法人制创投企业,还应当提交境外必备投资者的章程或合伙协议;

(9)企业投资者中含《外商投资创业投资企业管理规定》第7条第4款规定的投资者的,还应当提交关联实体为其出具的承担出资连带责任的担保函。

3. 设立的步骤

设立外资私募股权投资基金企业时,需要按照以下程序办理:

(1)投资者向拟设立创投企业所在地省级外经贸主管部门报送设立申请书及有关文件。

(2)省级外经贸主管部门在收到全部上报材料后,15天内完成初审并上报商务部。

(3)商务部在收到全部上报材料之日起45天内,经科学技术部同意后,做出批准或不批准的书面决定。予以批准的,发给《外商投资企业批准证书》。

(4)获得批准设立的创投企业应自收到商务部颁发的《外商投资企业批准证书》之日起一个月内,持此证书向国家工商行政管理部门或所在地具有外商投资企业登记管理权的省级工商行政管理部门申请办理注册手续。

(三)外商投资合伙企业的设立条件和步骤

外国企业或个人能够在中国境内直接设立有限合伙制投资基金。外资可直接作为普通合伙人发起设立"以投资为主要业务的有限合伙企业"与境内有限合伙人共同设立有限合伙的人民币基金。外资也可以作为有限合伙人参与其他境内有限合伙人投资的人民币基金。

1. 设立的条件

设立外资有限合伙制投资基金企业,应当由全体合伙人指定的代表或者共同委托的代理人向登记机关申请设立登记。外资有限合伙制投资基金企业应当遵守《合伙企业法》以及其他有关法律、行政法规、规章的规定,应当符合政府关于外商投资的产业政策。对于《外商投资产业指导目录》禁止类和标注“限于合资”、“限于合作”、“限于合资、合作”、“中方控股”、“中方相对控股”和有外资比例要求的项目,不得设立外资有限合伙制投资基金企业。

2. 设立所需法律文件

申请外资有限合伙制投资基金企业设立登记,应当由全体合伙人指定的代表或者共同委托的代理人向登记机关提交下列文件:

(1)全体合伙人签署的设立登记申请书;

(2)全体合伙人签署的合伙协议;

(3)全体合伙人的主体资格证明或者自然人身份证明;

(4)主要经营场所的证明;

(5)全体合伙人指定代表或者共同委托代理人的委托书;

(6)全体合伙人对各合伙人认缴或者实际缴付出资的确认书;

(7)全体合伙人签署的符合外商投资产业政策的说明;

(8)与外国合伙人有业务往来的金融机构出具的资信证明;

(9)外国合伙人与境内法律文件送达接收人签署的《法律文件送达授权委托书》;

(10)《外商投资合伙企业登记管理规定》规定的其他相关文件。

第四章
基金企业治理

第一节　公司型私募股权投资基金企业的内部治理

一、相关法律依据

相对于另外两种私募股权基金，公司制私募股权基金是现行法律环境下通过IPO退出最理想的私募基金形式。因此在实践中，绝大多数有限合伙制私募股权基金或信托制私募股权基金最终都是通过转化为公司制私募股权基金形式实现投资项目的上市并最终退出。公司型私募股权基金是公司的形式组织，以发行股份的方式募集资金。公司型私募股权投资基金企业作为公司，法律基础主要是《公司法》、《证券法》以及关于股份有限公司与上市公司相关的法律法规。2007年颁布的《创业投资企业管理暂行办法》也是公司制私募股权基金重要的法律依据之一。由于公司制私募股权基金是严格依据《公司法》而设立的，相对而言，其法律规范程度要高于其他类型的私募股权基金。

公司型私募股权投资基金企业作为法人实体，其设立程序类似于一般股份公司，能够建立起完善的法人治理结构，有关公司的立法较为健全，投资者能够得到充分的法律保护，所以，目前公司型私募股权投资基金企业占主流。相对于普通公司的内部治理，公司型私募股权投资基金企业由于其投资业务性质和从业人员素质相对较高，也有一些不同于一般公司的特点，基金并不设立经营管理组织，而是委托专业投资管理机构或者外部专业团队管理运营；其次，资金一般委托专业的保管人（如商业银行）保管，便于资金进出的监控，降低基金管理人的道德风险。公司型私募股权投资基金企业设立首先要满足《中华人民共和国公司法》的要求。依据《公司法》制定的《公司章程》是其内部治理的最高规范，对公司内部组织结构设立、监管权限、利益分配划分做出规定。公司制度最大的特点就是所有权和经营权分离，通过股东会、董事会、监事会和管理层构成公司的内部相互制衡的治理结构，从而实现了内部权力平衡和决策科学。公司内部治理结构包含两层制衡关系,一是公司股东会、董事会和监事会三个主体之间的分权结构和内部治理关系,二是董事会和总经理的经营决策权和执行权的分权结构和内部治理关系。2005 年发布的《创业投资企业管理暂行办法》和 2011 年发布的《关于促进私募股权投资基金企业规范发展的通知》都对私募股权投资基金企业的管理模式、专业管理人员数量和从业经历、投资范围、激励机制和风险控制作了明确的规定。私募股权基金的经营管理结构又和一般的公司不大相同。

二、内部组织结构权限划分

公司型私募股权投资基金企业严格按照《公司法》而设立,配备有比较完备的现代企业管理制度。其设立、运营方面的法律法规比较健全,内部拥有股东会、董事会、监事会等分权与制衡机构,治理结构相比合伙制和信托制更为完善,运营规范的特点也比较明显。

1. 股东会

由于公司型私募股权投资基金企业业务主要是对外进行投资,而且作为股东的投资者人数较多,而其中很多的股东并没有投资经验和能力,所以,公司制基金的管理运营团队都是高薪聘请的专业投资管理机构或者外部团队,一般只有公司的重大事项和重大投资才交由股东会决策。就作为股东的投资者在公司制基金中的权利来说,应当参照《公司法》的相关规定,主要以股东会来行使相应职权,主要包括:

(1)决定公司的经营方针和投资计划;

(2)选举和更换非由职工代表担任的董事、监事,决定有关董事、监事的报酬事项;

(3)审议批准董事会的报告;

(4)审议批准监事会或者监事的报告;

(5)审议批准公司的年度财务预算方案、决算方案;

(6)审议批准公司的利润分配方案和弥补亏损方案;

(7)对公司增加或者减少注册资本做出决议;

(8)对发行公司债券做出决议;

(9)对公司合并、分立、变更公司形式、解散和清算等事项做出决议;

(10)修改公司章程;

(11)公司章程规定的其他职权。

2. 董事会和投资决策委员会

从《公司法》规定的公司治理结构要求来说,公司型私募股权投资基金企业内部的董事会是公司内部的业务运营监督机构,对股东会负责。由于私募股权投资基金企业的具体投资业务主要由进行专业投资管理的经理层甚至是专业外部团队来运作和完成,所以,公司型私募股权投资基金企业的董事会主要起投资决策作用,监督投资的合法、合规、安全、高效。

根据《公司法》的规定，公司型私募股权投资基金企业内部的董事会的职权包括：

(1)召集股东会会议，并向股东会报告工作；

(2)执行股东会的决议；

(3)决定公司的经营计划和投资方案；

(4)制定公司的年度财务预算方案、决算方案；

(5)制定公司的利润分配方案和弥补亏损方案；

(6)制定公司增加或者减少注册资本以及发行公司债券的方案；

(7)制定公司合并、分立、变更公司形式、解散的方案；

(8)决定公司内部管理机构的设置；

(9)决定聘任或者解聘公司经理及其报酬事项，并根据经理的提名决定聘任或者解聘公司副经理、财务负责人及其报酬事项；

(10)制定公司的基本管理制度；

(11)公司章程规定的其他职权。

很多情况下，公司型私募股权投资基金企业内部设立有投资决策委员会，该委员会在组织地位上是公司型私募股权投资基金企业董事会下设机构。从法律地位上来说，它并不是法定的必设机构，而是公司型基金自主选择设定的董事会下专业性机构。投资决策委员会成员一般由董事会委派或聘任相关管理团队担任。从实践中来看，公司型私募股权投资基金《公司章程》通常会规定，一般的投资项目由投资决策委员会来决策并报公司董事会和股东会备案，重大或金额较大的投资项目则必须由董事会决策，而超出《公司章程》规定的投资项目，则应当交由股东会讨论决定。

三、内部治理涉及的相关制度

由于法律法规的限制，公司制私募股权基金运作时有时会显得比较刻板，为了实现公司内部机构有效开展工作，公司型私募股权投资基金企业内部会制定各种制度对公司业务过程中的主要环节予以明确和细化。

1. 日常治理相关制度

公司型私募股权投资基金在企业内部的日常管理制度方面，一般会制定如下制度：

《股东大会议事规则》、《董事会议事规则》、《监事会议事规则》、《总经理工作细则》、《基金募集管理制度》、《基金内部财务制度》、《资金托管制度》等。相关制度可以参考中国证监会相关规章来制定，并根据本企业的实际情况进行相应调整。

2. 投资决策相关制度

公司型私募股权投资基金在投资决策阶段，一般通过遵从公司内部制定的相关投资决策制度来保证投资决策的合规、稳健，通常来说，这些制度包括《从业人员行为准则》、《公司内审工作细则》、《投资决策委员会工作细则》、《投资决策委员会人员任免办法》、《项目立项标准指引》、《项目投资标准指引》、《项目投资保证金制度》、《从业人员激励制度》等。

就投资决策核心制度来说，一般会包含以下几个方面的重要内容：

(1)投资标准

一般来说，私募股权投资基金企业会为拟投资项目设定一定的标准，只有符合投资条件的项目才会对其投资。投资标准的设定有利于防范风险。从私募股权投资基金本身的性质来说，投资标准设定的基本原则是项目投资的预期收益率达到或超过投资人的预期收益率，并且，该项目投资必须要有可行的退出渠道。从投资标准原则出发，私募基金投资企业可以根据自身的特点来制定具体的标准。比如说，对于专注于Pre-IPO 业务的私募基金，其基本的原则应当是考虑市盈率和目标企业是否符合上市的条件，而对借壳上市的投资项目，应符合上市公司重大资产重组及上市公司定向增发股份购买资产的相关条件。对于打算通过并购退出的投资项目，需要考虑的是控制权处置的相关条件。

(2)投资流程

投资流程制度是私募股权投资基金企业所必需的制度，是私募股权投资基金企业保障投资安全的内部控制制度非常重要的一部分。通常来说，一个完整的项目投资流程包括项目筛选、项目立项、初步谈判、初步决策、尽职调查、风险分析、内部复核、终局谈判、终局评审、签署投资协议、支付投资款、交割股权、股权资产管理、投资退出等阶段。

3. 风险控制制度

安全稳健的风险控制，是投资盈利的保证。私募股权投资基金企业的风险控制大致来说包括两个方面：一方面是要控制所投资项目本身的减值风险，保证投资项目的增值可能性；另一方面是基金企业内部风险控制。在这里我们先做简要介绍，后面的相关部分会进行更为详细的介绍。

(1)投资项目风险控制

为了降低所投资项目本身的减值风险，私募股权投资基金企业一般主要通过维护投资机构在项目企业中的利益和促进股权资产的增值两方面实现。为了控制投资项目风险，私募股权投资基金企业要关注《投资协议》的监督执行，充分理解投资协议条款的含义，分解各方的权利义务，督促各方按协议履行。私募股权投资基金企业应当保障自身股东权利实施，以股东的名义处理被投资企业的股东层面的事务，监督外派董事、监事的工作。从更积极的角度来说，私募股权投资基金企业还要能够通过提供增值服务来降低所投资项目本身的减值风险，为被投资企业的公司治理、经营销售、团队建设提供咨询服务，提供融资、收购兼并及券商入场前的上市财务顾问服务等。

(2)企业内部风险防范

私募股权投资基金企业内部通常会设立风险控制部门，防范和控制基金运营中的各种风险。风控部门享有相应的职权，一般来说，风控部门有权向相关人员了解情况和制作询问笔录，有权查阅、复制或者暂扣有关的合同、发票、账簿以及其他有关资料。为了切实落实风控部门的监督职权，应当赋予其责令相关部门和人员立即停止违反管理制度的行为、对实施管理制度行为的相关人员提出奖惩建议的职权。

第二节　合伙型私募股权投资基金企业的内部治理

一、相关法律依据

有限合伙型企业的突出特点是普通合伙人发挥其股权和创业投资领域的专业和经验优势，承担无限连带责任；有限合伙人发挥其资金优势，以其出资额为限承担有限责任。《合伙企业法》在2006年修订后增加了有限合伙章节，为中国出现国际私募股权基金最常用的组织形式提供了法律依据。同时引入了特殊普通合伙制度，将法人也纳入合伙人范围。对于合伙型私募股权投资基金企业内部治理，其主要的法律依据是《中华人民共和国合伙企业法》。通常来说，合伙型私募股权投资基金企业的《合伙协议》是依据《合伙企业法》制定的，对合伙型私募股权投资基金企业内部组织结构设立、管理权限划分、利益分配做出规定。此外，《创业投资企业管理暂行办法》和《关于促进股权投资企业规范发展的通知》对于私募股权投资基金企业管理模式、专业管理人员数量和从业经历、投资范围、激励机制和风险控制制度均进行了规定，合伙型私募股权投资基金企业也可以参照适用。

有限合伙制私募股权基金一般由投资管理机构或团队设立有限合伙企业，从事直接股权投资。其中，GP通常是由投资管理机构发起设立的公司或合伙制基金，作为一般合伙人在有限合伙制基金中承担无限责任，基金的其他普通投资人担任LP（有限合伙人），以其认缴的出资额为限承担有限责任。有限合伙制私募股权基金一般不设立股东大会、董事会、监事会，只设立合伙人大会，对有限合伙制私募股权基金行使权利。有限合伙制私募股权基金于20世纪起源于美国，至今仍是美国以及欧美发达国家最主流的基金组织形式。作为一种新的组织形式，很多投资者对有限合伙运作模式还不甚了解甚至不能接受其运作模式，于是在国内出现了很多本土化的变形，甚至出现了“组织形式是有限合伙型，内部治理结构是公司型”的情况，有限合伙人进入到投资决策委员会参与决策。

二、内部组织结构权限划分

有限合伙制私募股权投资基金根据《合伙企业法》设立，合伙人分为普通合伙人和有限合伙人，其中普通合伙人一般负责基金的投资、经营、管理（在实际操作中，基金管理也会交由外部管理机构负责，而此机构一般为GP的发起者），有限合伙人只负责基金的投资，并不具体过问基金的经营管理。普通合伙人和有限合伙人通过《合伙协议》设立有限合伙企业，体现了 GP 和 LP 的特殊关系，也体现了有限责任和无限责任、企业管理和监督、激励和约束的统一结合，具有很强的资源整合和抗风险能力。

一般来说，有限合伙制私募股权投资基金企业设立合伙人会议、投资决策委员会和顾问咨询委员会等机构来作为企业治理和决策机构。这些机构大多不是法律规定的机构，而是依据业务需要，由当事人协商一致通过《合伙协议》设定的，用以划分各个机构之间的权限，进行权力制衡，提高基金投资的稳健性和效率。在有限合伙制私募股权投资基金企业内部直接管理模式下，由普通合伙人组建专业的管理团队；而在委托管理模式下，合伙企业则是将投资业务的经营管理委托给专业的基金管理公司，由受托基金管理公司负责投资项目的挖掘、筛选和评估，由合伙型私募股权投资基金企业设立投资决策委员会进行投资决策。

1. 普通合伙人的职责

《合伙企业法》第 68 条规定："有限合伙人不执行合伙事务，不得对外代表有限合伙企业。"因而，在有限合伙制私募股权投资基金企业中，企业的投资等事项是由普通合伙人及其专业团队来负责执行的。在此架构之下，普通合伙人对外代表有限合伙企业，负责企业的经营管理和募集、投资、投后管理及退出全过程的投资运作事宜。作为管理人的普通合伙人可以要求在合伙协议中确定执行事务的报酬及报酬提取方式。但是同时，普通合伙人也应当勤勉尽责地执行合伙事务，努力实现对有限合伙人的投资回报，接受有限合伙人的监督和建议。

2. 有限合伙人的权限

在有限合伙制私募股权投资基金企业中，作为有限合伙人的投资人并不参与实质性经营管理和投资决策，但为了保障其权益，仍然赋予他们一定的权利，这主要包括两个方面：其一是对基金企业相关事务的知情权、建议权、监督权和独立审计权；其二是在基金退出后分配投资收益分成的权利。

而对于作为有限合伙人的投资人来说，他们的主要义务是按期足额缴纳出资，当然，从另一个角度来说，其业务还有包括不干涉合伙企业的事务。同时，我们此前也提过，有限合伙人是承担有限责任，但如果其参与合伙事务，也会被要求承担同普通合伙人一样的责任。但是，为保护有限合伙人，《合伙企业法》第 68 条又规定了"避风港条款"，据此，有限合伙人的下列行为，不视其为执行合伙事务：

（1）参与决定普通合伙人入伙、退伙；

（2）对企业的经营管理提出建议；

（3）参与选择承办有限合伙企业审计业务的会计师事务所；

（4）获取经审计的有限合伙企业财务会计报告；

（5）对涉及自身利益的情况，查阅有限合伙企业财务会计账簿等财务资料；

（6）在有限合伙企业中的利益受到侵害时，向有责任的合伙人主张权利或者提起诉讼；

（7）执行事务合伙人怠于行使权利时，督促其行使权利或者为了本企业的利益以自己的名义提起诉讼；

（8）依法为本企业提供担保。

3. 合伙人会议

从实践来说，合伙人会议并不对合伙企业的投资业务进行决策和管理，但是合伙企业可以通过《合伙协议》来约定，哪些事项需要全体合伙人一致同意，或者对需要由一定比例合伙人同意的事项进行表决时可采取会议的形式。需要注意的是，如此前我们谈到过的有限合伙人可能陷入的风险，《合伙企业法》约定需要有限合伙人参与讨论的事项不能使有限合伙人涉嫌执行合伙事务。通常情况下，合伙人会议的安排是由全体合伙人组成，所有合伙人享有相同的投票权，基本权限受制于《合伙协议》的约定。《合伙企业法》列举了可以由全体合伙人一致同意的事项：

（1）改变合伙企业的名称；

（2）改变合伙企业的经营范围、主要经营场所的地点；

（3）处分合伙企业的不动产；

（4）转让或者处分合伙企业的知识产权和其他财产权利；

（5）以合伙企业名义为他人提供担保；

（6）聘任合伙企业以外的人担任合伙企业的经营管理人员。

4. 投资决策委员会

投资决策委员会，是有限合伙型私募股权投资基金企业的投资决策机构，全权负责企业的投资事宜。本土私募股权投资基金企业设立的投资决策委员会，通常由普通合伙人推荐的和/或由有限合伙人推荐与有限合伙人无法律上利害关系的人员并最终经普通合伙人选定的委员组成，有时也聘请引入部分律师、会计师或行业专家。实践中，投资决策委员会委员的条件包括：

（1）有较强的金融行业专业技术能力和判断能力及其他行业的综合研究能力，能处理复杂的涉及重大投资、风险管理等方面的问题，具备独立工作的能力；

（2）具有履行职责所必需的时间和精力；

（3）熟悉国家有关法律、法规，熟悉公司经营管理和股权投资基金运营；

（4）遵守诚信原则，公正廉洁，忠于职守，能够为维护公司和所管理基金的权益积极开展工作。

基金应当制定投资决策委员会议事规则，其有助于完善所管理基金投资决策程序，提高基金投资决策的效益和决策的质量。该投资决策委员会议事规则必须职责规定明确，并能够保证基金管理公司及受托资金和资产投资决策程序的高效、合理和科学性，其内容应涵盖基金管理公司投资决策委员会的人员组成、职责权限、会议召开与通知程序规则、议事与表决程序、会议决议与会议记录、附则等内容。

三、利益分配与激励机制

有限合伙型私募股权基金能否运作成功存在较高的不确定性，普通合伙人负责日常的投资运营管理，其人力资本在投资经营过程中起着至关重要的作用，因此在合伙协议中设置激励约束条款，可以起到激励普通合伙人的作用。《合伙企业法》在利益分配上给了有限合伙企业很大的意思自治空间。

关于管理费和业绩报酬比例，均可以通过《合伙协议》进行约定。管理费通常是固定的，其标准通常是在普通合伙人实际管理资本总额的1.5% ~3%之间浮动，这部分费用通常用于普通合伙人管理基金的日常支出，如房租、差旅费、工资等。管理费的高低与管理人的管理水平和过往业绩有关，但以2%居多。

业绩报酬是有限合伙型私募股权基金最重要、最能吸引人的分配方式，是普通合伙人可以分享到的合伙基金投资收益。有限合伙企业的投资收益首先应全部返还投资本金，在达到投资最低回报率或返还完投资本金后如果还有盈利时，才在有限合伙人和普通合伙人之间按照约定的比例进行分配。目前，业绩报酬比例一般在20%左右，可按一个私募股权基金的总体利润来算，也可以按该私募股权基金单个具体项目的利润分别计算。

第三节　信托型私募股权投资基金的内部治理

一、相关法律依据与参与主体

信托计划并不是独立的组织实体，而是建立在信托协议基础上的契约法律关系。信托型私募股权投资基金内部治理法律依据主要包括《中华人民共和国信托法》、《信托公司管理办法》、《信托公司集合资金信托计划管理办法》、《信托公司私人股权投资信托业务操作指引》等。

信托型私募股权投资基金设立需要采用股权投资信托计划形式，涉及的各方当事人包括委托人（投资者）、受托人（信托公司）、受益人（投资者或者投资者指定的第三人）、保管人（托管银行）、投资顾问等。很多情况下，基金只是借用信托计划这个壳子，需要向信托公司支付"通道费"，数额一般为千分之五。在信托计划中，作为委托人的投资人将资金委托给作为受托人的信托公司，而由受托人对这些资金进行投资管理，由此产生的收益则是归属于受益人。在此过程中，按照要求，信托公司应当选择可靠的托管银行来托管资金，由托管银行按照约定和指令来支付资金，履行信托资金保管、监督和检查的义务。就项目投资来说，信托公司可以自己来进行管理，也可以聘请外部专业的基金管理公司作为投资顾问来实际地管理投资业务。

二、内部组织结构权限划分

1. 受益人大会

信托受益人大会是集合资金信托计划中保障受益人参与决策权利的重要制度之一。我国《信托法》并没有设立受益人大会制度，作为集合信托计划的特定制度安排，受益人大会制度是在部门规章层级的《信托公司集合资金信托计划管理办法》中进行了具体规定。受益人大会由信托计划的全体受益人组成。受益人大会并不对基金日常管理和项目投资进行决策。根据《信托公司集合资金信托计划管理办法》的规定，出现以下事项而信托计划文件未有事先约定的，应当召开受益人审议大会：

(1)提前终止信托合同或者延长信托期限；

(2)改变信托财产运用方式；

(3)更换受托人；

(4)提高受托人的报酬标准；

(5)信托计划文件约定需要召开受益人大会的其他事项。

每一信托单位具有一票表决权，作为受益人的投资人可以委托代理人出席受益人大会并行使表决权。受益人大会应当有代表百分之五十以上信托单位的受益人参加，方可召开；大会就审议事项作出决定，应当经参加大会的受益人所持表决权的三分之二以上通过；但更换受托人、改变信托财产运用方式、提前终止信托合同，应当经参加大会的受益人全体通过。受益人大会决定的事项，应当及时通知相关当事人，并向中国银行业监督管理委员会报告。受益人大会由受托人负责召集，受托人未按规定召集或不能召集时，代表信托单位百分之五十以上的受益人有权自行召集。

2. 投资决策委员会

在实践中，信托型私募股权投资基金也会设立投资决策委员会，以使得基金投资更为稳健、安全。投资决策委员会负责信托基金的项目筛选、项目评估和投资的决策权。投资决策委员会并不是信托型私募股权投资基金的法定机构，在实践中根据基金权力结构安排的不同其组成也不相同，有些以信托公司委派人员为主，有的以投资顾问委派人员为主，具体如何安排则需要当事人通过《投资顾问合同》来约定。很多情况下，信托公司只是提供了一个信托平台，另外，聘请具有投资业绩记录的咨询公司来对信托计划提供投资咨询。股权投资信托计划设立后，信托公司应亲自处理信托事务，独立自主进行投资决策和风险控制。信托文件事先有约定的，信托公司可以聘请第三方提供投资顾问服务，但投资顾问不得代为实施投资决策。

三、收益分配与激励机制

《信托公司私人股权投资信托业务操作指引》规定，信托公司管理股权投资信托，可收取管理费和业绩报酬，除管理费和业绩报酬外，信托公司不得收取任何其他费用；

信托公司收取管理费和业绩报酬的方式和比例，须在信托文件中事先约定，但业绩报酬仅在信托计划终止且实现盈利时提取。

实践中，很多信托型私募股权投资基金都效仿有限合伙型私募股权投资基金企业的收益分配和激励机制，即除管理费外，投资人和管理人还会按照一定的比例分享投资收益，提高了基金管理人的积极性，起到了很好的激励作用。另外，为了吸引不同风险偏好类型的投资，信托制本身还会通过内部分层的模式来设定收益分配机制，设定优先级、次级、劣后级等分配次序，不同的投资人由于获得的收益保障程度不同，因而在收益水平上也有差异。

第五章 基金企业风险控制制度

第一节 内部风险控制制度

一、项目投资管理办法

一部较完善的基金管理公司项目投资管理办法有利于提高投资后的管理及增值服务水平,规范公司投资决策程序,保障公司资产的安全与增值,防范和控制投资风险。其主要内容一般包括基本定义及其他说明,机构及职责划分规定,长期项目投资及其管理,短期项目投资及其管理,投资资料管理等。

(一)总则部分

1. 该规则制定依据

该办法的制定依据包括《中华人民共和国公司法》和《公司章程》以及有关法律法规的规定,以及国际创业投资业的通行做法。

2. 公司项目投资的基本内容

(1)语词定义及说明

①所谓项目投资,包括以各种方式进行的长期项目投资和短期项目投资,是指公司以股权或债权方式进行的项目投资。

②所谓长期项目投资,是指投资期限在一年以上,以股权投资的方式直接投资于高新技术企业或技术 VC 企业,在设定的持股时间内采取多种变现方式撤出投资并获得增值的投资行为。普通股、优先股等都属于该投资方式。

③所谓短期项目投资,是指投资期限在一年以内,以国债现货及国债回购、新股认购或以机构投资者身份参与短期资金拆借、二级市场证券投资、可转股债投资、新股配售等方式进行短期资金运作的投资行为。

④公司采取基金型投资管理模式,公司委托投资管理公司进行投资,并提供投资

资金，投资管理公司为资金的受托方，委托与被委托的关系是公司与投资管理公司之间的关系；公司按照约定向投资管理公司支付管理费，获取委托资金的投资收益并承担相应的投资风险；作为受托方，投资管理公司是投资项目的管理主体，它对项目的选择、立项、初审、审慎调查、拟投资项目的执行及已投资项目的管理等各种投资活动进行直接负责，根据所管理项目的投资金额获取相应的管理费，并按投资项目的增值获取相应的分红。

(2)项目跟投

通常会鼓励投资经理个人与公司共同投资；对早期项目而言，原则上还规定投资经理必须要按比例与公司共同投资。

(3)项目负责人

项目负责人一般规定由投资经理或投资经理级别以上人员担任，他应当独立承担项目的投资，而助理投资经理则规定必须与投资经理级别以上人员共同承担项目的投资，不得单独承担项目的投资。

(4)投资资金的分配

为了确保公司能获得持续而稳定的投资收益，一般规定要对长期投资资金与短期投资资金进行合理分配。

(5)投资标准的规定

投资价格应当合理，所投资项目应符合国家产业政策，产业具有发展潜力，优先选择经国家、省市有关部门论证、鉴定的项目。选择投资的项目应具备良好的市场前景、较强的竞争力和盈利能力，要有完整、务实、操作性强的项目实施计划和具备项目实施能力的管理队伍，产权明晰，财务管理规范。

(6)投资限制

所投资企业要求担保的，应按股份比例承担担保责任，且须经公司投资决策委员会同意；不得投资于非 VC 领域；不得投资于承担无限责任的企业；不得为非所投资企业提供担保；不得直接投资于经营性房地产业务；不得从事未经董事会授权的其他业务；对单个项目的投资额不超过公司股本的 10% 。

(7)投资原则

一般包括如下原则：确保投资资金的安全性、收益性和流动性，优先选择具有较高科技含量且具有较大增值潜力的项目进行投资，力求投资项目的成长性、增值性。

(二)机构及职责划分规定

1. 投资决策委员会的职责

(1)制订、修改投资策略与投资政策；

(2)对拟投资的长期项目及投资方案进行可行性论证和评审，作出批准或不批准投资的决定；

(3)定期或不定期组织对已投资项目进行检查,提出整改要求;

(4)对已投资项目进行监督,并组织对已投资项目的管理工作。

2. 短期投资决策小组的职责包括:对业务部门提交的短期项目投资建议方案进行评审,做出批准或不批准投资的决定,并对已投资的短期项目进行检查。

3. 作为公司股权撤出变现的决策机构,投资变现决策小组的职责包括:对业务部门提交的投资撤出变现方案进行评审,做出批准或不批准撤资的决定。

4. 作为项目立项的审批机构和投资项目的执行与管理机构,公司各业务总部及所组建的投资管理公司的职责

(1)制订部门或管理公司立项标准与立项程序,报投资决策委员会秘书处批准实施;

(2)对投资经理经筛选后提交申请立项的项目进行审查、评估,做出批准或不批准立项的决定;

(3)组织项目的审慎调查工作,对上报投资决策委员会秘书处的项目进行初审;

(4)对投资经理提交的投资撤出变现方案进行初审,将经初审通过的方案提交公司投资变现决策小组评审;

(5) 对已投资的长期投资项目提供管理与增值服务;

(6)跟踪短期投资项目的资金使用情况;

(7)按照投资决策委员会、短期投资决策小组和投资变现决策小组批准的方案,组织项目投资或投资撤出变现的具体运作。

5. 作为投资决策委员会、短期投资决策小组、投资变现决策小组的日常工作机构,投资决策委员会秘书处的职责

(1)安排投资决策委员会、短期投资决策小组会议和投资变现决策小组的评审会议;

(2) 对投资经理提交投资决策委员会评审的项目进行预审;

(3)受投资决策委员会的委托组织并参与对已投资项目进行检查、监督和管理;

(4)起草投资决策委员会、短期投资决策小组和投资变现决策小组评审会决议及须进一步审慎调研的问题通知书;

(5)管理项目资料和会议文件;

(6)召集项目听证会;

(7)对公司拟进行的投资项目进行现场考察,参与项目的商务谈判。

6. 其他规定

资金财务总部负责对拟投资企业进行财务会计核数及投资后的财务跟踪管理。法律事务室负责起草、审查和保管各类法律文件,处理项目投资及运作过程中出现的各类法律纠纷,根据需求对拟投资项目出具法律意见书。

(三)长期项目投资

1. 项目收集、筛选

投资经理负责收集项目方提供的《商业计划书》及其他相关信息材料,对项目进行筛选。

2. 立项

立项是审慎调查前的一项工作。对经过筛选,认为具有进行审慎调查价值的项目,投资经理应填写《立项申请报告》,连同项目方提供的《商业计划书》等有关资料,报部门或所属管理公司立项会审批。部门或所属管理公司立项会主要是根据书面材料对项目进行基本判断和初步筛选。

各业务总部部长、各投资管理公司总经理负责召集和主持本部门的立项会,对立项会所评审的项目出具书面的评审意见,并对立项会的评审决定负责,评审意见应列出该项目值得进一步审慎调查的投资价值及存在的主要问题,表明是否同意对该项目进行审慎调查;同意进行审慎调查的,应列出应重点调查的主要内容。

对未通过立项的项目,投资经理应将资料归档,通知项目方并向项目方提供书面反馈意见,进一步地追踪项目的发展;对初审资料不全的,应进一步做好调查搜集工作。

3. 项目听证

经过部门初审通过的项目,必要时可召开项目听证会,请项目方的主要负责人和主要技术负责人来公司做项目介绍,并请专家对项目进行论证。

项目听证会由投资经理提出申请,经所在部门批准后上报投资决策委员会秘书处,由投资决策委员会秘书处负责审批并召集会议,投资决策委员会委员、部门或管理公司负责人、投资经理出席听证会。

4. 项目审慎调查

对经部门或者管理公司立项会批准立项并决定进行审慎调查的项目,由部门或管理公司组成项目小组并指定项目组长进行项目的审慎调查与评估。项目组成员是其各自负责的相关内容的审慎调查活动的直接责任人,对其所负责的相关内容的审慎调查活动承担责任,项目组长为项目资料的复核人。项目组应制作《项目审慎调查方案》报所在部门和分管副总经理核准审批。

《项目审慎调查方案》应包括具体调查内容、时间安排和费用预算等。

《项目审慎调查方案》经分管副总经理批准后,项目小组成员共同参与项目的审慎调查活动。

项目组成员负责对企业的技术、产品、市场、管理团队及公司的内部管理等方面进行考察,写出《项目审慎调查报告》;财务核数人员负责对企业的财务状况和会计工作质量进行审核、判断,写出《财务核数报告》,交由资金财务部负责人签署审核意见;其他参与调查的相关人员根据需求出具相应的调查意见。

5. 现场调研

在投资方案提交投资决策委员会评审之前，负责该项目立项的部门或管理公司的负责人必须去拟投资企业至少进行一次现场调研，并写出书面调研报告。拟投资金额在人民币1000万元以上的项目及其他情况比较复杂的项目，除部门或所属管理公司的负责人外，投资决策委员会秘书处秘书长以及在投资决策委员会认为必要时分管副总经理也应至少去拟投资企业进行一次现场调研，并写出书面调研报告。

调研报告应包括以下主要内容：现场调研的时间；与企业哪些人员接触、交谈；通过现场调研得出的对该企业的总体印象，包括管理团队的素质及诚信状况、管理制度的建设情况、业务流程的规范性、员工的总体素质、公司气氛、企业的发展前景等。

6. 部门初审

经过审慎调查之后，对于初步判断基本符合管理公司投资条件的项目，项目小组应与该企业及其原股东商谈设计投资方案，包括增资、股权转让或新设公司等投资方式、股权结构、管理公司入股价格、投资款支付方式、董事或监事席位的分配、特殊条款和保护性措施、投资回撤途径等，投资方案应经分管副总经理批准。

投资方案设计完成后，由项目小组撰写《项目投资建议书》，提交部门或所在的管理公司初审，各部门或管理公司负责人及分管副总经理应在初审会结束后出具初审意见，初审意见应包括对项目小组进行的审慎调查是否满意、该项目是否具有投资价值、是否同意该投资方案等内容；对部门初审通过的项目，项目小组应填写《项目上会审批申请表》，连同《商业计划书》、《立项报告》、初审意见、《财务核数报告》、分管副总经理的调研报告及其他相关资料，一并报送投资决策委员会秘书处。

7. 项目预审

投资决策委员会秘书处收到投资经理提交的《项目投资建议书》、《立项报告》、调查方案、初审意见、《财务核数报告》、分管副总经理的调研报告及相关资料后，根据《投资决策委员会秘书处对投资经理上报项目初审标准及材料要求指引(试行)》的要求对项目资料进行预审。预审不合格的，发回项目小组进行补充或修改；预审合格的，发给《项目预审合格通知书》，并列入投资决策委员会项目评审会议程。

8. 项目评审

对于拟投资项目，投资决策委员会会议应当进行可行性论证及评审。

投资决策委员会秘书处负责安排项目评审会议程，投资决策委员会主任或副主任、秘书长负责主持会议。投资决策委员会采用投票方式表决，实行一人一票制，经过半数投资决策委员会委员同意的项目方得通过。对于有待于进一步调研的项目，投资决策委员会秘书处应根据投资决策委员会委员所提问题写出《进一步审慎调查项目问题通知书》，交由项目小组继续进行审慎调查。

9. 项目复议

项目小组针对《进一步审慎调查项目问题通知书》中列举的问题进行补充调查后，

写出《项目复议报告》，提交投资决策委员会秘书处。投资决策委员会秘书处安排项目评审会对《项目复议报告》进行评审。

10. 投资决策委员会决议

经投资决策委员会评审通过，包括复议通过或否决的项目，投资决策委员会秘书处应写出书面决议，经参与评审的全体委员签字后实施。

11. 合同、章程的洽谈与起草

投资决策委员会做出项目投资决议后，由项目小组根据投资决策委员会决议以及管理公司律师起草的投资合同标准文本与拟投资企业及其原股东进行合同条款的磋商，洽谈主投资协议及其他相关的协议。投资建议书及投资决策委员会投资决议中管理公司投资的所有前提条件及特殊性的保护条款应当包含在主投资协议之中，并由其大股东承诺，将来被投资企业所签署的任何合同、协议未经投资管理公司同意均不得违反该主投资协议的约定。

12. 约见企业负责人

投资决策委员会决定投资的项目，在投资合同签署之前，项目小组须安排拟投资企业的主要负责人来投资管理公司，并与公司领导进行会谈。

13. 签约前现场考察

投资决策委员会决定投资的项目，在投资合同、章程签署之前，投资经理须去拟投资企业现场考察二至七天，广泛接触拟投资企业的各方面人员及其主要客户，更深入地了解拟投资企业的情况，以做最后的判断，并写出书面报告。

考察报告的主要内容包括：

（1）现场考察的时间；

（2）接触了拟投资企业哪些人员；

（3）对企业做了哪些方面的考察；

（4）此次考察与审慎调查时的情况有哪些变化；

（5）通过现场考察进一步得出对该企业的总体印象，包括管理团队的素质及诚信状况、管理制度的建设情况、业务流程的规范性、员工的总体素质、公司气氛、企业的发展前景等；

（6）考察报告的结论部分，应表明是否建议实施投资决议。

14. 对经投资委员会评审通过的拟投资项目，投资经理应通过对项目的考察，向拟投资企业出具《管理建议书》，《管理建议书》应经项目组长、所在部门或管理公司负责人和投资委员会秘书长签署后交拟投资企业。

15. 投资项目法律文件的审批和签署

公司设立投资项目合同、章程等法律文件审核小组，负责投资项目合同、章程等法律文件的审核，审核小组由律师、投资经理及其所属部门或管理公司的负责人、投资决策委员会秘书长组成，主要审查合同（章程）文本与投资委员会决议的一致性，并签署审查意见。业务总部或管理公司负责人及项目组长或投资经理对合同、章程等法律文件的商业条款是否符合投资管理公司利益负责,项目组长或投资经理另需对管理公司以外的合同、章程等文件的其他签约方签名盖章的真实性负责;投资决策委员会秘书长对合同、章程是否符合投资决议负责;律师对合同、章程条款的准确性、严密性及是否符合投资决议负责,并小签投资合同、章程。

在起草完项目合同、章程后,投资经理需填写《合同审批表》,按公司合同管理制度的要求,一并逐级上报审批,并提交法定代表人或其授权代表签署。《合同审批表》应列明:投资金额、投资方式、所占股权比例回购、追加投资、违约责任条款、管理约束等项目投资的保护性条款的简要内容。

16. 执行投资合同、章程

投资合同、章程签署生效后,由投资经理负责合同、章程的具体履行工作,其他相关部门应予以配合。

(四)长期投资项目的管理

1. 长期投资项目的管理的规定

原则上,一般规定公司对所投资的长期项目是通过委派产权代表进入被投资企业董事会或监事会来进行项目投资后的管理工作。项目管理的责任人即产权代表,并且一般由该项目的投资经理担任产权代表。

2. 产权代表的职责

(1)依照《投资合同》的规定,负责监管各方股东的投资资金及时到位;

(2)督促被投资企业及时出具有效的出资证明或股权证明;

(3)监督被投资企业章程的修改和工商、税务登记手续的办理;

(4)监督被投资企业融资资金的使用,如与资金使用计划有重大变更,应及时向公司汇报,并采取相应的措施;

(5)定期将被投资企业的财务报告呈报公司,并向公司书面汇报被投资企业生产经营计划的执行情况;

(6)代表公司参加被投资企业的股东会、董事会或监事会会议,不得缺席,并按照经批准的表决意见进行表决;

(7)向被投资企业提供增值服务;

(8)完成公司安排的其他保障管理公司在被投资企业内利益的工作。

3. 投资经理的职责

(1)每周与被投资企业联系一次,并应有书面联系记录;

(2)每月对企业进行情况汇总,并向所在部门提交被投资企业基本情况月报表(汇表格式见附件);

(3)每季度向所在部门及投资决策委员会秘书处提交项目跟踪管理报告(内容见附件);

(4)每季度向投资决策委员会秘书处及资金财务总部提交被投资企业季度财务报表;

(5)每次参加被投资企业的股东会、董事会或监事会会议之前,须对会议预案提出本人意见,并按照审批程序提交公司审批;

(6)积极参加企业的重要工作会议、产品推介或订货会等;

(7)投资经理每年须针对已投资项目的具体情况向企业提出有针对性的书面管理建议,作为对所负责投资企业提供增值服务的重要内容。

4. 产权代表的管理

对产权代表的管理,一般规定适用投资管理公司颁发的《股权管理人员管理暂行办法》的规定。

(五) 短期项目投资

通常规定,短期项目投资适用《短期项目投资决策程序及管理规则》的规定。

(六)投资撤出变现

通常规定,公司项目投资的撤出变现适用《投资撤出变现决策程序及管理规则》的规定。

(七)项目资料的管理

1. 项目资料的归档

(1)投资经理应及时将项目资料分别上交各相关部门归档。

(2)投资经理接洽而未获立项的项目以及经立项会通过项目的资料,包括项目情况介绍资料、《商业计划书》、《立项报告》、财务报表等,由投资经理所在部门归档保存,所在部门应对所保存的资料予以列表登记;

(3)对已投资项目的有关资料,包括项目情况介绍、《商业计划书》、《立项报告》、初审意见、投资建议、财务报表、核数报告、副总经理的调研报告、审慎重调查问题通知书、《管理建议书》、投资决策委员会决议及其他相关资料等,由投资决策委员会秘书处负责保管;

(4)法律事务室负责公司对外签署的所有合同及其他法律文件的归档管理,投资经理应在所有经公司签字盖章的法律文件签署后一个月内,将生效的法律文件正本上交管理公司法律事务室。

2. 项目资料归档时间规定

投资经理对所有接洽的各类项目,包括已经投资决策委员会评审通过及未通过的项目的基本情况应在接洽后一个月内录入公司的项目资料管理库中,投资经理应按项目资料库的条目要求登记项目的相关情况。

(八)其他应当规定的事项

主要规定该办法法律解释权的归属及生效日期。通常规定该办法解释权属公司总经理室所有。且该办法一般自颁布之日起即可施行。

二、风险控制委员会议事规则

基金管理公司风险控制委员会议事规则的制定有助于建立健全股权投资基金投资风险管理体系、及时有效防范股权投资基金投资过程的风险,并提高基金管理公司投资管理和所投资基金资产管理业务的风险控制能力。一般来说,该规则应涵盖的内容包括风险控制委员会的人员组成、职责权限、决策程序、议事规则等内容。

(一)总则部分

主要是简述风险控制委员会议事规则的制定依据和制定目的。

一般来说,该规则的制定依据包括《中华人民共和国公司法》、《中华人民共和国合伙企业法》等相关法律法规、规范性文件以及基金管理公司的《公司章程》和基金设立时签订的基金管理公司的《合伙章程》的规定。

公司董事会根据《公司章程》和《董事会议事规则》,经由董事会选举产生该风险控制委员会,它是董事会下属的专业工作机构,对公司董事会负责。其主要职责在于对公司和受托资金资产的投资风险控制进行评估,并对投资决策的执行情况等进行监督和检查。

(二)人员组成及任期

1. 风险控制委员会的构成

作为需要具有独立性的机构,风险控制委员会成员一般规定由三至五人组成。风险控制委员会委员由公司董事会选举产生。风险控制委员会设主任委员一名,通常规定公司的独立董事将作为风险控制委员会的主任委员,负责主持委员会工作,从而可以保持风险控制委员会的独立性和专业性。

2. 风险控制委员会委员任期规定

一般而言,风险控制委员会委员任期与董事会任期是一致的,且委员任期届满时,可连选连任。

3. 日常工作机构

一般来说,风险控制委员会的日常工作事务由公司法务部承担,其主要职责是根据风险控制委员会的要求,做好相关工作,组织准备相关材料。

（三）职责权限规定

1. 规则中涉及的风险控制委员会的主要职责一般包括如下几方面：

（1）审议投资决策、投资风险、业务流程的风险，并形成评估报告；

（2）发布政治、经济、金融、行业、企业等各个环节的风险警示；

（3）制订所管理基金投资风险管理的总体目标和政策，制订风险管理基本制度；

（4）公司董事会授权的其他事宜；

（5）审议公司审计相关部门提交的风险控制评价报告。

2. 其他规定

风险控制委员会具有独立审议并提出投资决策建议的权利。风险控制委员会的审核意见和报告应当提交公司董事会审议决定。

（四）决策程序规定

1. 投资决策程序规定

公司投资项目首先由投资总监或经理形成投资决策报告，获得公司总裁办公会审批后，同时递交投资决策委员会审批和风险控制委员会审核，在投资决策委员会审批通过和风险控制委员会风险审核通过后进行项目投资。

根据公司投资管理程序，风险控制委员会要审核和评议投资项目的风险评估，并将评议意见上报公司董事会审议。相关部门的负责人在遇有突发风险情形下应及时报告风险控制委员会全体成员，待风险控制委员会做出评估后上报公司董事会。

风险控制委员会会议通过的议案及表决结果，应以书面形式向基金联合管理委员会呈报。

2. 公司法务部协助规定

公司法务部协助风险控制委员会工作，并负责准备相关资料以供项目投资风险审核会议审核：相关监管部门和公司风险管理的相关规定；受托资金资产投资运营风险管理和内部控制报告；政治、经济、金融、行业相关风险评估；其他相关材料。

（五）议事规则

1. 风险控制委员会议事方式及会议召集的规定

定期会议和临时会议构成风险控制委员会的议事方式。定期会议每年至少召开两次会议。主任委员负责召集和主持会议，主任委员不能出席时可委托其他一名委员主持。规则对临时会议的召集主要规定了如下几种：公司董事长提议时，二分之一以上的委员联名提议时，风险控制委员会主任认为必要时。

规则对会议通知义务予以规定。风险控制委员会会议一般应在会议召开三天以前通知全体委员；但在特别紧急情况下可另作规定。通知的内容包括：（1）会议召开时间、地点;(2)会议期限;(3)会议需要讨论的议题;(4)会议联系人及联系方式;(5)会议通知的日期。

2. 表决方式

风险控制委员会会议的表决采取一人一票制的表决方式。风险控制委员会会议表决方式为举手表决或记名投票表决,临时会议可以采取通信表决的方式召开。

3. 风险控制委员会会议方式

现场会议和通信会议,包括但不限于电话会议、视频会议和书面通信会议等方式都可以成为风险控制委员会的会议举行方式。如果采用通信方式召开会议,则应当注明会议召开方式及表决方式,原则上来说,会议材料应与会议通知同时送达。

4. 委托代表人出席会议的规定

一般规定,风险控制委员会会议应由委员本人出席,若委员因故不能出席的,则可以允许其书面委托其他委员代为出席。

5. 决议通过规定

一般规定,风险控制委员会会议做出的决议,必须经全体委员过半数通过。

6. 保密义务

出席会议的委员均对会议所议事项有保密义务,不得擅自披露有关信息。

7. 其他规定

(1)在必要时,风险控制委员会会议可邀请公司董事、监事、其他高级管理人员列席会议。其他人员列席会议介绍情况或发表意见,但非决策委员会委员对议案没有表决权。

(2)风险控制委员会可以聘请中介机构和人员为其决策提供专业意见。

(3)风险控制委员会会议应当有记录,出席会议的委员应当在会议记录上签名,会议记录由董事会办公室保存。

(六)其他应当规定的事项

主要是对本规则的补充适用及冲突条款的适用进行规定,以及对规则的生效日期进行规定。一般议事规则会规定,对于规则尚未规定的内容,按国家有关法律法规、规范性文件、《公司章程》的规定执行;若存在本规则与国家日后颁布的法律法规、规范性文件或经合法程序修改后的《公司章程》相抵触的情形的,则根据上位法优于下位法原则,适用国家有关法律法规、规范性文件、《公司章程》的规定,并及时对本规则予以修订。本议事规则通常规定自董事会审议通过之日起生效。

三、投资决策委员会议事规则

基金管理公司投资决策委员会议事规则的制定有助于完善所管理基金投资决策程序,提高基金投资决策的效益和决策的质量。该投资决策委员会议事规则必须职责规定明确，并能够保证基金管理公司及受托资金和资产投资决策程序的高效、合理和科学性，其内容应涵盖基金管理公司投资决策委员会的人员组成、职责权限、会议召开与通知程序规则、议事与表决程序、会议决议与会议记录、附则等内容。

（一）总则部分

主要规定基金管理公司投资决策委员会议事规则的制定依据与制定目的。

该议事规则是根据《中华人民共和国公司法》、《合伙企业法》、基金管理公司的《公司章程》及《基金章程》及其他有关规定制订而成的。投资决策委员会是公司董事会与基金合伙人以《公司章程》、《董事会议事规则》和《基金章程》为依据，共同设立的专门工作机构，其目的在于负责公司管理的基金资产的对外投资项目和作出重大投资决策。

（二）投资决策委员会人员组成及任期

1. 基金投资决策委员会人员构成

一般而言，该议事规则规定基金投资决策委员会通常由9至11名成员组成，由公司董事会提名，基金联合管理委员会选举产生。投资决策委员会设主任委员一名，主任委员由公司董事会提名，联合管理委员会选举产生，负责召集和主持决策委员会会议，若决策委员会主任委员不能或无法履行职责的，则由其指定一名其他委员代行其职责。

2. 成为投资决策委员会委员的条件

（1）有较强的金融行业专业技术能力和判断能力及其他行业的综合研究能力，能处理复杂的涉及重大投资、风险管理等方面的问题，具备独立工作的能力；

（2）具有履行职责所必需的时间和精力；

（3）熟悉国家有关法律、法规，熟悉公司经营管理和股权投资基金运营；

（4）遵守诚信原则，公正廉洁，忠于职守，能够为维护公司和所管理基金的权益积极开展工作。

3. 投资决策委员会委员任期

基金存续期即投资决策委员会委员的任期。如果有委员在基金存续期内退出委员会或者基金合伙人退出基金的情形，则重新由公司董事会提名，并由基金联合管理委员会选举以补足委员人数。

4. 其他规定

为了保障投资决策委员会作出的决策的代表性和权威性，规则一般还会规定，当投资决策委员会因委员辞职、免职或其他原因而导致人数低于规定人数的三分之二时，公司董事和所管理基金联合管理委员会应补选新的委员。在投资决策委员会委员人数达到规定人数的三分之二以前，投资决策委员会暂停行使职权。

(三)职责权限规定

1. 投资决策委员会的主要职权内容

(1)对投资事宜进行投资分析和跟踪检查;

(2)公司董事会和所管理基金联合管理委员会授权的其他事宜;

(3)对经投资管理部门审议通过的基金投资项目进行审议,并审批通过投资方案和实施计划;

(4)对投资产品研发、投资方案和投资策略等进行审议。

2. 投资决策委员会主任的职责规定

(1)代表投资决策委员会向公司董事会和基金联合管理委员会报告工作;

(2)应当由投资决策委员会主任履行的其他职责;

(3)召集、主持委员会会议。

(四)会议的召开与通知规则

1. 投资决策委员会议事方式规定

定期会议和临时会议是投资决策委员会会议的议事方式,主任委员负责召集并主持会议。投资决策委员会会议应由委员会委员本人出席,也可委托其他委员代为出席会议并行使表决权。

2. 投资决策委员会定期会议审议事项的主要内容包括

(1)基金投资管理及其他影响基金投资收益的重大事项的实施情况报告;

(2)审议下一年度的投资预算方案、决算方案;

(3)投资决策委员会年度履职情况汇总报告;

(4)制订基金年度投资项目发展计划和经营目标;

(5)基金投资管理的年度投资预算方案、决算方案的执行情况;

(6)审议基金投资方案和项目执行情况,并根据实际需要进行调整和修订。

3. 召集及通知规则

投资决策委员会定期会议一般每年至少召开两次;临时会议的召集可以是在投资决策委员会主任委员认为必要时,也可以是由二分之一以上委员联名提议时予以召集;而投资决策委员会对于临时的重大投资项目决策,应当及时召开会议以审议投资项目可行性报告,并于会议召开前3天通知全体委员,会议由主任委员主持,主任委员不能出席时可委托其他一名委员主持。会议通知内容包括:

(1)会议召开时间、地点;

(2)会议期限;

(3)会议需要讨论的议题;

(4)会议联系人及联系方式;

(5)会议通知的日期。

(五)议事与表决程序规定

1. 投资决策委员会议事表决规则

一般规定,三分之二以上委员出席方可举行投资决策委员会会议。实行一人一票制的表决权,会议作出的决议须经全体委员半数通过。投资决策委员会会议对所议事项采取集中审议、依次表决的规则,即全部议案经所有与会委员审议完毕后,依照议案审议顺序对议案进行逐项表决。

2. 委托代表人出席会议的规定

一般而言,投资决策委员会会议应当由委员会委员本人出席,不过也可以委托其他委员代为出席会议并行使表决权。投资决策委员会委员委托其他委员代为出席会议并行使表决权的,应向会议主持人提交授权委托书。授权委托书应不迟于会议表决前提交给会议主持人。而如果投资决策委员会委员既不亲自出席会议,也没有委托其他委员代为出席会议的,则可认为其未出席相关会议。为了规范委员行使职权,规则甚至还可以规定,若决策委员会委员连续三次不出席会议的,则可认为其不能适当履行职权,由公司股东会撤销其委员职务。

3. 表决方式

举手表决是投资决策委员会会议的表决方式。另外,在保障委员充分表达意见的前提下,委员会临时会议可以用传真或网络方式进行并作出决议,此时可采用签字方式作为表决方式。会议主持人应对每项议案的表决结果进行统计并当场公布,由会议记录人将表决结果记录在案。

4. 其他规定

委员会委员必须按照法律、法规、基金章程及公司章程的规定,对基金承担忠实义务和勤勉义务。委员会会议通过的报告、决议和建议必须符合法律、法规、基金章程及公司章程等的要求。

(六)会议决议和会议记录规则

1. 投资决策委员会会议决议规定

该议事规则通常规定,投资决策委员会决议是由投资决策委员会每项议案在获得规定的有效表决票数后,经会议主持人宣布而形成的。如果投资决策委员会关于投资项目的相关决议没有得到公司董事会风险控制委员会决议认可的话,那么投资决策委员会应当重新组织对投资项目的研究分析和投资方案设计,并重新进行投资决策委员会审议。此外,规则通常还规定,投资决策委员会委员在会议决议生效的次日以前,必须将会议决议有关情况在公司董事会和基金联合管理委员会处备案,并督促和推进公司投资管理部门实施执行相关决议。

2. 会议记录规定

出席会议的委员和会议记录人应当在投资决策委员会会议书面记录上签名。出席会议的委员有权要求在记录上对其在会议上的发言作出说明性记载。投资决策委员会会议记录、委员会决议的书面文件应当作为公司档案由公司保存,保存期一般规定为至基金清算结束后还应延续若干年。投资决策委员会会议记录包括的主要内容有:

(1)委员发言要点;

(2)会议召开的日期、地点和召集人姓名;

(3)每一决议事项或议案的表决方式和载明赞成、反对或弃权的票数的表决结果;

(4)出席会议人员的姓名,受他人委托出席会议的应特别注明;

(5)其他应当在会议记录中说明和记载的事项;

(6)会议议程。

3. 其他规定

投资决策委员会主任委员或其指定的其他委员应当跟踪检查投资决策委员会决议的实施情况,在检查中发现有违反决议的事项时,可以要求和督促有关人员予以纠正,有关人员若不采纳意见,投资决策委员会主任或其指定的委员应将有关情况向公司董事会和基金联合管理委员作出汇报,由公司董事会和基金联合管理委员会负责处理。

承责规定:当委员会决议违反法律、法规或者《基金章程》的规定,并导致基金资产遭受严重损失时,由该参与决议的委员负担相关责任。免除责任的适用:经证明该委员在表决时曾表明异议并记载于会议记录的,该委员可以免除责任。

(七)其他事项

主要是对本规则的补充适用及冲突条款的适用进行规定,以及对规则的生效日期进行规定。通常而言,本规则没有规定的事项应当按国家有关法律法规、规范性文件、《公司章程》和《基金章程》的规定执行;而本规则如与国家日后颁布的法律法规、规范性文件或经合法程序修改后的《公司章程》、《基金章程》相抵触时,则适用国家有关法律法规、规范性文件、《公司章程》和《基金章程》的规定,并应当及时予以修订。本规则一般在经董事会和基金联合管理委员会审议通过之日起即可执行。

四、法律风险控制

相对于私募股权投资基金企业募集、投资以及退出其他环节而言,投后管理阶段所面临的问题相对繁杂,尤其是对于不同行业的投资,投后管理阶段私募股权投资基金企业对于其被投资企业须进行的管理监控以及增值服务,将涉及被投资企业重大管理决策、商业模式调整、经营策略改变、主要人员调整等诸多具体方面。也正是由于该阶段工作的深入和具体，私募股权投资基金企业所面临的法律风险和问题也各式各样。

除上述章节提到的法律相关问题外，还包括以下三个主要的常见问题：

（一）知识产权法律风险

知识产权往往是高新技术企业最有价值的资产，构成被投资企业的核心竞争力。如何利用、保护和最大程度发挥知识产权的资产价值，并防范知识产权法律风险对高新技术企业显得尤为重要。就知识产权细分的商标、专利、外观设计等各项权利的合法性、完整性、有效性不仅是在投资尽职调查阶段须重点核查的部分，在投后管理阶段也是私募股权投资基金企业所丝毫不能松懈的。私募股权投资基金企业在投后管理阶段需全程掌握以下核心问题的状态及及时动态：被投资企业的知识产权资产是否存在；所有权归属于谁；拥有人的控制权有多大；知识产权的经济价值和战略目标；侵犯他人知识产权的潜在责任等。

知识产权是否能持续不断地支撑被投资企业不断成长和增值，关键取决于该知识产权的类型及其范围，包括知识产权有效期的长短、受保护地域的范围以及是否受到其他协议的限制等。知识产权的战略价值取决于其是否能很好地适应业务目标和其是否能有效地实施。知识产权的变化，有时很可能会导致交易结构的重新评估或改变，甚至将颠覆私募股权投资基金企业投资的成败。

在投后管理阶段，对于知识产权的维护、监控，需重点就如下细节问题认真把握，从而最大限度地防范因知识产权法律风险引起的投资风险：定期查验过去、现在与未决知识产权相关的沟通；获得和维持知识产权的最新政策和程序；公司持有或正在追求的著作注册、未决申请；与专利授权以后申请和备案相关的所有活动记录等。尤其对所涉及专利问题，要注意审查被投资企业是否按时缴纳专利年费以维持其专利权的有效性，审查期是否被判无效，或因其他原因失去专有权。特别要注意审查商标有效期及其是否在期限届满前申请续展并获批准。

（二）劳动用工法律风险

对于投资生产型企业的私募股权投资基金企业而言，督促被投资企业在用工方面严格遵守相关劳动保护法、劳动合同法等法律法规，进一步规范被投资企业用工企业，将是对该类被投企业投后管理时需要留意的重点问题之一。劳动用工问题看似将不对被投资企业的经营状况产生直接影响，但若因此方面工作松懈，引致被投资企业不必要的劳动纠纷、行政纠纷或相关诉讼，则很有可能直接影响私募股权投资基金企业中顺利获取利益。

举例而言，劳动合同（集体合同）、规章制度、工资支付表是防范用人单位劳动用工风险的三大法宝，在三者中，劳动合同尤其重要。尤其是集体合同问题，集体合同订立后报送劳动行政部门,劳动行政部门在 15 日未提出异议,集体合同才发生法律效力。一般而言,在专业律师的把关协助下,劳动合同、集体合同可以防范主要法律风险,但有的用人单位不注重劳动合同,用的文本是在相关行政机构领取的简单合同范本。然而,对于一个任何细节都需要谨慎对待的被投资企业,真正的能够有效防范劳动用工风险的劳动合同,应当是根据相关法律,结合用人单位生产经验的实际情况,根据员工的不同岗位职责设计的劳动合同。这项具体工作完全可以由具备高端管理和法律人才优势的股权和创业企业帮助被投资企业。

再如,被投资企业招聘员工时,通常会向各种媒体发出招聘广告,私募股权投资基金企业在招聘广告内容上可以帮助被投资企业进行审查,尽量不要出现明显不当情形,以免引起各种法律风险和社会不良影响。事实上,近年来因为招录员工条件歧视、程序欠妥等引发的诉讼纠纷屡见不鲜,若加上媒体负面报道,将对被投资企业的声誉、社会影响等产生较大负面影响。具体而言,被投资企业在招聘广告中尽量不要对应聘者的民族、种族、性别、宗教信仰进行限制或歧视;招聘广告不应对妇女有明显歧视。在招用劳动者时,应当如实告知劳动者工作内容、工作条件、工作地点、职业危害、安全生产条件、劳动报酬以及劳动者要求了解的其他状况等,建议录用条件应具体明确,具有可操作性。如招用财务人员要求思想品德好的,可以写明要求没有受过刑事处罚,或没有受过行政处罚等。录用条件要求应聘者签名确认以保存员工知悉录用条件的证据。

(三)合同管理法律风险

对于被投资企业合同的管理风险是私募股权投资基金企业控制被投资企业投资后经营风险的主要手段之一,风险防控可以通过董事会一票否决权、股东授权管理、印鉴管理等若干具体方式之一。

从管理优化的角度建议,合同管理的模式应采取企业法务部门统一管理和各业务部门、各单位分工管理的模式。法务部门作为企业合同的统一管理部门,对企业合同的签订和履行负有监督、检查和指导职责。具体操作上,对合同实行分级、划块管理,各业务部门(供应、销售、研发、投资等)和所属各单位作为合同二级管理单位,由他们负责本部门、本单位的合同签订和履行,向法务部门备案,并定期汇报有关合同的执行情况,法务部门随时检查和监督。这样,企业和所属各部门、各单位对合同的管理做到机构、人员、制度三落实,形成完善的合同管理体系。

为确保被投资企业各部门准确理解合同信息,具体实施符合合同的约定,还需要在合同履行中不时进行监督检查,主要是从法律角度看待合同履行事项的监督检查,以便及时发现和解决合同履行中存在的问题,防范法律风险。

此外,合同资料保管是被投资企业合同管理的一个重要环节。通过对合同资料的管理,可以保存与合同有关的证据资料,一旦发生纠纷可以及时运用档案记录的内容,依法维护被投资企业的利益。在合同资料收集、整理、归档过程中,必然存在对资料信息的及时掌握和分析，若信息本身对合同履行有影响，则能够保障被投资企业及时作出反应，有效应对危机。

第二节　基金风控制度流程

一、项目管理总流程

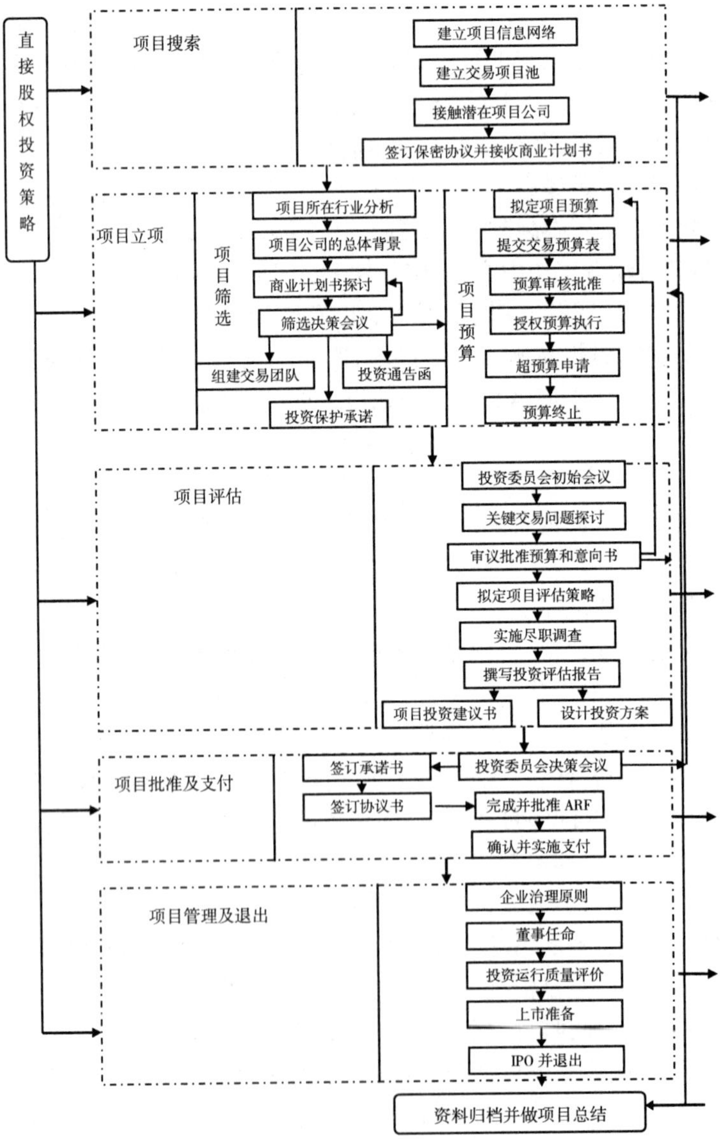

二、项目筛选子流程

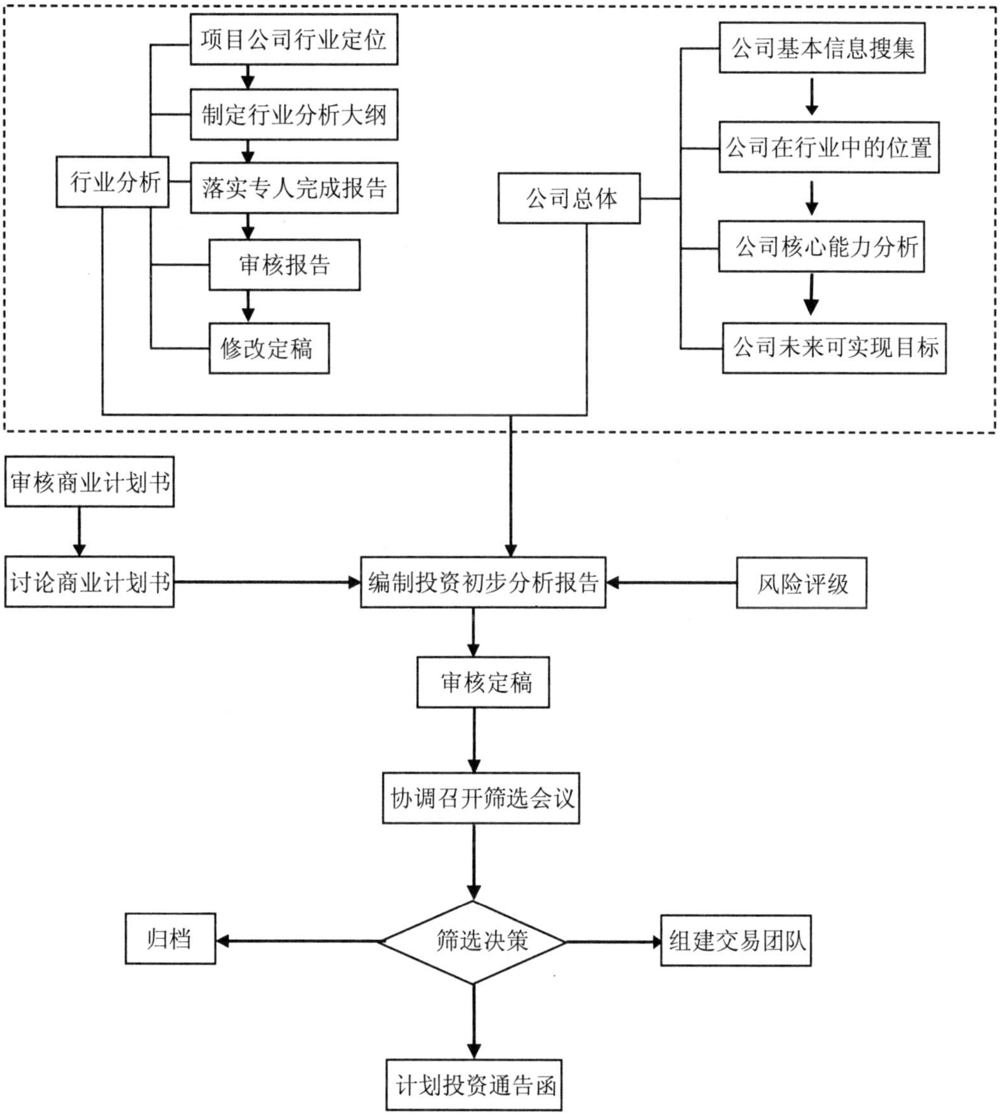
项目公司行业定位
制定行业分析大纲
行业分析
落实专人完成报告
审核报告
修改定稿
公司基本信息搜集
公司在行业中的位置
公司总体
公司核心能力分析
公司未来可实现目标
审核商业计划书
讨论商业计划书
编制投资初步分析报告
风险评级
审核定稿
协调召开筛选会议
归档
筛选决策
组建交易团队
计划投资通告函

三、项目批准及评估子流程

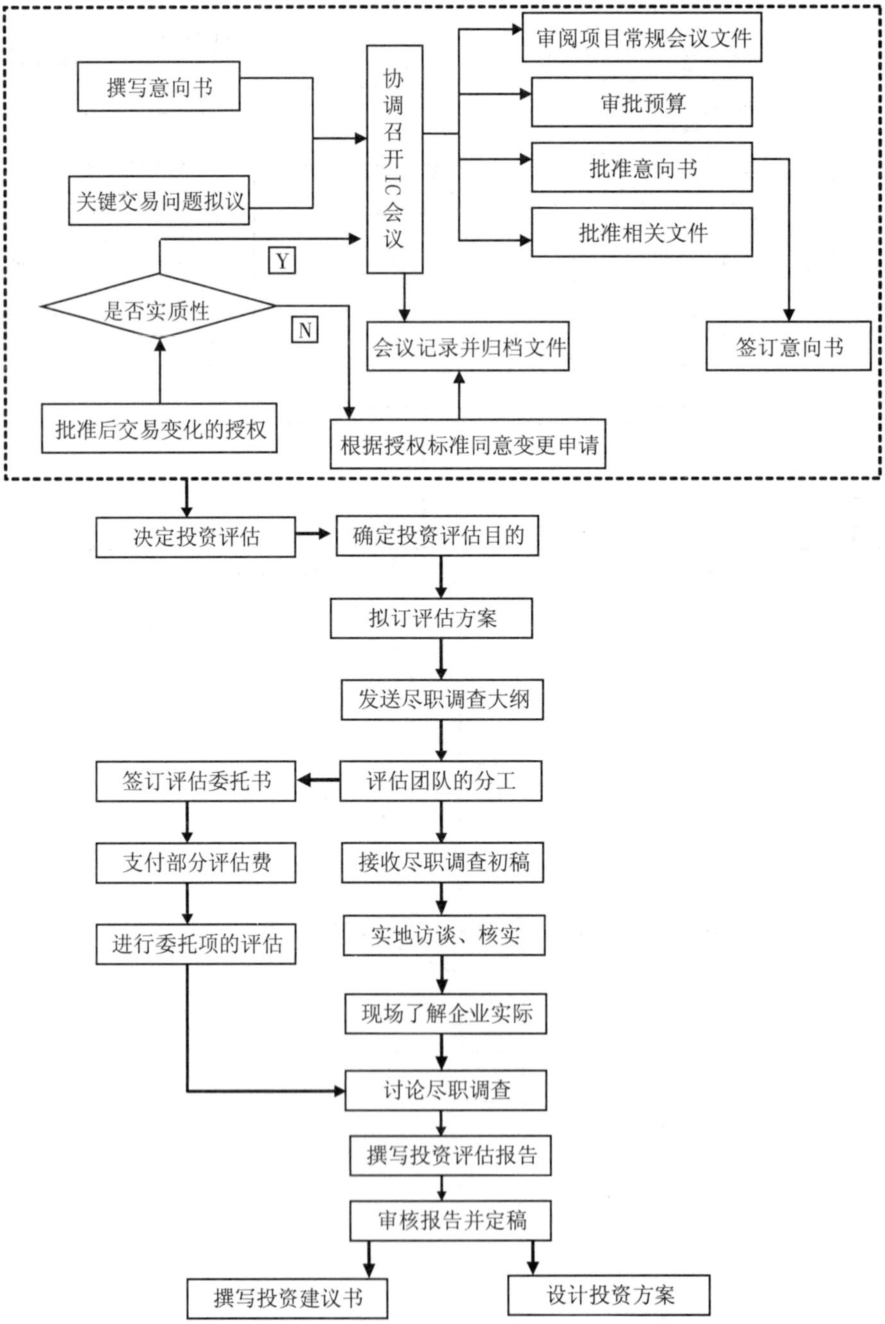

四、项目管理并退出子流程

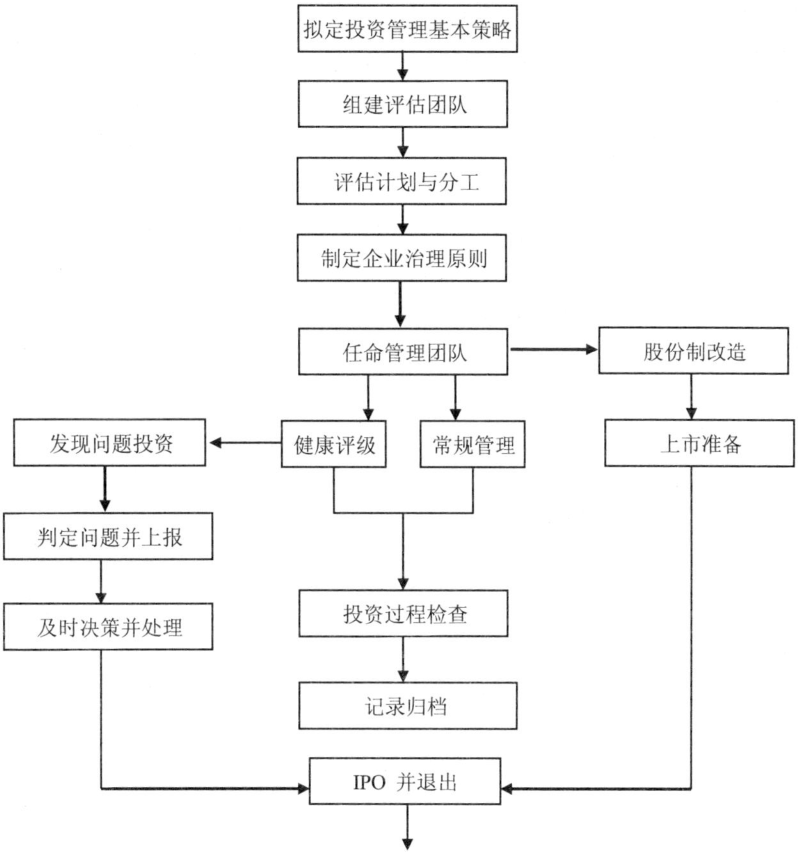

第三节　信托公司风险管理办法

一、风险管理流程概述

风险管理流程是风险管理体系运行的载体，包括风险识别、风险评估、风险决策、风险监控和报告、风险处置，既包含公司层面的风险管理过程，也包含某一项业务或业务中某一个环节的风险管理过程。有效的风险管理是将风险管理流程嵌入到业务过程中去，形成一个闭环的管理过程，实现各项风险管理活动的良性循环。

风险识别是对影响公司各类目标实现的潜在事项或因素予以全面识别，进行系统分类并查找出风险原因的过程。风险管理部等中后台部门主要通过审核业务实施方案、与业务主办部门进行预沟通、对重点问题进行尽职调查核实等方式，识别业务中存在的各类风险。

风险评估是在通过风险识别确定风险性质的基础上,对影响目标实现的潜在事项出现的可能性和影响程度进行度量的过程。风险度量通常采取定性与定量结合的方法。风险管理部等中后台部门对业务实施方案进行审核,评估各类风险发生的可能性及影响程度,评价业务方案中的风险应对措施是否充分、是否能够将相关风险降低至可以接受的水平,讨论、修改、制定并最终形成系统性的风险管理方案,供公司高管层决策。

风险决策是在风险度量的基础上,综合平衡成本与收益,针对不同风险特性,提出风险决策意见,确定相应的风险策略,采取措施并有效实施的过程。公司董事会、总经理、各分管领导、信托/固有业务审查委员会参考风险管理部等中后台部门提出的业务评审意见,审议业务方案的可行性,对于风险应对措施不充分的项目要求业务主办部门进一步补充、修改业务方案,直至满足业务可行、风险可控的要求。

风险监控与报告是监测各种可量化的关键风险指标和不可量化的风险因素的变化和发展趋势以及风险管理措施实施效果的过程。通过编制各种风险报告,满足不同风险管理层级了解风险状况的多样性需求。业务主办部门负责项目过程管理,发现并解决项目执行过程中出现的各种问题及风险隐患,定期披露事务管理报告;风险管理部等中后台部门通过现场和非现场检查的方式,对项目执行过程中的各类风险进行监测,向主办业务部门发出风险提示函,提示关键风险指标及风险因素的异常变动,提出相应的风险管理建议。风险管理部定期向公司高管层提交项目检查评价报告,提请管理层对相关项目的风险状况予以关注。

风险处置是对已经发生的风险损失进行有效处理和价值补偿的过程,包括危机处理、重大事项报告、错误纠正等事项。当交易对手由于各种原因无法按时履行偿付义务时,业务主办部门应第一时间向公司高管层报告,并与风险管理部一起制定并落实风险处置方案。

二、业务风险管理流程

业务领域的风险主要包括信用风险、市场风险、操作风险、法律政策风险、流动性风险、道德风险和声誉风险。其中,流动性风险亦可称为支付风险,一般是上述几个风险的派生风险。当信用风险、市场风险发生时,当受托人没有尽职管理、安排预算不恰当时,当信托项目违法违规未能如期执行时,都会发生流动性风险。道德风险一般表现为操作风险。声誉风险不是原发风险,是上述风险的派生风险。因此,本部分主要针对信用风险、市场风险、操作风险、法律政策风险的风险管理流程进行论述。

(一)风险识别

风险无处不在,蕴含在公司业务和管理的每个角落,存在于细节和落实之中。细节主要存在于监管法规、业务方案、法律合同、管理流程、执行落实、簿记处理、估值清算、信息系统中。

尽职调查是每一个风险管理活动的源头，通过尽职调查识别和度量风险是风险管理的重要前提。公司对尽职调查的基本要求如下：

以"做成项目"为先导的尽职调查心态是不允许的，风险观念和公司背离是不允许的。

充分重视、规范尽职调查，遵循勤勉尽责、诚实信用的原则，严格认真地执行监管机构和公司对尽职调查的各项要求，开辟多种渠道获取项目信息和独立的第三方证据，以有充分理由确信项目信息的真实、准确、完整、及时、相关，形成并妥善保管尽职调查工作底稿。

公司强调对企业实际控制人的诚信状况、经营管理能力、财务状况和法律合规情况进行尽职调查。在尽职调查过程中，充分重视项目自身现金流，客观如实揭示项目的风险、瑕疵和企业与其他权利主体的利益冲突。

股权投资、资产并购重组、不良资产处置类项目必须取得第三方独立财务状况尽职调查报告、律师尽职调查报告；准证券化类项目必须取得第三方独立信用评级报告。

在尽职调查过程中，可采取现场实地调查和非现场分析的方式，通过查阅、访谈、列席会议、实地查看、信息分析、印证、讨论、政府有关部门和其他金融机构查询、浏览媒体、聘用独立第三方中介机构等方法，充分了解调查对象的法律状况及其所面临的法律风险和问题，确认调查对象的真实性、合法性、合规性，对获得信息进行定量分析和定性研究。

集合类资金信托计划和授权类单一信托项目必须制定独立的信托项目尽职调查报告，不同类型的项目尽职调查范围、深度和重点会有所不同。确认具体项目的尽职调查范围、深度和重点方面应以审慎为原则，应当与交易的性质和复杂程度、公司承担风险程度相适应。

法律尽职调查的范围应当涵盖交易对手、具体项目、具体资产等方面，除了解基本情况及法律状况外，应当重点对包括构成交易基础的法律问题、情况尚不明确的重要事项、可能对交易产生重大影响的法律事项等进行审慎调查和评价，充分确认调查对象的真实性、合法性、合规性。

1. 信用风险的识别

交易对手不履行义务的可能性，包括贷款、掉期、期权交易及在结算过程中因交易对手不能或不愿履行合约承诺而使信托、固有业务遭受的潜在损失。在风险识别过程中，应从外部环境因素、交易对手自身状况、项目情况三个方面综合考虑可能存在的信用风险：

(1)外部环境因素

指交易对手所受的外部环境压力，主要包括交易对手所处区域的经济水平、行业受经济周期和季节周期影响程度、行业所在产业链分析、替代行业的发展现状、行业产业政策等可能影响交易对手偿付能力的外部因素。

(2)交易对手(及其实际控制人)自身状况

包括交易对手的基本情况及财务状况的分析和评价。基本情况主要指公司性质、历史沿革、经营范围(主营业务)、股东结构(集团结构)、股东情况、注册资本、验资报告、外部监管体系、公司治理结构、内部控制体系、历史经营业绩、历史资信记录、专项经营资质、高管人员情况、公司战略、经营风格和理念、核心竞争力、行业排名位置、公司业绩分析、公司发展趋势等。

对于非国有企业的实际控制人,还需要了解其工作及教育履历,银行及商业信用记录与违约记录,当前负债明细表,个人财产清单,关于还款意愿、经营理念、经营规划、管理方式的第三方评价情况(包括但不限于金融机构、政府部门、同行业竞争对手、员工)、个人健康状况,涉及黄赌毒、刑事处罚、诉讼、纠纷及被调查情况等。

财务状况指基本财务情况、偿债能力分析、资产管理能力分析、盈利能力分析、现金流量分析、非经常性损益的分析。

(3)项目情况

包括项目概况、项目可行性分析以及项目敏感性分析等。项目概况指项目地点、规模、类型、定位、资金需求等,房地产项目应分地块、按物业类型说明项目具体规划(用地面积、建筑面积、计容面积、地上建筑面积、地下建筑面积、容积率、可售面积等)和按季项目开发进度规划。

项目可行性分析(NAV、DCF、IRR、投资回收期等分析方法)重点关注销售净利率和项目内部报酬率,房地产融资类项目的净现金流保障倍数原则上不低于2,最低不低于1.5。

项目敏感性分析、压力测试主要是房地产项目应进行,包括但不限于开发成本、销售单价、销售面积的敏感性分析。

2. 市场风险的识别

市场风险包括三个方面内容:

一是指因为市场的波动导致信托、固有业务的资产遭到损失的可能性。这些市场波动主要包括:利率、证券价格、商品价格、汇率、其他金融产品价格的波动;市场发展方向、供求关系的变动;市场流动性的变动等。

二是指交易对手所在行业和企业内部各类因素对交易对手生产经营的影响,包括其在生产经营中面临的主要市场风险,如销售订单数量及价格变动、产品市场销售状况、供应链、原材料及其他生产成本的变动等。

三是指抵质押物的市场价格变动。因此,在尽职调查中应从以下几个方面关注可能存在的市场风险:

(1)市场因素对信托、固有业务金融资产的影响

主要包括利率、证券价格、商品价格、汇率、其他金融产品价格的波动。

(2)市场因素对交易对手生产经营的影响

主要包括产品市场需求及价格趋势分析、原材料、劳动力等生产要素价格波动、宏观经济环境及经济运行周期等。交易对手所受的市场风险与公司信托、固有业务所受的信用风险直接相关。

(3)市场因素对抵质押物价值的影响

抵质押物的市场价值直接影响信托、固有业务的第二还款来源,与公司所受信用风险直接相关。

3. 操作风险的识别

主要指执行风险。由于公司治理机制、内部控制失效,有关责任人失误、欺诈、未能及时做出反应而导致信托、固有业务财务损失,或使其利益在其他方面受到损失。除了在尽职调查中对项目的操作风险进行识别以外,更应该从公司整体层面持续、全面地识别内部管理环节可能出现的疏忽与漏洞。主要包括以下几个方面:

(1)相关人员对业务的熟悉程度

业务人员以及中后台部门对相关业务的熟悉程度直接影响业务操作的准确度。相关人员对业务中涉及的地区、行业或金融工具缺乏足够知识和经验时,可能导致较高的操作风险。

(2)内部制度的健全程度

某些业务领域缺乏内部制度约束或欠缺详细的操作规范和指引,往往会引发较高的操作风险。因此应定期对公司的治理结构、内部控制体系、管理制度及操作流程进行审阅,从流程设计层面寻找在业务操作的薄弱环节,在业务过程中对相关风险予以防范。

(3)信息系统的安全性和可靠性

在信息系统设计、测试、实施及使用过程必须考虑系统的安全性、可靠性,及时发现和弥补系统漏洞。在金融投资业务中,信息系统引发的操作风险尤为显著,交易系统、估值系统、账户管理系统的参数配置错误或权限设置不当都可能会导致严重的操作失误。

(4)业务的复杂性

在尽职调查及业务方案审核中,应充分考虑交易对手和项目的复杂情况,以及在产品及交易结构设计、业务审核审批、向监管部门报告及报备、信托产品销售、执行交易、过程管理、信息披露、终止清算过程中可能发生的执行纰漏,及时做好风险提示和防范。

4. 法律政策风险的识别

开展信托和固有业务时,业务要素、业务方案、业务文件及事务执行等不符合法律、行政法规和有关监管规定,将导致业务方案、业务文件面临无效或被撤销,或公司权利保障面临重大瑕疵的法律风险,甚至存在可能遭受监管机构行政处罚的合规风险,进而给公司带来经济和声誉损失。

业务部门及合规管理部门应通过业务立项、尽职调查、交易方案设计、评审、贷后投后管理等环节对业务的法律政策风险进行全方位的审查和确认,保障业务的合法、合规。

识别法律政策,应积极关注与业务相关的国家有权机关新颁布的政策法规,特别是及时、重点关注银监会、证监会、人民银行等金融监管机构的政策法规,通过各种渠道采集外部信息,识别业务需要适用的法律政策。

识别交易对手的法律政策风险,主要关注如下方面或事项:公司设立及存续情况是否规范,过往股权变动的合法合规性,是否存在转让受限等情形,公司的实际控制关系,最近三年是否存在重大违法违规行为,实际控制人、公司法定代表人及高管层的诚信情况,公司治理结构的基本情况,公司主要财产的合法性、重大债务情况、对外担保情况、纳税情况、环境保护和产品质量、技术标准、重大诉讼、仲裁及未决诉讼、仲裁情况等。

识别项目的法律政策风险,主要关注如下方面或事项:项目立项获批情况、与项目建设进程有关的证照取得和行政许可、投资主体的资格符合情况、项目建设是否符合国家产业政策、行业发展规划和区域经济发展规划等政策要求、享受国家或地方给予的优惠政策或扶持项目受政策变化影响的程度和潜在的政策风险、项目所涉土地使用权合法取得的情况等。

识别资产的法律政策风险,主要关注如下方面或事项:资产的法律性质、债权资产债务人主体资格及权利义务承继人、债权的效力、债权有无担保及担保的效力等;股权资产的来源及权属等;实物资产的来源权属及租赁情况、是否存在查封、抵押等限制、禁止转让等瑕疵、是否拖欠税费、权属变更登记是否存在瑕疵等。

(二)风险评估

风险管理是价值管理。我们追求可量化的风险管理,能量化的东西必须量化。我们关注的定量指标有:财务指标、技术经济指标、建设规划指标、股权股票估值、单项资产估值、净现金流保障倍数、资产控制倍数、抵押率、杠杆率、收益率、利息率、销售净利率、周转率、安全边际率、违约率、不良率、拨备率、拨备覆盖率、风险权重、风险系数等。即使是定性的分析、判断和建议,也应以时间性、数量化的风险管理目标为主要指向,原则性意见很可能在落实中遭遇偏差。

1. 信用风险评估

对符合担保主体资格要求的保证人应进行代偿能力评价,包括代偿能力现实状况评价和代偿能力变动趋势分析。应重点审查保证人的资产负债表、利润表、现金流量表及最近三年的信用记录。根据保证人信用情况测算出保证人信用风险可用限额,在计算出保证限额后,还应计算保证率,通过计算保证率,进一步衡量保证担保的充足性。保证率一般不得高于80%。保证率计算公式为:保证率=授信额度/可接受保证限额×100%。

业务主办部门应对标的资产的目前实际价值进行分析判断,根据情况委托公司准入的评估机构对标的资产进行评估,并由公司审核确认。

信用风险量化管理模型包括信用度量制、信用风险量化模型、KMV模型、Credit-Portfolio View模型等。

压力测试包括敏感性测试和情景测试等具体方法。情景测试是假设多个风险因素同时发生变化的可能。在设计压力情景时,应符合现实逻辑,考虑不同风险因素之间的相互作用和共同影响。压力测试目标是测算对公司现金流权利的综合影响。比如对于房地产金融业务的压力测试,一个项目所有还款来源及保障手段可能产生的净现金流都应在测试范围之内。

2. 市场风险评估

金融产品的市场风险量化模型较多,例如以VaR为基础的市场风险度量制Risk Metrics以及利率风险管理技术,包括利率敏感性缺口管理、有效持续期缺口管理、远期利率协议、利率期货、利率互换、利率期权、利率上限、利率下限及利率上下限等。

除了关注金融产品的市场风险以外,对于实际业务中涉及的其他产品(房地产、能源资源等),应根据活跃市场的价格变动情况,结合压力测试(包括敏感性分析和情景测试),分析、评估市场风险对项目未来现金流的影响以及对交易对手偿付能力的影响。

另外,还应随时关注抵押物、质物的市场价值走势,分析其变现能力,持续跟踪初始抵质押率的变化情况,评估第二还款来源的安全性。

3. 操作风险评估

公司采用自我评估和第三方独立评估等方式对操作风险的影响程度和控制能力进行持续评估。公司各个部门定期和不定期地对部门工作中所涉及的操作风险进行梳理和总结;由于操作风险存在于每一个业务环节中,公司不定期地聘用外部机构对各主要部门和业务中存在的操作风险进行识别和评估,并提出有效应对措施。

操作风险量化技术有《新巴塞尔资本协议》提出的基本指标法、标准法和高级计量法。

4. 法律政策风险评估

在识别法律政策风险的基础上,分析法律政策风险形成或产生的原因。法律政策风险的形成或产生一般是公司在经营过程中因自身行为或者外部法律环境发生变化而可能导致的,从法律政策风险产生的途径来看,可以区分为行为法律政策风险和环境法律政策风险两种类型。行为法律政策风险,是由于公司自身的风险管理体系无效或者不完善,未能对法律政策问题作出适当行为而产生的风险,主要表现为:有瑕疵的交易,未能采取适当的措施保护公司资产或权益,产生导致公司承担责任或其他损失的诉讼或纠纷等。环境法律政策风险主要是外部法律政策环境因素造成的,例如法律政策的变化等。

在深入分析法律政策风险形成或产生的具体原因基础上,进一步确定法律政策风险发生的可能性及其对公司业务影响的程度大小,评估未采取任何应对措施之前的可能性或影响(固有风险),评估采取风险应对措施后可能滞留的风险(剩余风险)。

重视评估和应对因政策变化而引起的系统性风险。宏观系统性、行业系统性、地区系统性等系统性风险对微观经济的影响是巨大的,系统性的健康增长是公司取得业务盈利、避免大面积风险的重要因素。公司关心宏观经济数据,宏观及产业经济政策,财政货币政策,产业及企业经营状况及发展趋势,地区及产业发展的不平衡及互动关系,金融市场规模、结构、流动性、价格指数,金融产品结构、创新、风险、收益率。尤其关注经济周期的变化,面对较为重大的市场形势和政策变化,我们应及时调整公司风险管理的策略和应对措施。

(三)风险决策

风险决策主要体现在项目评审、审批阶段,相关部门对信用风险、市场风险、法律政策风险、操作风险等进行评价,提出风险管理意见和建议,判断总体风险水平是否在可接受的范围,并对主要风险的控制措施是否充分、风险和效益是否配比发表意见。

风险管理是专业与民主、秘密与分享的集合体。公司独创具有多种价值的业务评审会。业务评审会是个以风险管理为导向、半决策型半研讨型的业务平台,评委由来自公司业务主办部门、风险管理专业部门、销售部门的骨干人员及外聘律师等中介机构组成,并面向广大员工开放。

1. 信托业务审批

信托业务项目审批程序包括两种基本类型:一般审批程序、信托业务审查委员会评审程序。公司信托项目审批管理程序适用于所有信托项目。集合类信托项目原则上均应通过信托业务审查委员会评审程序,且在进入委员会评审程序之前,风险、合规管理部门应对项目进行初审和预沟通,采取独立、平行审核的方式对业务方案、合同及尽职调查资料内容的完备性、逻辑性、规范性以及业务结构和业务要素的合规性、合理性进行确认。在预沟通会上认为存在较多问题的项目,应要求业务部门进行改进。

经业务预沟通会通过的业务方案及合同,根据业务的风险水平、创新特点,公司风险合规分管领导与风险管理部、合规管理部、业务部门商定后,决定是否增加信托业务审查委员会审核程序。信托业务审查委员会根据评审结果,出具"同意办理业务"、"有条件办理业务"或"不同意办理业务"的评审意见。对于"有条件办理业务"的项目,应由业务主办部门落实相关条件后才能通过项目审批。

通过评审的项目需要由公司分管领导、公司总经理审批,部分业务达到一定比例时还需董事长审批,并根据监管要求向监管机关书面报告并获批复后方可执行。

2. 固有业务审批

风险管理部、合规管理部、计划财务部等部门对业务主办部门起草的方案和合同进行平行、独立审核，审核内容和要求与信托业务相似，并出具部门审核意见。

平行审核通过后，应召开固有业务审查委员会会议或采用通信审核方式，对固有业务项目进行评审，最终形成评审意见书。

所有通过评审的固有贷款或投资项目都需经过公司分管领导、公司总经理的审批。部分业务达到一定比例时，由高管层、董事长共同决定，公司总经理和董事长实行审批"双签制"。

直接股权投资业务办理后应向监管机关报告。

三、风险监控与报告

（一）信用风险监控与报告

针对直接融资类信托业务信用风险较高的特点，公司通过设置预警指标监控交易对手的经营和财务信息，监控担保人能力或担保物价值的变化，建立信用风险预警机制，保证项目风险可控。其中风险预警信号包括：

（1）项目第一还款来源所产生的现金流发生恶化，严重影响项目回款资金；

（2）项目方财务状况恶化，如不能按要求提供充足的财务信息，或提供虚假财务报表、各项财务指标持续下降、担保等或有负债过度增加、过度依赖对外融资等情况；

（3）管理层发生重大人事变动，或涉及诉讼案件等；经营管理状况发生重大变化，如公司改制、资本金大幅减少、股本结构发生重大变化、盲目向非主业领域迅速扩张、频繁进行关联交易、行业衰退、地区经济状况发生恶化等；

（4）担保人担保能力下降或担保物价值贬损过多；

（5）项目方擅自处理抵押物；

（6）对抵押物失去控制等；

（7）其他可能影响信托项目安全的事项。

信托执行经理在发现风险预警信号时，应及时报告公司、部门相关负责人及风险管理部。属常规检查的项目应及时调整为重点检查项目。对发现风险预警信号的项目，业务主办部门应与风险管理部共同分析制定风险处置措施。对可能严重影响项目安全的风险发生时，应上报公司领导，采取必要的资产保全措施。

（二）市场风险监控与报告

在证券投资交易中，投资经理执行逐日盯市制度，对市场情况进行监控，保证投资方案与交易所制度、信托合同、监管要求及市场变化趋势保持一致；按照业务合同约定，对于超过投资比例、投资于关联公司股票、投资净值触线等极易诱发市场风险的情况进行及时干预。交易人员负责每日盯盘,对于投资顾问的要求及时进行响应,对于交易所的窗口指导及时进行响应或干预。

在直接投融资业务中,应持续关注对交易对手产品、服务及关键生产要素产生影响的市场变化因素,包括销售订单数量、销售价格、产品市场销售状况、供应链及原材料成本等。另外,还需持续监控抵质押物的市场价格波动对抵质押率的影响,重新评估抵质押物的充足性及安全边际,及时报告出现的任何异常变动。

(三)操作风险监控与报告

公司对业务风险执行全过程、多部门平行监控。全过程是指从业务受理、尽职调查、产品及交易结构设计、业务审查审批、向监管部门报告、信托产品销售、执行交易、过程管理、信息披露、终止清算兑付的全过程,也包括风险处置、诉讼保全。多部门平行是指风险管理的四道防线包括前台业务部门、中台风险管理部和合规管理部等、后台稽核审计部以及党委、纪委对项目执行过程中可能发生的风险进行相互独立的监控机制。

业务主办部门负责项目过程管理,主要包括:业务批复条件的完善与落实、资金拨付、计息、催收利息、收益分配、项目清算、项目风险监测与报告、现场检查、贷后投后检查报告、资产保全、信息披露等。

风险管理部负责项目执行过程的检查评价,主要以现场检查和非现场检查形式进行。非现场检查的内容包括通过访谈、检查业务档案等方式,核实项目的业务批复条件、交易结构、担保措施、风险控制措施等在项目实施过程中是否落实;对项目进行风险动态监测,填写《项目信息动态监测表》,对信托业务信息进行统计。现场检查的内容包括行业风险调查、企业经营状况、财务状况、项目进展状况、还款来源情况、企业重大事项变更、担保物的状况等。

稽核审计部负责对项目进行独立审计。依据审计指引和审计抽样方法,对重大项目的审批条件落实情况、合同执行情况、计息与收益分配、项目清算的各项执行文件进行独立检查,并撰写审计工作报告。

(四)法律政策风险监控与报告

合规管理部门应多渠道采集、分析国家有权机关颁布的法律、行政法规、部门规章、监管规定等各种规范性文件,密切关注国家宏观调控政策的变化,及时解读、报告规范性文件、宏观调控政策变化给相关业务领域、交易对手、公司信托产品产生的有利或者不利影响。

合规管理部门应根据法律政策风险对公司相关事项的影响程度采取相应的报告形式。影响较显著的,合规管理部门应对新颁政策法规进行分析、评估形成书面意见提交公司高管层;影响面较广的,合规管理部门可建议公司以发文形式将有关情况传达至全体员工；影响不重大，但了解和掌握该政策法规有利于业务开展的，合规管理部门可以以电子邮件形式将新政策法规发送全体员工或及时公布在公司内联网政策法规网页上。

对于判例所代表的司法实践导向进行总结，及时调整公司业务合法性判断的标准。必要时将上述信息补充进公司制度中，对公司业务进行引导。

公司业务部门应当根据既定的过程管理方案，对交易对手、项目本身进行定时检查及临时检查，及时发现项目变化而引发的法律、政策风险。当发生法律政策风险时应当及时向公司报告，并向公司提出解决方案建议。

四、风险处置

风险处置、诉讼保全、处理内外部问题均以“解决问题”为第一要务。面对出现的风险或者风险隐患，公司建立风险联合处置机制，举公司之力、集中公司内外部一切可利用的资源和能力来解决问题。当风险或者问题出现的时候，一是在合作项目公司治理的框架内通过行政手段协调解决问题；二是利用法律合同赋予公司的权利，把合作伙伴定位为交易对手，通过违约处罚、接管项目等经济手段施压解决问题；三是当确认交易对手已不可信、违约的情形已不能容忍时，通过经济诉讼、强制执行等法律手段解决问题。针对不同风险的具体处置内容如下：

（一）信用风险处置

应以务实的态度看待抵押物。公司既注重其即期变现价值，又注重其实际流通变现的难易程度。对于动产抵押，公司关注抵押物在保管、仓储、运输中的毁损、灭失及保险赔偿问题。在抵押物处置上，应充分考虑公司的处置能力，可借助于中信集团业务协同的能力。随着时间的推移，抵押物的价值也是变化的，因此，应监控抵押物的价值变化及抵押率的变化，以便采取必要的应对措施。

资产保全措施应以有关合同赋予的权利和项目应急处置预案为基础，结合项目风险的成因，综合考虑各种措施的成本和收益。

资产保全的措施包括但不限于：向资产承诺购买人或担保人发函（催收通知）、提示或警告、起诉、冻结、诉讼（前）保全、拍卖抵质押物、提前收款、执行罚息、罚款、行使期权等。

资产保全措施应形成书面方案，经公司总经理批准后，信托执行经理协助信托业务经办部门，在公司联合风险应对委员会的统一领导下，与公司内部的项目受理、决策和执行系统建立起信息共享和联合互动关系，以迅速有效地应对出现的逾期、纠纷、处置等问题。

（二）市场风险处置

在证券投资交易中，投资经理可以根据最新市场情况对投资组合进行适当调整，在紧急情况下执行止损方案，锁定市场风险。

在直接投融资业务中，交易对手的产品或服务价格及订单数量、原材料等生产要素价格、标的资产价值受宏观经济政策或市场因素影响出现较大波动从而影响到公司或信托利益时，业务主办部门应与风险管理部一同依据合同赋予的权利，敦促交易对手及时调整营销策略、投资及生产计划，降低市场风险对企业经营的影响。

（三）操作风险处置

与时俱进，不断完善内部管理制度。对于项目中暴露出的操作风险，应及时调整和完善内部管理制度，努力从操作流程中杜绝重复出现类似问题，做到防微杜渐、防患于未然。

启动问责程序，追究事故责任。当由于人为原因导致事故发生时，应根据《全员问责制度》的相关规定，对事故责任人进行处罚。违规违章性质较轻，视情节及后果，给予诫勉谈话、通报批评、减发绩效问责。违规违章性质较重，视情节及后果，给予减发绩效、岗位（职级）调整、留用察看、限期调离、引咎辞职、解除劳动关系问责。根据违规违章性质、情节及后果，问责方式可以并处。

（四）法律政策风险处置

合规管理部门要在收集、分析、解读、报告新颁布的法律、行政法规、部门规章、监管规定等规范性文件的基础上，及时研判法律政策风险对公司经营管理、业务开展产生的影响，提出应对方案、处理意见和建议。

应根据外部监管法规的变化，及时调整和完善内部管理制度，减小法律政策风险对业务产生的不利影响，从制度中杜绝重复出现类似问题，做到防微杜渐、防患于未然。

对于具体项目中暴露出的法律政策风险，应立即作出反应，分析原因、研究整改方案。对于项目发生了法律政策风险，使得既定交易方案无法实现或固有（信托）财产有受到损失的可能性，则应当首先采取法律、合同允许的措施，控制风险的进一步恶化，及时研究制定全面的解决方案，寻求其他救济方法。若法律政策风险引发监管部门质疑，则合规管理部、风险管理部应当牵头与监管部门及时沟通，以力争降低或化解风险。

第六章
基金投资初步审查

第一节 项目来源

一、项目来源

私募股权基金的首要任务是寻找优质的投资项目。通常来说,投资项目的来源渠道主要有内部管理团队、外部中介机构和一些投融资交流会。另外,近年来很多地方政府积极推动本地股权投资市场发展,相关的部门以多种方式为基金提供项目来源,比如各地的金融办、上市办、招商局、高新区管委会,会通过成立引导基金、举办路演会、吸引基金企业入驻等方式,来实现本地企业与资本之间的对接。

1. 个人人脉资源

私募股权基金管理团队个人都会有比较广泛的社会资源和人际网络,比如说MBA时的同学或者参加EMBA班结识的朋友。基金可以通过这些人脉资源不断地获取可以投资的项目信息。另外,基金投资者(LP)多来源于特定产业或行业领域,他们在本行业内也会有着诸多的合作伙伴和竞争对手,知道本行业内的发展信息,因而也可以给基金提供投资项目的信息。一些研究机构的行业分析报告和公开媒体报告也可能隐藏着不起眼的投资项目信息,需要管理团队在日常工作中留心,寻找可能的投资机会。

2. 业务合作伙伴

律师事务所、商业银行、证券公司、会计师事务所、行业协会及媒体等机构往往会和私募股权投资基金机构具有经常的业务合作往来,甚至是形成战略合作伙伴关系。这些机构在他们开展业务过程中广泛地接触各类企业,特别是商业银行、全国性律师事务所等机构在全国范围内有着广泛的分支机构和客户群,因而他们能给投资基金提供一些比较有价值的投资项目信息。此外,类似于天使投资人,也有不少个人也在充当天使中介,以其社会人脉资源向投资人推介可以投资的项目。

3. 专门的中介服务机构

随着私募股权投资行业的发展与相关的金融创新的兴起，市场上也出现了一些专门服务于私募股权投资的中介服务机构，如华兴资本、易凯资本、投中资本等新型投行。这些机构一方面与私募股权基金保持密切的联系，另一方面广泛地收集投资项目的信息，为基金投资者和需要资金的企业牵线搭桥并收取咨询费用。

此外，北京金融资产交易所（以下简称北金所）PE 二级市场也是一个可以获得投资项目的渠道。北金所私募股权基金二级市场发展联盟成立以来，联盟会员已经发展至 65 家。65 家联盟成员包括深创投、昆吾九鼎、银河金控、艾德维克、LGT、高能资本、同创伟业、天图创投、中信银行等在内的私募基金、风险投资基金和第三方中介机构等。通过二级市场进行的交易为 PE 机构提供了一个投资机会，一个可能获得具有投资价值项目的渠道。对于卖方，这个二级市场则使它能够将自己手中的出资份额或者被投资企业的权益变现退出，这样不仅可以解决卖方的不时之需，而且也可以在该部分资本变现之后将变现之现金再投资于更加具有增值潜力的投资产品之中。此外，由于私募股权二级市场是一个能够多次交易的常设市场，买方可以将买来的资产进一步地转手，因而也给买卖双方提供了一个可以低买高卖的获得投资机会的交易场所。

4. 投融资交流会及行业会议

投融资的交流会即行业会议经常是项目的来源渠道。一些政府部门会经常举行投资洽谈会、中小企业融资对接会议等形式的会议。私募股权基金机构也可以主动或由第三方咨询机构发起投资见面会，将具有融资需求的企业和项目聚在一起，通过座谈、交流等方式收集投资项目的信息。PE 机构也可以有一些行业组织发起的投融资洽谈会，这些投洽会也都是收集项目信息的重要渠道。此外，一些行业内的研讨会、展览会等，也可能会存在一些比较好的投资项目，投资者可以在这些会议上挖掘可能的项目。在这些会议上获取项目的一个需要注意的地方是，如果能够获得会上的主题发言，对本机构的投资特点进行介绍以及展示管理团队的专业水平，则能够更好地吸引投资需求方与合作者。

二、项目的考察标准[①]

从实践中的经验来讲，股权投资基金的管理人员经常会接到各种各样的项目，他们每天要做的是对这些项目进行审核，挑选出优质的项目予以投资。那么，作为投资基金，他们如何确定选择项目的标准？实际上，伴随股权投资行业在国内的发展，他们所投行业也越来越广泛，按照某些人的说法，从高科技的互联网公司到生物基因公司，从养奶牛的到卖鸡蛋的，从洗脚房到美容院，从种玉米的到卖大米的，股权投资基金早已把触角伸到了各行各业。一般来说，我们判断一个项目，会考察该项目的市场环境，

① 本部分引用何诚颖等著：《探寻股权投资之道》，中国财政经济出版社 2014 年版。

进行行业分析，然后再从企业本身的财务状况进行评析，并且要考察该项目企业的管理团队是不是一个能打硬仗的队伍。

（一）企业所处市场环境

在审核项目企业的市场环境时，考察内容一般包括了目标市场容量、客户价值体现、重复购买率等指标。具体来说，主要体现在以下三个层次：

首先需要考虑的是市场容量问题。投资人最关心的问题实际上是市场大小的问题，股权投资公司的回报都与目标市场容量直接相关。一般来说，行业领先的公司大约可以占到同行业市场份额的20% ~30%，达到这个市场占有率水平的公司可以说是非常优秀了。所以，市场要有一定规模才能够容纳下足够大的公司，如果市场已经基本饱和了，项目的发展空间也就受到严重的限制，这就是俗话说的“小池塘里不会有大鱼”。

其次需要考虑的是市场的高速成长性。之所以考虑这个问题，是因为，有时某个市场虽然很大，但它无法快速发展与成长。这与市场格局以及公司的商业模式密切相关。比如说，有人曾经统计过我国的早点市场。按照其统计，全国的早点规模有几百亿之巨，听起来非常地吸引人。但仔细分析会发现，这个市场十分分散，很难集中，基本上都是在公司门口或家门口，由个体经营，并由不大的服务提供者提供。所以，市场虽大但没有行业领跑者也不行。作为经验性的规律，研究一个行业，除了市场容量大小外，还要看这个行业的内在发展规律中是否可能产生一个有20%以上市场占有率的市场领先者，而这样的行业集中就是股权投资者将来的重要投资机会。接着需要考虑的是商业模式的可复制性，它是保证市场快速成长的重要条件，只有具有可复制性的商业模式才能保障市场成长的爆破性发展。在这方面比较典型的负面例子是，以明星专家为基础的咨询公司，可能领头人加几个合作者，维持稳定增长没问题，但由于明星专家的可复制性不强，所以市场的快速成长性也不高，很难成为股权投资者青睐的对象。

另外需要考察的是行业结构的吸引力。目前来说，国内正在迅速成长的产品、服务市场很多，这几年比较热门的如PC市场、物流市场、生物技术市场等，但这个行业是否在结构上具备吸引力是公司可持续发展的必备条件。比如说，轮胎行业中厂商制造产品满足汽车制造商和终端用户现有需求，但行业中技术的变化或顾客所用基础设备的重大变化都会对行业结构产生冲击，而且行业内激烈的竞争也会将价格压得越来越低。因此，在这样的行业里如果要建立一个可持续运营获利的企业非常困难，因而对私募股权投资者并不具备很强的吸引力。而相对来说，在生物技术行业中，企业在创造新产品后可以专利的形式获得一定程度的竞争保护，要想持续运行并提高竞争门槛相对容易得多，所以在结构上对于私募股权投资者具有较强的吸引力。

（二）企业财务特征

吃透目标项目企业财务信息是私募股权投资基金最重要的工作方向，有经验的专业投资人及其财务调查团队都会围绕着信息发现和信息披露这两方对目标企业的财务进行深入调查和分析，以此来消除或减少信息不对称对企业风险的估计。通过全面披露研判，投资者可以对目标企业进行客观地估值，避免乐观估值以至于投资谈判的价格过高而造成的退出收益较少甚至投资失败受损。

1. 注意现金流的变化

所有的私募股权投资者都关心项目企业的利润，因为利润是企业盈利能力的表现，而在商谈价格时，它也是投资者确定投资价格的一个重要依据。然而，需要注意的是，利润是以会计准则为基础“算”出来的，它和企业的现金流入并没有必然的直接关系。从财务角度来说，选择不同的会计政策和会计处理方法会导致企业利润计算结果的不同。此外，利润中可能包含政府补贴、税收优惠等非经常性损益，在对企业估值时，如果把这些利润也乘上市盈率，显然是不合理的。从这个道理来分析，利润在很大程度上并不具备很好的可比性，息税折摊前的利润对评判企业实际经营状况更具价值。投资者在判断项目企业投资价值时，关注项目企业利润表的第一行（收入）会远比最后一行（利润）有意义得多。收入最能反映企业价值的指标，有人比喻说，收入是客户用真金白银给企业的投票。这个比喻是很贴切的，但是，对于企业收入是否真实的判断，在实践中唯一重要的依据是收入是否有真实现金流支持。

投资者在审核资产负债表时，需要特别关注项目企业资产的流动性。从社会实践经验来说，资产流动性越强的企业，其盈利的能力也就会越好。其内在的道理是显而易见的，毕竟，一个企业的利润是产生于其所拥有的流动资产的“流动”，而不是对其固定资产的“折旧”。所以，在审核项目企业的财务报表时，对于那种资产规模很大、流动性却很差的企业，投资者需要格外留心。

在判断企业的资产流动性时，其现金流量表上的经营性现金流是最为重要的指标。如果企业有很大的销售量，但其回收款项的能力较差，应收账款过大、经营性现金长期为负，企业就会面临虽然财务报表上有丰厚的利润，但却没有现金的尴尬情形。在市场中，维持持续的现金流动能力是企业生存能力和竞争能力的关键点之一。那些只赚利润而不赚钱的企业算不上好企业。流动性差的企业将会经常面临很多经营性的问题。

2. 硬性财务指标

私募股权投资者在判断项目企业真实经营情况时，还经常要利用那些由第三方验证了的“硬数据”。这些“硬数据”是一些经常可能被忽视的非主流信息。这些信息从审计的角度来说可能并不是很重要的，但对私募股权投资基金判断企业投资价值却有着很重要的参考意义。比如,从企业的工资表可以判断企业在人才方面是否具有竞争优势,而从水电费、运费单可判断企业的生产、销售能力,从企业供应商账单则可以判断企业在行业中的竞争能力等。

3. 财报水分

面对投资者,求钱若渴的企业难免会忍不住冲动在他们的财务报表中灌水,而私募股权投资基金只有进行严格的财务尽职调查,才能挤掉项目企业提供的财务数据中的水分。对私募股权投资者来说,判断项目企业财务数据真实性和可靠性是尽职调查中一项非常重要的工作,业内称之为财务核数。现实的情况是,本土企业,特别是那些中小民营企业都会存在着很多财务不规范的地方,对它们进行财务核数,是一件相当有难度的事情。

在进行财务核数时,其道理是像财务审计一样需要在现场进行。核查者要能够在短时间内围绕关键的财务数据对企业的真实运营状况进行验证,对企业未来成长的持续性予以判断。一个注重细节管理的企业,其行业地位、管理水平和盈利能力也会比较高。因此,注重细节的财务现场测试,对判断企业价值非常有用。企业的接待方式,沟通时的自信程度、语气、眼神,以及其工作的专业化程度,提供有关敏感资料的坦率程度等,都会传达一些有价值的信息。

(三)企业管理团队

项目企业的管理团队是股权投资机构在选择项目时必须考虑的因素。事在人为,这句老话是非常有道理的。从这个角度来说,投资于某企业,很大程度上就是投资该企业的管理团队,这是所有股权投资者的共识。很多情况下,早期发展阶段的企业离成功发达还有很远的路要走,还不能像已经发展成熟的企业那样聘用优秀的职业经理人来运营企业,因而,兼任管理者的创业者的能力和特质将会严重影响该企业的发展和走向。高素质的创业者即使在创业遭遇挫折的时候也不会折戟沉沙,他可以找到好的解决方案;而在市场需求发生变化的时候,他还可以及时地发现别的市场需求,甚至能够创造市场需求。而那些花天酒地、毫无事业心的管理者无疑是企业的灾难。实际上,很多"富不过二代"的事例都说明了创业者个人素质对企业成功的重要性,而纸醉金迷的继承者则能够很快败光前人苦心经营起来的亿万家产。

三、项目初步判断

投资机构一般会收集到很多项目信息。但是,并不是每一个传递过来的项目都是符合自己的投资性需求的。因而,在一堆信息中,投资机构要进行筛选,快速判断哪些项目是基本靠谱的。传递给投资机构的较为正式的项目信息一般体现为商业计划书或项目可行性报告等。投资机构在拿到企业提供的商业计划书或项目可行性报告之后,接下来要对项目进行初步的甄别和筛选。在这个环节上,投资经理首先考察项目的行业、规模和发展阶段等情况,看是否符合自身投资策略,然后再考察项目是否具有良好的发展前景和成长潜力。投资机构通过初步考察分析,可以将那些不符合自己投资标准的项目否决掉,挑选出那些大致符合自己投资理念和标准的项目。在进行初步筛选的过程中,投资机构的投资经理需要与目标企业的客户、供货商甚至竞争对手进行沟通以了解前述的基本信息,同时还要参考其他公司的研究报告。通过比较系统的研究,投资机构会对项目的行业前景和项目投资价值有更加深刻的认识。

比较具体的来说,对于放在面前的项目,投资机构初步研究、筛选主要是通过研读和评估商业计划书以及在此基础上对于该项目进行行业研究和企业自身投资价值的研究与初步判断。商业计划书是由融资方提供的,对商业计划书进行研究得出的结论还缺乏客观公正性。为了获得对项目客观、公正的认识,私募股权基金管理团队还需要抛开融资方提供的材料,对项目开展独立的行业与公司研究。

(一)商业计划书评估

投资机构在收到项目方的商业计划书后,应当关注项目方的产品、服务及盈利模式,考察该项目提供的是什么样的核心产品或服务、其所处的发展阶段、目标市场、盈利模式、核心团队是怎样的等问题。如果搞清这些问题,也就搞清楚了该项目是如何盈利的,对于该项目产品或服务的未来前景、盈利模式的可行性和可持续性有一个基本的了解。毫无疑问,对项目的这个问题的审慎考察对于那些创新性项目尤其重要,因为有些项目经常是对其自身所要提供的产品或服务也并没有一个路径清晰的发展规划,其创始团队对目标市场、盈利模式都没有很明确的界定。因而,对这样的项目投资机构需要进行更为谨慎的思考。

(1)行业特征:目标市场的成长性、现有技术或产品的新颖性、技术或产品开发的可行性、市场的竞争情况、潜在需求、成长潜力状况。

(2)经营目标与其前景估测:对于目标项目企业此前的经营业绩与相关经营情况进行分析,对该企业未来几年的经营业绩进行估算。

(3)管理团队成员能力评估:投行业内甚至"投资的重点在于投人",一个企业的运营好坏关键在于管理层的能力,因此,私募股权投资基金机构要对于管理层核心人物的经历、人品、习性、职业素养进行综合分析。

(4)财务状况调查:对目标企业过去几年的财务状况进行核查,对其未来几年的资金需求、运用与流动状态进行估测,以此为基础考察其所提出的融资方案的合理性。

(5)投资收益评估:以项目企业的基础素质评估为基础,根据项目融资规模、资金的期限结构、资金的投入方式等对于投资该项目的可能收益进行估测。

(6)风险管理与控制评估:对于该项目中可能存在的各种风险与不确定性进行估测。

(二)行业研究

行业研究是指以“产业”为研究对象,研究产业内部各企业间相互作用关系、产业本身发展、产业间互动联系以及空间区域中的分布等。行业研究的大致内容包括:

(1)行业环境分析:行业环境是对企业影响最直接、作用最大的外部环境。

(2)行业结构分析:行业结构分析主要涉及行业的资本结构、市场结构等内容。一般来说,主要是行业进入障碍和行业内竞争程度的分析。

(3)行业市场分析:主要内容涉及行业市场需求的性质、要求及其发展变化,行业的市场容量,行业的分销通路模式、销售方式等。

(4)行业组织分析:主要研究行业对企业生存状况的要求及现实反映。主要内容有企业内的关联性,行业内专业化、一体化程度,规模经济水平,组织变化状况等。

(5)行业成长性分析:是指分析行业所处的成长阶段和发展方向。当然,这些内容还只是常规分析中的一部分,而在这些分析中,还有不少一般内容和特定内容。例如,在行业分析中,一般应动态地进行行业生命周期的分析,尤其是结合行业周期的变化来看公司市场销售趋势与价值的变动。

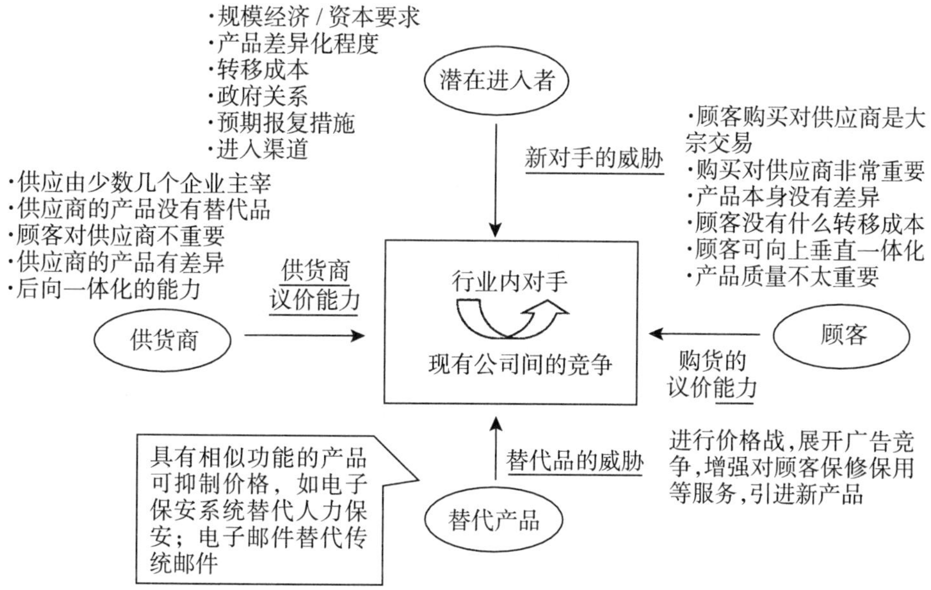

波特五力分析模型

(三)公司研究

对于目标公司本身,投资机构应努力从各种途径收集该公司的资料,进而利用这些资料展开独立、客观的研究。

（1）研究公司的核心竞争力。主要从盈利模式、市场地位、品牌影响、技术壁垒、成本优势等要素入手，最后总结出的核心竞争力应落在一个或几个点上。

（2）管理团队研究。可以从价值观、专业水平、领导力和执行力、人格魅力、诚信度与社会责任感等多个角度来考察管理团队的企业家素质。另外要看是否根据个人特长进行了合理明确的分工。还可以从年龄角度来考察，一般来说年龄在 35 ~ 45 岁之间的人，既有丰富的实际经验，又有活跃的思想，能较快地吸收新知识和新信息。

（3）盈利能力考察。主要从毛利率、净利率、总资产收益率、净资产收益率、经营性现金流等财务指标进行考量，可以与行业排名前几位的企业及行业均值进行比较。

（4）风险因素分析。研究和分析制约企业发展的要素和可能对企业未来经营业绩造成重大影响的因素。

四、Pre-IPO 项目的财务标准评估

很多的私募股权投资基金进行 Pre-IPO 项目的投资。因而，在接触项目时，需要对该项目是否可能上市进行初步的评估。公司上市并不是简单地符合了基本要求就可以的，这里实际上存在着一个“及格线”和“录取线”的问题。监管者的目标是要给投资者一个值得投资的选项，而从投资者的角度来说，一个企业是否值得投资，除了从安全性角度考察外，更重要的是判断目标企业是否能够给其带来收益，该企业是否会增值。

（一）持续盈利能力问题

1. 行业地位与经营环境

行业地位是企业所具有的竞争实力的体现，因而成为上市审核中的重要关注点。通常，在本行业中处于领先地位的企业会更能够得到发审委的青睐。对于公司的行业地位比较直观的量化指标具体来讲可以考虑以下几个方面：

（1）公司市场占有率、销售排名，公司的销售增长率；

（2）公司的营业收入、净利润排名；

（3）公司拥有矿藏储量、种植面积、养殖水域面积以及排名；

（4）公司专利数量、成果获奖数量、非专利技术数量、在知识产权成果转化率、特许经营权等；

（5）公司参与制定行业标准数量；

（6）担任行业协会职位和数量。

通常，公司的行业地位、排名或者市场占有率可以从以下渠道获得：

（1）国家统计机构、海关等政府部门对于公司所产商品的统计；

（2）行业协会统计的行业协会的各类排名，包括销售收入、产量、产值、综合性评价等；

(3)国家主管部门、行业协会等颁发的重大奖项,公司获奖数量及所占比例;

(4)第三方独立咨询、市场调查机构对于公司所在行业发布的调查统计结果;

(5)公司所在行业中权威专家在比较有影响力的刊物上发表的学术文章;

(6)第三方独立咨询、市场调查机构对于行业内主要企业调查、走访后形成的调查统计。

规模较小的公司在审核时在行业地位方面比较容易受到质疑,特别是该公司所处行业已经比较成熟的时候。很多企业为了避免成为大行业中的小公司,纷纷采用细分行业的办法对自己的行业地位进行重新定位。在大多数情况下,公司所属行业的划分应当参考证监会所颁布的《上市公司行业分类指引》以及交易所对上市公司行业划分的公开信息等资料,但是细分下限的选择要谨慎,结合公司的实际情况来确定。

2. 报告期内业绩质量问题

公司报告期内的经营数据是公司申请上市的重要依据,同时也是判断公司未来持续盈利能力的基础,因此,报告期内的业绩应当能够反映行业及公司的持续盈利能力。实践中拟上市公司报告期内的业绩质量经常会出现不合理和含金量低这两方面的问题。

(1)业绩不合理

公司报告期内业绩的不合理性主要表现为报告期内的报表不能反映行业变动趋势,不能够充分、真实地反映企业经营的情况。比如说毛利率等指标与同业相比差距太大,或其变动趋势不符合常理,且公司对此不能够作出合理的解释。

拟上市的公司的业绩要与同行业上市公司进行横向的比较,对于那些规模并不在行业中占据龙头地位、核心竞争力也不是十分明显的企业,如果其毛利率指标明显优于同行业上市公司的业绩,而公司对此也不能够给出合理的解释的话,其业绩的真实性就会受到监管机构的质疑。除此之外,在实践中一些申报企业的毛利率、收入等指标纵向的变化趋势也异常,而公司也不能够给出令人信服的解释,那么,公司也很难过会。在这个方面江苏荣联科技发展股份公司过会被否就是一个例子。而类似的典型案例还有山东同大海岛新材料股份有限公司被否的案例。该公司在报告期内的主要原材料成本以及产品价格波动较大,但是其营业收入和利润总额却呈反向的波动,对此,公司没有给出合理的解释,成长性和持续盈利能力存在重大不确定性,因此被发审委给否决了。

(2)业绩含金量低

公司在报告期内的业绩含金量低表现为报告期内主营业务收入不突出、非经常性收入所占比例较高,且去除该部分收入后公司的业绩将无增长甚至是有大幅下降,不确定性因素增多。

四川优机股份近90%的收入来自出口,申报期的业绩受到2008年开始的金融危机的严重影响,净利润增长的外部因素也比较多,因此不满足创业板对于上市公司业绩成长的要求。

深圳普路通股份公司的财务数据显示组合售汇收益是公司主要盈利来源之一，但是组合售汇业务并不是该公司的主营业务，而这项非主营业务的收益在最近的两个会计年度都在利润总额中占了很大的比例，超过利润总额的一半，这反映了公司主营业务盈利能力不强。另外，组合售汇业务收益受人民币存款利率、外币贷款利率、外币对人民币的即期汇率、外币对人民币的远期汇率、银行组合售汇产品设计以及资产负债表日即期汇率波动等因素的影响，具有不稳定性和不可预测性，未来可持续盈利的能力不确定，因此被证监会否决。

广西丰林木业集团在上市时被否决，因为发审委认为该公司经营成果对于税收优惠存在严重的依赖，因此，持续盈利能力具有不确定性。

（3）业绩过于依赖重大不确定客户

在实践中，很多企业盈利的来源经常是对于一个或者几个重大客户的业务往来依赖，比如说，出口型企业，它们通常都需要借助几个海外渠道商来覆盖目标市场，这使得他们的持续盈利能力严重受到这些大客户变动的影响。

湖南金能科技公司的主营业务是为工业炸药生产和使用提供技术、装备、原辅材料和工程爆破服务等。其在上市时被否，因为发审委认为，公司对于工程爆破业务及单笔技术咨询服务业务存在重大依赖，上述业务持续获得订单存在较大的偶然性和不确定性，对于申请人的持续盈利能力构成重大不利影响。

厦门蒙发利科技公司从事按摩器具产品的研发、生产及销售，产品主要销向欧美。Homedics 公司快速成为该公司的最大客户。蒙发利公司在报告期内连续三年的主营业务收入中，来自 Homedics 的比率占据将近一半。发审委认为，报告期内该公司的产品销售存在单一客户比例较大的情形，构成发行人未来盈利能力的重大不确定性。

3. 公司成长性问题

公司的成长性对于创业板企业来说非常重要。对于公司的成长性的判断，可以从公司的业绩增长、整个行业的增长、公司的创新能力和技术领先性等几个方面来入手。

对于企业来说，最好不要为了追求纸面的增长而操作业绩。通过报表的钩稽关系、实质判断等手法操纵业绩并不可靠。企业需要结合业绩预期，选择合适的申报时点，将真实的业绩水平合理地释放到报告期内。

（1）公司业绩增长

毫无疑问，公司的高成长性最为直观的证明就是公司有明显的业绩增长。对于公司来说，无论其想要在主板上市还是在创业板上市，如果能够保证在报告期内三年一直向上的收入和利润增长，这都是其具有成长性的很好的证明。

（2）行业业绩增长

所谓水涨船高，公司的成长性也与其所处的行业的增长性是密切联系的。如果行业具有很好的成长性，那么公司的业绩也会出现增长，当然，反过来行业的不利波动也会影响公司的业绩。新疆宏泰矿业公司的主营业务是铁矿采选和铁精粉的销售。该公司位于产业链的上游,从2008年下半年开始的宏观经济和产业的不利波动对于该公司所处的行业造成很大的负面影响,该公司也因此受到了很大的负面冲击。

(3)创新能力和技术领先

公司,特别是创业板的公司在技术领先性、创新性的核心竞争力对于公司进一步开拓市场和利润空间非常重要,是企业成长性的非常重要的一面。杭州先临三维科技公司主要从事非接触三维成像技术研发并将之实现产业化应用。公司申请上市时,发审委认为在报告期内,该公司的民用产品收入增速趋缓,工业产品进入市场比较晚而且规模不大,且工业产品的技术要求比较高,存在丧失技术领先的风险。

4. 经营模式、产品(服务)结构变化

公司在报告期和未来的产品或者服务的结构可能会发生变化,这有可能带来不确定因素,在过会时遭到否决。

(1)经营模式变化

浙江哈尔斯真空器皿股份公司从事不锈钢真空保温器皿的研发、生产和销售。该公司在申请上市时,发审委认为,公司从"生产制造商"向"品牌运营商"进行转变,在报告期内的经营模式发生了重大变化,这可能对于公司的持续盈利能力构成重大不利影响。而上海冠华不锈钢制品公司在公司成立的时候,其生产所需的主要机器设备和房屋场地都是通过租赁方式取得的。但后来公司购买了这些租赁资产,在上市时发审委认为,公司经营模式发生重大变化且其后经营时间较短,无法判断公司持续盈利能力。

(2)产品或服务结构变化

山东立晨物流公司的主营业务是提供第三方物流为主的物流服务,主要经营仓储、运输和装卸等基础物流服务以及以这些服务为基础的综合物流服务和贸易执行业务。在过会时发审委认为,2007年到2009年,公司代理采购和委托物流管理业务实现的收入、毛利以及占总收入、营业毛利的比重波动比较大,且主要客户发生比较大的变化。上述主营业务收入结构和重大客户的变化对公司持续盈利能力的稳定性构成重大不利影响。

河南金博士种业公司的主营业务为农作物新品种开发以及各类农作物种子的生产和销售。在报告期内该公司的"郑单958"玉米种子的销售收入是公司收入和盈利的主要来源,但是"郑单958"玉米种子的品种权属于河南省农科院粮作所,申请人以授权许可方式取得生产、销售经营权。截止到2009年12月,"郑单958"玉米种子的权利保护期限只有七年,在保护期结束之后,任何种子经营企业均可无须授权就自主经营该种子品种。因此,发审委认为该公司的产品品种较为单一,目前自主研发能力较为有限,主要销售区域销量下降可能对公司的持续盈利能力产生较大不利影响。

（二）募集资金运用问题

募集资金的运用和拟上市公司的持续盈利能力密切相关，直接决定了公司未来的盈利能力，是上市审核中关注度非常高的一个问题，也是公司被否决上市的重要原因之一。

1. 募集资金使用方向

募集资金应当有明确的使用方向，原则上应当用于主营业务。除金融类企业外，募集资金使用项目不得为持有交易性金融资产和可供出售的金融资产、借予他人、委托理财等财务性投资，不得直接或者间接投资于以买卖有价证券为主要业务的公司。募集资金投资项目实施后，不会产生同业竞争或者对发行人的独立性产生不利影响。

据此，募集资金除了可用于扩大再生产，也可以用于上下游的拓展。不过，结合前述"经营模式变化"的问题，公司在产业链的拓展方面要尽量避免被认定为"经营模式发生重大变化，对公司盈利能力形成重大不利影响"，要对产业链的延伸进行合理的说明解释，对于未来的持续盈利能力进行充分地说明。

作为一个反面的例子，江苏新中环保公司主要从事各类袋式除尘设备、烟气脱硫设备的设计和生产。公司的实际控制人所控制的另一家公司的主营业务为 PPS 树脂。PPS 树脂是新中公司生产 PPS 纤维制品的主要原料。根据公司现有的 PPS 纤维制品产能和募投项目新增产能，公司 PPS 树脂需求量将达到或者超过关联公司 PPS 树脂的产能。但是，关联公司并没有被纳入上市主体，因而募投项目的实施会大大增加将来新中公司与其关联公司的关联交易的金额。因为此原因，发审委没有同意新中公司的申请。

总体来说，除了特殊情形外，大多数的行业和公司都不乏合理的募集资金的使用方向，也通常不会因为募投项目产生影响独立性的问题。拟上市的公司重点需要考虑的是避免募投完成后导致公司"经营模式变更"的问题。

2. 募投项目的合法合规问题

募集资金投资项目应当符合国家产业政策、投资管理、环境保护、土地管理以及其他法律、法规和规章的规定。产业政策不支持的项目不适合进行募投，而且，相关的核准手续、权证等在上会之前要尽快落实。申报文件上报证监会后，证监会将就募集资金项目是否符合国家产业政策向国家发改委征求意见，募投项目如果是不符合国家产业政策的淘汰类或者限制类的项目，就会面临沉船的危险。而且，发行人的募投项目也必须符合国家环境保护的法律规定，募投项目的环评文件需要取得环保部门的批复。

浙江佳力科技公司主要从事风电设备铸件、石油储运离心泵的研发、生产和销售。该公司拟上市募集资金投资于年新增 2500 套 1.5MW 以上大型风力发电设备关键部件扩建项目。国务院发布的《关于抑制部门行业产生过剩和重复建设引导产业健康发展若干意见的通知》指出风电设备行业属于产能过剩行业。按照该《通知》,公司募投项目属于产能过程产品,因此过会时被否。

开办药品生产企业,必须经企业所在地省、自治区、直辖市人民政府药品监督管理部门批准并发给"药品生产许可证",凭该证到工商部门办理登记注册。此外,药品生产企业还要按照国务院药品监督管理部门制定的《药品生产质量管理规范》组织生产。为了实现全面质量管理,药品监督管理部门对各个部门、各个环节进行强制性的质量认证和管理,如药品生产质量管理规范认证(GMP)、药材的质量管理规范认证(GSP)及药品零售企业的药品经营质量管理规范认证(GSP)等。诚达药业股份有限公司的募投产品批文齐备,但只是中间产品。如果要消化募投,必须取得后端的原料药批准文号、GMP 证书,但是该事项存在不确定性。从整个生产链条的角度来看,该公司的权证不全,募投项目存在风险。

3. 募投项目与企业现有情况相适应

募集资金数额和投资项目应当与发行人现有生产经营规模、财务状况、技术水平和管理能力等相适应。具体来说,对于扩大现有产能的项目,应避免过度扩张,公司要合理解释新增产能的消化。对于新产品,公司需要特别地关注技术开发与市场开拓等风险。

山西晋城蓝焰煤业股份公司上市规划的一项最重要的募投项目打算用 88 亿元来收购一家煤矿的资产和业务。但是,当时蓝焰公司的总资产也仅仅是 68 亿元。晋城蓝焰公司募投项目的规模远大于公司现有的资产规模,因而带来了较大的审核风险。

淮安嘉城高新化工股份公司的主营业务产品在报告期内其中一个产品的市场空间有限,而另一个产品已经停产。公司的募集资金投向的新项目存在着一定的技术风险。

总体来说,募投项目与发行人现有的情况应当相适应。募投项目设计时要考虑项目的市场前景、产品的技术含量、对环境的影响、与公司现有的管理能力和销售能力相匹配。对于扩大现有产能的项目,要充分地论证扩张规模是否合理、新增的产能能否得到消化、预期的效益如何。对于提供新业务、新项目,最好是有成功案例予以佐证,在申请的时候已经具有一定的技术实现能力和销售渠道等方面的准备。

4. 市场前景与盈利前景

发行人董事会应当对募集资金投资项目的可行性进行认真分析,确信投资项目具有较好的市场前景和盈利能力,有效防范投资风险,提高募集资金使用效益。公司募投项目未来的市场前景与盈利能力的判断和论证应当符合基本的商业逻辑,如果存在难以论证和理解的情形,实际上一般都是因为该募投项目本身并不合理。

浙江康乐药业股份公司的规划募投项目是对其一个制剂分厂的易地技改项目。但是该募投项目新厂区大部分项目目前还没有通过 GMP 的认证,因此被发审委认为公司本次募投项目的实施以及市场前景等方面存在较大的不确定性。

许昌恒源股份生产经营以及募投新增产能的消化面临较大的不确定性。公司在申报材料中没有能够对于化纤制品在非洲、北美和国内市场的扩张及募投新增产能的消化提出合理、可行的措施。

总体来说,募投项目缺乏充分论证的市场前景和盈利能力的原因经常是该募投方案的可行性研究方案做得不够精细,也有可能是公司外部的经济、政策环境发生了不利的变化。当然,也可能是因为企业自身经营具有波动性较大的特征,因而使得外界不能够对其形成稳定的预期,或者是募投项目的实施在申报时点尚不够成熟。

五、并购重组中证监会关注上市公司什么①

在过去一年中,上市公司并购重组的政策环境发生很大变化。从国务院颁布国发14号文,到证监会修订重组办法和并购办法,新政接连推出,对上市公司和中介机构提出了新的要求。证监会日前宣布,将对并购重组审核过程予以公开。1月16日,证监会首次公开了对广博股份和博晖创新两家上市公司并购重组的反馈意见。其中,广博股份共收到反馈意见23条,博晖创新收到反馈意见多达39条。

证监会在2010年曾经对并购重组审核反馈意见进行过梳理,并公开十五项关注要点。但是近几年市场已然出现新的变化,证监会的审核要点在调整。梳理两份公开的反馈意见发现,持续经营能力、盈利预测与估值、交易合规性等方面,都是并购重组审核主要关注方面。

1. 持续经营是重点

并购重组审核公开机制,近期才刚刚启动。根据证监会要求,自2014年12月29日起获受理的并购重组申请,审核过程将全公开,即实时公开并购重组审核过程中证监会提出的反馈意见和申请人相应的回复内容。

广博股份和博晖创新是这一机制启动以来,首批被公开反馈意见的上市公司。广博股份的收购计划由华泰联合证券"操刀",华泰联合证券担任其独立财务顾问。

根据收购方案,广博股份计划以发行股份及支付现金的方式购买4名自然人持有的灵云传媒100%的股权,并募集配套资金。灵云传媒100%股权作价8亿元,其中以发行股份方式支付80%,即6.4亿元,以支付现金方式支付20%,即1.6亿元。同时,上市公司向王利平、宁波融合发行股份募集配套资金,募集配套资金总额不超过2亿元。

对于广博股份的收购方案,证监会提出了23条反馈意见。其中,有近十条意见都涉及公司持续经营能力。在收入确认原则、商业模式可行性、主营业务构成、管理团队稳定、未来营业收入等多个方面,证监会都要求上市公司作出详细说明。

例如,在意见第17条证监会提出,收购标的公司从事业务相对于上市公司的传统

① 资料来源:《第一财经日报》。

业务，在经营模式、管理方法及专业技能要求上都有较大不同，对此证监会要求上市公司补充披露公司未来的战略规划以及业务开展方向。对博晖创新的收购方案，证监会也提出了类似问题。

2. 聚焦盈利与估值

盈利预测与估值定价，是证监会着重关注的另一个问题。在证监会向博晖创新提出的 39 条意见中，接近半数意见都聚焦于盈利预测和估值定价。

博晖创新的收购计划由国信证券“操刀”。根据收购方案，博晖创新向杜江涛、卢信群发行股份购买其持有的大安制药合计 48% 股权，交易作价 6. 624 亿元。

在反馈意见中，证监会要求博晖创新对标的公司大安制药的盈利能力补充详细分析，对标的公司的存货、减值风险、应收账款质量、费用支出异常、负债风险，以及公司增资转股合理性、生产经营风险、估值差异性、无形资产确认等问题作出明确说明。

例如在意见第 31 条，证监会要求博晖创新补充说明标的公司项目最新进展情况、各阶段所需时间、可能面临的问题、预期获批投产并能达到预期产率是否存在实质性障碍，以及如存在问题或实质性障碍，对大安制药生产经营及评估值的影响。

对于广博股份收购的盈利预测与估值问题，证监会也在反馈意见中提出具体要求。比如要求广博股份结合标的公司灵云传媒 2014 年盈利预测完成情况和业务开展情况，补充披露收益法评估盈利预测的可实现性。

事实上，除了盈利能力、估值定价之外，证监会在审核过程中还着重关注收购各参与方可能遇到的风险。包括劳动权益保护是否合法、土地使用是否符合国家政策、环境保护是否达到国家要求等。

3. 收购相关方有违法违纪“前科”也会受到监管层的特殊关注

博晖创新计划收购的大安制药历史较为复杂，该公司曾出现过资金挪用、借款纠纷、税务处罚等情形，此类事件还存在难以预测的影响。对此，证监会要求博晖创新作出明确说明，并要求独立财务顾问和律师核查并发表明确意见。

第二节　商业计划书的审读

对于企业来说，为了向私募股权投资基金融资，在经过对项目调研、分析以及搜集整理有关资料的基础上，应根据一定的格式和内容的具体要求，向投资者全面展示企业/项目目前状况及未来发展潜力的书面材料。商业计划书是一份全方位的项目计划，其目的在于向投资者提供相关的信息，以帮助其对目标企业做出评判，从而使企业获得融资。通常来讲，商业计划书设置有相对固定的格式和内容，它几乎包括投资者所有感兴趣的内容，从企业成长经历、市场营销、管理团队、股权结构、产品服务、组织人事、财务、运营到融资方案。商业计划书是一份全方位描述企业发展的文件，是企业经营者素质的体现,是企业拥有良好融资能力、实现跨越式发展的重要条件之一。只有内容详实、体系完整、装订精致、数据丰富的商业计划书才能够真正吸引投资者,并让其明确理解该项目商业运作计划,进而促使引资企业的融资需求得到实现。

一、商业计划书常见的问题

寻求私募基金投资的企业在制备商业计划书时,需要明白私募投资者想要在此计划书中看到什么以及什么是私募投资基金不想看到的。我们在此就实务中常见的五个方面的误区对这个问题进行一下讨论。

误区一是过于关注自己,孤芳自赏。很多的企业在他们的商业计划书中只谈他们的理想,不谈他们所面对的现实,只谈企业项目的意义,而不谈这些项目具体应该如何运作。究竟这个企业、项目、模式能不能赚钱,赚多少钱,对于这个私募股权投资基金最感兴趣的方面他们都没有涉及。所以,企业在写商业计划书时一定要附上相关的财务数据。如果企业现在还没有实现盈利,最起码要附上关于如何盈利的论证。

误区二是把私募投资基金当成了产品销售的客户。要知道,投资者和产品客户所关注的焦点是不同的,企业的销售客户所关注的是企业产品和服务,而像私募基金这样的投资机构则是关注所要投资的企业的运营。实务中,私募基金经常收到这种类似产品广告的商业计划书,其内容很详尽,但就是看起来不像商业计划书而更像公司的产品手册。所以,企业在制备商业计划书时一定要明白自己是在找投资机构来投资于本企业,成为本公司的股东,与投资人合伙一起来做生意,需要向合作伙伴揭示业务是如何做的。

误区三是把投资机构当成没有头脑的自动提款机。很多企业的商业计划书中没有具体的融资用途说明,他们的融资用途不明确,让投资者不清楚他们要钱是想干嘛。比如说,有企业向私募股权投资机构提出要融资 1 亿元,但是对于这 1 亿元要用于哪些工作,他们自己也还没有想好。投资机构是要对他们的投资人负责的,其向企业投入的钱是要实现回报的,他们可以不参与投资企业的经营活动,但绝对不等于不关注这些钱是用来干嘛和如何使用的,他们非常希望知道融资是要做什么,做这个项目以后可以产生怎样的预期收益。

误区四是要的太多。很多企业误以为融资金额越多越好,钱到位再说。这很有圈钱的味道!但要知道,私募投资者都是专业的投资者,他们可不傻!如果不是圈钱,那么,企业必须要明白,融资要适当,而不是越多越好。对于一个企业来说,在其目前盈利水平的基础之上,向股权投资者融的钱越多,意味着企业原股东向他人出让的股权比例越大。作为一个企业,很多情况下不会只进行第一轮融资就上市,可能还有第二轮、第三轮的融资。如果误以为融的钱越多越好,在后续的融资过程中,如果都坚持比较大额的融资,这将会导致企业的控股权被稀释,创始人团队会逐渐地失去对公司的控制。对于创始人来讲，最后这个企业做得太大，可能只有百分之几的股权比例，意义不大，失去了动力。因此，比较好的、恰当的融资方式应该是股权、债权和政府扶持合理搭配，有计划、有步骤地进行融资，根据实际情况进行全套的融资规划。

误区五是对于项目业绩前景估测不够审慎，盲目乐观。企业在融资撰写商业计划书时，要关注募投项目的可行性，不要简单地好高骛远，过高预测项目未来的收益和业绩。可能很多人都已经注意到，越来越多的投资机构希望在签订融资协议时与企业控制人签署对赌协议或者股权协议，这是因为项目方坚持未来可以实现很高的盈利，但对这种盈利预测，投资人是无法确信的。因此，他们需要企业方签订对赌协议来为自己设定保险保障。而实践中，对赌协议确实是一场赌博，对于企业来说，往往是拔苗助长，给企业的控制人带来很大的压力。

二、商业计划书中应给出的信息

商业计划书在封面上要具有相应的基本信息，比如说收到商业计划书的日期、项目编号、项目名称、项目单位地址、电话、传真、电子邮件、联系人等信息。

另一个重要内容是保密承诺，应当在商业计划书的扉页部分说明，本商业计划书内容涉及本公司商业秘密，仅对有投资意向的投资者公开。本公司要求投资公司投资经理收到本商业计划书时做出以下承诺：妥善保管本商业计划书，未经本公司同意，不得向第三方公开本商业计划书涉及的本公司的商业秘密。最后，由投资经理签字，并署明日期。

随后的部分应当是商业计划书摘要，通常在两页纸内完成摘要。摘要内容主要是简要地介绍：

（1）公司基本情况（公司名称、成立时间、注册地区、注册资本，主要股东、股份比例，主营业务，过去三年的销售收入、毛利润、纯利润，公司地点、电话、传真、联系人）；

（2）主要管理者情况（姓名、性别、年龄、籍贯，学历/学位、毕业院校，政治面貌，行业从业年限，主要经历和经营业绩）；

（3）产品/服务描述（产品/服务介绍，产品技术水平，产品的新颖性、先进性和独特性，产品的竞争优势）；

（4）研究与开发（已有的技术成果及技术水平，研发队伍技术水平、竞争力及对外合作情况，已经投入的研发经费及今后投入计划，对研发人员的激励机制）；

（5）行业及市场（行业历史与前景，市场规模及增长趋势，行业竞争对手及本公司竞争优势，未来三年市场销售预测）；

（6）营销策略（在价格、促销、建立销售网络等各方面拟采取的策略及其可操作性和有效性，对销售人员的激励机制）；

（7）产品制造（生产方式，生产设备，质量保证，成本控制）；

(8)管理(机构设置,员工持股,劳动合同,知识产权管理,人事计划);

(9)融资说明(资金需求量、用途、使用计划,拟出让股份,投资者权利,退出方式);

(10)财务预测(前三年及未来三年或五年的销售收入、利润、资产回报率等);

(11)风险控制(项目实施可能出现的风险及拟采取的控制措施)。

以下是商业计划书的具体内容。

(一)公司基本情况

在此部分,应当介绍公司名称、成立时间、注册资本、实际到位资本、其中现金到位、无形资产占股份比例、注册地点、公司性质。

此外,还应当说明公司成立后组织机构的演变及营业执照变更情况、目前公司主要股东情况,包括股东名称、投资额、股份比例、联系人与联系电话等信息。此外,还应当介绍目前公司内部部门设置情况,包括各个部门名称、负责人、联系电话等信息。隶属于本公司的独资、控股、参股、承包、合作经营、三来一补以及对外采取其他合作方式的下属企业情况,包括企业名称、隶属关系、企业性质、持股比例等。

同时,商业计划书还应当介绍,公司曾经经营过的业务和公司目前经营的业务以及主营业。除此,应当介绍公司目前拥有员工人数及学历构成。并介绍公司经营财务历史,主要包括销售收入、毛利润、纯利润、总资产、总负债和净资产等情况。并介绍公司经营负债情况和公司近期及未来三至五年要实现的目标,包括行业地位、销售收入、市场占有率、产品品牌以及公司股票上市等,介绍公司近期的发展方向和发展战略和公司未来三至五年发展方向和发展战略。

(二)公司管理层

提供董事会成员名单,包括:

(1)董事长的姓名、性别、年龄、籍贯、学历、所学专业、毕业院校、户口所在地、联系电话、主要经历和业绩;

(2)总经理的姓名、性别、年龄、籍贯、学历、所学专业、毕业院校、户口所在地、联系电话、主要经历和业绩;

(3)技术开发负责人的姓名、性别、年龄、籍贯、学历、所学专业、毕业院校、户口所在地、联系电话、主要经历和业绩;

(4)市场营销负责人的姓名、性别、年龄、籍贯、学历、所学专业、毕业院校、户口所在地、联系电话、主要经历和业绩;

(5)财务负责人的姓名、性别、年龄、籍贯、学历、所学专业、毕业院校、户口所在地、联系电话、主要经历和业绩;

(6)其他对公司发展负有重要责任的人员的姓名、性别、年龄、籍贯、学历、所学专业、毕业院校、户口所在地、联系电话、主要经历和业绩。

(三)产品/服务

进行产品/服务描述,即行业特点;竞争焦点;主要的技术指标和关键技术说明;主要介绍产品/服务的背景;目前所处发展阶段;与同行业其他公司同类产品/服务的比较,本公司产品/服务的新颖性、先进性和独特性,如拥有的专门技术、版权、配方、品牌、销售网络、许可证、专营权、特许权经营等。公司现有的和拟申请的知识产权(专利、商标、版权等)。公司是否已签署了有关专利权及其他知识产权转让或授权许可的协议等,如果有,应说明,并附主要条款、技术申请专利情况、产品商标注册情况的说明。介绍产品面向的用户有哪些种类,产品更新换代周期的情况,产品的售后服务和技术支持情况以及产品销售成本的构成及销售价格制订的依据。介绍产品形成规模销售时,毛利润率和纯利润率,如果产品已经在市场上形成了竞争优势,应说明与哪些因素有关(如成本相同但销售价格低,成本低形成销售价格优势,以及产品性能、品牌、销售渠道优于竞争对手产品,等等)。

(四)研究与开发

在此部分,应当介绍公司已往的研究与开发成果及其技术先进性(包括技术鉴定情况,获国际、国家、省、市及有关部门和机构奖励情况);公司参与制定产品或技术的行业标准和质量检测标准情况;公司在技术与产品开发方面的竞争对手情况,以及公司为提高竞争力拟采取的措施;到目前为止,公司在技术开发方面的资金总投入是多少,计划再投入的开发资金是多少(包括购置开发设备、开发人员工资、试验检测费用以及与开发有关的其他费用);说明今后为保证产品质量、产品升级换代和保持技术先进水平,公司的开发方向、开发重点和正在开发的技术和产品;公司现有技术开发资源以及技术储备情况;公司寻求技术开发依托(如大学、研究所等)情况,这些依托的可靠性;公司将采取怎样的激励机制和措施,保持关键技术人员和技术队伍的稳定;公司未来三至五年在研发资金投入和人员投入计划。

(五)行业及市场情况

此部分应当介绍行业情况(行业发展历史及趋势,哪些行业的变化对产品利润、利润率影响较大,进入该行业的技术壁垒、贸易壁垒、政策限制等,行业市场前景分析与预测);过去三至五年各年全行业销售总额和未来三至五年各年全行业销售收入预测以及本公司与行业内五个主要竞争对手的比较。介绍市场销售有无行业管制,公司产品进入市场的难度分析,详细描述本公司产品/服务的竞争优势(包括性能、价格、服务等方面);公司未来三至五年的销售收入预测(融资不成功情况下)和公司未来三至五年的销售收入预测(融资成功情况下)以及公司未来三至五年的成本费用、营业税及附加、所得税、利润预测(融资成功与融资不成功分别说明)。

(六)营销策略

此部分应当介绍在建立销售网络、销售渠道、设立代理商、分销商方面的策略和在广告促销方面的策略以及在产品销售价格方面的策略,还要介绍在建立良好销售队伍方面的策略和产品售后服务方面的策略以及其他方面的策略。论述如何保证销售策略具体实施的有效性以及对销售队伍采取什么样的激励机制。根据营销策略,预算未来三至五年销售费用(包括人工费用)。

(七)产品制造

介绍产品生产制造方式(公司自建厂生产产品,还是委托生产,或其他方式,说明原因)。说明公司自建厂情况下,购买厂房还是租用厂房,厂房面积是多少,生产面积是多少,厂房地点在哪里,交通、运输、通信是否方便;介绍现有生产设备情况,专用设备还是通用设备,先进程度如何,价值是多少,是否购买保险,最大生产能力是多少,能否满足公司产品销售增长的要求,如果需要增加设备,采购计划、采购周期及安装调试周期。说明,如果设备操作需要特殊技能的员工,如何解决这一问题。简述产品的生产制造过程、工艺流程,说明如何保证原材料、元器件、配件以及关键零部件等生产必需品的进货渠道的稳定性、可靠性、质量及进货周期,列出三家主要供应商名单及联系电话。正常生产状态下,成品率、返修率、废品率控制在怎样的范围内,描述生产过程中产品的质量保证体系以及关键质量检测设备。说明产品成本和生产成本如何控制,有怎样的具体措施以及产品批量销售价格的如何制定,产品毛利润率是多少,纯利润率是多少。

(八)管理

在这里需要说明,为保证融资项目按计划实施,公司准备今后各年陆续设立哪些机构,各机构配备多少人员,人员年收入情况。说明公司对管理班子及关键人员将采取怎样的激励机制和公司是否考虑员工持股问题以及公司是否与掌握公司关键技术及其他重要信息的人员签订竞业禁止协议。说明公司是否与每个雇员签订劳动用工合同和公司是否与相关员工签订公司技术秘密和商业秘密的保密合同。说明公司是否为每位员工购买保险和保险品种。公司是否存在关联经营和家族管理问题,若有,请说明。说明公司与董事会、董事、主要管理者、关键雇员之间是否有实际存在或潜在的利益冲突,及其解决办法。说明公司对知识产权、技术机密和公司机密的保护措施。说明项目实施过程中,公司需要哪些外部支持,如何获得这些支持。

（九）融资说明

说明为保证项目实施，需要的现金总额是多少，投入资金的用途和使用计划。说明需要的现金总额中，投资方投入、对外借贷、公司自身投入的数额与比例，如果有对外借贷，抵押或担保措施是什么？让投资方参股本公司里，还是与投资方成立新公司，为什么？向投资方出让多少股份，计算依据是什么？预计未来三年平均每年资产回报率是多少和拟向投资方提供怎样的监督和管理权力。与公司业务有关的税种有哪些，公司享受哪些政府提供的优惠政策，尤其是减免税等方面的优惠政策。

（十）财务计划

财务计划是商业计划书中的核心内容，因此，商业计划书应当附带提供前三年公司资产负债表、前三年公司损益表、前三年公司现金流量表、公司静态财务指标分析（流动比率、速动比率、流动资产周转率、总资产周转率、资产负债率、产权比率、销售净利润率、净利率）、公司动态财务指标分析（财务净现值、内部收益率）、公司无形资产评估报告、未来三至五年项目盈亏平衡表、未来三至五年项目资产负债表、未来三至五年项目损益表、未来三至五年项目现金流量表。每一项财务数据要有依据，要进行财务数据说明。

（十一）风险控制与项目实施进度

需要详细说明该项目实施过程中可能遇到的风险（包括政策风险、技术开发风险、经营管理风险、市场开拓风险、生产风险、财务风险、汇率风险、对公司关键人员依赖的风险等），提出有效的风险控制和防范手段。

（十二）其他

进一步说明项目情况，应对有关问题进行描述，如公司所有股东是否接受公司提出的合作条款、公司或公司主要管理人员和关键人员过去现在是否卷入法律诉讼事件，对公司有何影响。将产品彩页、公司介绍册、证书等作为附件附于本调查表后。一般来说，企业应备资料清单包括营业执照、公司章程、验资审计报告、贷款证、资信证明、法人代码证书、税务登记证、财务报表（上年度、本年度、本月）、专利证书、鉴定报告、高新技术企业、高新技术项目证书、其他表明企业特点的资料。

公司法律文件可以提供复印件，但须提供原件以备核实。商业计划书、项目建议书以及经过电脑文字处理的文件，要求提供电子版。

三、商业计划书标准范本（简版）

企业基本信息表

<table>
<tr><td>公司名称</td><td colspan="4"></td><td colspan="3">法定代表人</td><td colspan="2"></td></tr>
<tr><td>总部地址</td><td colspan="4"></td><td colspan="3">实际控制人</td><td colspan="2"></td></tr>
<tr><td rowspan="3">联系人</td><td>姓名</td><td colspan="3"></td><td colspan="2">职务</td><td colspan="3"></td></tr>
<tr><td>手机</td><td colspan="3"></td><td colspan="2">电话</td><td colspan="3"></td></tr>
<tr><td>电邮</td><td colspan="3"></td><td colspan="2">网址</td><td colspan="3"></td></tr>
<tr><td rowspan="8">股本信息</td><td colspan="2">注册资本</td><td colspan="2"></td><td colspan="3">企业性质</td><td colspan="2"></td></tr>
<tr><td colspan="2" rowspan="7">主要股东</td><td colspan="5">股东名称</td><td colspan="2">持股比例</td></tr>
<tr><td colspan="5"></td><td colspan="2"></td></tr>
<tr><td colspan="5"></td><td colspan="2"></td></tr>
<tr><td colspan="5"></td><td colspan="2"></td></tr>
<tr><td colspan="5"></td><td colspan="2"></td></tr>
<tr><td colspan="5"></td><td colspan="2"></td></tr>
<tr><td colspan="7"></td></tr>
<tr><td>历史沿革</td><td colspan="9">（请说明贵公司及其前身成立时间、分子公司设立过程、股权变更、重大资产重组等）</td></tr>
<tr><td rowspan="10">主要产品
或服务</td><td colspan="3">产品或服务名称</td><td colspan="2">主要用途</td><td colspan="3">2009 年销售额</td><td>毛利率</td></tr>
<tr><td colspan="3"></td><td colspan="2"></td><td colspan="3"></td><td></td></tr>
<tr><td colspan="3"></td><td colspan="2"></td><td colspan="3"></td><td></td></tr>
<tr><td colspan="3"></td><td colspan="2"></td><td colspan="3"></td><td></td></tr>
<tr><td colspan="3"></td><td colspan="2"></td><td colspan="3"></td><td></td></tr>
<tr><td colspan="3"></td><td colspan="2"></td><td colspan="3"></td><td></td></tr>
<tr><td colspan="3"></td><td colspan="2"></td><td colspan="3"></td><td></td></tr>
<tr><td colspan="3"></td><td colspan="2"></td><td colspan="3"></td><td></td></tr>
<tr><td colspan="3"></td><td colspan="2"></td><td colspan="3"></td><td></td></tr>
<tr><td colspan="3"></td><td colspan="2"></td><td colspan="3"></td><td></td></tr>
</table>

续表

<table>
<tr><td>行业背景</td><td colspan="5">（请说明贵公司所处行业及细分行业、现有行业地位、行业经营许可等）</td></tr>
<tr><td>主要竞争
对手名单</td><td colspan="5"></td></tr>
<tr><td>企业主要
竞争优势</td><td colspan="5">（请说明贵公司在盈利模式、技术、研发、市场、管理团队等方面特有的竞争优势）</td></tr>
<tr><td>发展规划</td><td colspan="5">（请说明贵公司今后3～5年的发展目标及主要措施）</td></tr>
<tr><td rowspan="7">主要财务
指标</td><td>金额：万元</td><td>最近一期</td><td>2010年</td><td>2009年</td><td>2008年</td></tr>
<tr><td>总资产</td><td></td><td></td><td></td><td></td></tr>
<tr><td>净资产</td><td></td><td></td><td></td><td></td></tr>
<tr><td>主营业务收入</td><td></td><td></td><td></td><td></td></tr>
<tr><td>主营业务利润</td><td></td><td></td><td></td><td></td></tr>
<tr><td>税后利润</td><td></td><td></td><td></td><td></td></tr>
<tr><td>经营现金净流量</td><td></td><td></td><td></td><td></td></tr>
<tr><td>私募融资计划</td><td colspan="5">（请填写贵公司本次私募融资的额度、股权比例、资金到账时间等）</td></tr>
<tr><td>其他信息</td><td colspan="5">（请填写贵公司认为必要的其他信息）</td></tr>
</table>

填表说明：

“主要股东”、“主要产品或服务”表格行列不够的，可以添加，也可以另外附文说明。

四、商业计划书标准范本(详版)

收到商业计划书日期							项目编号		投资经理	

(项目单位不填写以上各项)

商 业 计 划 书

项目名称________________________

项目单位(盖章)__________________

地　　址________________________

电　　话________________________

传　　真________________________

电子邮件________________________

联 系 人________________________

深圳市××资本管理有限公司

保 密 承 诺

本商业计划书内容涉及本公司商业秘密，仅对有投资意向的投资者公开。本公司要求投资公司投资经理收到本商业计划书时做出以下承诺：

妥善保管本商业计划书，未经本公司同意，不得向第三方公开本商业计划书涉及的本公司的商业秘密。

投资经理签字：

接 收 日 期：________年____月____日

商业计划书摘要

说明：在两页纸内完成本摘要。

【摘要内容参考】

1. 公司基本情况（公司名称、成立时间、注册地区、注册资本，主要股东、股份比例，主营业务，过去三年的销售收入、毛利润、纯利润，公司地点、电话、传真、联系人）。

2. 主要管理者情况（姓名、性别、年龄、籍贯，学历/学位、毕业院校，政治面貌，行业从业年限，主要经历和经营业绩）。

3. 产品/服务描述（产品/服务介绍，产品技术水平，产品的新颖性、先进性和独特性，产品的竞争优势）。

4. 研究与开发（已有的技术成果及技术水平，研发队伍技术水平、竞争力及对外合作情况，已经投入的研发经费及今后投入计划，对研发人员的激励机制）。

5. 行业及市场（行业历史与前景，市场规模及增长趋势，行业竞争对手及本公司竞争优势，未来 3 年市场销售预测）。

6. 营销策略（在价格、促销、建立销售网络等各方面拟采取的策略及其可操作性和有效性，对销售人员的激励机制）。

7. 产品制造（生产方式，生产设备，质量保证，成本控制）。

8. 管理（机构设置，员工持股，劳动合同，知识产权管理，人事计划）。

9. 融资说明（资金需求量、用途、使用计划，拟出让股份，投资者权利，退出方式）。

10. 财务预测（前 3 年及未来 3 年或 5 年的销售收入、利润、资产回报率等）。

11. 风险控制（项目实施可能出现的风险及拟采取的控制措施）。

目　录

第一部分　公司基本情况

公司名称:____________________ 成立时间:__________
注册资本:________________ 实际到位资本:__________
其中现金到位:______________ 无形资产占股份比例:_______%
注册地点:______________________________

公司性质为(请画"√")国有_______民营_______国有民营联营_____
中外合资_____股份公司_______其他_______
公司成立后组织机构的演变及营业执照变更情况说明__________________
____
____
____
____
____
____
____

目前公司主要股东情况：

股　东	股东名称	投资额（万元）	本公司股份比例	联系人	联系电话
甲方					
乙方					
丙方					
丁方					
戊方					

目前公司内部部门设置情况：

序　号	部门名称	负责人	联系电话
1			
2			
3			
4			
5			
6			
7			
8			

隶属于本公司的独资、控股、参股、承包、合作经营、“三来一补”以及对外采取其他合作方式的下属企业情况：

序　号	企业名称	隶属关系	企业性质	本公司持股比例	联系人	联系电话
1						
2						
3						
4						
5						

公司曾经经营过的业务有________________、________________、____________________、________________、________________。

公司目前经营的业务为________________、________________、____________________、________________、________________。

主营业务为____。

公司目前拥有员工________人，其中大专以上文化程度的有________人，占员工总数________%，大学本科以上的有________人，占员工总数________%，硕士学位（含中级职称）以上的有________，占员工总数________%，博士学位（含高级职称）以上的有________人，占员工总数________%。

公司经营财务历史　　（单位：万元）

项　目	本年度	前1年	前2年	前3年
销售收入				
毛利润				
纯利润				
总资产				
总负债				
净资产				

公司经营负债情况说明：（来源、金额、期限）

____

____

____

____

____

公司近期及未来3~5年要实现的目标（行业地位、销售收入、市场占有率、产品品牌以及公司股票上市等）：____

____

____

____

____

____

公司近期的发展方向和发展战略：____________________________________

____

____
____
____
____
____

公司未来3~5年发展方向和发展战略:______________________

____
____
____
____
____
____
____
____

第二部分　公司管理层

董事会成员名单

序　号	职　　务	姓　　名	工作单位	联系电话
1	董 事 长			
2	副董事长			
3	董　　事			
4	董　　事			
5	董　　事			
6	董　　事			
7	董　　事			
8	董　　事			
9	董　　事			

董事长

姓名:________　性别:________　年龄:________　籍贯:__________

学历:________　学位:________　所学专业:______________________

毕业院校:____________　户口所在地:________　联系电话:________

主要经历和业绩：____
____
____
____
____
____
____
____

总经理

姓名：________ 性别：________ 年龄：________ 籍贯：____________

学历：________ 学位：________ 所学专业：________________________

毕业院校：____________ 户口所在地：________ 联系电话：________

主要经历和业绩：____
____
____
____
____
____
____

技术开发负责人

姓名：________ 性别：________ 年龄：________ 籍贯：____________

学历：________ 学位：________ 所学专业：________________________

毕业院校：____________ 户口所在地：________ 联系电话：________

主要经历和业绩：____
____
____
____
____
____
____

市场营销负责人

姓名：________ 性别：________ 年龄：________ 籍贯：____________

学历：________ 学位：________ 所学专业：________________________

毕业院校：__________ 户口所在地：________ 联系电话：________
主要经历和业绩：____
____
____
____
____
____
____
____

财务负责人
姓名：________ 性别：________ 年龄：________ 籍贯：__________
学历：________ 学位：________ 所学专业：____________________
毕业院校：__________ 户口所在地：________ 联系电话：________
主要经历和业绩：____
____
____
____
____
____
____

其他对公司发展负有重要责任的人员（可增加附页）
姓名：________ 性别：________ 年龄：________ 籍贯：__________
学历：________ 学位：________ 所学专业：____________________
毕业院校：__________ 户口所在地：________ 联系电话：________
主要经历和业绩：____
____
____
____
____
____
____
____

第三部分　产品/服务

产品/服务描述（行业特点、竞争焦点、主要的技术指标和关键技术说明，主要介绍产品/服务的背景、目前所处发展阶段、与同行业其他公司同类产品/服务的比较，本公司产品/服务的新颖性、先进性和独特性，如拥有的专门技术、版权、配方、品牌、销售网络、许可证、专营权、特许权经营等。）

公司现有的和拟申请的知识产权（专利、商标、版权等）

公司是否已签署了有关专利权及其他知识产权转让或授权许可的协议等，如果有，请说明，并附主要条款

技术申请专利情况

产品商标注册情况

产品面向的用户有哪些种类＿＿＿＿＿＿＿＿、＿＿＿＿＿＿＿＿、＿＿＿＿＿＿＿＿、＿＿＿＿＿＿＿＿、＿＿＿＿＿＿＿＿、＿＿＿＿＿＿＿＿、＿＿＿＿＿＿＿＿、＿＿＿＿＿＿＿＿、＿＿＿＿＿＿＿＿、＿＿＿＿＿＿＿＿

产品更新换代周期＿＿＿＿＿＿＿＿＿＿＿＿＿＿＿＿

产品的售后服务和技术支持＿＿＿＿＿＿＿＿＿＿＿＿＿＿＿＿

产品销售成本的构成及销售价格制定的依据＿＿＿＿＿＿＿＿＿＿＿＿＿＿＿＿

产品形成规模销售时，毛利润率为＿＿＿＿％，纯利润率为＿＿＿＿％

如果产品已经在市场上形成了竞争优势，请说明与哪些因素有关（如成本相同但销售价格低、成本低形成销售价格优势，以及产品的性能、品牌、销售渠道优于竞争对手产品，等等）＿＿＿＿＿＿＿＿＿＿＿＿＿＿＿＿

第四部分　研究与开发

公司以往的研究与开发成果及其技术先进性（包括技术鉴定情况，获国际、国家、省、市及有关部门和机构奖励情况）＿＿＿＿＿＿＿＿＿＿＿＿＿＿＿＿

公司参与制定产品或技术的行业标准和质量检测标准情况

公司在技术与产品开发方面的竞争对手情况，以及公司为提高竞争力拟采取的措施

到目前为止，公司在技术开发方面的资金总投入是多少，计划再投入的开发资金是多少（包括购置开发设备、开发人员工资、试验检测费用，以及与开发有关的其他费用）

请说明，今后为保证产品质量、产品升级换代和保持技术先进水平，公司的开发方向、开发重点和正在开发的技术和产品

公司现有技术开发资源以及技术储备情况

公司寻求技术开发依托（如大学、研究所等）情况，这些依托的可靠性＿＿＿＿＿＿＿＿

公司将采取怎样的激励机制和措施，保持关键技术人员和技术队伍的稳定＿＿＿＿＿＿

公司未来3～5年研发资金投入和人员投入计划 （万元）

年　　份	第1年	第2年	第3年	第4年	第5年
资金投入					
人员（个）					

第五部分　行业及市场情况

行业情况（行业发展历史及趋势，哪些行业的变化对产品利润、利润率影响较大，进入该行业的技术壁垒、贸易壁垒、政策限制等，行业市场前景分析与预测）＿＿＿＿＿＿

过去3～5年各年全行业销售总额 （万元）

年　　份	前5年	前4年	前3年	前2年	前1年
销售收入					
销售增长率					
本公司销售收入					
本公司销售增长率					

未来3~5年各年全行业销售收入预测 （万元）

年　　份	第1年	第2年	第3年	第4年	第5年
销售收入					

本公司与行业内五个主要竞争对手的比较

竞争对手	市场份额	竞争优势	竞争劣势
本公司			

市场销售有无行业管制，公司产品进入市场的难度分析________________

____

____

____

____

详细描述本公司产品/服务的竞争优势（包括性能、价格、服务等方面）________________

____

____

____

____

____

公司未来3~5年的销售收入预测（融资不成功情况下） （万元）

年　　份	第1年	第2年	第3年	第4年	第5年
销售收入					
市场份额					

公司未来 3 ~ 5 年的销售收入预测（融资成功情况下） （万元）

年　份	第 1 年	第 2 年	第 3 年	第 4 年	第 5 年
销售收入					
市场份额					

公司未来 3 ~ 5 年的成本费用、营业税及附加、所得税、利润预测（融资成功与融资不成功分别说明）：________________

第六部分　营销策略

在建立销售网络、销售渠道、设立代理商、分销商方面的策略________________

在广告促销方面的策略________________

在产品销售价格方面的策略________________

在建立良好销售队伍方面的策略________________

产品售后服务方面的策略

其他方面的策略

如何保证销售策略具体实施的有效性，请论述

对销售队伍采取什么样的激励机制

根据营销策略，未来 3～5 年销售费用预算（包括人工费用） （万元）

年　　份	第 1 年	第 2 年	第 3 年	第 4 年	第 5 年
销售费用					

第七部分　产品制造

产品生产制造方式（公司自建厂生产产品，还是委托生产，或其他方式，请说明原

因）____

____

____

____

____

公司自建厂情况下，购买厂房还是租用厂房，厂房面积是多少，生产面积是多少，厂房地点在哪里，交通、运输、通信是否方便________________________

____

____

____

____

现有生产设备情况（专用设备还是通用设备，先进程度如何，价值是多少，是否购买保险，最大生产能力是多少，能否满足公司产品销售增长的要求。如果需要增加设备，采购计划、采购周期及安装调试周期）________________________

____

____

____

____

____

请说明，如果设备操作需要特殊技能的员工，如何解决这一问题________

____

____

____

____

____

____

简述产品的生产制造过程、工艺流程________________________

____

____

____

____

____

____

如何保证原材料、元器件、配件以及关键零部件等生产必需品的进货渠道的稳定性、可靠性、质量及进货周期，列出3家主要供应商名单及联系电话________

主要供应商1 ______

主要供应商2 ______

主要供应商3 ______

正常生产状态下，成品率、返修率、废品率控制在怎样的范围内，描述生产过程中产品的质量保证体系，以及关键质量检测设备______

产品成本和生产成本如何控制，有怎样的具体措施______

产品批量销售价格如何制定，产品毛利润率是多少，纯利润率是多少______

第八部分　管　　理

请说明，为保证融资项目按计划实施，公司准备今后各年陆续设立哪些机构，各机构配备多少人员，人员年收入情况。请用图表统计表示出来，附在本调查表后。

公司对管理班子及关键人员将采取怎样的激励机制______

公司是否考虑员工持股问题,请说明

公司是否与掌握公司关键技术及其他重要信息的人员签订竞业禁止协议,若有,请说明协议的主要内容

公司是否与每个雇员签订劳动用工合同

公司是否与相关员工签订公司技术秘密和商业秘密的保密合同

公司是否为每位员工购买保险,请说明保险品种

公司是否存在关联经营和家族管理问题，若有，请说明________

公司与董事会、董事、主要管理者、关键雇员之间是否有实际存在或潜在的利益冲突，如果有，请说明解决办法________

请说明，公司对知识产权、技术机密和公司机密的保护措施________

请说明，项目实施过程中，公司需要哪些外部支持，如何获得这些支持________

第九部分 融资说明

为保证项目实施，需要的现金总额是多少________

请说明投入资金的用途和使用计划________

需要的现金总额中，投资方投入________，对外借贷________，公司自身投入________。如果有对外借贷，抵押或担保措施是什么？________

拟让投资方参股本公司，还是与投资方成立新公司，为什么？____________________

____

向投资方出让多少股份，计算依据是什么？____________________________________

____

预计未来3年平均每年资产回报率是多少____

____

拟向投资方提供怎样的监督和管理权力____

____

____

____

____

____

____

如果你作为项目实施者，没有实现项目发展计划，你愿意出让你在公司中的哪些利益____

____

____

你希望投资者以何种方式退出，这种方式是否具有操作性______________________

____

与公司业务有关的税种有哪些，公司享受哪些政府提供的优惠政策，尤其是减免税等方面的优惠政策____

____

____

____

____

____

需要对投资方说明的其他情况____

____

____

____

____

____

____

____

第十部分　财务计划

请提供：

前三年公司资产负债表

前三年公司损益表

前三年公司现金流量表

公司静态财务指标分析（流动比率、速动比率、流动资产周转率、总资产周转率、资产负债率、产权比率、销售净利润率、净利率）

公司动态财务指标分析（财务净现值、内部收益率）

公司无形资产评估报告

未来3～5年项目盈亏平衡表

未来3～5年项目资产负债表

未来3～5年项目损益表

未来3～5年项目现金流量表

（第一年每个月计算现金流量，共12个月；第二年每季度计算现金流量，共四个季度；第三、四、五年每年计算现金流量，共三年。融资成功和不成功分别说明）

每一项财务数据要有依据，要进行财务数据说明。

第十一部分　风险控制

请详细说明该项目实施过程中可能遇到的风险（包括政策风险、技术开发风险、经营管理风险、市场开拓风险、生产风险、财务风险、汇率风险、对公司关键人员依赖的风险等），提出有效的风险控制和防范手段________________________________

____

____

____

____

第十二部分　项目实施进度

请说明，本项目实施过程中，哪些任务非常关键，以至于它们的实现成为项目各阶段的里程碑____

____

____

____

____

请说明，项目实施计划中，上述各里程碑的起始时间点和结束时间点

序号	里程碑	起始时间	结束时间
1			
2			
3			
4			
5			
6			
7			
8			

第十三部分　其　　他

为补充本调查表内容，进一步说明项目情况，请把有关问题在此描述（如公司所有股东是否接受我司提出的合作条款；公司或公司主要管理人员和关键人员过去及现在是否卷入法律诉讼事件，对公司有何影响）________________________________

____

____

____

____

____

请将产品彩页、公司介绍册、证书等作为附件附于本调查表后。清单如下：

企业应备资料清单

1. 营业执照
2. 公司章程
3. 验资审计报告
4. 贷款证
5. 资信证明
6. 法人代码证书
7. 税务登记证
8. 财务报表（上年度、本年度、本月）
9. 专利证书、鉴定报告
10. 高新技术企业、高新技术项目证书
11. 其他表明企业特点的资料

12. 商业计划书

公司法律文件可以提供复印件，但须提供原件以备核实。商业计划书、项目建议书以及经过电脑文字处理的文件，要求提供电脑软盘。

第三节　新三板并购投资机会①

一、新三板并购重组潮开启

（一）9家新三板公司被上市公司收购

截至2014年12月5日，新三板挂牌企业已达到1441家，做市转让82家，协议转让1359家。新三板待挂牌企业73家，在审企业数量达到726家。按此挂牌节奏，我们预计至2014年年底新三板挂牌企业将超过1500家。

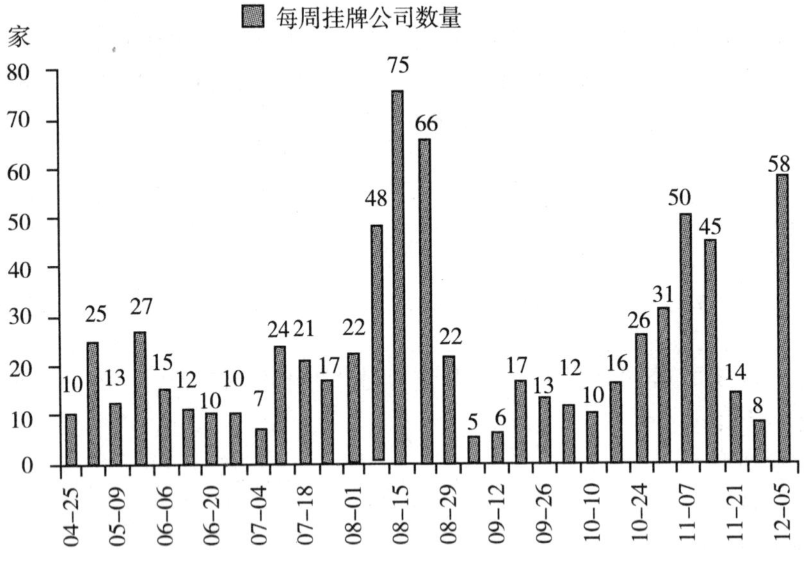

图1　2014年新三板挂牌数量情况

数据来源：Wind，国泰君安证券研究。

① 孙金钜、郭睿哲、王永辉

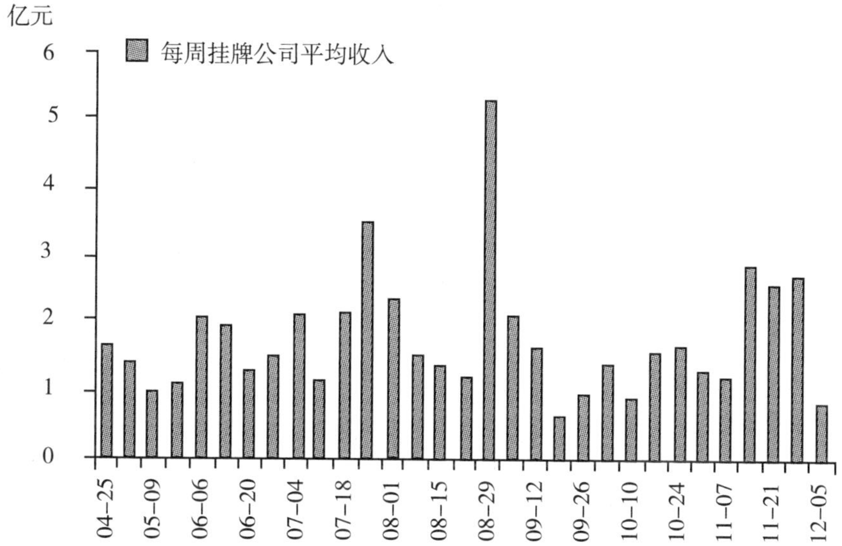

图 2　新挂牌公司平均收入约 1 亿元

数据来源：Wind，国泰君安证券研究。

2013 年以来 A 股上市公司并购重组风起云涌，而新三板有不少属于具有技术优势和模式创新的公司，为上市公司谋求外延扩张或者跨界转型提供了可选择的标的范围。截至 12 月 5 日，2014 年共有 9 家新三板公司成为 A 股上市公司的收购标的。

表 1　上市公司收购新三板公司交易汇总

时间	收购事项	交易价格	现有或承诺业绩	被收购标的核心产品
2014.10	芭田股份（002170）发行股份及现金购买阿姆斯（430115）100%的股权	1.42 亿元	2014、2015、2016、2017 年净利润分别不低于 800 万元、1200 万元、1600 万元及 2000 万元	微生物菌剂、微生物肥料
2014.10	欧比特（300053）发行股份及支付现金的方式购买铂亚信息（430708）100%股权	5.25 亿元	2014、2015 和 2016 年净利润分别不低于 3400 万元、4200 万元和 5140 万元	人脸席系统，人脸识别门禁系统、人脸识别实时布控系统等解决方案
2014.9	宝胜股份（600973）通过定增宝集资金收购日新传导（830804）100%股权	1.62 亿元	2014 年度、2015 年度和 2016 年度三个会计年度实现扣除非经常性损益后净利润分别为 1500 万元、2000 万元和 2600 万元。	特种线揽

续表

时间	收购事项	交易价格	现有或承诺业绩	被收购标的核心产品
2014.9	联建光电(300269)发行股份及支付现金的方式购买易事达(430628)100%股权	4.89 亿元	2014 年~2018 年期间,易事达对应年份净利润则分别不低于 3800 万元、4200 万元、4600 万元、5000 万元和 5330 万元	LED 高清节能全彩显示屏
2014.9	亚威股份(002559)拟收购控股激光装备(430710)	未定	未定	机器人激光集成应用自动化系统,三维和二维激光切割、焊接及熔炼设备,控制系统和软件的技术开发,生产、销售和服务
2014.8	大智慧(601519)向湘财证券(430499)股东非公开发行股份及支付现金的方式购买湘财证券 100% 的股份	不超过 90 亿元	2014 年半年报显示公司实现净利润 1.9 亿元	证券业务
2014.7	东方国信(300166)发行股份及支付现金购买屹通信息(430364)100% 股份	4.51 亿元	2014、2015 和 2016 年的净利润不低于 3500 万元、4550 万元以及 5915 万元	银行 BI 产品、移动银行产品(MB),移动营销作业产品(MM)
2014.5	通鼎光电(002491)向 10 名自然人发行股份购买其合计持有的端翼信息(430531)51% 的股份	1.15 亿元	2014~2017 年实现净利润不低于 1958.34 万元、2808.57 万元、4119.32 万元以及 6007.98 万元	灶机短信、E+翼、本地控、微生活、流量掌厅等
2014.4	东江环保(002672)收购新冠亿碳(430275)所持南昌新冠 100% 股权及合肥新冠 100% 股权	0.71 亿元	两家公司 2013 年净利润为 1035 万元	垃圾填理气气体收集发电业务。CER(核证减排量)转

数据来源:上市公司公告、国泰君安证券。

从行业来看,除湘财证券外,其余 8 家被收购标的均属于新兴行业,其中瑞翼信息、屹通信息及铂亚信息均属于信息技术行业公司。

从交易价格来看,收购市盈率(对应 14 年净利润)普遍在 10~20 倍左右,较二级市场相关行业可比公司市盈率有较大幅度折价。

从核心产品来看,被收购标的普遍具有核心技术或资源,如铂亚信息在人脸识别领域拥有多项关键技术,阿姆斯拥有微生物菌剂培养核心技术,新冠亿碳深耕在气体发电领域,易事达在 LED 高清显示屏优势明显,屹通信息和瑞翼信息都是信息服务提供商。

(二)定向增发助力新三板公司并购重组

2010 年以来,新三板公司共实施定向增发 537 起。按预案公告日,2010 年有 11 起定向增发,2011 年有 18 起,2012 年有 18 起,2013 年激增到 89 起,2014 年 1 月 ~ 11 月更是达到 401 起。从融资规模上来看,2014 年 1 月 ~ 11 月新三板公司定向增发募集资金已达到 190 亿元,远远超出了 2010 ~ 2013 年的总和。

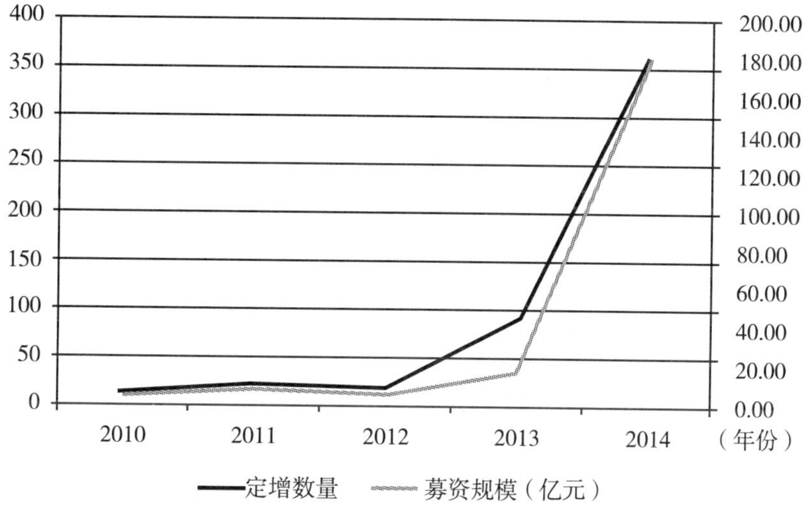

图 3　新三板市场的融资功能明显提升

数据来源:Wind、国泰君安证券研究。

目前来看,新三板公司定向增发仍以补充流动资金为主,但 2014 年以来已有部分新三板公司通过定向增发进行并购重组。我们认为未来定向增发将成为推动新三板公司并购重组的主要资金来源。

表 2　2014 年新三板公司通过定向增发进行并购重组案例

时间	收购事项	定增募集资金总额	发行对象
2014.1	科胜石油(430284)收购北京科胜永昌软件有限公司 49% 的股权	304 万元	公司股东、境内自然人
2014.4	益特佳(430015)收购上海萨信通信科技有限公司 100% 股权	480 万元	境内自然人

续表

时间	收购事项	定增募集资金总额	发行对象
2014.5	久日化学(430141)收购华铁化学 100%股权	2027 万元	大股东、机构投资者、境内自然人
2014.5	中讯四方(430075)收购深圳华泛微电有限公司的全部股权	7980 万元	境内自然人
2014.10	恒信启华(430268)收购北京卓润软件技术有限公司的 100%股权	420 万元	境内自然人
2014.11	汽车股份(430453)收购春茂集团 100%的股权	48,923 万元	广西春茂集团有限公司

数据来源:Wind、国泰君安证券。

二、五因素推热新三板并购重组市场

不管是新三板公司被上市公司收购或者是新三板公司自身进行并购重组,都给市场带来了新的投资机会。我们认为,有五大因素推热了新三板的并购重组市场:

(1)2013 年以来 A 股上市公司并购重组风起云涌,而新三板有不少属于具有技术优势和模式创新的公司,为上市公司谋求外延扩张或者跨界转型提供了可选择的标的范围。

(2)新三板公司并购重组制度逐步完善,政策面支持有关新三板公司的并购重组。包括引入做市商制度、颁布《非上市公众公司收购管理办法》、《非上市公众公司重大资产重组管理办法》、《并购重组私募债券试点办法》等。

(3)新三板公司的并购成本较低。新三板公司具有较高的信息披露要求和财务透明度,较好的公司治理有利于上市公司降低并购成本。

(4)套利动机,注册制渐行渐远,优质新三板公司转板预期强烈。

(5)曲线上市,部分新三板公司有创投背景,创投通过推动并购重组实现退出。

(一)新三板公司多属新兴行业,可选余地较大

新三板市场一个重要特点是新兴行业公司数量多,信息技术类公司占比达到 36%。而 2013 年以来 A 股上市公司并购重组风起云涌,新三板里这类具有技术优势和模式创新的公司,为上市公司谋求外延扩张或者跨界转型提供了可选择的标的范围。

新三板公司普遍具有核心技术和资产。上市公司并购新三板公司有两个目的:第一,可以加快产业链横向或纵向整合,如联建光电并购易事达,属于产业链的横向整合。第二,由于缺乏行业积累和相关核心人才,上市公司进入新的行业需要很大的成本,且具有较大的不确定性,而上市公司可以直接通过收购新三板公司实现跨界转型或者储备新业务,例如,欧比特并购铂亚信息。

(二)新三板市场制度趋于完善,政策助力并购重组

随着新三板制度不断完善,政策红利不断释放。我们预计未来政策将从提高流动性(降低投资者门槛,引入更大范围的做市机构),完善市场功能(试点连续竞价交易,发展优先股、可转债等多种融资工具),引入转板机制(符合条件的新三板企业转创业板上市)为主要着力点,新三板公司的吸引力有望大大加强,并购重组的火会越烧越旺。

表3　有关新三板市场重大政策一览

时间	政策名称或动向	政策内容	主要影响
2013.12.24	国务院:《关于全国中小企业股份转让系统有关问题的决定》	在全国股份转让系统收购的公司。达到股票上市条件的。可以直接向证券交易所申请上市交易	首次明确提出符合条件的新三板公司可以上市
2014.6.27	证监会:《非上市公众公司收购管理办法》、《非上市公众公司重大资产重组管理办法》	非上市公司收购的具体程序。信息披露要求。资产重组管理办法等	为新三板挂牌企业的并购与被并购提供了明确的政策支持
2014.8.25	证监会:正式引入做市商制度	40余家企业成为试点挂牌做市企业,引入多家券商开展做市业务	提升了交易的活跃度和市场的流动性
2014.10.9	证监会:《支持深圳资本市场改革创新意见》	允许符合一定条件的盈利的互联网和科技创新企业在全国中小企业股份转让系统挂牌满12个月后到创业板发行上市	进一步提升了新三板公司转板预期

续表

时间	政策名称或动向	政策内容	主要影响
2014.11.5	中国证券业协会:《并购重组私募债券试点办法》	发布并购重组私募债券试点办法。并在机构间私募产品报价与服务系统适行,试点期间发行人暂不包括上市公司	极大地丰富了新三板公司并购重组融资工具。有利于新三板公司

数据来源:全国中小企业股份转让系统网站、证监会网站、国泰君安证券研究。

1. 提升流动性,为并购重组提供价格依据

新三板的一个突出问题是其流动性相比主板市场相差太大,其原因有三:第一,目前新三板除了少数公司可以做市转让之外,转让交易制度只有协议转让方式,大大限制了其流动性。第二,当前新三板准入制度的限制。新三板扩容初期,为防范风险,将个人投资者准入门槛设置为500万元。这一准入门槛令大部分中小投资者无法达到,因此大大减少了参与新三板市场的投资人数量。第三,新三板企业股权集中度过高,按照《公司法》规定,改制以后发起人在一年之内不能转让股份。在这种情况下,很多企业挂牌之后没有可转让的股份。

2014年以来,一系列政策有望解决新三板流动性问题。

(1)2014年8月25日,证监会正式引入做市商制度,40余家企业成为试点挂牌做市企业,我们预计未来做市转让会逐步扩展到新三板其他公司,做市交易将成为新三板交易的重要方法,极大地改善新三板流动性。

(2)市场预期年底将推出集合竞价制度,集合竞价制度的推出或将彻底解决流动性问题。我们设想新三板市场引入集合竞价和连续竞价机制,按照"价格优先、时间优先"的原则,由交易系统自动撮合交易,成交效率将大大提高,且双方无法操纵价格,这对新三板市场有极大的促进作用。

(3)现在对投资人的门槛限制,实际上是为避免新三板在发展最初出现混乱而制定的高标准,其目的在于防范风险。随着新三板市场的发展,我们认为该标准一定会有所降低,以符合对中小投资者公平交易的原则。

我们认为随着三种交易模式的出现,投资门槛的降低,以及股权分散度开始形成,未来新三板的流动性会有大幅提升,流动性的提升将带来连续的价格曲线,所形成的公允价格将为企业未来并购重组提供价格依据。

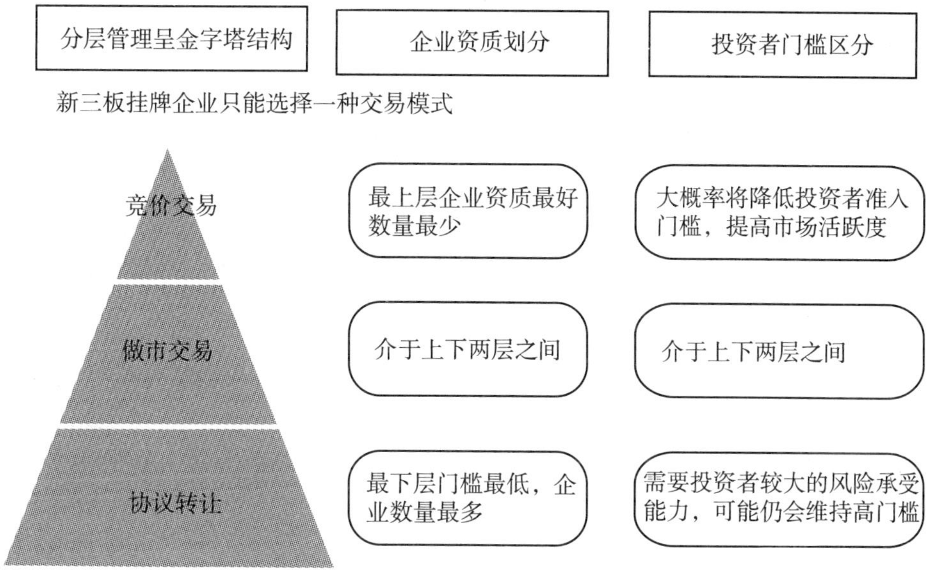

图 5　新三板分层管理模式

数据来源：国泰君安证券研究。

2. 完善市场功能，为并购重组提供新的融资工具

2014 年 6 月 27 日，证监会发布《非上市公众公司收购管理办法》和《非上市公众公司重大资产重组管理办法》，明确非上市公司收购的具体程序、信息披露要求、资产重组管理办法等，为新三板挂牌企业的并购与被并购提供了明确的政策支持。

2014 年 11 月 5 日，中国证券业协会发布《并购重组私募债券试点办法》，丰富了新三板公司并购重组融资工具。

表 4　《非上市公众公司收购管理办法》要点归纳

与《上市公司收购管理办法》不同之处	要点
更加简便高效	基于公众公司股权集中、流动性高等特点。《收购办法》将披露标准的触发点提高到 10%，此外，后续增减触及 5% 的倍数时，要求披露权益变动报告书
更加放松管制	强调信息披露、市场监管、不设事前行政许可
不设要约收购	区别于上市公司设置的 30% 强制要约收购的规定，非上市公众公司是否采用要约收购有收购人自愿或被收购公司在章程中自行约定
资金来源更多元	收购人可以采用现金、证券、证券现金相结合的方式支付对价。通过降低成本的方式收购

数据来源：证监会、国泰君安证券研究。

表5 《并购重组私募债券试点办法》要点归纳

项目	要　点
发行人	发行人是中国境内注册的有限责任公司或股份有限公司,不包括沪深交易所上市公司
发行目的	用于支持并购重组活动,包括但不限于支付并购重组款项、偿还并购重组贷款等
发行利率转让	发行利率不得经过周期银行贷款基准利率的4倍
转让	可以通过报价系统转让并购重组私募债券

数据来源:证券业协会、国泰君安证券研究。

以上法律法规的出台都释放了明确的政策信号—鼓励新三板公司使用多种融资工具,通过并购重组做大做强。

(三)新三板公司的并购成本较低

对于上市公司来讲,新三板如同过滤器。挂牌上新三板公司的大多具有较高的信息披露要求和财务透明度,较好的公司治理有利于上市公司降低并购成本。同时主办券商需要持续督导,这能进一步提升企业规范运作水平。

表6 新三板公司挂牌条件

项目	要　点
1	依法设立且存续满两年
2	业务明确,具有持续经营能力
3	公司治理机制健全,合法规范经营
4	股权明晰,股票发行和转让行为合法合规
5	主办券商推荐

数据来源:全国中小企业股份转让系统网站、国泰君安证券研究。

(四)转板预期下新三板公司将加快并购重组步伐

2013年12月24日,国务院发布《关于全国中小企业股份转让系统有关问题的决定》,提出在全国股份转让系统挂牌的公司,达到股票上市条件的,可以直接向证券交易所申请上市交易。该政策为新三板公司转板提供了最有力的政策支持。

2014年10月9日,证监会发布《支持深圳资本市场改革创新意见》,允许符合一定条件尚未盈利的互联网和科技创新企业在全国中小企业股份转让系统挂牌满12个月后到创业板发行上市,进一步提升了新三板公司潜在的转板预期。

我们认为新三板转板政策已经蓄势待发,未来极有可能首先以互联网公司作为试验田,打通新三板和创业板的转板机制。由于证券法的修改需要到2015年6月才能完成,注册制的推行应该也要在2015年中,部分优质新三板公司将直接转板至创业板中的分层市场。阿里巴巴和腾讯的故事已经充分说明容纳尚未盈利的互联网企业上市的重要性,互联网公司转创业板上市符合如今全球资本市场的趋势,未来以此作为突破口的概率很大。而在转板预期下,套利动机将加快新三板公司的并购重组步伐。

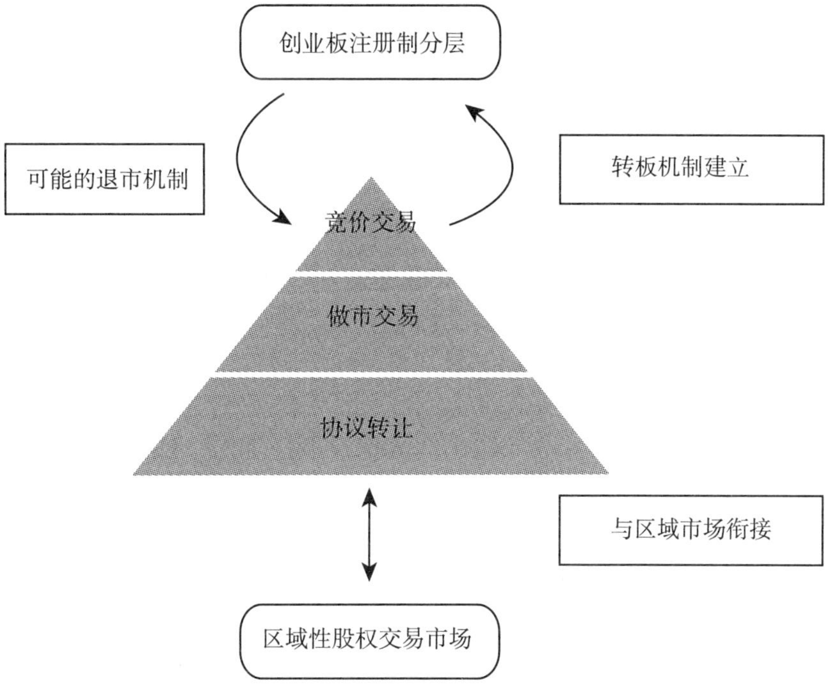

图6　新三板将为创业板注册制分层提供股票来源

数据来源:国泰君安证券研究。

(五)并购重组成为创投退出新渠道

新三板公司被上市公司并购成为投资机构退出的新途径,投资机构推动相关收购方案实施的动力极强。2014年9个新三板公司被上市公司并购的案例中,有一半以上的新三板公司具有创投背景。

表7　被收购新三板公司具有创投背景

被收购新三板公司	创投持股情况
阿姆斯	燕航创投:6.87%
易事达	苏州夭旋钟山九鼎投资中心:9.76%;深圳市华信兄弟投资合伙企业:6.41%;苏州天胥湛卢九鼎投资中心:5.04%
铂亚信息	融泰投资:9.18%;粤科钜华创业投资:8.6%;合富投资:4%
激光装备	国联通宝:6.33%;苏州华创赢达企业:3.25%
日新传导	东莞市中科松山湖创业:12.22%;东莞市科技创业:4.89%;广东融易创业:3.25%;令西普创业:4.89%

数据来源:新三板公司公告、国泰君安证券研究。

第七章
投资尽职调查与价值评估

第一节 尽职调查概述

一、尽职调查引论

尽职调查是指私募股权投资基金对于拟投资的目标公司的各方面状况进行的调查与资料分析,从而可以为基金的投资分析和决策提供帮助。尽职调查有助于投资人全面了解交易对手,通过对目标企业的历史沿革、财务状况、运营情况、发展预期等基本信息的调查,弥补交易双方在信息上的不对称。尽职调查还可以揭示目标企业现实存在的问题和潜在的各项风险,有助于投资人评估投资的必要性和可行性、合理设计交易产品、制定风险防护措施。尽职调查更是交易价格确定、交易双方谈判、目标企业日后整合的基础和重要依据之一。由于尽职调查会牵涉到目标公司信息披露与相关费用承担等问题,所以进行尽职调查的前提条件包括:

(1)目标公司在签署保密协议的前提下愿意与 PE 合作,向其透露公司相关信息;

(2)PE 投资者对目标公司的业务感兴趣,对企业经营状况有深入了解的需求;

(3)PE 的投资委员会批准其 PE 项目团队组织与实施尽职调查。

与内部审计、资产评估或母公司对自身实施的自上而下的各类审查等相比较,尽职调查有其自身特色。尽职调查最主要的作用在于为投资者的投资提供投资决策,而非用于公司内部的监督和管理。尽职调查是为了使投资者能够清楚地了解目标公司在任何时候以及潜在与现实的真实经营状况和盈利能力。投资者将以尽职调查结果为依据,作出是否投资以及如何投资的决定,主要涉及的内容有:评估目标公司的价值,评估潜在交易风险,判断投资目标公司是否符合投资者的投资准则,考虑收购后的整合问题,探讨合适的交易结构,预测企业发展前景等。

一般来说,尽职调查的行使是由投资者委托如会计师事务所、律师事务所等第三方专业机构来进行的,投资者需要承担由此产生的一切费用。投资者最好选择那些具备丰富经验而且实力雄厚的专业机构，因为这些专业机构所提供的调查报告通常能够增强项目投资价值的说服力，有助于项目取得 PE 的投资委员会的信任；而且优异的专业机构提供的调查报告不仅可以保证其具有高质量与高效率，而且还有利于降低与转移风险。

投资者在专业机构进场前会向目标公司企业主或管理层递送一份法律尽职调查文件与资料清单以及财务与税务尽职调查文件清单，从而可以让目标公司及时根据该清单准备相关的待查资料。

尽职调查并非是一件简单的工作。专业机构在出具尽职调查报告时往往会在其中另外附上一份清单，该清单所列的是那些没有获得的资料或未加验证的信息。实施尽职调查将面临来自多方面的挑战。有的目标公司会向专业机构提供虚假资料以夸大经营业绩，或者为隐瞒负面信息而拒不提供关键资料；有的目标公司的管理人员不愿积极配合，常常导致提供资料不全或提供不及时等问题产生。对此，行使尽职调查人员要与公司管理层进行积极和耐心的沟通，尽量获得他们的支持与理解。

此外，作为一个持续性的过程，尽职调查过程中会不断出现各种问题，专业机构调查人员应当具备及时反应和处理问题的能力。对于投资者而言，通过尽职调查发现潜在的、可能导致交易终止的事项和风险是非常重要的。

对于经尽职调查发现的目标公司中存在的现实和潜在的风险，投资者可以通过交易结构设计、合同条款、补救措施或放弃交易来进行处理。

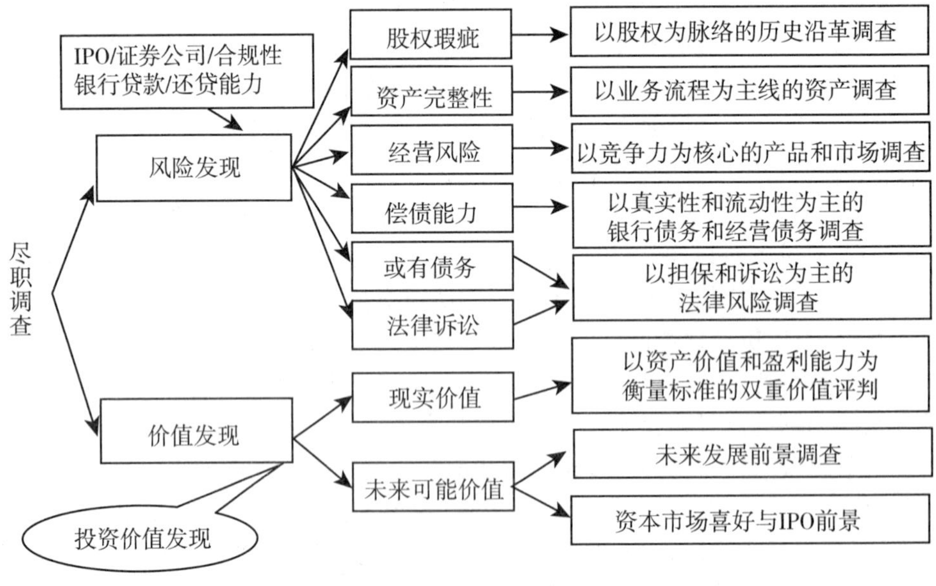

二、尽职调查的对象[①]

调查对象	主要内容
企业实地考察	1. 核实商业计划书的真实性 2. 核实净资产、设备，审核以往史料和财务报表 3. 考察组织架构和人事档案
会见管理团队	1. 观察管理团队人员素质 2. 了解他们的经验和专长 3. 管理层成员经验和个性是否相互配合
业务伙伴和前投资者	1. 对项目企业管理者的评价 2. 建立合作和终止合作/投资的原因
潜在客户和供应商	1. 市场空间及市场占有率 2. 市场销路 3. 市场潜力的大小和增长速度
技术专家、行业专家	1. 产品性能、技术水准 2. 是否有替代技术或产品 3. 行业和技术的发展趋势 4. 验证技术的先进性、可行性、可靠性
银行、会计师、律师、证券公司	1. 企业过去的融资、偿债和资信状况 2. 财务报表的准确性 3. 专利、案件诉讼
同类公司市场价值调查	1. 项目企业未来的价值和盈利前景 2. 投入资金所占股份
竞争对手	1. 对项目企业市场竞争力和占有率的评价 2. 对管理人员素质的评价
相关行业企业的管理层	对项目的评估

三、尽职调查方法

进行尽职调查的方法主要包括：查阅资料、访谈人员、召集会议、实地调查、数据分析、信息印证等。但是，并不是所有这些方法都全部适用，而是需要私募股权投资人根据发行人所在行业、组织特点、业务类型进行选择，配合适当的调查方法展开。

① 赵岗主编：《中国股权投资基金运营新略》，中国发展出版社 2014 年版。

（一）查阅

查阅是尽职调查的首要方法。当查阅企业制度与业务流程相关的文件时，尽可能全面地了解企业日常运行所依赖的主体制度、业务流程以及内部控制措施，更具体的是指，组织人事、财务会计、资产管理、公司治理、业务采购、流程渠道、权限划分、审批层级、复核查证、操作程序、业务模块、岗位职责分工、内部制衡机制、应急措施等。私募股权投资人应当选择一定样本的控制活动，对其进行验证、观察、提问等测试，以评价公司相应机制和措施是否有效并发生作用。

除此之外，私募股权投资人还可以通过查阅企业财务报告、年度总结等，全面了解企业的实际情况。查阅资料的来源主要有：

（1）由被调查企业提供；

（2）通过中国人民银行的“银行信贷登记咨询系统”获得相关资料；

（3）通过工商税务查询系统获得；

（4）通过公共媒体、互联网等进行搜集。

一般地，查阅的资料有：企业经审计的财务报告、企业重大交易合同、企业在该行业内的资料、董事会及总经理办公室等会议纪要、公司规章制度、业务流程资料、合同、账簿等。

（二）访谈

私募股权投资人通过与企业管理人员、业务执行人员，以及涉及财务、销售、内部控制等部门的负责人进行了解、谈话，对已有资料进行核实，深入了解企业的最新状况。

对于不同的访谈对象，也需要调整访谈的目标，例如：

（1）对企业高级管理人员进行访谈，目标是：了解企业的主营业务、企业未来的发展目标、发展计划及其实现情况；

（2）对企业财务人员进行访谈，目标是：了解企业财务制度的平稳性、内控制度的有效性；

（3）对企业销售人员进行访谈，目标是：掌握企业主要客户和供应商的情况，评估企业主要产品市场前景、原材料供应情况；

（4）对公司员工进行访谈，目标是：评价企业内部沟通与反馈机制，包括公司是否建立了体系化的信息系统，可以覆盖公司全部重要活动、对内部和外部信息进行搜集和整理，以及保证员工能通过其充分理解公司政策并保证相关信息能传达到应被传达到的人员的信息沟通和反馈渠道；

（5）对公司内部审计部门人员进行访谈，目标是：评价公司对内部控制活动与措施的监督情况。私募股权投资人通常根据询问、验证、查阅内部审计报告和监事会报告等方法,考察公司内部控制和评价制度的效率。

由于企业的情况纷繁复杂,访谈的形式分为:

(1)内部访谈:在私募股权投资人内部对该企业相关业务提供常年服务的负责人员进行会谈,结合所提供服务的情况,梳理出准备与客户访谈的思路,列出可能涉及书面材料的《尽职调查资料清单》。

(2)外部访谈:对发行企业的高层管理人员及相关生产、销售、财务等部门负责人进行访谈;其重点是交流其对竞争对手的认识、对行业竞争环境的分析、凸显出企业竞争优势的案例、市场传闻正误等在书面资料中难以反映出的问题,试图转换至发行企业的角度重新审视该企业;同时,访谈过程也在一定程度上反映出发行企业各部门之间的配合情况,对管理层人员产生更加直观的认识。

可以按照以下步骤进行访谈:

(1)准备访谈提纲:根据前期所收集、汇总及掌握的关于发行企业及其所在行业的书面资料,通过初步消化后,依照《尽职调查资料清单》及发行人自身特点、发行人所在行业的发展变化,挑选出需要深度了解的内容和方向。访谈提纲能使被访谈对象事先了解私募股权投资人关注的问题点,安排适合的人员紧扣问题进行解答和沟通。私募股权投资人可以依据发行企业的股权结构、组织结构及其部门职能,明确受访重点,并根据该重点安排访谈时间表。

(2)提交访谈提纲及尽职调查资料清单。

为保证访谈的顺利推进,可事先与发行企业签署保密协议。

附件:

访谈笔录模板

<table>
<tr><td>时间:2014 年 5 月 15 日</td><td>地点:公司会议室</td></tr>
<tr><td colspan="2">访谈主题:了解公司内部控制的运行情况</td></tr>
<tr><td colspan="2">访谈对象:张某(董事长)、令某(董事会秘书)</td></tr>
<tr><td colspan="2">访谈人员:隋平</td></tr>
<tr><td colspan="2">1. 问:公司控股股东及实际控制人是谁?公司控股股东是否参与公司日常的经营管理?其对公司的重要经营决策是否能起到控制或重大影响?
张:公司目前我是第一大股东,持股比例是 70%。公司的主要决策由董事会讨论,最终由我作出。公司的重要经营决策由我控制。
2. 问:公司经营管理中是否有总经理办公会议,哪些人参加?是否有会议记录?
张:公司每周一上午召开总经理办公会,由我主持,公司中层以上管理人员均参加,有会议记录。会上针对公司基础性方向,如销售和技术提出要求或建议。
3. 问:公司是否具有完整的业务流程、独立的生产经营场所以及供应、销售部门和渠道?
令:公司具有完整的业务流程,公司采用用友软件对主要的业务流程进行电子化管理。公司有独立的生产经营场所,公司有独立的供应、销售部门和渠道。</td></tr>
</table>

续表

4. 问:公司关联交易存在的必要性和持续性? 公司最近两年一起关联交易的关联方定价情况? 公司的关联交易是否对公司的业务独立性产生重大影响? 公司如何采取措施防止关联交易对公司独立性的不利影响? 如何采取措施规范关联交易? 令:公司关联交易比较少,最近两年未发生关联方采购、销售和关联方资金往来情况。公司实际控制人及其妻子为公司银行借款做连带责任保证。 5. 问:公司是否设立独立的财务会计机构、建立独立的会计核算体系和财务管理制度? 是否独立进行财务决策,独立在银行开户,独立纳税? 令:公司设立独立的财务会计机构、建立独立的会计核算体系和财务管理制度。独立进行财务决策,独立在银行开户,独立纳税。 6. 问:公司董事会是否负责批准并定期审查公司的经营战略、重大决策? 如何确定经营风险的可接受水平? 公司是否每年编制财务预算、生产预算、销售预算? 公司是否建立了专门风险的识别和控制体系,管理层对专门风险的识别和控制采取了哪些措施? 张:公司重大决策前,会与各董事会成员沟通,听取意见和建议。公司会参考各董事的意见和建议,并最终形成决策意见。从公司 2002 年成立至今,在研发、管理上始终向世界领先水平看齐,通过内、外两方面防范公司的经营风险。目前来看,公司的经营风险主要集中在海外销售过程中汇率的波动对公司利润造成的影响。但是公司产品附加值高,利润率维持在较高水平,汇率波动不会对公司利润产生重大不利影响。 令:公司每年年初会编制销售的大致预算,并根据销售预算编制财务、生产和其他预算。从执行情况看,每年的实现情况基本与预算持平。 公司未建立专门的机构作为风险识别和控制的专门部门,但公司实际通过总经理、财务部、市场部执行相应的风险识别和评估控制。主要的控制措施是定期召开会议对宏观政策、市场等数据进行分析,对公司经营风险进行评估。 7. 问:公司管理层对公司内部控制、质量控制的建设和运行情况评价如何? 令:公司自成立以来,始终关注内部控制、质量控制制度的建设和执行工具的完善,在内部控制和质量控制方面日趋完善。各部门严格按照公司相关管理制度执行,总体来说,公司内部控制情况良好。 8. 问:公司控股股东、实际控制人是否有控制其他企业? 张:我没有控制其他企业。 9. 问:公司是否存在对外担保、重大投资、委托理财等事项? 这些事项的决策是否符合股东会、董事会的职责分工? 张:公司不存在对外担保、委托理财事项,除两家全资子公司外没有其他对外投资。公司对外投资设立全资子公司均经过了董事会和股东会决策。 10. 问:公司财产权属是否清晰? 公司财产权是否存在法律纠纷或潜在纠纷? 张:公司目前的主要经营场所均为租赁取得,但已经在北京建造厂房。公司主要财产不存在法律纠纷或潜在纠纷。 11. 问:公司将要履行、正在履行以及已经履行完毕的重大合同是否存在或可能存在纠纷? 张:公司目前合同履行情况整体较好,个别合同履行期限可能存在延长,主要是因为合同需求变更而造成的,合同双方均能达成共识,目前不存在履约风险。 12. 问:请谈谈公司当前的销售策略 未来是否有更改计划? 张:目前公司销售渠道分为两种,一种是对 A 公司的销售,一种是直销。对 A 公司的销售毛利率比较低,公司成立至今,作为 A 公司相关产品的全球唯一供应商,在产品质量体系等方面都采用了 A 公司提供的国际标准,公司产品虽然技术领先且品质优良,但受到宏观环境对相关产品的认可度影响,公司向 A 公司销售产品的情况短期内不可能改变。公司直销产品的毛利率较高,产品类别与销售给中石油的存在差异,公司正努力拓展直销产品的规模和销售渠道。

续表

13. 问:公司运作的信息沟通与反馈情况如何?如何让具体信息传达到具体的员工? 令:公司主要通过邮件和书面张贴公告的方式发布信息。另外,重要通知会通过人事部门向各个部门的经理传达,由经理逐级传达至员工。 反馈方面,公司建立民主的反馈体系,员工可通过部门经理、总监等反映实际工作中遇到的情况。同时,公司总经理的大门随时向员工敞开,不少员工直接找总经理提出意见、建议。 14. 公司对外进行原材料采购和付款的审批控制流程如何? 令:采购计划人员依据生产计划部下达的生产计划、产品材料定额或技术部门的材料预提,编制物资采购计划。采购计划人员依据产品生产进度要求、物资采购计划,明确材料、配套件名称、型号规格和采购的期限要求,结合库存数量分配进货数量。授权的采购人员在合格供方范围内签订采购合同,合同签订按规定执行。采购经理依据公司批准的价格、市场采购招标和评定采购最高限价表、采购合同以及质量体系控制程序要求对采购活动进行审核。请款人员依据采购计划、资金计划提出请款要求,填写"付款申款单",经总经理批准后报财务由付款人员付款。采购物品验收入库后,由采购人员依据材料发票及清单、收料单等填写"入库单",经保管员、部门领导批准后经总经理审核,将整理好的原始凭证报到财务部进行挂账报销。 15. 公司销售和收款的控制流程如何? 令:销售信息的前期收集由销售员对与公司产品有关的项目进行跟踪,及时掌握市场信息的动向并及时向销售主管汇报。销售信息的后期收集通过销售人员或售后服务人员走访用户、征求用户意见、用户反馈、现场服务记录等途径获得,并把这些及时传递到本部门。销售主管收到前期信息后进行整理,上报相关领导,做出市场营销的决策。销售主管收到后期信息后,经过整理传递给其他相关部门,处理后再反馈到市场部,最后反馈到用户,实现收集—传递—反馈的信息链。对标书的制作要严格按照招标文件的要求来完成,标书制作人员应对标书进行评审,并做好评审记录,在制作标书过程中严格执行相关规定。销售统计协助销售主管依据产品订货合同,及时编制销售计划,并下发各有关部门;对合同执行情况进行跟踪,随时了解生产进度;依据生产进度及用户要求下发产品发运通知。货员应掌握所发货物的装箱单,并与相关部门做好配合工作,将装箱单及时交与用户方。发货员在发货后做好回执单,并将所发货物相关资料做好整理,并存档。销售统计人员依据发货产品所开具的发票,建立应收账款台账。销售统计人员确认银行回款,使之与发出商品及合同相一致,正确冲减用户应收账款金额。销售统计人员每月核对应收账款及各地区回款明细,并编制下月回款计划并汇报销售主管。

(三)列席会议

列席会议是指参加与企业有关债务融资工具事宜的会议,例如:股东会、董事会、高级管理层会议及其他涉及债务融资工具发行目的、用途、资金安排等重大事宜的会议。需要说明的是,私募股权投资人及各中介机构可以通过参加企业的股东大会或业绩发布会,了解股东关注的问题,转而从股东的角度了解企业的信息。

(四)实地调查

实地调查是指实际到达企业的主要生产场地或建设工地等业务基地进行相关调查。实地调查的内容包括:生产状况、设备运行情况、产品库存情况、生产管理水平和现场人员工作情况等。

到企业的生产场所实地考察的目的是,可以加深对企业经营管理水平、设备运行情况、安全生产和环境保护情况的直观了解，核实企业重要的实物资产情况。

（五）信息分析

信息分析是指通过适当方法对采集的信息、资料进行分析、归纳，从而得出结论性意见。例如，通过对国家产业政策、产业周期进行分析，确定企业发展所处市场环境。进一步地分析企业产品的市场占有率，确定企业主要产品的行业地位；计算企业主营业务增长率、主营利润增长率等指标，分析企业主要产品的市场前景；分析企业收入、成本、费用等指标的变动趋势和比例关系，分析它们之间以及它们与其他财务指标之间的配比关系是否合理。

具体而言，通过了解公司主要的上游供应商、下游客户群，关注公司的供销渠道，供应商和客户的集中度相当大程度上决定了其成本转嫁能力的高低；通过了解公司主营业务所提供产品或服务的市场区域分布，分析其区域市场集中度。

（六）印证

印证是指通过与有关机构进行沟通和验证，确认所查阅和实地调查的结论的真实情况。印证主要指信息、资料的印证。例如，可以将访谈、资料调阅分析、实地调查得出的结论进行汇总比较，对相应部分进行横向印证。

广泛地向企业的客户、供应商、债权人、行业主管部门、行业协会、工商部门、税务部门、同业公司、会计师、律师等第三方针对部分关键问题进行查询，以核实调查结果。例如，通过查阅企业的纳税记录来核实企业盈利情况的真实性。

（七）讨论

讨论是指尽职调查中各方讨论所涉及的问题和分歧，从而使私募股权投资人与企业的意见达成一致。在尽职调查报告定稿前，与企业进行充分、良好的沟通，力求达成一致意见。

尽职调查的方法灵活多样，由于在调查中遇到的问题和情况不一而同，所以，善于综合运用这些方法来达到尽职调查的目的才是关键。

四、尽职调查参考提纲

第一部分　公司基本资料

一、公司注册登记文件

1. 公司章程（投资协议、意向书、备忘录）
2. 营业执照、行业批件（含资质证书）
3. 股东名册及持股比例

4. 公司历史沿革资料
5. 控股参股公司及持股比例一览表
6. 分支机构分布一览表
7. 出资证明及验资报告
8. 董事长、董事、监事、经理人员名单及任职资格

二、公司概况

1. 公司组织结构图
2. 近年合并年度会计报表及审计报告
3. 本部及主要子公司的年度会计报表及审计报告
4. 当年或下一年度的财务预算报告
5. 二年内媒体公开披露信息
6. 了解法人治理结构、组织、职能分工、管理制度及流程,初步评价内部控制
7. 主要关联方概况
8. 企业文化
9. 企业的公众形象
10. 企业和工商、税务、财政、银行、政府、环保等相关部门的关系
11. 企业主要领导的能力
12. 公司自动化、信息化建设程度
13. 公司国际化情况

第二部分　业务调查

一、市场与销售

1. 营销策略
2. 业务的季节性和周期性
3. 销售网络、销售渠道和销售优势区域
4. 外销(出口)的渠道、主要市场和趋势
5. 对各级经销商提供的各类优惠条件,常用促销手段等
6. 广告方案
7. 品牌和商标及其重要性
8. 企业的主营业务收入,配套和售后市场比例及变化趋势
9. 各细分市场占有率,销售收入构成比例,竞争对手状况
10. 主要客户名单及概况,与企业的紧密程度;主要客户收入占总收入的比例
11. 内外销的数量和比例,内外销的价格差异
12. 销售量、销售金额的发展态势和变化趋势预测
13. 未完成或未执行的订单

14. 销售管理模式(包括应收账款管理、销售费用和售后服务等)

15. 销售目标的考核制度

二、生产及质量管理

1. 主要生产单元组成、每生产单元所承担的任务、生产物流的流程方式

2. 主要的生产设备数量、质量状况、先进程度、产能负荷度

3. 未来的主要技术改造和设备投资规划

4. 生产计划的制定、协调

5. 质量管理获得的认证、质量管理的体系、涉及的领域、质量人员的技术素质及关键检测设备的数量、先进程度

6. 生产组织对环境保护的满足程度

7. 产品因质量问题退回及折让的历史与现状

三、供应配套体系

1. 原材料、主要零部件采购配套模式

2. 主要服务(如运输等)采购的方式

3. 主要供应商情况及供货数量、金额、占总采购金额的比例,付款方式

4. 内部采购政策,以及有关外购或自产的决策是否恰当

5. 采购职能考察:集权还是分权、竞争性采购措施、多种供货渠道的使用、农业产品收购合同的类型、特定规则等

6. 采购合同的审核批准制度

四、技术及研发

1. 技术研发人员的数量及专业素质

2. 近三年新品每年研发的品种数量、新品的销售数量、销售收入以及占总销售收入的比重

3. 企业产品和竞争对手的产品的技术性能比较

4. 研发的技术设备配备情况

5. 研发资金的投入金额

6. 研发的方式(技术合作、技术交流、自主研发)

7. 专有技术与专利技术

8. 当前和以后三年的技术开发及研发项目一览表,并分析其先进性及效益

五、人力资源

1. 主要管理人员详细资料(年龄、工作年限、教育程度、技术职称)

2. 企业人员结构(按学历、职称、年龄、部门划分)

3. 与战略相对应的人力资源规划

4. 人员招聘(聘用对象、聘用人员要求、岗位编制原则、招聘流程)

5. 人员培训(目标,方式,效果,培训频率、范围,培训费用)

6. 目标管理(目标表、评估表)

7. 激励奖惩制度

第三部分 财务调查

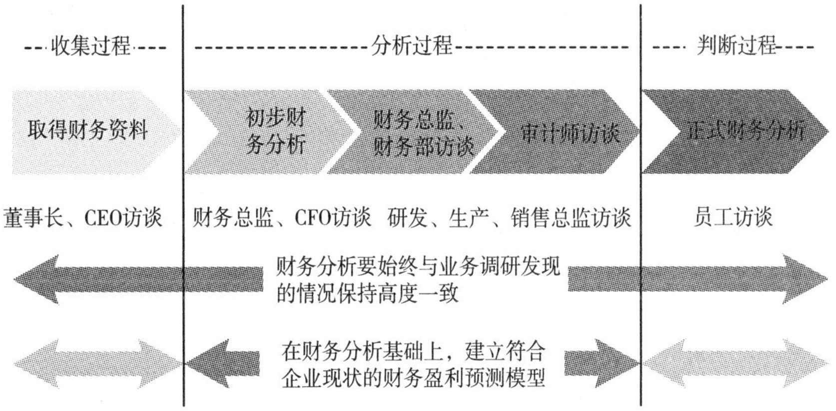

财务尽职调查思路

一、财务组织

1. 财务组织结构图,评价财务团队关键人物的性格和能力,以及财务团队整体工作能力

2. 年度经营计划,预算的编制、考核

3. 财务分析的体系、报告流程

4. 财务管理模式

5. 会计电算化

二、会计核算及报告

1. 会计报告体系(合并范围、程序、原则、方法)

2. 采用的会计政策

3. 公司薪酬、税费及会计政策

4. 内部交易或关联交易种类、流程、交易价格、结算原则,以及与之相关的税收政策

三、财务明细资料

1. 货币资金

(1)分析过去三年存款平均余额,判断目前余额水平是否正常

(2)了解可用资金余额,分析冻结资金的现象

2. 应收票据

(1)获得明细表,确认票据种类、期限

(2)对于商业承兑汇票,分析其出票人的信用程度

(3)票据是否贴现

3. 应收账款

(1)今年应收账款趋势分析,周转指标分析

(2)获得期末应收账款明细表/账龄分析表,进行分析

(3)关注逾期账款及坏账,分析应收账款的可收回性及可能发生的损失

(4)关注前十大客户的年度销售额以及回款情况

(5)了解应收账款的核算方式,关注应收内部单位款,判断应收账款被高估或低估的可能性

4. 其他应收款

(1)获得期末其他应收款明细表,进行账龄分析及坏账分析

(2)是否存在对外投资、委托理财和大额对外借款的情况

(3)核对大额款项的合同、协议

(4)费用性质的借款及暂付款

5. 预付账款

(1)获得预付账款明细表,了解预付款性质

(2)账龄分析,分析预付账款长期挂账的原因,判断其是否正常

(3)了解预付之后潜在的大额负债(合同),判断风险

6. 存货

(1)研究存货、周转率变化趋势及主要原因

(2)获取过去三年按主要产品系列、大类或其他方法划分的存货汇总表

(3)取得最近的存货盘点记录,判断其真实性

(4)关注发出商品、分期付款发出商品的情况

(5)了解周转缓慢或过时的产成品存货,判断其实现销售的可能性

(6)判断存货被高估或低估的可能性

(7)比较最近的成本价与净售价,以判断在存货出售时是否可以实现合理的毛利率

(8)低值易耗品、工装模具的核算及现状

(9)投资

(10)获取或编制投资明细表

(11)获取投资协议、企业章程、债券契约、经纪人通知书等重要资料

(12)投资的背景及控制能力

(13)检查长期投资业务是否符合国家的限制性规定

(14)检查本期发生的重大股权变动,判断其正常性

(15)控股企业验证其投资比例及应占有的权益(与控股企业尽职调查结合)

7. 固定资产

(1)获得固定资产及累计折旧分类汇总表

(2)对重要的固定资产,检查相关合同、采购发票、产权证明等资料,确认其所有权

(3)实地观察固定资产,了解目前使用状况,确定使用期限和残值是否合理

(4)调查未使用和不须用的固定资产

(5)设计生产能力与实际生产能力比较,以及原因分析

(6)检查有无与关联方之间的固定资产的购售活动

(7)了解有无更新昂贵的生产设备的要求

8. 在建工程

(1)获得在建工程明细项目清单(含工程预算)

(2)对于大型项目,获取工程项目的立项批文、预算总额和建设批准文件、施工承包合同、进度报告等资料

(3)是否存在已投入使用,未办理工程结算的在建工程,并分析借款费用资本化的合理性

(4)是否存在停工工程,了解原因

9. 无形资产

(1)获得无形资产明细表

(2)了解无形资产的取得方式、入账价值、有效期限

(3)判断无形资产价值的合理性

10. 其他

(1)被抵押或置押的资产价值,以及对应的债务,分析其差额

(2)递延资产及待摊费用分析

(3)未入账的资产

11. 借款

(1)借款明细表(债权人、种类、期限、金额、利率、保证方式等)

(2)借款利息是否按期支付,是否存在停息挂账的借款

(3)是否存在已转到资产管理公司处置的银行贷款,分析债务重组可能性

(4)了解金融机构对目标企业的授信及信用评级情况、抵押和担保情况,评价其信誉和融资能力

12. 应付账款

(1)对今年应付账款趋势分析

(2)获取应付账款明细表,以及账龄分析

(3)分析长期挂账的应付账款,是否合理的原因,判断企业是否缺乏偿债能力或利用应付账款隐瞒利润

(4)业务趋势与应付账款的趋势比较,了解是否具有足够的买方信用

(5)了解预估材料款是否适当,是否存在未入账的应付账款
(6)前十大供应商,及其供应品种、年度采购总额
13. 其他应付款
(1)获得期末其他应收款明细表,进行账龄分析
(2)核对大额款项的合同、协议
(3)分析长期挂账的其他应付款,是否合理原因,判断企业是否隐瞒利润
14. 预收账款
(1)获得明细表,了解预收原因
(2)了解销售预收制度
15. 应交税金、其他应交款
(1)获取应交税金明细表
(2)查阅纳税鉴定及征、免、减税的批准文件,了解适用的税种、计税基础、税率、范围,分析并购后税费政策的变化情况
(3)确定有关减免税的项目是否真实,理由是否充分,手续是否完备
(4)取得税务部门汇算清缴或其他确认文件
(5)关联交易的税收计算缴纳
16. 预提费用
(1)了解预提项目、原因、计提依据
(2)判断预提是否正确
17. 其他负债
应付工资及福利费明细;应付股利、长期应付款等
18. 或有负债
担保;诉讼;贴现;未执行完毕的合同;合作意向
19. 股本(实收资本)
(1)股东名称、投资金额、股权比例
(2)历年资本的变动情况
20. 资本公积
(1)资本公积明细表
(2)历年资本公积增减变动的内容及其依据
21. 销售收入
(1)销售收入、销售量、单位售价、单位成本、毛利率的变化趋势
(2)产品销售结构变化趋势
(3)企业大客户的变化及销售收入集中度
(4)关联交易与非关联交易的区别及对利润的影响
(5)运用分析性复核,查明异常现象和重大波动的原因

22. 销售成本

（1）成本结构、发现关键成本因素，并就其对成本变化的影响作分析

（2）成本计算的合理性

23. 期间费用

（1）费用总额、费用水平趋势变化

（2）主要费用项目变化趋势

（3）分析收入与各项主要费用的相关程度

24. 现金流量

（1）特别关注经营净现金流

（2）经营净现金流是否能满足融资活动的利息支出净额

（3）结合资产负债表及利润表，寻找除销售收入以外是否还存在主要的经营资金来源，对经营净现金流的贡献如何

四、财务分析

1. 财务结构、趋势、比率分析

2. 未来损益（销售收入、销售成本、期间费用、税收）关键影响因素的研究

3. 未来现金流量是否能满足经营与投资的需要，关注目标企业的注资需求往往被低估

4. 提高资产质量以及损益的分析

第四部分　法律调查

法律尽职调查是指基金管理人律师通过对目标项目企业进行全面法律调查，充分了解目标项目企业的法律状况及其所面临的法律风险和问题，并就目标项目企业是否符合发行条件进行调查，及目标项目企业申请文件和公开发行募集文件是否真实、准确、完整，最终形成内心确信的过程。基金管理人律师应当根据目标项目企业所处的行业、特定的业务、融资类型来进行相关内容的尽职调查工作。基金管理人律师在尽职调查时，应当考虑其自身专业胜任能力和专业独立性，并确保参与尽职调查工作的相关人员能够恪守独立、客观、公正的原则，及具备良好的职业道德和专业胜任能力。对尽职调查过程中获得的信息，基金管理人律师应进行审慎核查，对目标项目企业提供的信息或在尽职调查过程中获取的其他信息存有异议的，应当主动与目标项目企业或相关当事人进行沟通，并可要求其提供合理解释或出具依据，或者对相关事项进行独立调查、复核。

基金管理人律师应当在获得充分、有效的证据并对各种证据进行综合分析的基础上做出法律判断。在尽职调查过程中，基金管理人律师可以根据目标项目企业的资产、业务规模及财务状况，适当设定尽职调查中的主要财产、重大合同、其他重大债权债务关系、诉讼、仲裁或行政处罚等事项的核查标准，对其中可能严重影响证券投资人

利益或对证券投资人做出决策或判断有重大影响的所有重大方面，均应充分发挥其专业能力和水平进行深入调查，并在基金管理人律师工作报告中予以披露，不得隐瞒、遗漏。在尽职调查过程中，基金管理人律师应充分利用各种方法收集与尽职调查目的相关的信息及证据，包括但不限于：查阅文件、档案；通过互联网公开信息检索了解线索；与相关人员面谈或通过电话谈话或进行问卷调查；向相关管理部门或行业协会进行咨询；必要时可以取得相关人员声明；向交易对方或其他相关当事人函证；向政府登记机关查阅登记资料；走访相关管理部门核实情况或取得其出具的证明文件；进行实地走访或现场勘察。基金管理人律师在进行尽职调查时，应当结合目标项目企业的具体情况，制定完善的尽职调查计划和操作程序，务必在尽职调查基础上形成法律意见书和律师工作报告。同时，基金管理人律师应当制作尽职调查工作底稿。工作底稿应当真实、准确、完整地反映尽职调查工作。

此外，基金管理人律师在尽职调查时，应严格执行保密制度，不得向无关第三方泄露在尽职调查过程中获悉的任何目标项目企业信息。

尽职调查大概可以分为以下几个步骤：

1. 向目标项目企业提交尽职调查提纲或清单；
2. 目标项目企业按调查问卷清单提供相关文件或作出回答；
3. 基金管理人律师将收到的文件制成调查文件清单；
4. 基金管理人律师对运用各种方法取得的调查结果进行分析整理，发现问题并且及时处理。

基金管理人律师进行尽职调查，应当列出具体的调查提纲，提交给目标项目企业，由目标项目企业按照该调查提纲提供相关资料。这是律师获得尽职调查材料的基础。总结实践经验，基金管理人律师的法律尽职调查清单内容大致如下：

一、投资/融资

1. 重大对外投资合同（联营、并购、承包经营、投资协议，含境外投资）
2. 限制股东权利的合同/协议（如股权转让受限、表决权受限、回购安排、委托投资、股权托管协议、股权质押协议）
3. 全部借贷文件（借贷合同、担保抵押合同），其他重大欠款文件（如股东贷款、公司拆借等）
4. 重要子公司的上述文件
5. 全部融资租赁文件（如有）
6. 股票、债券发行（增发）文件（自查、询问）
7. 诉讼案件（对方提供）
8. 未决诉讼、仲裁或行政调查处罚案件
9. 潜在诉讼、仲裁或行政调查处罚案件（有现实威胁者）
10. 合格律师对上述事项的法律意见或评估报告

11. 限制公司某项未来活动的合同或判决裁定（如有）

12. 重要子公司的上述文件

二、重大合同（未履行完毕者）（对方提供）

1. 重大采购合同、建筑工程承包合同、房地产销售合同

2. 包销协议（如有）、进出口合同（格式文本）

3. 保险合同及未决理赔事项

4. 限制公司竞争的合同/协议（如独家许可合同/协议，市场瓜分协议）

5. 与政府达成的合同/协议（如重组上市、政府采购、就业、治安、完税等协议性安排）

6. 公司证券（股权、股票、债券）买卖协议（如有）

7. 专利、商标、专有技术等权利证书及许可合同

8. 公司与公司股东及高管人员之间的商务合同/协议（如有）

9. 公司与子公司之间的商务合同/协议（如有）

10. 租赁合同

11. 公用事业许可使用协议

12. 加工承揽协议

13. 对外担保合同

14. 其他重大合同(50 万元以上者)（如广告、咨询、代理等）

三、土地房屋及设备设施（自查/对方提供）

1. 土地使用证及土地出让/转让合同（并且列清单）

2. 房产证及转让合同（并且列清单）

3. 房屋租赁合同（并且列清单）

4. 重大设备设施产权证明（合同/发票/进口报关单和固定资产清单、在建工程清单）

四、环保（询问/对方提供）

1. 环保专家提供的环保调查评估报告

2. 环保工程设施投资额及设施清单

3. 政府环保要求

4. 环保备付准备金（如有）

五、劳动人事（对方提供）

1. 高管人员聘用协议

2. 现有管理团队、在职职工、临时工、离退休人员名单

3. 管理层现有福利待遇安排

4. 员工现有福利待遇安排

5. 未决劳动人事争议及潜在争议

6. 企业社保状态

六、税务（对方提供）

1. 三年内完税凭证

2. 公司税收待遇证明文件（含优惠待遇和差别待遇）

3. 税务登记证

七、其他

1. 公司自动化、信息化建设情况（观察、询问）

2. 公司法制化建设（观察、询问）

3. 公司国际化情况（观察、询问）

4. 公司营销组织结构模式（提供）

5. 公司设备老化情况（观察、询问）

6. 公司卫生、安全状况（观察、询问）

备注：以上调查提纲并不能包括所有情况，使用时请依据项目情况及经验判断重点领域。

五、房地产项目尽职调查清单

请根据以下表格所列内容进行资料准备，提供原件的盖章复印件或电子档，并提供原件备查。如无法提供或不适用，请予以说明。所需资料包括但不限于清单所列内容，请企业根据自身情况提供完备资料以供参考。

序号	内容	备注
1	年检过的营业执照、国税地税登记证、组织机构代码证、贷款卡、法定代表人身份证、工商调档资料	
2	公司简介、历史沿革说明、股东情况介绍、管理层介绍	
3	公司历史开发记录、总开发面积记录	
4	公司章程、股东会或董事会决议、董事会成员签字样本	
5	验资报告、评估报告、近三年审计报告及最近一期财务报表	
6	该楼盘项目简介、销售情况说明、具代表性的几份已签订销售合同（能够说明售价）	
7	规划许可证、施工许可证、用地许可证、土地证、房产证、预售许可证等相关证照	
8	房地产开发商对应的资质证书或政府批文等	
9	项目环评报告、可研报告及对应批复文件、商业计划书	

续表

序号	内容	备注
10	提供给银行的全套贷款申请文件	
11	全部贷款合同及相应的担保合同、反担保合同	
12	银行贷款的还款记录、企业账户的贷款记录	
13	房地产管理部门出具的抵押登记证明文件	
14	银行信贷登记系统或企业征信系统信息查询数据	
15	土地出让合同及土地出让金缴纳凭证	
16	对外担保及未决诉讼等重大事项说明(盖章)	
17	其他认为需要提供的资料	

六、尽职调查保密协议

保 密 协 议

甲方：

（项目企业）

乙方：

（投资机构）

鉴于，乙方将为　　　项目（“本项目”）进行尽职调查，甲方将向乙方提供本项目的相关资料和信息，包括业务、财务、客户、产品等资料和信息，双方经过友好协商，达成保密协议（简称“本协议”）如下：

第一条　保密信息

乙方同意，对以下信息严加保密：

有关本项目的谈判和相关协议的存在、性质及条款，甲方的业务信息、财务信息、经营信息、客户信息、技术信息、商业秘密等（简称“保密信息”），无论有形的还是无形的，书面的还是口头的，现在的还是将来的，本协议签订之前还是之后获得的。

下列信息不应被视为保密信息：

（1）根据法律法规应当披露的信息；

（2）乙方在甲方提供前基于非保密条件取得的信息；

（3）因本协议及本项目合作导致的司法程序而必须披露或使用的信息；

（4）乙方从公开途径获得的信息（因违反本协议造成的情况除外）；

（5）甲方书面同意乙方披露或使用的信息等。

第二条　保密义务人

乙方及乙方尽职调查所派出的律师、相关工作人员均为本协议约定的保密人。

第三条 保密义务

(1)未经甲方书面同意,乙方不得对外披露和使用保密信息;

(2)乙方应采取适当措施,限制接触保密信息的人员范围,并避免可能接触的其他人员做出非经授权的披露或使用;

(3)乙方如果发现保密信息被泄露,应当及时采取有效措施防止泄露进一步扩大,并及时向甲方报告。履行本款义务并不影响乙方承担违约责任。

第四条 保密信息的所有权

甲乙双方一致同意,保密信息是甲方的财产,本协议的签订并不意味着授予乙方任何知识产权或商业秘密等,也不意味着授予乙方任何保密信息的相关权利。

第五条 保密期限

乙方的保密义务在以下时间(以较早者为准)终止:(1)本协议签订后________年;(2)本项目的合作目的最终实现之日;(3)其他明确规定取代本协议的文件生效之日。

第六条 违约责任

(1)乙方未能按照本协议约定履行义务的,应承担甲方因此遭受的损失,包括但不限于甲方的直接经济损失,及甲方为追究违约责任所发生的律师费、差旅费、交通费等。

(2)乙方为尽职调查指派的律师、相关工作人员违反本协议约定的,视为乙方违约,由乙方按照前款约定承担违约责任。

第七条 协议的生效、变更和终止

本协议自双方签字盖章之日起生效;

本协议在履行过程中需要变更或终止的,由双方另行协商并签订补充协议;补充协议同本协议具有同等的法律效力。

第八条 法律适用和争议解决

本协议的签订、修改、履行、解释及有关争议的解决,均受中国现行法律、法规的约束;

因本协议或是履行本协议产生的争议,双方应首先通过友好协商解决;协商不成的,任何一方均有权将争议提交有管辖权的人民法院解决。

第九条 其他

本协议一式两份,双方各执一份,具有同等的法律效力。

(以下无正文)

第二节　信息搜集方法①

一、搜索引擎

搜索引擎是我们搜集信息资料的最重要的渠道之一，用搜索引擎查找信息资料需要使用恰当的关键词和一些搜索技巧。目前国内主要的搜集引擎有如下10个，近期还有较多行业型搜索冒出来，找专业型行业资料可以使用行业型搜索引擎。

百度

http://www.baidu.com/

国内最大综合搜索

Google

http://www.google.com.hk/

综合搜索

搜网

http://so.sowang.com/

所有搜索引擎一起搜（集合搜索引擎）

雅虎

http://www.yahoo.cn/

综合搜索

搜狗

http://www.sogou.com/

综合搜索（搜狐研发）

必应

http://bing.com.cn/

综合搜索（微软研发）

有道

http://www.yodao.com/

网页、博客、图片、词典等

中搜

http://www.zhongsou.com/

第三代搜索，行业搜索

天网

① 资料来源：投行业务资讯公共微信号。

http://www.tianwang.com/

学术、影视搜索

盘古

http://www.panguso.com/

生活资讯、舆情、图书特色

由于每个搜索引擎都有一定的局限性,可以把要搜索的关键词在多个搜索引擎试一下,可能会搜出你意想不到的结果。

大家对国内的引擎基本都很熟悉,尤其是百度和Google。需要搜索同一主题的资料,不同的人所搜出来的结果可能天差地别,主要原因在于如下两点。

1. 搜索关键词的选择:举例说明,假如我们要搜索大数据行业发展相关资料,如果我们就在百度上搜索“大数据”,结果非常多,无法进行筛选,可以对关键词进一步界定,如“大数据行业”、“大数据市场规模”、“中国大数据产业”、“大数据技术”、“大数据企业”等,需要不停地变换搜索关键词,直到查到满意的搜索结果。在查找的过程中可以根据查找结果内容再对关键词进行修正,如有些名称的专业表达方式,因为最开始搜索时我们表达的不一定准确。

2. 搜索技巧:主要是针对百度、google等搜索引擎的一些高级搜索技巧。常用技巧主要有如下几个方面:

(1)文件类型搜索:使用filetype,如在百度或google中键入“filetype:pdf 大数据”搜索出有关大数据的pdf内容,而且这些文档基本都可直接下载。还可以变换为其他的如“filetype:doc”、“filetype:ppt”、“filetype:xls”等,注意其中的冒号为英文的冒号,一定要变换为英文冒号。

(2)定位于哪个网站上搜索:使用site,如在百度或google中键入“大数据空格site:sina.com”,则在sina.com搜索有关大数据的一些资料信息,这个特别适用针对某些信息可能在哪些网站上出现的一个快速搜索方法,注意冒号也是英文的,网站名称也不用加“www”。

(3)精确匹配搜索:使用“”,如在百度中键入“大数据行业”,表示搜索“大数据行业”五个必须联在一起的,如果不加“”,搜到的为大数据及行业两个词并列显示的结果,没有这么精确匹配。

(4)限制性的网页搜索:使用intitle,如在百度键入“intitie:大数据”,限定于搜索标题中含有“大数据”网页,如果输入“intitie:大数据市场规模”,限定于搜索标题中含有“大数据”和“市场规模”的网页。

二、数据库

数据库是研究人员重要的数据来源之一,目前券商、基金研究机构都购买有商业数据库,目前研究用的数据库主要分为两大类,一是商业数据库,二是学术数据库。

1. 商业数据库

商业数据库大多为金融投资所用,主要分为国内与国外数据库两大类。

(1)国内商业数据库

国内数据库主要有如万德、恒生聚源、锐思数据库、CSMAR 数据库、巨潮数据库等。目前万德数据库主要定位于国内高端客户,市场占有率较高,为 80% 左右,当然其售价也较高。恒生聚源也定位为机构客户,性价比较高,售价要比万德便宜得多。CSMAR 数据库定位于学术与高校,其中金融数据比较全、强大。锐思数据库定位于学术,质量一般。巨潮数据库为深交所旗下数据库,有一定的特殊优势。

(2)国外商业数据库

国外数据库主要有彭博、路透社、CEIC、OECD、HaverDatabase、Thomson FinancialOneBanker 等,国外数据库中彭博是比较全也大的,在国内销售也较好,但是售价奇贵。一般不做国际市场研究的,大多用不到国外数据库,毕竟国外数据库公司对国内的行业数据及公司数据不如本土数据库公司的做得好。

2. 学术数据库

学术数据库基本为高校、研究机构所用,也分为国内与国外两大类,学术数据库中一些学术论文、行业数据、统计年鉴还是有用的,缺点就是其中有些数据相对比较旧,无法做到实时更新。

(1)国内学术数据库

中国知网:国内最大学术数据库,包括期刊、学位论文、统计年鉴等。

万方数据:仅次于中国知网,包括期刊、学位论文等。

人大复印资料:期刊、论文等。

中国国家图书馆:

http://www. nlc. gov. cn/

维普:期刊、论文等。

中经网:有较多行业研究报告,宏观数据较全。

国研网:数据较为权威,有些报告可以一看。

上海公共研发平台:可以注册,人工审核,内包含较多数据库。

(2)国外学术数据库

EBSCO:较全的一个数据库,内包含较多的商业数据,好用。

Elsevier:学术文章全,更新速度快。

以上大致介绍了国内的商业及学术数据库,但这些数据库都是通过收费或学校账号才能使用,对于平时临时研究用的一些人,没有必要去购买,下面介绍一些免费可用的数据库。

数据汇:

http://www. shujuhui. com/database/

国内的宏观数据,国外的也有一部分,可以导出来。

数据圈:

http://www.shujuquan.com.cn/

免费共享平台,行业研究报告,统计年鉴等。

FRED:

http://research.stlouisfed.org/fred2/

OECD:

http://www.oecd-ilibrary.org/economics

联合国图书馆

台湾学术数据库:

http://fedetd.mis.nsysu.edu.tw/

部分文章提供免费全文下载

台湾大学电子书:

http://ebooks.lib.ntu.edu.tw/Home/ListBooks

三、共享文库

首先也非常感谢共享文库的出现,使得大家搜集信息方便了许多,从最早的豆丁、百度、爱问等共享文库的出现,到如今出现许多共享文库,但很多文库规模较小,文档数量较少。以下简要介绍主要共享文库。

百度文库:

http://wenku.baidu.com/

国内文档数据量最大的共享文库,综合型的,好用。

豆丁文库:

http://www.docin.com/

其收费的盈利模式导致用户数量逐年减少,文档质量也不如百度文库。

爱问共享:

http://ishare.iask.sina.com.cn/

综合型文库,里面也时常发现好的行业研究报告,电子书籍。

道客巴巴:

http://www.doc88.com/

综合型文库,后起之秀,文档数量和质量较好。

智库文档:

http://doc.mbalib.com/

以管理、行业文档为主,质量较好。

文库大全:

http://www.wenkudaquan.com/

无须注册,通过点击广告模式盈利,文档内容多。

IT168 文库:

http://wenku.it168.com/

专业型文库,以计算机及 IT 技术相关的文档为主。

CSDN 文库:

http://www.csdn.net/

全球最大的中文 IT 社区。

呱仕网:

http://www.guasee.com/

以创业投资、证券市场等文档为主的专业型文库,刚起步状态。

新浪地产:

http://dichan.sina.com.cn/

国内最大房地产类文库,房地产相关策划、数据较全。

几个国外的共享文库

Scribd:http://www.scribd.com/

全球最大的文档分享平台。

Docstoc:http://www.docstoc.com/

在线文档与图片分享平台。

针对以上国内的共享文库,都可以通过注册账号、上传分享资料赚取积分,通过积分可以下载文库资料。如果有些文档看过后不错想保存下来但积分不够,可以通过文库下载器来免费下载保存,文库下载器有"冰点文库下载、易读下载、老张文库下载"等,如果只看重其中一部分内容,可以通过 QQ 拷屏方式保留下来(登录 QQ,ctrl + alt + a 拷屏)。

四、专业论坛

在共享文库未出现以前,专业论坛一直是查找资料的好去处,国内的一些论坛经过这么多年的运营,已经积累大量有用的文档。下面主要介绍我们常用的专业论坛。

人大经济论坛:

http://bbs.pinggu.org/

经济、学术型论坛,其中行业研究、统计年鉴数量多,更新速度快。

经济学家:

http://bbs.jjxj.org/

经济学专业论坛,其中统计年鉴、行业报告、国内外数据等有特色。

随意网 - 经济论坛:

http://economic.5d6d.net/

新建网站,有些内容尚可。

理想在线:

http://www.55188.com

股票券商研究报告。

迈博汇金:

http://www.hibor.com.cn/

股票券商研究报告,目前已经收费了,只能查询有哪些最新报告,无法下载。

博瑞金融:

http://www.brjr.com.cn/forum.php

金融行业专业型论坛。

华尔街社区:

http://forum.cnwallstreet.com/index.php

国内专业的金融论坛。

投行先锋论坛:

http://www.thxflt.com/

专业型为投行人士探讨而设立的论坛。

春晖投行在线:

http://www.shenchunhui.com/

证券相关政策的汇编整合论坛。

中华股权投资论坛:

http://www.tzluntan.com/

PE 投资专业型论坛。

五、政府部门

政府部门是国内公开数据的来源,查询权威的数据可以到政府相关部门网站,以下介绍国内的主要发布相关数据的政府部门。

国家统计局:

http://www.stats.gov.cn/

这个不用多说,很多人浏览过。

工业和信息化部:

http://www.miit.gov.cn/

较多数据在此发布,尤其是有关工业运行及信息化相关数据。

中国人民银行:

http://www.pbc.gov.cn/

中国金融市场政策及运行相关数据。

银监会：

http://www.cbrc.gov.cn/

银行金融相关数据。

中国海关：

http://www.customs.gov.cn/

中国进出口相关数据。

国家知识产权局：

http://www.sipo.gov.cn/

专利相关查询。

中国证监会：

http://www.csrc.gov.cn/

相关政策及招股书披露平台，以及拟上市公司排队每周披露。

巨潮信息网：

http://www.cninfo.com.cn/

中国资本市场指定披露平台，上市公司相关年报、季报及公告披露信息。

六、证券交易所

丹华提示：交易所主要寻找的是相关证券的募集说明书、年报和重大交易公告。

上海证券交易所：

http://www.sse.com.cn/

其中研究出版栏目中有些研究报告。

深圳证券交易所：

http://www.szse.cn/

其中，研究刊物中有研究报告。

全国中小企业股份转让系统（新三板）：

http://www.neeq.com.cn/

新三板挂牌公司的转让及信息披露。

香港证券交易所：

http://www.hkexnews.hk/index_c.htm

台湾证券交易所：

http://www.tse.com.tw/ch/index.php

新加坡证券交易所：

http://www.sgx.com/

纽约证券交易所：

http://www. nyse. com/
纳斯达克证券交易所:
http://www. nasdaq. com/

七、其他

除以上介绍的几种资料搜集渠道外，我们也结合近年 IT 科技的发展，在博客、微博、空间等去搜索。

1. 行业协会网站：每个行业协会基本都会有网站，在该网站上能够查找一些对本行业的描述、相关数据等。

2. 博客：国内有网易、新浪、搜狐、百度空间、和讯等博客网站，有些数据也可以从搜索博客中找到。

3. 微博：新浪微博、微盘及腾讯微博，用户量极大，其中有些数据可以通过搜索查询到。

4. 微信：微信用户已经超过 4 亿，每个人都是新闻的发布者，其中数据资源丰富，但目前还未提供全文搜索功能，只能通过关注相关公共账号或关注朋友圈获取。

5. QQ 空间：有些企业或机构 QQ 空间会有些报告及数据发布。

另，补充：

(1)行业协会尤其是美国的，会有很多免费的报告和数据。

(2)咨询公司和行业信息提供商，前者如麦肯锡 MGI 等一些大报告还是不错的，后者如 IMS、艾瑞咨询等，这里面有非常多的细分行业的公司，在不同渠道认真搜索也会有不错的收获。

(3)著名杂志网站，如 Nature、HBR、经济学人等。

(4)Google、百度这种，可按图片搜索，找到一些不错的图表。

(5)还有知识分享网站，知乎。

(6)经济学资源数据库，http://down. cenet. org. cn/。

(7)雪球导航也是非常出色的信息网站集中营。

第三节　IPO 企业实地核查的运用①

为配套新股发行体制改革，提高资本市场财务信息披露质量，证监会于 2012 年 2 月起陆续发布包括会计风险监管提示等在内的一系列 IPO 企业监管新规。实地核查是其中一项重要举措，对会计师事务所 IPO 业务的审计程序提出了更具体细化的要求，有助于注册会计师防范审计风险。对此，注册会计师应保持应有的职业谨慎，认真

① 资料来源：锐意青年投资家俱乐部。

切实地履行核查程序。

采用实地核查的核查方式，主要是为了获取判断交易真实性和是否存在未披露关联方和关联关系的重要审计证据。监管规定要求对主要客户、供应商，以及新增或异常客户、供应商的核查，应当进行实地核查。注册会计师应加强与券商沟通、协同核查，共同确定具体核查方案，包括样本选择、核查方式和核查时间、核查内容等。

一、总体原则

对客户、供应商的核查程度和核查内容，应当强调重要性原则和风险导向原则。重要性和风险导向性一般体现在：

1. 选取核查样本上，应对重要客户和供应商样本，如前 n 名、新增大额或异常客户和供应商等，进行实地核查；并考虑对这些客户或供应商的下一级客户或供应商，实施进一步现场函证确认；

2. 核查的资料上，核查该等客户、供应商的财务会计或业务信息资料（如可直接取得），核对有关报送工商、税务或银行等部门的资料；

3. 参与人员上，项目合伙人、项目负责经理和质量控制复核人员，均应当深度参与高风险重要客户、供应商的实地核查。

二、主要核查内容

实地核查重点关注相关交易与企业性质、规模、财务实力、持续经营等存在矛盾的地方，具体包括：

1. 交易价格的合理性、公允性，所购销货物是否有合理用途，包括检查货物终端销售或最终使用情况；

2. 客户的付款能力和货款回收的及时性，对于新增、异常、关联方客户或供应商是否频繁发生与业务不相关或交易价格明显异常的大额资金流动；

3. 核查发行人是否存在通过第三方账户周转，从而达到货款回收支付的情况。

三、核查对象的选样

进行核查选样时，须考虑的因素通常包括：①发行人的购销模式，如代理商、直接购销、出口贸易商等，采取代销模式的，需要关注最终销售的实现情况；②各期大额交易的各类客户和供应商；③新增的各类客户、供应商；④本期交易较以前同期发生较大波动的各类客户和供应商；⑤如果客户、供应商较分散，可以根据重要性原则实施现场核查，其中对新增大客户和供应商需要全部核查。

具体而言，报告期内选择实地核查对象的方法可以参考如下：

1. 获取并复核发行人按照单个法人口径列示的客户或供应商名录，根据前述选样原则确定应当实地核查的重要客户、供应商。

2. 对客户、供应商的实地核查家数，报告期内，特别是最近一年一期一般应保持较高比例，换算成核查金额比例应不低于 50%。

如果客户或供应商非常集中，可能核查比例需要更高，甚至达到 100%。

如果客户或供应商过于分散，在保持核查比例不低于 50% 的前提下，除去重点对象选取外，对其他核查对象应当采用抽样技术选取，也可以与保荐机构合作进行或相互利用工作成果，以提高核查结果的满意度。比如，保荐机构在现场实地核查时，会计师采用电话访谈方式实时介入，但应当注意留存相关工作底稿。

3. 对申报期或最近一年一期之外其他各会计期内选取的核查客户、供应商，也需要进行实地核查。如果该客户与最近一期的核查客户、供应商重合，可利用上述核查结果并不再考虑实地核查的核查金额占比。

4. 上述重要客户、供应商（如前 n 名等），确实无法实地核查的，应同时采用其他方式进行核查。如电话访谈、邮件、询证函、互联网核查等，并考虑替代核查程序的有效性以及核查范围是否受到限制。

5. 上述重要客户、供应商，期中审计已按照 14 号文进行实地核查，且期中至期末该客户或供应商的经营变化不大，可以不再采取实地核查，但应通过补充取得交易往来询证函和关联关系确认函等相关证据跟进，将期中审计取得证据推至期末。

6. 对于已选作实地核查样本但对方不接受访谈，或因涉密可访谈内容有限的，建议了解分析原因是否合理，补充对方背景调查，检查业务单据如合同、验收单及资金单据等，分析交易合理性和真实性，尽可能实施询证等替代程序。

四、实地核查的具体要求

1. 选择核查对象的主要业务人员（关键经办人员）进行访谈，尽可能访谈不同部门、不同级别的人员，以取得多方信息相互印证；

2. 核查询问基本信息主要包括：核查对象的工商信息、主营业务、行业状况、与发行人的合作关系、与发行人的交易额占其同类交易总额的比重等；

3. 核实核查对象与发行人的主要合同条款，如交易模式、交易规模、付款方式、付款期限、运输条款、运输保险受益人、销售佣金比例等；

4. 核查选定对象的生产经营场所（若适用），如办公环境、仓库情况、经营规模、库存情况等，了解客户消化从发行人处采购的货物的能力或供应商向发行人供应的主要原料或包装物的能力，关注其生产经营现状，并与访谈内容相互印证；

5. 实地核对核查对象的工商、税务、银行等部门提供的资料，若为新增、异常或关联方，应尽可能取得其工商登记资料、纳税资料、与核查对象相关交易的银行账户流水等资料，甄别核查对象的实际控制人及关键经办人员与发行人是否存在关联方关系；

6. 将发行人实际控制人、董事、监事、高级管理人员及其密切家庭人员的对外投资清单，与核查对象的股东和关键经办人员进行比对；关注与发行人实际控制人、董事、

监事、高级管理人员关系密切的家庭成员与核查对象是否存在关联方关系;

7. 现场函证核查对象与发行人的交易及往来余额。函证内容包括但不限于:主要合同条款、交易额、债权/债务余额、是否为关联关系及其他会计师认为必要的信息。

五、核查注意事项

为了实地核查程序的执行能起到应有的效果,需要注意以下事项:

1. 核查人员在核查前需先了解、收集核查对象的基本信息,包括与发行人有关的交易模式、重要合同签订及执行情况等;

2. 项目组提前对拟核查的对象建立核查档案;

3. 形成各方签字的访谈记录:形成的访谈记录,需要被访谈人签字,发行人应提前协调;若被访谈人不能签字,则需提前考虑带律师去以作证据留存;

4. 现场照相:在核查对象门口必须照相;车间、仓库等地,在征得核查对象的同意尽量照相;

5. 现场观察:重点观察客户的仓库,判断发行人的产品是否存在或足以容纳;供应商的仓库,判断发行人采购的材料是否存在或足以容纳;

6. 留下核查轨迹:如机票、火车票、住宿发票、核查现场照片等,电话访谈应当录音;

7. 现场及电话访谈,均需征得对方同意后方可录音;

8. 索取核查对象相关资料。通常情况下,核查现场应向核查对象取得的核查资料包括:

(1)取得最新的营业执照,并核对成立时间、营业范围、注册资本、法定代表人。

(2)调取工商基本信息档案。一般要求发行人协调取得,若仍然无法获取,可请发行人委托第三方调档。

(3)对交易额(包括重要合同条款)与往来余额函证确认。对报告期的交易额、最近一期期末余额进行函证(考虑重要合同条款),经财务部门确认后,盖公章或财务专用章(只留两份,一份自留,一份给券商)。

(4)关联方关系确认函。可与券商合作,采用券商关联方关系确认函的模版,包括核查公司、实际控制人、股东、高管与发行人的关联关系。附件应含发行人的基本情况、实际控制人、主要股东、高管,并加盖客户或供应商公章。

六、核查底稿的主要内容

一般情况下,核查底稿包括程序表、汇总表、记录文档、相关附件,具体内容如下:

1. 程序表:包括确定选样标准和方法、时间和人员安排、访谈方式等;

2. 汇总表:包括核查对象名称,模式(直接用户或经销商),性质(选样标准对照),是否关联方(若是,说明具体关联关系),交易额(不含税)及其占总交易额比重,往来挂账科目期末余额及其占期末往来总余额比重，访谈方式，核查结论，索引号等；

3. 记录文档应包括以下内容：

(1)核查基本信息：如核查日期、核查对象名称、地址、参与人员及职级、交通方式、核查原因等；

(2)核查对象基本情况：如法定代表人、注册地、注册资本、成立时间、股权关系、行业状况等；

(3)与发行人交易情况：如与发行人的业务关系，关键经办人员、与发行人发生业务的起始时间、交易金额、交易量和交易占比等，若交易量异常应在访谈结论中明确交易量异常变动的原因；

(4)与发行人的主要合同条款核对情况：如合同标的、规模、价格、结算方式、佣金返利、运输方式、质保等；

(5)核查经营场所情况：了解生产能力、开工情况、库房面积等，关注其生产经营现状，与访谈内容相互印证；

(6)现场函证情况：包括交易询证函和关联方关系确认函的现场确认情况，其中，交易询证函内容包括但不限于与发行人的交易量、交易总额、截止日的债权/债务余额、重要合同条款及其他项目组认为必要的信息。

在核查现场，参与各方应照相留底，并在核对无误后对记录文档签字确认。

项目组应结合访谈信息、参观经营场所、函证等情况，就相关交易的真实性和是否存在关联关系做出核查结论；

4. 相关附件：包括核查差旅单据复印件、留底相片、录音以及核查对象的其他资料，如营业执照、工商资料、询证函、关联方关系确认函等。

第四节　项目估值

一、项目估值概述

在市场经济交往中，估值是由交易各方独立完成的。买卖双方都有自己的估值方法，如果最终得以成交，则交易价格会落在双方估值区间的重叠部分。在某些情况下，估值的程序与方法，甚至是交易价格可以由法规来约束。

(一)估值的信息基础

获得与交易有关的必要的信息是PE进行投资决策的前提条件。PE通常的做法是在投资决策之前，通过对目标公司的尽职调查(Due Diligence)来获得所需要的信息。例如，通过对目标公司财务状况的调查，可以了解目标公司过去数年内的盈利能力等信息。信息的连续性、真实性、完整性与及时性对估值有重要影响。

然而，信息不对称的存在使得卖方总比买方更多地了解交易标的的价值。卖方总是有意无意地掩饰瑕疵的存在而夸大于己有利的一面。在有限的时间内，PE 必须作出交易决策，因此，PE 经常在交易结束之后才发现被收购公司中逐渐暴露出的问题。令企业主保留部分股份、在合同中规定某些保护条款或安排特别的交易价款支付方式，对 PE 的投资可以提供一定程度的保护。尽管如此，收购仍是高风险的投资活动。

风险是难以量化的。对风险的判断有时依赖 PE 团队的经验和直觉，这种判断会最终体现在估值上。对于同样的净利润，有些企业主会按照股票市场同业公司的市盈率给出乐观的估值，但 PE 的估值却要保守得多。那些经历过股市暴跌而损失惨重的投资者、经历过政策变动导致生意重大挫折的经营者或许能更深刻地体会 PE 的这种谨慎的道理所在。毕竟，投资一个企业是投资一项生意，而且这是一项长期投资，这与按即期市价买卖快速消费品有着太多的不同。

（二）估值与交易价格

卖方委托第三方作出的企业的评估价值并不一定是最终的交易价格，否则就没有价格谈判的必要了。交易价格是买卖双方都可以接受的价格。

除估值结果外，买卖双方还要独立考虑更多因素以最终达成交易价格：

1. 交易条件，如对价形式（现金或股票等）、支付时间、支付方式（一次或分期）等；

2. 为完成交易而发生的各项费用，如律师费、尽职调查费用、差旅费、投入的人力等；

3. 交易结构的潜在影响，如资产交易的税负问题，或如股权交易的事后事项，例如员工安置方案或身份置换（最低 3 年合同、不低于 90% 的安置比例，冗员情况）、或有负债问题等；

4. 政策的连续性与政策变化的可预见性，如行业准入政策和外资鼓励政策等的变化；

5. 对风险的判断。价格与风险是必须同时考虑的因素。例如，对或有负债、应收账款等实现可能性的判断，对政策变动的判断等。

交易方式也会影响交易价格，如拍卖、招投标、集合竞价等方式，与一对一谈判形成的价格会有所不同。

交易目的不同也会影响交易价格。如果卖方，例如国有资产所有者，在转让国有产权时，既考虑经济利益又考虑社会效益和政治影响，则其对买方资质就会作出限制，从而可能拒绝了潜在竞争性买家的更高价格。如果买方，如产业资本，在收购企业时，既考虑获得新市场的进入渠道又考虑到消灭潜在竞争对手，则其出价可能会高于其他类型的买家。

二、基于资产的估值方法

（一）估值方法

事实上，估值是一个理论难题。估值是在一系列假定条件下作出的，尽管这些条件常常不被满足甚至至今尚不被使用各种估值方法的人们所认知。估值是一个主观的过程还是一个客观的过程？某一时点的企业价值是一个点、几个散点还是一个区间？

现实交易中，买卖双方关注的是交易价格。交易价格是具体的买卖双方议定的结果，价格是主观的，是体现了买卖双方的偏好的。某些收藏家可以用数万元收购一块元代官窑的破碎的瓷片，而不懂收藏的人们却会视之如垃圾。只要交易价格高于卖方的卖出底价、低于买方的买入顶价，交易就可能实现。

既然如此，估值的意义何在呢？一种看法认为，估值是确认卖方底价和买方顶价的过程。在特殊的情况下，如国有产权的转让，可能会以低于评估价值的价格成交。此时，须综合考量在转让失败的情况下，继续保有国有资产的成本（如企业持续亏损、工资福利拖欠、银行债务负担等）、再次评估的费用、再次挂牌交易的费用、相关人员的时间成本、资产盘活的社会价值等因素。

估值的另一个作用是防止并购交易双方避税。特别是在资产交易的情况下，卖方作低交易价格并从买方那里以其他方式获得补偿可以降低各项税费。中国政府要求卖方提供合格资产评估机构出具的资产评估报告，在某种程度上限制了避税行为。

从技术角度看，企业估值有两种基本角度：着眼于历史或着眼于未来。着眼于历史投入的是基于资产的评估方法，着眼于未来净收入的是基于盈利能力的评估方法。

基于资产的估值方法是将企业总资产分解为各自独立的、有参考价格的小块资产，根据参考价格评估小块资产的价值，再将各小块资产的价值简单加总，最后再加上一个资产溢价就得到了企业价值。对并购交易而言，一些显而易见的矛盾是：

1. 资产估值的时点与资产（或股权）交割的时点是不一致的，半年左右的时间间隔在收购交易中司空见惯。在严厉的通货膨胀环境下或在资产价格急剧波动时期，估值与交割时间差的存在可能会严重影响交易的成功。

2. 经营性资产具有一定程度的专用性，例如炼钢炉通常不能直接用来生产轮胎。资产专用性的存在降低了资产的流动性、提高了退出的成本。在收购交易中，以低流动性的资产交换高流动性的现金，卖方的资产估价应该减去流动性溢价以贴补买方的流动性损失，而不是再增加资产溢价。

3. 资产包式的转让类似批发，应该在零售价加总的基础上给一个折扣，而不是溢价。

基于盈利能力的估值方法考虑企业未来业务的价值。持续经营的企业除拥有各类资产外，还必须有组织、人员、制度、渠道、品牌、客户、战略等。企业并不只是各项资产的简单堆积，而是活的有机体。按照这种随意性更大的估值方法，企业的价值既然取决于未来，则本来就不存在事先可以预知的精确答案。

（二）账面价值法（历史成本法）

公司资产负债的净值即为公司的账面价值。但是若要评估目标公司的真正价值，还必须对资产负债表的各个项目作出必要的调整。

例如，对资产项目的调整，应注意公司应收账款可能发生的坏账损失、公司外贸业务的汇兑损失、公司有价证券的市值是否低于账面价值、固定资产的折旧方式是否合理，尤其是无形资产方面，有关专利权、商标权和商誉的评估弹性很大。

对负债项目的调整，应审查是否有未入账的负债，如职工退休金、预提费用等，注意是否有担保事项等或有负债及尚未核定的税金等。

在对目标公司的资产负债评估后，并购双方即可针对这些项目逐项协商，得出双方都可以接受的公司价值。

（三）重置成本法

完全重置成本（即重置全价）是指在现时条件下重新购置一项全新状态的资产所需的全部成本。重置成本法是用待评估资产的重置全价减去其各种贬值后的差额作为该项资产价值的评估方法，计算公式如下：

待评估资产价值＝重置全价－综合贬值

或

待评估资产价值＝重置全价×综合成新率

综合贬值包括有形损耗（物质的）和无形损耗（技术的）等。

从技术角度看，重置成本法的主观因素较大。例如，对某项设备综合成新率的判定，是根据设计使用年限与剩余使用年限的关系，或是根据剩余折旧年限与残值规定，或是根据感官判断？毕竟影响设备成新率的因素很多，如日常维护保养的频次与费用、设备工况等。有些设备，如轿车，即使是刚买来的新车在二手市场也只能以八折销售，以新车价格计入总估值会带来很大的分歧。此外，参考价格的选定无法排除交易条件的影响。如是等等。

（四）市场比较法

市场比较法简称市场法。通过市场调查，选择一个或几个与评估对象类似的企业或资产作为价格参照物，分析比较参照物的各项指标，进行对比调整，据以确定被评估企业或资产价值的评估方法。应用市场比较法的前提是资产同质以及存在成熟而交易活跃的市场。

市场比较法估算某项资产价值的计算公式：

委估资产的评估价值 = 参照案例资产成交价格 × 交易情况修正系数 × 交易日期修正系数 × 警戒因素修正系数 × 个别因素修正系数

基于资产的估值方法最易引起分歧。毕竟，PE 关心的是企业的盈利能力决定的投资回报而不是未来资产价值的增值空间。

三、基于收益的估值方法

2005 年 4 月，中国资产评估协会《企业价值评估指导意见》开始实施，明确将收益法而非成本法列为企业价值评估的首选。2006 年 2 月，财政部颁布 2006 年版《企业会计准则》，区分和采用了“历史成本”、“重置成本”、“可变现净值”、“现值”、“公允价值”等计价概念。其中的“现值”指未来净现金流的折现，与收益法评估契合。

（一）DCF 法

DCF(discunted cash flow)法，即现金流量折现法，通常是企业价值评估的首选方法。DCF 法的步骤是：

(1)确定未来收益年限 r；

(2)预测未来 r 年内现金流；

(3)确定期望的回报率(贴现率)；

(4)用贴现率将现金流贴现后加总。

DCF 法公式：

企业当前价值 $= \Sigma[\mathrm{FCFE}/(1+r)^{t}] + \mathrm{Vt}/(1+r)^{t}$

其中，

FCFE：预期的股权自由现金流量；

r：贴现率(根据情况可取相应的资本成本 K 或加权平均资本成本；

T：收益年限；

Vt：第 r 年企业的终值；

t：预测期从 1 至 T；

Σ：求和符号(从第 1 年至第 T 年)。

收益年限是指企业能够生存的长短或指企业能够被预见的将来时期。根据不同的需要，DCF 法可以选择不同长度的预测期，例如 8 年、10 年甚至更长的时间。在估值的实践中，PE 更关注 3 ~ 5 年的预测期，因为在这样长度的期间内，企业经营结果被认为是可被预测的。

企业自由现金流量 = 息税折旧摊销前收益(EBITDA) − 所得税 − 资本性支出 − 营运资本净增加

贴现率 = 无风险利率 + 风险溢价。

贴现率综合考虑了未来业务发展和潜在风险等诸多方面的因素。其中的风险因素可能是对于某一公司、某一具体行业,或某一具体的细分市场的特定的风险。概括地讲,贴现率反映了某一行业特定的资金成本。DCF 模型中不同状况的现金流对应不同的风险水平,这样对贴现率的要求也不同。税率在 DCF 法中是一个较为复杂的变量,因为各国的税收制度都十分复杂,没有简单的比例可以应用,并且,税率经常会发生调整,不同性质的企业在不同的时期有着不同的税率,相互之间的可比性也较低。另外,企业对税的处理各有各的做法,并且会根据不同的时期采取合理的避税方法。

确定第 r 年企业的终值(Vt)与确定企业当前价值是同样的命题。可以假设与企业当前价值相等。作为对 DCF 法的改进,将 DCF 法与场景分析结合,分别估算理想、正常与恶劣经营状况下的 DCF 值,并赋予每种情况以权重,加权计算 DCF 值。

适用 DCF 法评估企业价值的情况是:

1. 企业目前的现金流量是正的;
2. 将来一段时间内的现金流量和风险能可靠地估计;
3. 可以根据风险得出现金流的贴现率。

(二)DCF 法在中国应用的局限

DCF 法在理论上是相对完美的,但在中国的应用中存在局限。实践中,贴现率通常由无风险利率与风险溢价之和构成。在中国,因为利率管制而不存在市场化的利率形成机制,因而无风险利率的选择成为估值中首先要面对的问题。

由于高储蓄率传统的存在,在中国长期执行低真实利率的政策成为可能。很多中国评估师以名义一年定期存款利率作为无风险利率。在长期通胀预期下,这一利率明显是低估的。

在中国的评估实践中,DCF 法通常用于对某项盈利性资产进行评估,而后将各项资产评估价值加总得到企业价值,本质上仍然是基于资产的估值方法。由于历史文化原因,中国企业中普遍存在闲置资产的现象,如土地储备、未投入使用的房屋建筑、闲置的机器设备等。这些非生产性的资产对企业的盈利能力没有贡献,而且流动性差。

“Garbage in, Garbage out”(垃圾入,垃圾出)。现金流预测与贴现率假设的质量对 DCF 法是十分重要的。困难在于,对现金流与贴现率的预测是很主观的。资产评估师们也常常通过调整现金流与贴现率的数值来人为调整对企业的估值,以满足那些向他们付费的客户的意愿。

四、EBITDA 倍数法

EBITDA(Earning before Interest, Tax, Depreciation and Amortization,息税折旧摊销前收益)是一个财务数据,该数据排除了复杂的财务杠杆和税收政策的影响,综合反映管理团队经营业绩与企业现金流贡献能力。

(一)EBITDA 倍数法公式

企业估值 = EBITDA × 经验倍数

经验倍数的选择综合反映了评估者对企业未来盈利能力的信心与风险判断。经验倍数通常依据对下列因素的综合判断而形成:

以往类似交易的估价;

企业外部环境的稳定性,如市场化程度、政策的稳定性、宏观经济周期等因素;

可以选择的退出途径,如拟实施 IPO 的公司估值可以参考市场上可类比公司的市盈率等指标;

对投资回报的要求,等等。

(二)PE 对 EBITDA 回报率的要求

PE 只对 EBITDA/销售额(或主营业务收入)高的企业感兴趣。通常,EBITDA/销售额超过 20% 的企业才有可能成为 PE 的合作伙伴。盈利能力过低的企业无法满足投资基金的回报率要求。另一方面,较低的盈利能力将增大企业在面临市场不利变化时陷入亏损与现金短缺状态的可能性。

(三)资本性支出与流动资金

企业经常面对是否增加投资扩大产能从而提高产出、扩大市场份额的选择。要实现产出的增长,通常不仅需要资本性支出,如购买设备、新建厂房等,还需要增加流动资金,如购买更多的原材料、支持更高的库存、支付更多的销售费用,等等。

企业未来的资本性支出与流动资金需求的增加会对企业未来的现金流形成压力。因而,控制资本支出的目的,一方面是要保证新增产能是有效产能,另一方面也要保证企业的自由现金流为正。

(四)净利润:衡量公司业绩的陷阱

有两个因素影响了运用净利润衡量公司业绩的准确性:税收与财务杠杆(或资本结构)。

税收法律在执行层面通常被赋予一定的弹性。当同行企业处于不同的地区,或同行企业具有不同的产权性质时,这些企业很可能面临不同的企业所得税政策。在中国,注册在经济开发区内的企业或外资企业有可能被给予税收优惠政策。企业所得税优惠政策的存在会降低同行企业盈利能力的可比较性。此外,当地方的企业所得税政策不稳定时,对企业净利润的预期也变得不稳定从而不可靠。

财务杠杆对企业价值的影响是不确定的。当边际资本的净收入为正时,财务杠杆可以提高投资回报率(ROI);相反,则降低投资回报率。当存在企业所得税时,由于利息是在税前支付的,企业债务具有“税盾效应”,从权益(股东权益和债权人权益)角度看,财务杠杆增加了企业价值。

此外,企业的其他业务收入、股票债券等的投资收益等短期因素对当期企业的净利润影响也很大。更有甚者,企业可以通过操纵虚假销售、收入提前入账、关联交易、反冲各项计提准备等来改善当期的净利润。当然,EBITDA 方法同样也存在这些问题。PE 希望通过财务尽职调查发现这些问题,并调整财务报表以恢复企业正常经营业绩的本来面目。

如上所述,净利润并不总能准确地反映管理团队经营企业的真实能力。经常被人用于对上市公司进行估值的市盈率法(市盈率 = 每股价格/每股净利润)就是如此。

五、Pre－IPo 估值方法[①]

目前来说,私募股权投资基金在进行 Pre－IPo 投资时所采取的估值方法主要是市盈率法。

(一)市盈率法的基本原理

市盈率(P/E)是股价与收益的比率,市盈率法的基本原理是在预测拟投资企业收益的基础上,按照一定市盈率水平来评估拟投资企业的价值。其计算公司价值的公式为:

市盈率 = 参考企业价值/参考企业预期收益 = (参考企业股价 × 股本)/参考企业净利润

拟投资企业价值 = 拟投资企业预期收益 × 市盈率 = 拟投资企业预期净利润 × 市盈率

(二)市盈率法计算要点

1. 预测收益

从前述公式可以看到,企业的预测收益是个基础性的参数。对项目企业利润的预测通常是由项目企业在其投递给投资者的商业计划书中做出。这种预测是建立在通过一系列预测假设得出的企业业务计划的基础上,因此,私募股权投资者需要对利润预测进行审慎的审核。在进行审核时,需要重点关注两个方面的问题:其一是企业的业务计划是否切合实际,其二则是假设是否合理。在审核结果的基础上,投资者考虑企业在得到投资后所能获得的改善,对其未来的利润水平进行重新评估。

2. 确定适当的市盈率

(1)参考市盈率

在确定市盈率时,鉴于项目企业还没有上市,还没有自身的市场价格,所以,需要

① 赵岗主编:《中国股权投资基金运营新略》,中国发展出版社 2014 年版。

采用比较的方法,选用与项目企业具有可比性的已上市企业的市盈率或者整个行业的平均市盈率。究竟选择上述两种市盈率的哪一种作为标准市盈率,则取决于股权投资基金的实际情况和获得相关资料难易程度。其次,要对标准市盈率进行调整,因为项目企业通常在经营过程中面临不确定风险,所以,在考虑它的市盈率时通常要有一个折扣。

(2)历史市盈率和未来市盈率

历史市盈率法是指企业用上一年度或过去12个月的利润为基数对企业进行估值,其计算公式如下:

企业价值=企业上一年度或过去12个月的利润×市盈率倍数

未来市盈率法是指企业用下一年度或未来12个月的利润为基数对企业进行估值,其计算公式如下:

企业价值=企业下一年度或未来12个月的利润×市盈率倍数

根据公式来看,对于企业来说,如果企业盈利持续调整增长,采用未来市盈率法对企业进行估值对企业更有利。假设一只股权投资基金同意以10倍的市盈率对一家企业进行估值,如果该企业上一年度的净利润为1000万元人民币,预计下一年度的净利润为1500万元人民币,那么,采用历史市盈率法,该企业的估值为1000万元×10=1亿元;采用未来市盈率法,该企业的估值为1500万元×10=1.5亿元。如果基金同意投资3000万元,以历史市盈率法进行估值,基金能拿到30%的股价;若以未来市盈率法进行估值,基金只能拿到20%的股份。

(3)投资前估值和投资后估值

投资前估值:是指企业的价值不包括股权投资基金新投入的资金。

投资后估值:是指把股权投资基金新投入的资金作为企业价值的一部分。

举例说明:假设一家具企业估值为1亿元,基金拟投入4000万元,如果采用投资后估值法,基金所占的股份为4000万元/(1亿元+4000万元)=28.57%;如果采用投资前估值法,基金所占的股份为4000万元/1亿元=40%。由此可以看出,采用投资前估值还是投资后估值,对企业的影响还是很大的,采用投资后估值对企业更有利。

(三)市盈率法的约束条件

由于历史市盈率法的估值基础是企业经营历史数据,且经过会计师事务所的审计核查,所存风险较小;而未来市盈率法采用的盈利数额是建立在预测的基础上的,为降低风险,股权投资基金通常会要求在投资协议中增加一条对赌条款,对公司估值进行调整,按照公司未来实际达到的利润对公司价值和股份比例进行重新计算,股权投资公式要求投资后估值=P/E倍数×下一年度实际利润。

沿用前述例子,如果企业下一年度的实际利润只有1000万元,企业的价值就只有1亿元,相应地,3000万元/1亿元=30%,投资人应该分配的股份应该是30%,企业家需要拿出10%的股份来补偿投资人。

前述对赌情况是比较彻底的，有些股权投资基金看到企业未来经营，对企业高管给予鼓励时，也会相对"友善"一些，会对企业给一个保底的企业估值。依旧是前面的例子，假如股权投资基金要求按照公式调整估值，但是承诺估值不低于1.2亿元，那么如果企业的实际利润只有1000万元，企业的估值不是1亿元，而是1.2亿元，投资人应该获得的股份就是3000万元/1.2亿元=25%。如企业实际利润达到150万元，则企业估值为1.5亿元，投资人股份为3000万元/1.5亿元=20%。

（四）不同融资阶段企业估值的变化

一般来说，一个公司从初创到稳定成长期，需要三轮融资。第一轮大多是来自个人的天使投资作为公司的启动资金；第二轮投资往往会有VC/PE投资机构进入为产品的市场化注入资金；而最后一轮则基本是上市前的融资，来自于大型风险投资机构或私募股权投资基金。

在首轮融资中，投资人往往会尽最大可能压低企业的估值。后续融资中，如果有新的投资者想介入，已介入的基金或投资机构就会帮助企业提高企业估值，以免稀释自己的股份。

如果企业在完成首轮融资后，没有新的投资者对公司感兴趣，已介入基金就会要求企业平价或降价融资，这样，已介入基金就会以同样的投资拿到更多的股份。

当然，新基金在加入次轮融资时又会想尽办法压低企业的估值。

第八章
基金投资与投后管理

第一节　投资谈判

投资谈判是指谈判双方就某项投资活动所涉及的投资周期、投资方向、投资方式、投资内容与条件、投资项目的经营与管理以及投资者在投资活动中的权利、义务、责任和想到关系所进行的谈判。

股权投资基金的投资谈判，就是基金管理人或基金经理和企业家之间在股权投资基金入股企业之前进行的关于投资入股的一系列相关事项的磋商过程，通常会经过几轮。

一、投资谈判的双方选择

在我国，股权投资基金投资的对象大部分为中小企业，通过股权投资，实现了企业产权和金融产权的相互选择，促进了资源的优化配置和效率提高。通常优质的企业，尤其是处于成熟期的企业，可能会同时面临不同投资机构的投资意向，此时企业家应衡量更合适的一两家引入。当然，企业规模大时，可能同时引进几家，但是这也将面临更多的沟通成本，一定程度上还会影响经营效率。

因此在相互选择上，对于企业方来说，VC/PE 股权投资方有不同背景，相应也有不同的投资模式。例如，有战略投资和财务投资、有控股和不控股投资、有现金和股权折算投资等许多形式。战略投资，通常不仅仅为企业提供资金，还会为企业定制一系列的价值增值服务，例如企业战略制定、生产或服务流程优化管理、职业管理人员推荐、市场扩张和产业整合，涉及企业公开发行上市时，还会介绍配置专业中介、上市进程协调等，对于企业方具有极强的互补性。因此，只有具有长远眼光的企业主才能够得到这些雄厚资源，而往往这些资源比资金更加重要。

对于股权投资基金来说，优质的企业为其提供了资金保值增值的标的，而这是基金管理机构管理基金的根本追求。

二、投资谈判的关键议题

股权投资谈判的主要内容包括:战略定位、投资方式、企业估值、股权比例、经营管理权、承诺、保证与违约责任等。

(一)战略定位

虽然股权投资基金及其管理人通常不介入参股企业的日常经营,但资本市场对企业的定价原则有别于产业投资者的思维式。尤其是专注于 Pre - IPO 的股权投资基金为了更快地实现企业 IPO,同是获得更高的估值,会与企业原股在就上市企业的主营业务、商业模式、上市架构等事宜进行商讨,并在投资协议中进行框架性明确。这层谈判更多有赖于双方企业文化、投资理念的认同,通常在此方面彼此认同后,后面的谈判将更容易推进。大多时候,这也是企业家最渴望得到的认识和资源,关于此方面的深度沟通,是专业的股权基金管理者击败其他入股竞争对手的有力筹码。

(二)投资方式

常见的股权投资方式包括股权转让和增资扩股。股权转让实际上是实现了企业原股东的股权套现,并没有为企业获得发展所需资金,因此多数情况下,股权投资基金入股会选择增资扩股的方式。但为了控制经营风险,股权投资基金和其管理人会提出附带经营条件的或有支付方式,即所谓的“对赌方式”。通过对赌方式,灵活使用投资的法律形式,股权投资基金可以建立适当的激励机制,并对自身利益进行保护。通常,设定或有支付方式条款时可基于未来的经营情况指标,如营业收入总额或收入增长、税后净利润总额或税后净利润的增长、现金流量情况、对股权投资基金的分红情况(大多数基金通常不做要求)以及投资收益的指标(投资回报率、净资产收益率)等。

除了附带经营条件的或有支付方式以外,境外投资者一般还愿意选择可转换债券、可转换优先股等形式,一方面可以在投资期间享受固定的投资回报,另一方面也在一定程度上确保了本金的安全。目前,国内的股权投资基金尚没有这些投资形式,随着股权投资市场的成熟。未来也将逐渐丰富投资方式和投资组合。

(三)企业价值评估

关于企业估值的谈判是投资协议达成中的关键议题。具体方式方法本章第三节已经进行了探讨,这里不再赘述。通常,股权投资基金尤其是专注于 Pro - IPo 的股权投资基金入股的价格是在同类上市公司通行市盈率的基础上进行折价。这一方面是考虑到未上市公司和上市公司的规模可以还存在一定的差距,另外也是考虑到未来上市时的发行市盈率大体也会与同类上市公司的交易价格相仿,而充足的折扣才能确保投资基金及其投资者有足够的收益和安全空间。

（四）股权比例

通常企业出让多少股份，往往取决于大股东的意愿，大股东会综合考虑多种因素。作为控股股东，往往能够持有对公司的控制权，更多地享有子公司的战略价值。同时大股东还会考虑到企业在私募融资后到上市前这一阶段，自身发展所需要的资金量，根据企业自身的需要出让相应比例的股份。

而股权投资基金需要考虑的要素要更多一些，尤其是投资拟上市企业。首先在企业未来上市后，企业必须出让25%左右的股份作为流通股，大股东届时是否还能够拥有绝对控制权；其次，这次融资距离计划的上市时间还有多久，是否在上市之前还要进行融资，如果距离上市已经很近了，企业方通常会把股份比例控制在较低的水平，例如3%～10%，或者考虑到上市后的禁售期问题，还会把股份拆细到更低的比例；第三，股权投资基金可能会要求对重大事项有控制能力，为此希望获得更有分量的股份。

因此，企业方和股权投资基金会进行以上的各方面的充分沟通和谈判，来达到各自心目中合适的股权出让比例和受让比例。

未来，我国证券发行审核制转变为注册制和多层次资本市场制度的健全，很可能使企业在各地方股权交易所、新三板、主板、创业板上市的途径增多，同时随着主板、创业板发行市盈率降低，相对近两年企业在引进股权基金投资者时“待价而沽”的现象将大大减少，股权投资基金行业的投资价格将会回归到合理水平。但是，随着股权基金投资向前端转移，投资比例将会有所提高，而企业期待股权投资基金对其提供更多的增值服务，包括介绍战略合作伙伴、生产流程优化、产业链整合甚至一些重大决策等，而有资源、有背景、成功案例多的股权投资基金将更获企业的青睐。

（五）经营管理权

掌握一定的控制权，尤其是对重大事项的否决权，对于保护股权投资基金的利益来说是至关重要的。通常，股权投资基金会通过要求获得董事会席位，并修改公司章程，将其认为的重大事项列入需要董事会特别决议的事项中去，以确保对企业的发展方向具有有力的掌控。不过，通常股权投资基金不会对企业的日常运营进行过多的干涉，之所以要求对企业的重大事项有控制权，一方面是防止企业做出抽逃资金等违背投资协议的事情，更重要的是为了贯彻企业的长期发展战略，使企业能够始终在健康发展并且成功上市的轨道上运行。

（六）承诺、保证与违约责任

对于承诺和保证，通常股权投资基金出于投资风险防范，会对企业方尽职尽责经营企业进行约束。盈利保证是投资者给企业戴上的一个“紧箍咒”，没有这个“紧箍咒”，企业宏大的发展目标和上市计划很可能会流于空谈，股权投资基金及其投资者也无法得到相应的回报。也有一些融资企业最终能够和股权投资基金达成奖励条款，在企业业绩达到一定程度或上市后股权投资基金的回报超过一定比例时，股权投资基金会给予企业家现金奖励，或者像蒙牛安全中那样，通过股权安排制定较为复杂的激励机制。

违约责任是投资者和融资企业需要在协议中详细明确的事项，例如未能如期上市、上市价格低于预期、业绩没有达标等于承诺不符的事项是否属于违约，企业和投资者之间最好能够事先协商清楚，并对违约后的责任问题进行约定。

三、投资谈判的目标和技巧

由于股权投资基金作为投资方和企业作为融资方的出发点和利益不同，双方在对投资合同条款清单的谈判中不可避免地会产生分歧。在投资谈判过程中，首要是要建立双方认可的价值标准，切忌站在各自的要求上进行意志较量。谈判过程是投融资各方斗智斗勇、有进有退、有攻有守的过程。至关重要的一点要明确：从根本上，投资收益来自于双方“1 +1 >2”的价值创造，而不是来自于合作对象的让步。

在谈判技巧方面，首先，要了解谈判对手，做到知己知彼，也只有这样，企业方才能找到最为适合自己的投资方，同时股权投资基金也才最有可能拿到心仪的项目企业。

其次，学会介绍自己。这点对于企业来说尤为重要。不仅仅企业方要描述自己的业务、陈述自己的项目优势、描述未来的发展规划，从投资方角度强化自己的优势更为必要。例如，说明企业在市场中的位置、技术优势、服务优势等在财务指标上的体现等。从几个关键点去定位自己的企业将能够较快地引起投资方对自己的投资进行定位，如果符合其投资标准，股权投资基金管理人自然会进一步地深入了解。同时企业也会从投资人、投资团队、历史业绩等方面考察投资方，并且对好的投资方还会给予优惠。

再次，避免空谈目标。企业家在接触股权投资基金时，大多会大谈特谈目标。实际上诸如“中国最大”之类的目标并不重要，更重要的是企业家如何把目标分解，同时股权投资方会将企业家和企业的核心竞争力与目标实现过程相互对照，考察其可行性及风险程度。

最后，关注关键条款。在投资谈判过程中，股权投资基金和企业家反复协商的只有少数起关键作用的条款，例如估值、期权、董事会组成，以及企业家的权力和报酬等。因此，关键条款上花的时间应相应较长，对于其他条款则只需要双方相互确认即可。

在投融资双方眼里，专业和高价的概念是对等的，所以通常双方相互认可了在专业化方面高人一等时，那么在双方交易过程中会比较轻松，双方都会留有让步的余地。而自古谈判双方都是互不信任的，如果能使对方多一信任，交易就自然能多一份达成的机会。因此，谈判不仅需要技巧，有时还需要第三方顾问例如券商、会计师机构、律师机构等的“穿针引线”的协助，使投融资双方尽量在开始阶段有最基本的相互信赖。

四、项目的筛选

（一）项目的初步筛选

项目的初步筛选标准

标准	内容
投资规模	投资项目的数量 最小和最大投资额
行业	是否属于基金募集说明书中载明的投资领域 私募股权基金对该领域是否熟悉 私募股权基金是否有该行业的专业人才
发展阶段	种子期 创业期 扩张期 成熟期
产品	是否具有良好的创新性、扩展性、可靠性、维护性 是否拥有核心技术或核心竞争力 是否具备成为行业中的领先者/行业规范塑造者的潜力
管理团队	团队人员的构成是否合理 是否对行业有敏锐的洞察力 是否掌握市场前景并懂得如何开拓市场 是否能将技术设想变为现实
投资区域	是否位于私募股权基金公司附近城市 是否位于主要大都市

（二）项目进一步筛选

由于项目初评只对项目的一些表面信息进行筛选，因此，对于通过初步评估的项目，投资经理需要进行进一步调查研究，对项目进行全面的技术、经济认证和评价，从而更全面地了解项目未来发展前景。项目评估要点如表5－3所示。

项目评估要点

评估项目	要点
商业计划书评估	行业特征:目标市场是否是一个不断成长的市场? 产品或服务的技术开发:技术是否新颖,操作是否简易,技术开发是否可行?市场吸引力、市场可能需求、成长潜力是否够大? 经营目标与前景预测:分析企业历史经营业绩与未来经营情况,并作出对未来经营的评价。 管理团队成员的能力评估:管理构架与职责安排是否合理?对管理层关键人物的经历、职业道德与相关收入作出综合分析。 财务状况与盈利预测评估:对项目未来几年的资金需求、运用与流动状态作出判断,以此作为是否给予资金支持的重要依据。 风险管理与控制评估:识别和评价各种风险与不确定性。 投资收益评估:对融资规模、资金的期限结构、资金的投入方式等作出评价。
技术评估	技术因素评估:产品技术的历史情况;产品技术目前的水平;产品技术未来发展趋势;产品技术的理论依据和在实际生产中的可行性;产品技术的竞争力,产品技术的专利、许可证、商标等无形资产状况;产品技术在同行业所处的地位;政府对产品技术的有关政策。 经济因素评估:项目方案是否成本最低,效益和利润最大? 社会因素:是否符合国家科技政策和国家发展规划目标;是否符合劳动环境和社会环境;是否有助于人民生活水平的改善和提高。
市场评估	市场容量:是否有足够的市场容量? 市场份额:直接市场份额及相关市场份额的大小。 目标市场:是否定位好目标客户?目标市场规模是否庞大? 竞争情况:竞争对手的数量有多少?是否存在占绝对优势地位的竞争者?一般性竞争手段是什么? 新产品导入率:是否有替代产品? 市场进入障碍:是否有较高的规模经济性?是否有专利权?是否需要政府审批?
管理团队评估	企业家素质:是否有支撑其持续奋斗的禀赋?是否熟悉所从事的行业?是否诚实正直?是否有很强的领导能力?是否懂经济、善管理、精明能干?是否具有合作精神?是否具有很强的人格魅力? 管理队伍的团队精神:是否已组建分工明确、合理的管理团队? 管理队伍的年龄范围:35~50岁之间,既有丰富的实际经验,又有活跃的思想,能较快吸收新知识和新信息。 管理队伍的个人素质:管理队伍应包括精通每个主要部门业务的、能力很强的个人。
退出方式及产业价值评估	退出方式:退出依据是否可靠?最可能的退出方式及各种方式的可能性程度?合同条款中有无保护投资权益的财务条款及财务保全措施等。 产业价值:对项目的产业价值、战略前景、产业化途径等进行深入的量化研究。

根据项目企业提供的商业计划书对创业项目进行综合研究评价后，投资经理通常会组织对创业者进行访谈，询问有关问题，并让创业者就一些关键问题做一次口头介绍或讲演。基金经理可通过这次会面获取更多有关项目的信息，核实商业计划书中所描述的创业项目的主要事项，了解私募股权基金能够以何种程度参与企业管理和监控，创业者愿意接受何种投资方式和退出途径，考察创业者的素质及其对创业项目成功的把握。

第二节　投资协议

可否获取高投资收益，是私募股权基金在选择投资项目时关注的核心问题。因此，如何控制和防范投资风险，是私募股权投资基金必须着力考虑的问题。通常，为了最大限度地降低投资风险和实现投资回报，私募股权投资基金会设置专门的投资决策机构来进行科学的投资决策。而投资决策过程的重中之重，就是投资双方权利义务条款的谈判和制定，而这集中体现在投资协议上。

通常，在正式签署投资协议之前，双方都会制定一个投资意向书，而投资意向书并不具有法律效力。当融资项目通过私募股权基金内部审核后，投资双方开始启动实质性谈判，就有关交易的具体条款进行协商，达成一致写入投资协议中，从而构成投资协议的核心条款。私募股权基金进入目标企业通常有三种方式：增资扩股、股权转让、股权转让与增资扩股。

增资扩股是企业融资的常用办法，包括按照原有出资比例增加出资额而并不改变出资额比例，这仅适用于股东内部增资；还包括改变企业股份比例结构，增加企业资本金，引入外来投资者。采用增资扩股的方式，需要签署增资协议，一份增资协议通常包括目标企业和投资机构的陈述和保证、投资的前提条件、投资机构认购目标企业股权的价格和条件、其他投资条款等几个方面的内容。

根据我国《公司法》规定，股东有权通过法定方式转让其全部或者部分股权。因此，目标企业股东还可以通过签署《股权转让协议》进行股权转让，这构成了私募股权投资基金企业进入目标公司的另一种模式。

一、投资协议框架

以下我们引用《中国股权投资基金运营新略》一书中投资协议的框架内容，供读者参考。

公司	A 公司及其附属企业
战略投资人	×××
投资金额	¥【 】亿元人民币
投资人股权	投资人投资后，获得约【 】%的公司股权
预计上市	预期“公司”股份最晚将于【 】年【 】月【 】日以前于中国范围内证券交易所（证交所）上市（首次公开发行）
初始投资估值	完全摊薄及包含投资人投资之后的估值为【 】亿元人民币，即 2011 年预测净利润【 】万元的【 】倍。估值的依据为公司提供的盈利预测。按照业绩调整条款（见下文），初始投资估值可以向下调整
业绩调整条款和实际估值（对赌条款）	鉴于本次交易是以公司 2011 年度净利润【 】万元及包含投资人投资金额完全摊薄【 】倍市盈率为作价依据，且公司和原股东承诺公司 2012 年度净利润不低于【 】万元。公司有义务尽力实现和完成最佳的经营业绩 如果公司 2011 年度经审计的净利润低于【 】万元，且 2012 年度净利润低于【 】万元，则应以 2011 年度经审计的实际净利润为基础，按照 10 倍市盈率重新调整本次交易的初始投资估值；及以 2012 年度经审计的实际净利润为基础，按照【 】倍市盈率重新调整本次交易的初始投资估值。以二者相比较低者为准 如果标的公司 2011 年度经审计的净利润低于【 】万元，但 2012 年度净利润高于或等于【 】万元，则不予调整本次交易的初始投资估值 如果标的公司 2011 年度经审计的净利润高于【 】万元，但 2012 年度净利润低于【 】万元，则按照 2012 年净利润的 7 倍调整本次交易的初始投资估值 如果启动以上业绩调整条款，投资人有权选择： 1. 公司现有股东无偿（或以法律允许的投资人成本最低的其他方式）向投资人转让部分股权，使投资人所占的股权比例如实反映公司经调整的全面稀释投资后的估值 2. 公司和现有股东退还投资人实际投资的金额与经过调整的全面稀释投资后估值的差额 上述税后利润指扣除非经常性损益以后的税后利润。公司员工股权激励成本对净利润的影响应剔除在外
员工持股权	公司应建立包括高管人员在内的关键员工持股计划，相关持股计划及员工股权上市后变现时间进度等在投资人进入前由公司股东决定，应征求投资人意见
投资款项用途	公司应将此次增资所得的资金按照本次融资的目的和用途使用，主要用于产品研发、营销推广及销售渠道建设等

续表

公司	A 公司及其附属企业
交割条件	在公司协助完成对公司业务、财务及法律的尽职调查 公司完成双方已达成共识的法律结构重组计划,中介机构已为重组出具具备法律意义的法律报告和财务审计报告 法律意见书认为,投资的法律架构符合当地法律和其他该等交易的惯例或投资人的其他合理要求 在内容和形式上均令公司和投资人双方接受的所有有关的投资文档已完成及签署 公司无重大不利变化 基于尽职调查,被要求要满足的其他合理条件 该交易取得所有相关同意和批准,包括公司内部和其他第三方的批准、投资人的投资委员会批准、所有相关监管团体及政府部门的批准
陈述与保证	于重要的事项上,如组织及资格、财务报表、授权、执行和交割、协议有效性和可执行性、股票发行、相关监管机构所要求报告、未决诉讼、符合法律及环保规定、政府同意、税项、保险充足性、与协议及章程条款无冲突性、资本化、没有重大的不利改变等事情上,由公司所做出的惯例性的陈述与保证 投资人及公司免于对投资前的财务报表中未反映的税收和负债承担责任,公司现有股东同意承担由此所引起的全部责任 除非经投资人同意,公司现有股东不得将其在公司及子公司的股份质押或抵押给第三方
相关费用	如因公司的原因致使投资交割未能进行,则公司应承担因本项目合同起草、谈判和签约而产生的所有支出(包括法律、财务等费用) 如因投资人的原因致使投资交割未能进行,则投资人应承担因本项目合同起草、谈判和签约而产生的所有支出(包括法律、财务等费用) 如因上述原因之外的原因致使投资交割未能进行,则双方应各自承担因本项目合同起草、谈判和签约而产生的所有支出(包括法律、财务等费用)的50% 如果投资交割实际发生,则由公司承担因本项目合同起草、谈判和签约而产生的所有支出(包括法律、财务等费用)
投资人股权的义务、权利及利益	
董事、监事席位及董事义务	投资人有权任命【　】名董事在公司董事会,包括“投资人提名董事”在内,董事会由不超过 7 名董事组成。董事会至少每半年召开一次会议 投资人董事有义务协调其股东、所投企业等方面的资源,为企业发展提供相应支持,包括但不限于: 1. 强调其在地方卫视等传播资源方面的优势,加强企业品牌定位及传播 2. 参与公司战略及实施规划拟订,改善企业管理建议,推动企业健康有序稳步增长 3. 协助企业对重大市场开拓提供相关资源对接 4. 对公司对外投资并购、公开上市、资本市场人才引进等惯例属于投资人擅长领域提供帮助等

续表

公司	A 公司及其附属企业
保护性条款 (重大事项同意权)	在首次公开发行前,以下主要事项需要经公司投资人提名董事的投票确认: 1. 公司的业务范围、本质和/或业务活动重大改变 2. 并购和处置(包括购买及处置)超过 100 万元的主要资产 3. 任何关于商标专利及知识产权的购买、出售、租赁及其他处置事宜 4. 批准年度业务计划或就已批准年度业务计划做重大修改 5. 在聘任"投资人提名董事"以后,公司向银行单笔贷款额超过 200 万元或年累计 1000 万元的额外债务 6. 公司对外提供担保 7. 公司对外提供贷款 8. 对公司及子公司股东协议、备忘录和章程中条款的增补、修改或删除 9. 将改变或变更任何股东的权利、义务或责任,或稀释任何股东的所有权比例的任何诉讼 10. 股息或其他分配的宣派,及"公司"股息政策的任何改变 11. 订立任何投机性的互换、期货或期权交易 12. 提起或和解金额超过 50 万元的任何重大法律诉讼 13. 聘请及更换公司审计师 14. 批准发展计划和年度预算/业务计划 15. 公司清算或解散 16. 设立超过 100 万元的子公司、合资企业、合伙企业或对外投资 17. 扩展新的业务 18."投资人提名董事"获聘任后,1 个以上的董事会席位的数量变化 19. 超过经批准的年度预算 10% 的资本性支出(经批准的年度预算额度外) 20. 公司的上市计划,包括中介机构的聘用、上市时间、地点、价格等 21. 公司新的融资计划 22. 聘任或解聘公司总经理、副总经理或财务总监、董事会秘书等高级管理人员;采纳或修改标准雇佣合同或高管福利计划
清算权	公司进行清算时,投资人有权优先于其他股东以现金方式获得其全部投资本金。在投资者获得现金或者证券形式的投资本金后,公司所有的股东按照各自的持股比例参与剩余财产的分配
赎回权	当出现下列重大事项时,投资人有权利要求公司和/或现有股东连带性地提前回购投资人所持有的全部股份: 1. 公司于 2015 年 12 月 31 日前没有合格地首次公开发行 2. 公司现有股东出现重大个人诚信问题,尤其是公司出现投资方不知情的账外现金销售收入时 3. 如果公司对投资人股份的回购行为受法律的限制,公司现有股东则应以合法渠道筹集资金收购投资人的股份。股份回购价格按以下两者较高者确定: ①投资人按年复合投资回报率 10% 计算的投资本金和收益之和(包括支付给投资方税后股利) ②回购时投资人股份对应的公司评估净资产值 公司和/或公司现有股东在收到股份回购的书面通知当日起 6 个月内完成回购并付清全部金额

续表

公司	A 公司及其附属企业
特别权力放弃	投资人有权按照自己的判断,在股权交割之后的任何时候放弃其所持有的全部或部分特别权利和权益 若公司申请在投资人同意的证券交易市场公开上市(实现合格的 IPO),则投资人股权自动放弃回赎权、对赌等条款
一般反稀释	投资人投资后,如果公司再行增资时公司的估值低于投资人投资时的公司估值,则投资人有权从公司控股股东处无偿(或以法律允许的投资人成本最低的方式)取得相应股权,或以法律允许的其他任何方式调整其股权比例,以反映公司的新估值。在该调整完成前,公司不得增资
优先认购权	公司新增资本时,投资人有权优先认购与其持股比例相当的新增资本,且购买的价格、条件不得实质高于第二轮投资人认购的价格和条件。这一权利将不适于: 1. 根据已批准的员工认购权计划、股票购买计划,或类似的福利计划或而做的证券发行 2. 作为公司购买或合并其他企业的对价而发行证券
信息权	投资人将被提供及可以取得提供给董事会成员的财务或其他方面的所有的信息或材料。投资人将有权向公司管理层提出建议并与之进行商讨。特别地,公司将提供给投资人: 1. 每日历季度最后一日起 30 天内,提供月度合并管理账,含利润表、资产负债表和现金流量表 2. 每日历年结束后 45 天内,提供公司的年度合并管理账 3. 每日历年结束后 120 天内,提供公司的年度合并审计账 4. 每日历年/财务年度结束前至少 30 天,提供公司的年度业务计划、年度预算和预测的财务报表 在投资人收到管理账后的 30 天内,提供机会供投资人与公司就管理账进行讨论及审核,以及按照投资人要求的格式提供其他统计数据、其他交易和财务信息,以便他们被适当告知公司信息及保护其自身权益
最优惠条款	投资后,无论公司以何种方式引进新的投资者,应经投资人书面同意,并应确保新投资者的投资价格不低于本轮投资的价格。若公司在未来融资或既有融资中存在比本次投资交易更加优惠的条款(最优惠条款),则该最优惠条款自动适用于投资人
优先购买权和共同出售权	公司现有股东拟向任何第三方出售其全部或部分持有股份时,应征得投资人书面同意,投资人被赋予以下选择权: 1. 按第三方给出的相同的条款和条件优先购买拟出售股份 2. 按照第三方提出的同样条款和条件,按照投资人和卖方当时的各自持股比例共同出售股份给第三方

续表

公司	A 公司及其附属企业
可转让性	投资人可在公司上市后根据中国证交所上市规则的要求在禁售期后出售全部或部分股份
服务期和竞业限制	公司是拥有其技术、业务及从事相关活动的唯一实体。公司主要管理人员、技术人员与公司签订《竞业禁止协议》,在任职期间不得从事或帮助他人从事与公司形成竞争关系的任何其他业务经营活动,在离开公司 2 年内不得在与公司经营业务相关的企业任职 未经投资人书面同意,公司现有股东不得单独设立或参与设立新的与公司业务相关联和相竞争的经营实体,管理层股东不得在其他企业兼职
保密	除当法律上要求或/和遵守相关监管机构/权威机构(视情况而定)的披露要求外,在此的任何一方同意就本协议所包含的信息保守秘密
排他性	于预期的结束日期【　】年【　】月【　】日之前,被投资方现有股东及其任何职员、董事、雇员、财务顾问、经纪人、股东或者代表公司行事的人士不得寻求对于企业有关资产或股权的收购融资计划,以及就此与投资方以外的任何其他方进行谈判。作为对应,投资方如果在投资协议签署日之前的任何时间决定不执行投资计划,应立即通知被投资方股东代表
争端解决	任何争端由中国国际经济贸易仲裁委员会仲裁解决
管辖法律	本条款清单适用于中华人民共和国法律,并依据其解释

二、投资保障条款

在增资协议或者股东协议中,通常会规定一些涉及投资人权利保护及风险规避的条款,包括优先权条款和特殊权利条款,比如优先分红权、优先清算权、优先认购权、优先购买权、回赎权、共同出售权条款等。由于我国公司法等法律法规中并没有规定这些特殊的权利,因此这些权利有可能得不到我国法律的保护。

(一)优先分红权条款

所谓优先股,指在利润分配以及企业剩余财产清算分配的权利方面,相对于普通股享有优先权的股份。优先分红权,则是指投资人在被投资企业分红时,优先取得一定比例股息的分配。实践中,有的投资协议中优先分红条款是这样规定的:

"每股优先股每年可收取初始发行价格的 5% 分红,而普通股只有在 A 序列优先股分红支付后才有权获得分红。"

我国《公司法》第 35 条规定:"股东按照实缴的出资比例分取红利;公司新增资本时,股东有权优先按照实缴的出资比例认缴出资。但是,全体股东约定不按照出资比例分取红利或者不按照出资比例优先认缴出资的除外。"《公司法》第 167 条规定:"公司弥补亏损和提取公积金后所余税后利润，有限责任公司依照本法第35条的规定分配；股份有限公司按照股东持有的股份比例分配，但股份有限公司章程规定不按持股比例分配的除外。”通过《公司法》以上规定可以看出，在有限责任公司和股份有限公司中，股东可以约定分红比例与股权比例不一致，但是未明确规定优先分红权。

如果目标企业被投资后变更为一家中外合资企业，根据《中外合资经营企业法》第4条的规定：“合营各方按注册资本比例分享利润和分担风险及亏损。”第8条规定：“合营企业获得的毛利润，按中华人民共和国税法规定缴纳合营企业所得税后，扣除合营企业章程规定的储备基金、职工奖励及福利基金、企业发展基金，净利润根据合营各方注册资本的比例进行分配。”可以看出，《中外合资经营企业法》的上述规定，并未对优先分红权保留余地。如若在中外合资企业中设置优先分红权的，将很难受到有效保护。

（二）优先清算权条款

优先清算权，是指投资人在被投资企业清算过程中，有权优先于普通股股东获得每股数倍于原始购买价格的回报以及宣布但尚未发放的股息。实践中，有的投资协议中对优先清算权的规定为：

“如果公司发生清算、解散、业务终止，A系列优先股享有优先权，优于公司普通股股东接受公司资产或盈余资金的分配，接受金额为A系列优先股初始发行价格的120%。”

根据《公司法》第187条的规定：“公司财产在分别支付清算费用、职工的工资、社会保险费用和法定补偿金、缴纳所欠税款，清偿公司债务后的剩余财产，有限责任公司按照股东的出资比例分配，股份有限公司按照股东持有的股份比例分配。”通过《公司法》该规定可以看出，有限责任公司和股份有限公司股东不可以协商确定分配比例，因此优先清算权没有适用的空间。

如果目标企业被投资后变更为一家中外合资企业，《中外合资经营企业法实施条例》的要求是，合营企业以其全部资产对其债务承担责任。合营企业清算债务后的剩余财产按照合营各方的出资比例进行分配，但合营企业协议、合同、章程另有规定的除外。其中，“合营企业协议、合同、章程另有规定的除外”，表明在中外合资企业的情况下，可以协商适用优先清算权条款。

（三）优先认购权条款

优先认购权，是指目标公司发行新股时投资人作为老股东可以按照原先持有的股份数量的一定比例优先他人进行购买的权利。实践中，有的投资协议中对优先认购权约定如目标公司今后增资或者发行新股份的，优先股持有人有权但并无义务按照同等条件购买保持其股份比例的数量的股权或者股票。

根据《公司法》第35条的规定:“股东按照实缴的出资比例分取红利;公司新增资本时,股东有权优先按照实缴的出资比例认缴出资。但是,全体股东约定不按照出资比例分取红利或者不按照出资比例优先认缴出资的除外。”据此,有限责任公司的各投资方可以约定优先认购权;而股份有限公司的情况下,则无法适用优先认购权。

(四)优先购买权条款

优先购买权,是指公司股东之一对外转让股权时,投资人作为原股东具有在同等条件下优先购买的权利。

现行《公司法》规定有限责任公司的股东之间可以相互转让其全部或者部分股权:“股东向股东以外的人转让股权,应当经其他股东过半数同意。股东应就其股权转让的事项书面通知其他股东征求意见,其他股东半数以上不同意转让的,不同意的股东应当购买该转让的股权;不购买的,视为同意转让。经股东同意转让的股权,在同等条件下,其他股东有优先购买权。两个以上股东主张行使优先购买权的,协商确定各自的购买比例;协商不成的,按照转让时各自的出资比例行使优先购买权。公司章程对股权转让另有规定的,从其规定。”该规定为优先购买权预留了很大的空间。

根据《公司法》第138条的规定:“股东持有的股份可以依法转让。”据此,该条款决定了股份有限公司自由转让股份的基本原则;各股东可以自由转让其股权,没有约定优先购买权的余地。

《中外合资经营企业法实施条例》规定合营一方向第三者转让其全部或者部分股权的,须经合营他方同意,并报审批机构批准,向登记管理机构办理变更登记手续。合营一方转让全部或者部分股权时,合营他方有优先购买权。合营一方向第三者转让股权的条件,不得比向合营他方转让的条件优惠。违反上述规定的,其转让无效。据此,在中外合资经营企业的情况下,可以适用优先购买权。

(五)回赎权条款

回赎权是指,在一定条件下,投资人可以要求被投资企业按照一定价格赎回其所持有的股权的权利。在实践操作中,为了简化程序,回赎的行为往往约定在新老股东之间发生,即将赎回主体由被投资企业变通为原股东,尤其是大股东。这样,履行回赎权也就变成了较为简单并且能够为监管部门所接受的股权(股份)转让,而由新老股东在将来约定的时间、约定的价格转让约定的股权。实践中,有的投资协议中对赎回权作如下约定:

“如果发行A系列优先股满42个月,或者2/3以上优先股股东要求公司赎回优先股,则A系列优先股股东可以在任意时间要求赎回,赎回价格为初始发行价格的120%。”

还有的投资协议中对回赎权约定如下:

“如果至________年____月____日，目标企业没有完成上市，则投资人有权在任意时刻要求创始股东回购届时投资人持有之目标公司的全部股权；创始股东应自收到投资人书面通知之日起30日内向投资人一次性支付全部价款。”

根据《公司法》第44条的规定：“股东会会议作出增加或者减少注册资本的决议，必须经代表三分之二以上表决权的股东通过。”《公司法》第178条规定：“公司需要减少注册资本时，必须编制资产负债表及财产清单。公司应当自作出减少注册资本决议之日起三十日内，未接到通知书的自公告之日起四十五日内，有权要求公司清偿债务或者提供相应的担保。公司减资后的注册资本不得低于法定的最低限额。”据此，有限责任公司的减资程序相当复杂。故，如果被投资企业是有限责任公司或者股份有限公司，行使回赎权有一定难度。

根据《公司法》第143条的规定，股份有限公司的减资程序也很复杂。“公司不得收购本公司的股份。但是，有下列情形之一的除外：

(1)减少公司注册资本；

(2)与持有本公司股份的其他公司合并；

(3)将股份奖励给本公司职工；

(4)股东因对股东大会作出的公司合并、分立决议持异议，要求公司收购其股份的。

公司因前款第1项至第3项的原因收购本公司股份的，应当经股东大会决议。公司依照前款规定收购本公司股份后，属于第1项情形的，应当自收购之日起十日内注销；属于第2项、第4项情形的，应当在六个月内转让或者注销。

公司依照第1款第3项规定收购的本公司股份，不得超过本公司已发行股份总额的百分之五；用于收购的资金应当从公司的税后利润中支出；所收购的股份应当在一年内转让给职工。”

股份有限公司购回自己的股份，同样会启动减资程序，仍然需要根据《公司法》第178条的规定履行减资的程序。在实践操作上股份有限公司的减资程序比有限责任公司的减资程序更为复杂。

根据《中外合资经营企业法实施条例》第19条规定：“合营企业在合营期内不得减少其注册资本。因投资总额和生产经营规模发生变化，确需减少的，须经审批机构批准。”中外合资企业发生减资行为时不仅需要工商局审批，还需要经过商务部门的审批，实际操作也是非常复杂。据此，在这种情况下，行使回赎权也较为困难。

(六)共同出售权条款和强制随售权条款

共同出售权条款和强制随售权条款，是被投资企业新老股东之间的约定。所谓共同出售权，一般是指如果被投资企业原股东拟转让股权(股份)的，投资人有权按照出资比例以普通股方式和同等条件，优先将其所持有的股权(股份)出让给买方。

所谓强制随售权，一般是指如果被投资企业在约定的时间内没有上市或没有达成事先约定的出售条件，则投资人有权要求原有股东和自己一起向第三方转让股份，原有股东必须按投资人与第三方谈好的条件和价格，并按与被投资人在被投资企业中的股份比例向第三方转让股份。

《公司法》没有明确禁止股东间共同出售的约定以及强制随售的约定，因此，有限责任公司和中外合资企业中的股东可以就这种特殊的股权处置行为作出约定。

（七）反稀释条款

被投资企业在其成长过程中，往往需要多次融资，公司无法保证每次融资时发行股份的价格都是上涨的，当公司以低于上一轮的价格进行后续融资时，前期进入的投资便会贬值，因此投资者在进行投资时往往会要求获得反稀释保护。通常情况下，投资者在投资协议中会预先约定反稀释条款。反稀释条款也叫反摊薄条款，是一种用来确保原始投资者利益的条款。按照该条款，被投资企业在进行后续融资或者定向增发过程中，原始投资人可以避免自己的股份贬值及股份被过分稀释，后来加入的投资者等额投资所拥有的权益不能超过原始投资者，从而确保了原始投资者的利益。实践中，有的投资协议对反稀释条款作如下约定：

"如果公司再次发行股权证券且增发时公司的估值低于投资人股权对应的公司估值，则投资人有权从创建人股东处以加权平均法/全棘轮法取得额外的股权。"

根据保护程度不同，反稀释保护可分为"棘轮"调整和"加权平均"调整两种方式。其中，棘轮条款是境外股权投资基金常用的一种反稀释条款，在使用棘轮条款时，如果目标企业以低于上一轮的价格进行后续融资，先前投资人可以免费获得新股（往往是创始股东拿出股份补偿先前投资人）使其在目标企业中享有的股份价值和之前在目标企业享有的股份价值相同。相对来说，加权平均调整条款是一种较为温和的反稀释方式，在目标企业进行后续融资时，它将新发行股份的数量作为反稀释时的基础要件。采用加权平均调整方式时，以所有股权平均价格重新计算投资者和企业管理层的股份，这样就会减轻企业管理层的股权稀释程度。用公式表示为：新转股价格 =（原转股价格 × 公司原股份总数 + 增发新股所获对价）/（公司原股份总数 + 增发新股数量）。

对于有限责任公司股东间股权的转让，《公司法》第 72 条规定了"公司章程对股权转让另有规定的，从其规定"。股份有限公司股东间股权的转让，《公司法》第五章"股份有限公司股份的发行和转让"，也并未对股东间股权转让行为做出禁止性规定。由此可见，对于内资的有限责任公司和股份公司，完全可以约定反稀释条款，从而保护投资者利益。

（八）对赌协议

在摩根斯坦利等投资方投资永乐的过程中，为了使预期增值的目标能够兑现，摩根斯坦利等投资方与永乐管理层签署了基于业绩增长的对赌协议。永乐 2007 年(可延至 2008 年或 2009 年)的净利润高于 7.5 亿元(人民币,下同),外资方将向永乐管理层转让 4697.38 万股永乐股份;如果净利润等于或低于 6.75 亿元,永乐管理层将向外资股东转让 4697.38 万股;如果净利润不高于 6 亿元,永乐管理层向外资股东转让的股份最多将达到 9394.76 万股,相当于永乐上市后已发行股本总数(不计行使超额配股权)的 4.1%

以上约定就是对赌协议。对赌协议又称估值调整条款,是指股权投资基金投资于项目企业,对于企业的估值主要是根据企业现实的状况以及企业未来经营业绩的预测。为了保证其投资价值,股权投资基金与目标企业会约定出估值调整条款,即如果被投资企业的实际经营业绩低于预测的经营业绩,股权投资基金会要求目标企业给予更多的股份来补偿投资方因目标企业的实际价值降低所受的损失。如果目标企业的实际经营业绩高出预先估计的水平,投资者会拿出相同的股份奖励目标企业的管理层。对赌协议是融资协议的重要组成部分,它既可以对目标企业的价值估价作出调整以保护投资方的利益,又可以激励企业管理层努力经营企业。

甘肃省高级人民法院关于对赌协议效力的判决,引发了股权投资行业的密切关注。2007 年 11 月 1 日前,苏州工业园区海富投资有限公司("海富公司")作为投资方与甘肃众星锌业有限公司(后更名为"甘肃世恒有色资源再利用有限公司",下文称"世恒公司")、世恒公司当时唯一的股东香港迪亚有限公司("迪亚公司")、迪亚公司的实际控制人陆某,共同签订了《增资协议书》,约定海富公司以现金 2000 万元人民币对世恒公司进行增资。《增资协议书》第 7 条第 2 项约定:世恒公司 2008 年净利润不低于 3000 万元人民币。如果世恒公司 2008 年实际净利润完不成 3000 万元,海富公司有权要求世恒公司予以补偿,如果世恒公司未能履行补偿义务,海富公司有权要求迪亚公司履行补偿义务。补偿金额的计算公式为"(1 -2008 年实际净利润/3000 万元)×本次投资金额"。合资协议签订后,海富公司于 2007 年 11 月 2 日按协议约定向世恒公司缴存 2000 万元,其中新增注册资本 114.7717 万元,资本公积金 1885.2283 万元。2009 年 12 月 30 日,因世恒公司 2008 年度实际净利润仅为 26858.13 元,未达到《增资协议书》约定的该年度承诺净利润额。海富公司向法院提起诉讼,请求判令世恒公司、迪亚公司、陆波向其支付补偿款 1998.2095 万元。

本案历经兰州市中级人民法院一审、甘肃省高级人民法院二审及最高人民法院再审,最终经最高人民法院提审作出终审判决。

一审法院认为,《增资协议书》第 7 条第 2 项内容即世恒公司 2008 年实际净利润完不成 3000 万元,海富公司有权要求世恒公司补偿的约定,不符合《中华人民共和国中外合资经营企业法》第 8 条关于企业利润根据合营各方注册资本的比例进行分配的规定,同时,该条规定与《公司章程》的有关条款不一致,也损害公司利益及公司债权人的利益,不符合《中华人民共和国公司法》第 20 条第 1 款的规定(注:公司股东不得滥用股东权利损害公司或者其他股东的利益；不得滥用公司法人独立地位和股东有限责任损害公司债权人的利益）。因此，该条由世恒公司对海富公司承担补偿责任的约定违反了法律、行政法规的强制性规定，该约定无效。陆波是世恒公司的法定代表人，其在世恒公司的行为代表的是公司行为利益，并且《增资协议书》第7条第2项内容中，并没有关于由陆波个人承担补偿义务的约定，故海富公司要求陆波个人承担补偿责任的诉请没有合同及法律依据，依法应予驳回。一审法院驳回了海富公司的全部诉讼请求。

海富公司不服一审判决，向甘肃省高级人民法院提起上诉。二审法院认为，四方当事人就世恒公司2008年实际净利润完不成3000万元，海富公司有权要求世恒公司及迪亚公司以一定方式予以补偿的约定，违反了投资领域风险共担的原则，使得海富公司作为投资者不论世恒公司经营业绩如何，均能取得约定收益而不承担任何风险。参照《最高人民法院〈关于审理联营合同纠纷案件若干问题的解答〉》第4条第2项关于“企业法人、事业法人作为联营一方向联营体投资，但不参加共同经营，也不承担联营的风险责任，不论盈亏均按期收回本息，或者按期收取固定利润的，是明为联营，实为借贷，违反了有关金融法规，应当确认合同无效”之规定。海富公司除已计入世恒公司注册资本的114.771万元外，其余1885.2283万元资金性质应属名为投资，实为借贷。因陆波个人并未就《增资协议书》第7条第2项所涉补偿问题向海富公司作出过承诺，故海富公司要求陆波承担补偿责任的诉请不予支持。该院判决：一、撤销兰州市中级人民法院(2010)兰法民三初字第71号民事判决；二、世恒公司、迪亚公司于判决生效后30日内共同返还海富公司1885.2283万元及利息。

最高人民法院经提审审理后认为：世恒公司、海富公司、迪亚公司、陆波在《增资协议书》中约定，如果世恒公司实际净利润低于3000万元，则海富公司有权从世恒公司处获得补偿，并约定了计算公式。这一约定使得海富公司的投资可以取得相对固定的收益，该收益脱离了世恒公司的经营业绩，损害了公司利益和公司债权人利益，一审法院、二审法院根据《中华人民共和国公司法》第20条和《中华人民共和国中外合资经营企业法》第8条的规定认定《增资协议书》中的这部分条款无效是正确的。但二审法院认定海富公司18852283元的投资名为联营实为借贷，并判决世恒公司和迪亚公司向海富公司返还该笔投资款，没有法律依据，本院予以纠正。《增资协议书》中并无由陆波对海富公司进行补偿的约定，海富公司请求陆波进行补偿，没有合同依据。但是，在《增资协议书》中，迪亚公司对于海富公司的补偿承诺并不损害公司及公司债权人的利益，不违反法律法规的禁止性规定，是当事人的真实意思表示，是有效的。迪亚公司对海富公司承诺了众星公司2008年的净利润目标并约定了补偿金额的计算方法。在众星公司2008年的利润未达到约定目标的情况下，迪亚公司应当依约应海富公司的请求对其进行补偿。迪亚公司对海富公司请求的补偿金额及计算方法没有提出异议，予以确认。

三、对赌协议里的陷阱[①]

一般来说，对赌协议双方中，公司与公司大股东一方处于相对弱势的地位，只能签订“不平等条约”，业绩补偿承诺和上市时间约定是协议中的重要条款。这是《理财周报》总结出的对赌协议中常见的18种条款。对赌协议，这是PE、VC投资的潜规则。当年，蒙牛诉摩根士丹利，蒙牛胜出，其高管最终获得价值高达数十亿元的股票。反之，中国永乐与摩根士丹利、鼎晖投资对赌，永乐最终输掉控制权，被国美收购。作为“舶来品”，对赌在引进中国后，却已然变味。企业方处于相对弱势地位，签订“不平等条约”。于是，越来越多投融资双方对簿公堂的事件发生。当你与PE、VC签订认购股份协议及补充协议时，一定要擦亮眼睛，否则一不小心你就将陷入万劫不复的深渊。

1. 财务业绩

这是对赌协议的核心要义，是指被投公司在约定期间能否实现承诺的财务业绩。因为业绩是估值的直接依据，被投公司想获得高估值，就必须以高业绩作为保障，通常是以“净利润”作为对赌标的。

某家去年5月撤回上市申请的公司A，在2011年年初引入PE机构签订协议时，大股东承诺2011年净利润不低于5500万元，且2012年和2013年度净利润同比增长率均达到25%以上。结果，由于A公司在2011年底向证监会提交上市申请，PE机构在2011年11月就以A公司预测2011年业绩未兑现承诺为由要求大股东进行业绩赔偿。另一家日前刚拿到发行批文的公司B，曾于2008年引进PE机构，承诺2008～2010年净利润分别达到4200万元、5800万元和8000万元。最终，B公司2009年和2010年归属母公司股东的净利润仅为1680万元和3600万元。

业绩赔偿的方式通常有两种，一种是赔股份，另一种是赔钱，后者较为普遍。

业绩赔偿公式：

T1年度补偿款金额＝投资方投资总额×［1－公司T1年度实际净利润/公司T1年度承诺净利润］

T2年度补偿款金额＝（投资方投资总额－投资方T1年度已实际获得的补偿款金额）×［1－公司T2年度实际净利润/公司T1年度实际净利润×（1＋公司承诺T2年度同比增长率）］

T3年度补偿款金额＝（投资方投资总额－投资方T1年度和T2年度已实际获得的补偿款金额合计数）×〔1－公司T3年实际净利润/公司T2年实际净利润×（1＋公司承诺T3年度同比增长率）〕

在深圳某PE、VC投资领域的律师眼中，业绩赔偿也算是一种保底条款。“业绩承诺就是一种保底，公司经营是有亏有赚的，而且受很多客观情况影响，谁也不能承诺一

① 资料来源：《理财周报》。

定会赚、会赚多少。保底条款是有很大争议的,如今理财产品明确不允许有保底条款,那作为 PE、VC 这样的专业投资机构更不应该出现保底条款。此外,该律师还告诉记者,业绩赔偿的计算方式也很有争议。“作为股东,你享有的是分红权,有多少业绩就享有相应的分红。所以,设立偏高的业绩补偿是否合理?”

在财务业绩对赌时,需要注意的是设定合理的业绩增长幅度,最好将对赌协议设为重复博弈结构,降低当事人在博弈中的不确定性。不少 PE、VC 与公司方的纠纷起因就是大股东对将来形势的误判,承诺值过高。

2. 上市时间

关于“上市时间”的约定即赌的是被投公司在约定时间内能否上市。“上市时间”的约定一般是股份回购的约定,“比如约定好两到三年上市,如果不能上市,就回购我的股份,或者赔一笔钱,通常以回购的方式。但现在对这种方式大家都比较谨慎了,因为通常不是公司大股东能决定的”。

公司一旦进入上市程序,对赌协议中监管层认为影响公司股权稳定和经营业绩等方面的协议需要解除。但是,“解除对赌协议对 PE、VC 来说不保险(放心保),公司现在只是报了材料,万一不能通过证监会审核怎么办?所以,很多 PE、VC 又会想办法,表面上递一份材料给证监会表示对赌解除,私底下又会跟公司再签一份“有条件恢复”协议,比如说将来没有成功上市,那之前对赌协议要继续完成”。

方源资本合伙人赵辰宁认为“上市时间”的约定不能算是对赌,对赌主要指的是估值。但这种约定与业绩承诺一样,最常出现在投资协议中。

3. 非财务业绩

与财务业绩相对,对赌标的还可以是非财务业绩,包括 KPI、用户人数、产量、产品销售量、技术研发等。一般来说,对赌标的不宜太细太过准确,最好能有一定的弹性空间,否则公司会为达成业绩做一些短视行为。所以公司可以要求在对赌协议中加入更多柔性条款,而多方面的非财务业绩标的可以让协议更加均衡可控,比如财务绩效、企业行为、管理层等多方面指标等。

4. 关联交易

该条款是指被投公司在约定期间若发生不符合章程规定的关联交易,公司或大股东须按关联交易额的一定比例向投资方赔偿损失。上述 A 公司的对赌协议中就有此条,若公司发生不符合公司章程规定的关联交易,大股东须按关联交易额的 10% 向 PE、VC 赔偿损失。不过,华南某 PE 机构人士表示,“关联交易限制主要是防止利益输送,但是对赌协议中的业绩补偿行为,也是利益输送的一种。这一条款与业绩补偿是相矛盾的”。

5. 债权和债务

该条款指若公司未向投资方披露对外担保、债务等,在实际发生赔付后,投资方有权要求公司或大股东赔偿。

启明创投的投资经理毛圣博表示该条款是基本条款，基本每个投资协议都有。目的就是防止被投公司拿投资人的钱去还债。

债权债务赔偿公式 = 公司承担债务和责任的实际赔付总额 × 投资方持股比例

6. 竞业限制

公司上市或被并购前，大股东不得通过其他公司或通过其关联方，或以其他任何方式从事与公司业务相竞争的业务。“竞业限制”是100%要签订的条款。除了创始人不能在公司外以其他任何方式从事与公司业务相竞争的业务外，还要注意另外两种情况：一是投资方会要求创始人几年不能离职，如果离职了，几年内不能做同业的事情，这是对中高管的限制；二是投资方要考察被投公司创始人之前是否有未到期的竞业禁止条款。

7. 股权转让限制

该条款是指对约定任一方的股权转让设置一定条件，仅当条件达到时方可进行股权转让。“如果大股东要卖股份，这是很敏感的事情，要么不看好公司，或者转移某些利益，这是很严重的事情。当然也有可能是公司要被收购了，大家一起卖。还有一种情况是公司要被收购了，出价很高，投资人和创始人都很满意，但创始人有好几个人，其中有一个就是不想卖，这个时候就涉及另外一个条款是领售权，会约定大部分股东如果同意卖是可以卖的。”毛圣博这样解释道。但这里应注意的是，在投资协议中的股权限制约定对于被限制方而言仅为合同义务，被限制方擅自转让其股权后承担的是违约责任，并不能避免被投公司股东变更的事实。因此，通常会将股权限制条款写入公司章程，使其具有对抗第三方的效力。实践中，亦有案例通过原股东向投资人质押其股权的方式实现对原股东的股权转让限制。

8. 引进新投资者限制

将来新投资者认购公司股份的每股价格不能低于投资方认购时的价格，若低于之前认购价格，投资方的认购价格将自动调整为新投资者认购价格，溢价部分折成公司相应股份。

9. 反稀释权

该条款是指在投资方之后进入的新投资者的等额投资所拥有的权益不得超过投资方，投资方的股权比例不会因为新投资者进入而降低。“反稀释权”与“引进新投资者限制”相似。毛圣博表示，这条也是签订投资协议时的标准条款。但这里需要注意的是，在签订涉及股权变动的条款时，应审慎分析法律法规对股份变动的限制性规定。

10. 优先分红权

公司或大股东签订此条约后，每年公司的净利润要按PE、VC投资金额的一定比例，优先于其他股东分给PE、VC红利。

11. 优先购股权

公司上市前若要增发股份，PE、VC优先于其他股东认购增发的股份。

12. 优先清算权

公司进行清算时，投资人有权优先于其他股东分配剩余财产。前述 A 公司的 PE、VC 机构就要求，若自己的优先清偿权因任何原因无法实际履行的，有权要求 A 公司大股东以现金补偿差价。此外，A 公司被并购，且并购前的公司股东直接或间接持有并购后公司的表决权合计少于 50%；或者，公司全部或超过其最近一期经审计净资产的 50% 被转让给第三方，这两种情况都被视为 A 公司清算、解散或结束营业。

上述三种“优先”权，均是将 PE、VC 所享有的权利放在了公司大股东之前，目的是为了让 PE、VC 的利益得到可靠的保障。

13. 共同售股权

公司原股东向第三方出售其股权时，PE、VC 以同等条件根据其与原股东的股权比例向该第三方出售其股权，否则原股东不得向该第三方出售其股权。

此条款除了限制了公司原股东的自由，也为 PE、VC 增加了一条退出路径。

14. 强卖权

投资方在其卖出其持有公司的股权时，要求原股东一同卖出股权。强卖权尤其需要警惕，很有可能导致公司大股东的控股权旁落他人。

15. 一票否决权

投资方要求在公司股东会或董事会对特定决议事项享有一票否决权。这一权利只能在有限责任公司中实施，《公司法》第 43 条规定，“有限责任公司的股东会会议由股东按照出资比例行使表决权，公司章程另有规定的除外”。而对于股份有限公司则要求股东所持每一股份有一表决权，也就是“同股同权”。

16. 管理层对赌

在某一对赌目标达不到时由投资方获得被投公司的多数席位，增加其对公司经营管理的控制权。

17. 回购承诺

公司在约定期间若违反约定相关内容，投资方可以要求公司回购股份。股份回购公式：

大股东支付的股份收购款项 =（投资方认购公司股份的总投资金额 - 投资方已获得的现金补偿）×（1 + 投资天数/365 × 10%）- 投资方已实际取得的公司分红

回购约定要注意的有两方面。一是回购主体的选择。最高人民法在海富投资案中确立的 PE 投资对赌原则：对赌条款涉及回购安排的，约定由被投公司承担回购义务的对赌条款应被认定为无效，但约定由被投公司原股东承担回购义务的对赌条款应被认定为有效。另外，即使约定由原股东进行回购，也应基于公平原则对回购所依据的收益率进行合理约定，否则对赌条款的法律效力亦会受到影响。二是回购意味着 PE、VC 的投资基本上是无风险的。投资机构不仅有之前业绩承诺的保底，还有回购机制，稳赚不赔。上述深圳 PE、VC 领域律师表示，“这种只享受权利、利益，有固定回报，但不承担风险的行为，从法律性质上可以认定为是一种借贷”。

《最高人民法院关于审理联营合同纠纷案件若干问题的解答》第 4 条第 2 项：企业法人、事业法人作为联营一方向联营体投资，但不参加共同经营，也不承担联营的风险责任，不论盈亏均按期收回本息，或者按期收取固定利润的，是名为联营，实为借贷，违反了有关金融法规，应当确认合同无效。除本金可以返还外，对出资方已经取得或者约定取得的利息应予收缴，对另一方则应处以相当于银行利息的罚款。

18. 违约责任

任一方违约的，违约方向守约方支付占实际投资额一定比例的违约金，并赔偿因其违约而造成的损失。上述 A 公司及其大股东同投资方签订的协议规定，若有任一方违约，违约方应向守约方支付实际投资额（股权认购款减去已补偿现金金额）10% 的违约金，并赔偿因其违约而给守约方造成的实际损失。

第三节　投后管理与增值服务

一、投后管理与增值服务的作用

投资后管理是私募股权投资基金企业投资过程中的重要环节之一，是投资人为减少投资风险，确保实现预期投资收益率而采取的重要手段，也是私募股权投资基金投资区别于银行贷款、企业项目融资的标志之一。投后管理从广义层面是指私募股权投资基金企业在与被投资企业签订《投资协议》并投入资金后，从事的与被投资企业相关的，包括除现金投入外的其他一系列投入与行为；狭义的投资后管理，则是指私募股权投资基金企业针对企业所提供的一切管理支持活动，包括投资人及项目管理人向企业提供增值服务，帮助解决问题，促进其快速成长升值的所有行为。

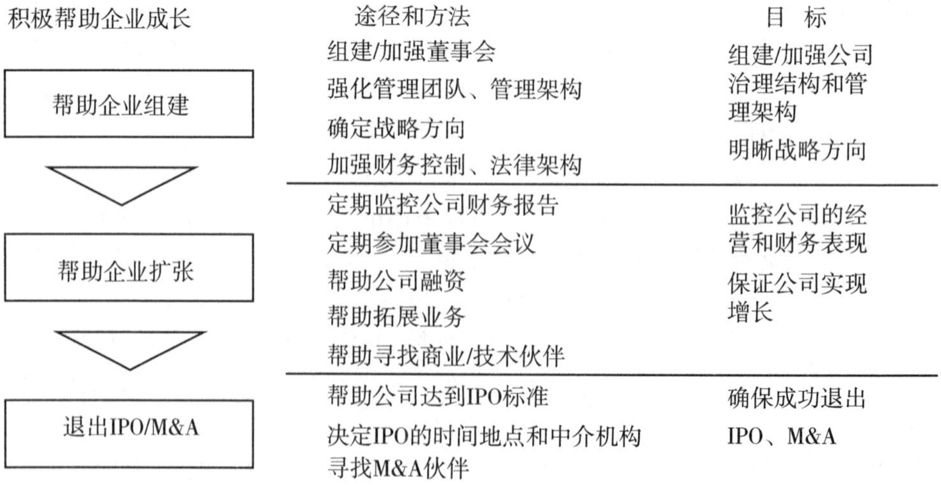

越来越多的私募股权投资基金企业认识到，投后管理的单独设置是规模化基础上的专业化分工的需要，重视投后管理是私募股权投资基金投资理念回归本质的表现，强化投后管理是塑造和强化私募股权投资基金企业竞争力的客观需要。在投后管理阶段，私募股权投资基金企业首要完成的工作即为基于投资阶段对项目尽职调查的结果，就被投企业存在的相关问题将在投资后逐渐进行解决和相关安排，以确保私募股权投资基金企业的投资安全以及被投资企业能够顺利实现发展目标，从而完成投资回报目的的顺利实现。随着私募股权投资基金市场竞争的白热化，项目获取时越来越比拼私募股权投资基金的品牌、资金实力、成功案例、资源，其核心在于私募股权投资基金企业带给项目公司的增值服务能力。

目前，私募股权投资基金的“投资 + 上市服务”的模式开始受到挑战，越来越多的投资项目 IPO 被推迟。如今越来越多的私募股权投资基金在和有意向融资的企业沟通时，企业已经变得越来越挑剔，对资源和管理经验的在意程度远远超过了单纯对资金的兴趣。而随着企业家对私募股权投资基金行业和资本市场的了解日益深入，也要求私募股权投资基金尽快提升自身的专业化服务水平，以满足企业在战略规划、经营管理、市场推广、人力资源、资本运作等各层次的需求。在项目相对有限的现状下，如何争抢到项目、提升回报率成为了私募股权投资基金机构们纷纷思索的新命题。对于期望打造自身品牌与长期竞争力的知名私募股权投资基金机构而言，提升投后增值服务水平、共同培育优秀上市公司，从而实现风险与回报之间的良好平衡，已成为其赢得企业家和有限合伙人青睐的重要砝码，而这也是私募股权投资基金行业自身价值中必不可少的部分。

（一）投后管理与增值服务的作用

任何投资活动都不可能预见到被投资企业将来所有可能发生的或有情况或风险，也包括投资人与企业创始人将来可能发生的冲突和分歧。此外，被投资企业成长有高度不确定性，精良的投后管理能够减少这种不确定性，增加投资成功的可能性。因此，投资人视角下的投资管理与增值服务发挥着重要作用：一方面，投资人通过投资后管理可对被投的企业实施监督和控制，防止被投资企业的实际控制人做出损害私募股权投资基金企业股权和利益的行为。另一方面，它有助于被投资企业制定正确的决策和实施更好的管理，以实现被投资企业最大程度的增值。不少业内有识之士提出未来私募股权投资基金竞争的重点将在于投后管理业务。有调查调研表明，越是尽早为企业提供后续的管理支持，项目的回报就越高。

投后管理与增值服务是私募股权投资基金投资循环过程中的核心环节，随着私募股权投资基金行业的发展成熟，投资后的管理和服务支持越来越重要，对于被投资项目的价值再造、风险防范和企业各项资本的充分应用具有极其重要的作用。同时，私募股权投资基金投后管理与增值服务也是一项复杂的系统工程，投资机构需要对投资后企业各项管理机制进行规范梳理和必要的调整完善。其核心在于以被投资企业规范监控与价值提升为核心，以被投资企业的控制权分配和转移安排为手段，通过对被投资企业家的监控和激励相结合的方式，实现投资后企业的良好运行与价值提升。

通常，专业的私募股权投资基金企业或优秀的投资家往往具有区别于被投资企业的某种方面的特殊能力。富有经验的投资家或专家团队在投资项目的判决与投资后的管理中，往往发挥着不可代替的作用。他们广泛的社会资源、丰富的管理经验、娴熟的资本市场运作能力对提高被投资企业的成长价值，以及对被投资企业原管理团队的经营管理能力将发挥十分有益的补充作用。

（二）投后管理模式的选择

根据清科研究中心调研，目前活跃于中国境内的股权投资机构有 16.1% 已设立专职投后管理团队，如达晨、九鼎、中信产业基金等；另有 54.8% 的机构虽未设置专职投后管理团队，但在将来计划设立。[①] 专业的投后管理必成趋势。在操作过程中，根据项目特点，投资方可以根据实际情况选择不同的管理模式（见下图）。

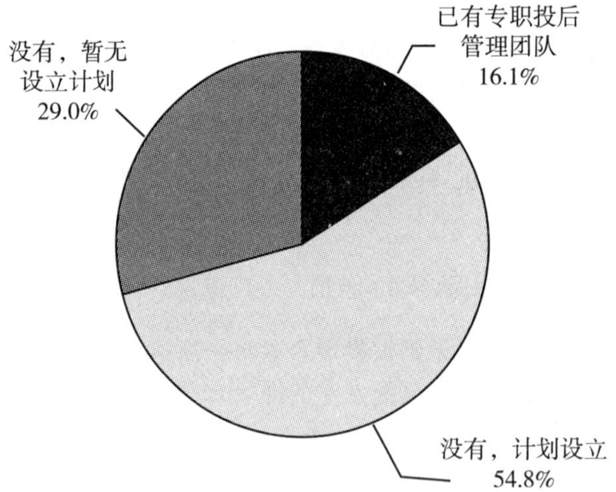

活跃于中国境内股权投资机构投后管理团队设置情况

资料来源：清科数据库 2013 年 2 月。

1. “投资团队”负责制

目前由投资团队负责的增值服务模式是我国增值服务的主要操作方式。在这一模式中，投资项目负责人负责项目的开发、筛选、调查和投资，同时也负责投资完成后对被投企业的管理工作。这一类投后管理的模式主要适用于投资项目总量比较少的

① 清科研究中心：《2013 年中国 VC/PE 机构增值服务专题研究报告》，2013 年第 1 期。

机构。

根据清科研究中心调研,活跃于中国境内的股权投资机构有近七成为投资团队负责的增值服务模式。这一策略的优势在于项目负责人从项目初期开始接触企业,对企业情况更为了解,能够为企业做出更有针对性的咨询和建议。劣势则在于,投资经理需要将精力分散到众多流程中,无法集中精力进行项目甄选。

2.“投后团队”负责制

随着机构投资项目的增多,项目经理项目管理难度加大,近几年也有部分机构将投后管理这一职责独立出来,由专门人员负责,而投资团队更专注于项目开发。

专业化的投后管理团队的建立,是股权投资发展到一定阶段,拥有足够的投资个数,进行专业化分工的客观需要。规模化运作的股权投资基金中,在出资人关系管理、被投项目增值服务、项目退出路径选择与设计及相关中介机构协调等层面的事务越来越多,凭借项目经理的个人力量已经难以兼顾,建立专职的投后管理团队进行专业化操作成为现实的需要。

专职投后管理团队负责增值服务的优势在于投资项目负责人可以逐步淡出企业的后期培育工作,将更多的精力投入到潜力项目的挖掘开发中去。而劣势则在于项目在投后环节更换负责人,加大了被投企业与投资机构的磨合成本。

3.“投资团队 + 投后团队”负责制

专门组建服务团队虽然可以完善服务体系,严密监控风险企业的发展动态,加大力度提供更好的增值服务,但仍需要一段时间与被投企业进行磨合,存在一定的弊端。

近年来,在前两种模式的基础上,国内逐渐产生两个团队共同服务的模式。一方面投资团队付出一定精力调动资源,另一方面投后团队负责具体项目的投后服务和管理方面的工作,共同帮助企业壮大。采用“投资 + 投后团队”的模式为企业提供的增值服务具有系统性和针对性的特点,对于被投企业帮助最大。

(三)投后管理未来的发展

未来的私募股权投资基金投后管理体系朝着以下几个方向发展:

1. 专业化的投后管理团队的建立将独立于投资团队

私募股权投资基金企业将会建立专业化的投后管理团队,并且会独立于私募股权投资基金的投资团队。也有可能的是,社会上出现专门的此类机构。无论哪种模式,独立的投后管理团队将在日常工作中,与基金募集团队、投资团队的协调机制将逐步建立和健全,以确保信息顺畅传递。在基金投资后,投后管理团队将介入被投项目调研的全过程,从而了解和掌握项目的全面情况。

2. 投后管理团队的工作重点将立足于建立企业资源共享平台

私募股权投资基金企业投后管理团队的工作重点将立足于为企业提供资源共享平台,以其专业知识和优势资源为企业提供关于税收筹划、人力资源评估及推荐、财务规范辅导、业务流程改善等具备共性特征的服务。以上市为例，投后管理团队应致力于为企业上市工作进程提供咨询及建议，分析研究基础资料准备情况、可能出现的法律问题和法律障碍，提出相应的意见和建议，协助企业调整上市工作思路等方面。

3. 投后管理团队将参与基金出资人关系管理

投后管理团队将参与基金出资人关系管理，及时向基金管理机构通报被投资企业的最新动态，提高被投资企业的信息披露的规范性及透明度。此外，投后管理团队将从协助基金管理人分析投资的最佳退出时机、追加投资时机的角度进行管理，研究二级市场动态和其他可能的退出渠道和时机，对于基金从已投资项目中的退出投资时机提出建议。

4. 投后管理重视投管能力的培育

投后管理团队的投后管理业务建立在处理好与企业管理层的关系、避免越俎代庖的总体原则之上，重视投管能力的培育，着力于解决企业不擅长的非决策性业务，如资本运作、企业治理结构设计等，而在团队建设、市场销售等层面应以企业为主，投后管理团队将仅提供支持。而对于本该由企业自己负责的企业管理事项，投后管理团队将更重视对其能力的培养，而不是职能的替代。

二、投后管理的内容

私募股权投资基金企业参与被投资企业的管理是为了帮助被投资企业成长和监控项目风险，包括通过直接参与经营管理提升被投资企业价值；也包括帮助被投资企业监控风险，从而提升被投资企业价值，其主要内容涵盖了全部能够增值的管理服务活动以及监控活动。具体而言，可大致归纳为两个方面：

（一）完善公司治理结构

目前来说，大多的私募股权投资基金企业的投资企业对象是民营企业。相对来说，民营企业具有更强烈的商业敏锐性与市场机会的捕捉能力，能够迅速地根据市场变化调整其生产和经营，迅速生产出符合市场需求的产品。但目前来说，我国大多数的民营企业在企业的规模方面通常还显得较为弱小，并且，家族式管理痕迹严重，公司的所有权与经营权往往重合，缺乏制度管理和权力制衡机制。民营企业在管理方面存在的弊端导致了企业在市场、资金、渠道、人才等各方面都面临着难以突破的瓶颈。现代企业的规模、技术含量、市场竞争带来的机遇与风险、发展战略确立的重要意义、内部资源配置的效率这些问题都是传统业主式民营企业感到难以驾驭的。因而，职业化管理者阶层和管理者市场，以及所有权与管理权的分离就显得具有非常重要的意义和价值。而在这些方面，私募股权投资基金企业能够发挥其积极的作用，向被投资企业提出公司治理结构、管理结构方面调整的合理化建议。私募股权投资基金企业应推动被投资企业在公司股东方面，以及股东与管理层之间的再分配与制度再安排，优化股权结构，实现现代企业管理制度要求的管理权与控制权分离，以及企业剩余索取权和控制权的统一。

此外，虽然被投资企业股权结构重新安排本身并非投后管理活动的范畴，但私募股权投资基金企业参与后的股东权力再分配和股权结构的再安排是私募股权投资基金企业对被投资企业进行有效管控与监督的前提基础，倘若缺乏行之有效的股权安排，一切完善的制度也只能流于形式。鉴于大部分的私募股权投资基金企业对企业的投资方式多为非控股型投资，在投资后成为公司小股东（通常在30%的持股比例以下），因此，私募股权投资基金企业将通过在与被投资企业签订的《投资协议》中特殊权利的安排，以确保其非控股股东或中小型股东的各项权利。

董事会是公司具体业务的执行机关，负责全部经营活动的指挥和管理。在被投资企业重新组建共同管理的董事会也是私募股权投资基金企业有效地执行其他各项工作职能的基础和体制保障。一般情况下，私募股权投资基金企业占有被投资企业的股份不会超过30%，但为了保障在企业内的话语权，仍然需要在企业的董事会里占有至少一个席位。私募股权投资基金企业虽不干涉企业的日常经营，但是，在企业规范化发展、重大事件的决策上要求有一定的把控力。作为私募股权投资基金企业投资行业的普遍做法，在"改变被投资企业的经营方向、对外投资和担保、重大投资的购置、管理层激励约束机制的制定、股份出售及再融资和上市"这五个关键的企业事务方面，私募股权投资基金企业会要求有明确的决策参与权。除此之外，鉴于私募股权投资基金企业的小股东身份，对企业的经营参与有限，对被投资企业欠缺控制，在绝大部分的投资协议中，私募股权投资基金企业常常会从保护自己利益的角度出发，在投资条款中设置一些保护性条款，"一票否决权"就是其中一条。

（二）建设企业制度规范

民营企业经常忽视了产权关系，导致产权问题日益成为阻碍企业发展壮大的现实问题。这种产权制度导致的后果表现经常是企业融资方式单一、资本结构不合理，这些问题导致企业融资面临障碍，企业发展只能依靠自身积累和原有股东的再投入，影响了民营企业层次的提升和规模的扩大；另一方面，企业产权界定上的模糊性导致民营企业利润分配不规范、激励性不足。此外，所有权与经营权的统一容易导致职责、权力和利益分配不明，削弱了财务控制和管理的权威性。很多民营企业没有建立相应的管理制度，管理机制不够健全，缺乏全面制度化、规范化、程序化管理。因此，私募股权投资基金企业投资后需加强制度规范建设。

私募股权投资基金应当推动被投资企业加强以产权制度创新为核心的企业治理，建立归属清晰、权责明确的产权制度。私募股权投资基金企业具有财务管理方面的专长，应帮助被投资企业建立和完善各项财务管理制度，如建立财务决策制度，明确决策规则、秩序、权限和责任等；建立财务风险管理，明确财务风险管理，明确经营者、投资者及其他相关人员的管理权限和责任，按照风险与收益均衡、不相容职务分离原则，控制财务风险；建立财务预算管理制度，以现金流为核心，按照实现企业价值最大化等财务目标的要求，对资金筹集、资产营运、成本控制、收益分配、重组清算等财务活动实施全面预算管理。私募股权投资基金企业还常常要求企业财务作出敏感性分析来预测风险和分配收益，并严格控制预算费用支出。

三、增值服务

专业的私募股权投资基金企业在投资后的管理中，往往发挥着不可代替的作用。他们广泛的社会资源、丰富的管理经验、娴熟的资本市场运作能力对提高被投资企业的成长价值，以及对被投资企业原管理团队的经营管理能力将发挥十分有益的补充作用。

（一）增值服务的方式

私募股权投资基金企业在投资后的增值性服务是一个价值创造的过程，其目的是最大限度地实现企业价值增值，主要包括协助组建管理团队、提供财务和融资服务、提供信息支持服务、提供法律顾问服务等内容。目前，增值服务已成为私募股权投资基金企业对项目投资后续管理中最重要的工作，其贯穿于常规性管理和决策性管理的全过程之中。通过增值服务使得投资项目价值最大化的要求是为私募股权投资基金提供合适的退出机会，增值服务涉及企业融资（私募股权投资基金对企业首轮融资、后续融资、银行贷款的支持）；战略规划与经营管理（私募股权投资基金对企业战略规划的制定、执行与调整，引入优秀职业经理人、规范化管理的支持）；业务开拓（私募股权投资基金对企业市场推广、销售渠道推广、引入供应商和战略合作伙伴的支持）和危机公关（为企业解决难以应对的困难）。

（二）企业融资增值服务

就目前的市场环境来说，提供融资服务在私募股权投资基金提供的各项增值服务内容中占据了最为重要的地位。这主要是因为，就我国的金融市场环境来说，基金所投资的项目企业多是实力比较弱，信用能力有限，因而其早期融资成本较高，但企业经常在融资方面要求还比较迫切，因而基金的投资和提供的融资服务经常具有雪中送炭的效果。在我国当下中小企业融资难的大环境下，私募股权投资基金为企业融资带来的增值服务更是有着格外重大的意义。私募股权投资基金对企业的发展状况、收入构成及风险等有着细致而全面的把握，因此能够有效地将企业后续融资需求与其他私募股权投资基金基金、战略投资者、银行等金融机构及二级市场间实现有效对接。实践中，许多被投企业在知名私募股权投资基金机构的投资背书下，开拓新融资渠道的难度也将大大降低。

（三）战略规划与经营管理增值服务

私募股权投资基金为所投资企业提供增值服务的另一个领域是战略规划与经营管理增值服务。在国外，优秀的私募股权投资基金往往设有专业的运营团队为企业提供增值服务，有的大型投资机构还成立了专门的增值服务子公司。相比被投企业对自身所在行业、技术的理解，私募股权投资基金机构尤其是具有国际视角的大型知名私募股权投资基金，其相对优势在于投融资并购等金融领域的专业性，对宏观经济环境、企业发展等市场规律的深刻认识，以及基于横向比较其他被投企业而积累出的独到经验。在提供战略规划与经营管理增值服务时，私募股权投资基金将对所投资企业经营战略规划的制定、执行与调整，引入优秀职业经理人、规范化管理等方面提供更为专业的支持。利用这些相对优势，私募股权投资基金可以在战略发展上为企业进行目标设定、阶段设定、实现通路等优化设计，在经营管理上为企业的生产销售流程进行修正，为提升产品品质降低运营成本提供建议，还包括建立企业文化价值观；等等。企业制定战略规划过程中须充分掌握各种信息，运用各种分析工具，保证战略规划的科学合理。

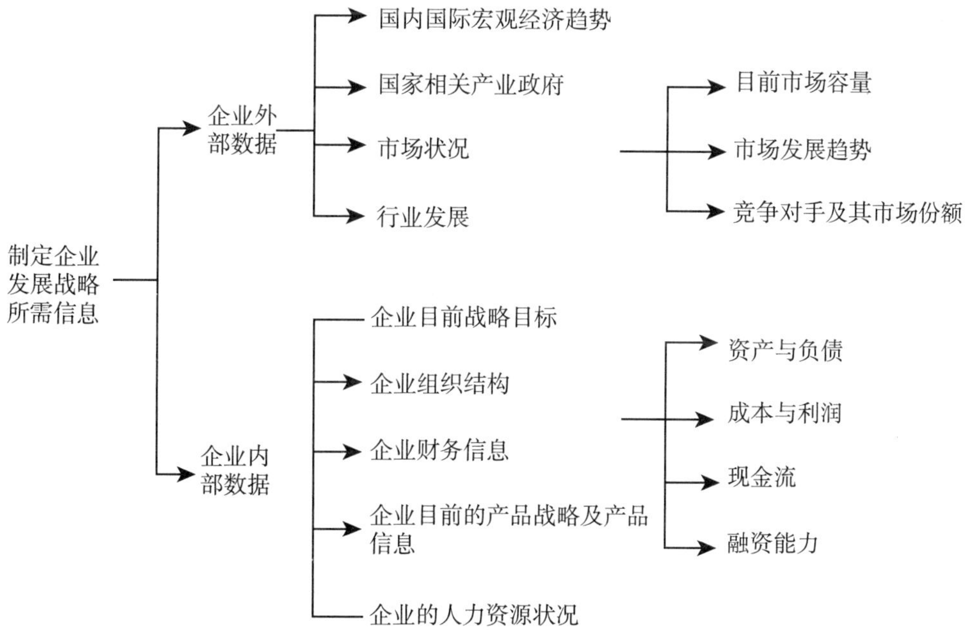

制定企业发展战略所需信息图

（四）业务与市场开拓增值服务

公司的发展核心在于业务的运营和发展。而私募股权投资基金帮助被投企业进行业务开拓不但是进行资源和经营理念的注入，也是提升企业市场竞争力、提高经营业绩的措施。相比于被投企业专注于自身所在行业，私募股权投资基金在其他行业及社会领域则有着更深更广的资源及人脉积累，因而，私募股权投资基金为被投资企业提供业务与市场开拓增值服务会大大增强企业的实力。为了使被投资企业在短时间内取得快速增长，私募股权投资基金企业在进入被投企业之后常常会凭借其长期积累的遍布全球的资源与渠道，帮助被投企业取得在技术合作、销售延伸或其他层面的拓展。业务市场开拓涉及私募股权投资基金对企业市场化推销、销售渠道与市场开拓、引入供应商和战略合作伙伴带来的支持。私募股权投资基金已投资的众多企业和基金的众多有限合伙人，往往能极大开拓被投企业的行业资源，并与其产生较强的协同效应和事半功倍的效果。其具体内容包括市场定位分析、品牌推广、建设分销渠道、扩展大客户、打开国际市场等。

（五）危机公关支持

相对来说，私募股权投资基金企业投资家具备更丰富的企业管理经验和强大的危机处理能力。私募股权投资基金企业需要随时注意被投企业可能出现的问题，当企业出现困难和危机时，私募股权投资基金企业会及时介入，帮助被投企业解决问题。在此过程中，私募股权投资基金企业凭借其专业的能力，帮助企业分析产生困难的根本原因，为其解决问题提供专业的咨询，甚至是提供有助于解决问题的其他资源和渠道。被投资企业出现这些问题时，私募股权投资基金企业除了提供前述的咨询和资源，更需要随时接管公司的日常管理，尤其是在被投企业核心人员更换期间，很可能需要派专员担任临时的CEO，直接管理公司业务。

四、某著名投资机构负责人关于投后管理的讲座

刚刚蔡总也介绍了我一直在凤博做投资。今天和大家简单交流一下我在这方面的工作经验和内容。因为我看到名单上好多朋友都是在投资机构，信投机构，还有一些企业里面管投资融资的专家。其实在这方面都有自己的建树。刚刚蔡总也介绍到了，其实我不是学金融的，也不是学财务的。我本身是学工科的。我们在座的有些人后来因为阴差阳错进了凤博投资，但是后来的那些董事和监事都是自己做的项目，自己监的。之前还有监过一家成都红旗连锁，现在已经上市了。所以，我们和企业投后管理工作这个PPT之前是不想做PPT的，后来蔡总说有PPT会好一点，所以就做了一个，基本上根据内部培训做了一个。其实也没什么内容。然后和大家交流一下，我也想向大家学习一下，关于投后管理，贷后管理，资产管理怎么做的。这个对我们将来也会有一定的借鉴。

首先就是投后管理和增值服务。

大家如果做投资的话可能比较清楚，如果想去投资一个项目，特别是这个项目比较好，在确定一个项目的时候要和企业去谈怎么做增值服务的问题。最常用的一句

话,投资的时候,大家说了我们带来的不仅是钱。经常会有人这么说。其实你说实际上除了钱还有什么呢。其实也没什么东西了。绝大多数机构应该都没有。除非你是并购这个项目。不然会有什么东西。在座的你也是做投资的。你们的投资经理一年看多少项目,投多少项目。你们还去管。我也不相信,你连吃饭睡觉的时间都算上也不够。谈增值服务,但是每个企业都得谈。不谈怎么办,不谈项目不让你投。谈怎么上市,怎么融资。增值服务谈得特别多,现在也谈得特别多。就是提供各种各样的,之前在 2008 年,2009 年,企业不是太懂这些事。而且那个时候资本市场也不是特别活跃,大家谈增值服务,谈融资。好像投完之后企业上市就肯定没问题。

实际上经过这么几年,大家经过基本的教育,大家普遍都懂企业也基本懂得这个道理。现在去企业忽悠说帮你们上市,帮你搞定什么什么关系,基本也没太多人信。而且现在的企业慢慢都有自己的圈子,通过地方的证监局、发改委的一些朋友,财政部的朋友或多或少会接触到上市的整个流程的圈子和人脉。所以基本没人信你。你说你能认识谁。前几年你说认识预审员,企业会觉得你还挺厉害的。后来就说预审员上面的处长。再后来说发改委主任,后来只能说认识证监会副主席。再往上,直接认识过 Fu Xing。再后来认识 Xiao Gang。现在不认识 Xiao Gang 好像就不好意思说可以帮企业搞定上市。全都是这么来的,但是没有什么用。上市本来钱就是这么来的。上市不管认识谁都没用,关键还是靠企业自己。而且链条上每个环节也都得跟得上。不知你们是怎么讲这个增值服务的,然后你们做到了没有。现在增值服务还是比较用,哪些地方是你忽悠的,我们可以交流一下。

但在我们看来,应该说最开始把增值服务放在第一位。但后来就变了,把投后管理放在第一位。投后管理和增值服务两方面,不能过于强调是哪一方面。这也有一定的历史。投后体系也是从 2010 年 10 月,凤博自己成立投后服务。那个时候只有我自己一个人,后来我们的文件说可以根据实际工作需要适当增加一到两个人。那我的意思基本还是我一个人,总不能增加一个和我一样的人。至少得增加一个秘书什么的。刚开始也不知道在干吗,从那个时候开始干。到 2014 年 9 月,快四年的时间了,我从前两个礼拜刚刚离开投后管理部。我现在管凤博的业务开发,融前找项目的体系。不干那一块了,但那一块确实是我一手干起来的。花了四年的时间。现在我们的投后管理部就不叫投后管理部了,叫投后管理委员会。当时我的一个理念是什么,你要想让自己变得很重要,你要多招人,多揽事。我就狂招人,只要公司给指标,我就拼命招。从开始我就招到 7 ~ 8 个人,正式成立了一个投后管理部。接着我又招到 10 个人。然后把管理部一分为二,分成两个管理部,单独安排一个秘书,设个秘书处。然后就拼命地扩,编制上也扩。最后扩展到四个部,然后还有一个秘书处。后来我就跟公司讲,这个投后管理要三分投,七分管。投后管理部也有这么大的规模了,应该从实质上改变一下,应该叫投后管理委员会了。这就变为我们公司后来的管理委员会。我们公司其实也没几个管理委员。一个是业务管理委员会,就是我现在管的,就是管整个开发体系。还有一个就是投资管理委员会,就是管竞调这一方面。还有一个风控管理委员会,就是管项目评审。然后就是投后管理委员会。除去这四个管理委员会之外上面还有一个综合管理委员会,办公室。但是在风博目前来讲,管理评审已经是一个非常非常重要的位置了。我们人很少,但是我们的位置比较重要。

从编制上来说,除去这四个管理委员会之外,我们现在只有 25 或 26 个人。但是我们部门很多。有五个部门,还有一个法务处长,还有一个秘书处,前一段我又把秘书处升职了,把它变成一个投后业务管理部。又提拔出一个中层干部。我觉得业务主要是一个方向,我们就可以不断往大处做。像我们最开始的业务开发委员会,就是这么做出来的。最开始就是和投资部门混起来的。后来我们就觉得不行,后来我们就延伸出来单独做开发工作,就把他给做起来了。因为当人多的时候,每个人的管理半径是有限的。所以当人多的时候就会成为一个部门,部门多的时候就会成为一个委员会。就是这么一个道理。所以最开始我们不叫投后管理委员会,我们叫投后服务委员会。所以最开始我们也是把增值服务放在首要的位置。刚成立的时候,我们投了 70 多个项目。当时也觉得投的项目已经很多了,过去投的项目管理也跟不上。因为当时在前端做工作的时候,我一个人一年的时间就大概投了六七个项目。当时就很累,投完之后我就发现不能再投了。因为我发现前面投的项目,他那些后面的事太多了。当时就感觉你每投一个项目,就背一个新的包袱在身上。然后你就不断背着包袱往前跑。最后一直跑到跑不动为止。然后就决定干脆干投后管理吧。当时投了很多,因为投得比较快。所以确实有很多企业也照顾不好。后来我们就单独成立了投后服务部,当时就是一个服务的理念,也没其他理念。也不管理,就是服务。就是你说要干什么,我们就帮你干什么,而且都是免费的。帮你干咨询是免费的,帮你拉各种各样的资源也是免费的。从来不会收他一分钱。然后我们去企业出差拜访的时候,也都是自己掏钱。就算我们是董事,我们去企业开会的时候也从来不要企业付钱。我们就自己出钱。而且董事都是有董事津贴的,我们一般也不领这种津贴。所以我们去企业也都是白跑。一般企业也不给报销路费什么的,礼品也基本没有。顶多请你吃吃饭,就是这样。因为当时我们投资的时候也是和企业说了,说我们愿意投资就是给你们带来很多钱和资源,但不会向你收一分钱,是这么一个理念。

所以前面说过哪句话以后,后来就不好意思再收钱了。然后有一些是自己做不了的事,比如说找一个咨询机构给他做个咨询什么的,那这种事情就得收费了。因为风博是免费的,不可能让其他机构都免费。有些时候帮他找中介机构、券商、律师事务所、评估师,还有找咨询机构,还有做 ERP 这种系统,那是不可能免费的。人家该怎么收钱就怎么收钱,但有些时候也不愿意找这些东西,你找,他收费。企业会觉得他们和你是一伙的,觉得你是通过这种方式收费的,表面上不收费,暗地里还收费。后来就不愿意去介绍这些东西了。但后来发现不介绍也不行。他自己找吧,更不靠谱。他花的钱也不少,事也不干,也不行。后来就觉得干脆别服务了,搞投后管理吧。而且这个过程当中也出现过一些问题，就是企业融到的这笔钱也不知道该怎么花。有些企业，不知道你们在投资的时候有没有这样的案例，就是你投的企业，可能他经过十几二十几年的发展，但是他企业积累的资本金很少。你投的这些企业，尤其是中小企业，你会发现，可能你投的时候，净资产也就是一两个亿或者几千万。现在搞 VC 投资的，拿净资产，基本上就是几个人的，这时候你突然给他几千万块钱，或者给了他一两个亿，他基本上这辈子都没见过这么多钱。这个时候他就不知道怎么花这个钱。那如果这个时候你只是服务他，其实你也是不负责任的。所以你要管这个事情，不能不管。有时候你不能以给别人自由，我不干涉这个借口来拒绝为别人做投后的工作。表面上好像很宽宏大量，很讲道义。实际上是不负责任的。所以后来我们就把管理放在了首位。而且你发现，一个企业如果要管理好，首先就要监督好。监督好是什么意思，是这个企业的人和事，每时每刻你都要心里有数。就是你要明白他们每时每刻都在干什么，钱都花到哪里去了。未来的战略是怎么样的。

到年终的时候，你就能预测出来，年底他能有个什么样的业绩水平出来。这个都是能够预测出来的。一个企业都不可能是前十一个月都不赚钱，第十二个月猛赚钱。所以你必须对他加强了解。加强了解你要通过很多手段。你们投资的话，应该也签过很多投资协议，也都签过给你们的一些报表，报告这样的东西。这些东西其实也是蛮重要的，你不去看这些东西，不去了解这个企业的情况，你就放任自流了。干这么多年投资，我发现这个人，无所谓好坏，当有钱的时候都是好人，当做坏了差钱的时候都是坏人。这个跟人好坏没有关系。太穷了，没办法，只能做那个，就是这个意思。

所以就说，对企业必须加强管理。怎么管，后来我们也琢磨了好多管法，下面我就会讲讲我们都是怎么管他的，都管些什么。所以你了解完企业之后，你加强管理之后，你就能明白这个企业到底是怎么样的，和你当时投资的时候是不是一致的。其实有的时候你投资进去之后，你也不清楚这个企业到底是怎么样的，因为每一个投资，你就会有感觉，就是他并不是真正地去了解了这个企业再去做。你要是每一个企业都完全了解，跟董事长一样完全去了解这个企业，估计谁也不敢投了。有的时候就是蒙着投，就是大概看明白了，理论上 90% 应该不会出现什么大的问题，增长也比较靠谱，行业也比较好就投。也别了解得那么细，了解得那么细就会害怕。这和两个人结婚是一样的，婚前对对方了解得太细了，就没有一点激情了，那就别结了。就和结婚之后离婚是一个状况。最后户口簿上还写一个离异，不好看。所以这个事情是不能了解的太清楚了。但是投两个人一起过日子了，那你必须要了解得很细，有一个重新了解的过程。你只有充分了解他之后，才会了解到底他需要什么。你可能投资前你不了解他真正要什么，投资之后你可能会发现，原来这个企业原来就不想上市。所以这个时候如果你对他的需求很清楚的话，你就要有针对性的去服务他。所以我不是说你管理了就不服务了，管理是为了更好地服务。所以这两个问题应该是辩证的，后来我们就不谈投后服务了，我们谈投后管理。甚至我们觉得投后管理也包含一部分投后服务的工作。这就是我们这几年做下来的基本的感悟。说起来很简单,但如果没有之前一两百个案例的话,这些是非常抽象的。

到目前为止我们投了 230 多个项目了,230 多个项目你都管完一遍之后,你的感悟是不一样的。你看我做这些事情的时间可能会比大多数人的时间还少,但是我真正去管理这些项目了,这些企业的每个人,是什么样子的,在很多个地方是怎样的反应,都很清楚。所以现在这个东西已经基本融入到我们投后队伍里每个人的血液中去了。现在一个企业,一看他一转身,基本上一个动作就知道他要干什么事了。但这个讲起来就比较抽象,不结合具体案例就不知道这个事。这个投后管理最开始干的时候会觉得很枯燥,但你干时间长了就会觉得很有意思。确实是 3 分投 7 分管。后面我就会和大家讲讲后面的工作量会有多么的大,多么的艰难,这些东西需要高度的技巧。我不知道在座的有没有券商的,我们投后管理经常和券商打交道。和券商打交道基本上没有什么好的关系。投后阶段,基本上就是争论,有时候甚至是打架。这几年我干的打架的事情太多了,所以现在最不怕的就是打架。也不怕诉讼,我们凤博还是比较出名的,就是我们敢干,其实你干了之后也发现没啥。

诉讼这件事就和我们吃饭是一样的。就是具体讲一讲我们是怎么去管理他们,就是投完之后我们要去贯彻一个“三会”制度,“三会”就是董事会、股东会和监事会。很多企业在投资之前是没有这些健全的制度的,基本上就是老板一个人签的字。投资之后,你要帮他去建立一个制度。作为一个准备上市的公司的话,是一定要有合理的公司治理制度的。很多人会觉得这个东西比较虚。其实我也觉得这些比较虚,三会其实也没什么用。基本上决策的事都在股东会之前已经商量好了,股东会大家就讲一讲,宣布一下,布置一下工作,然后传着签一下字。董事会更是这样,我是财务投资人,我派一个董事,我一个人去了,他们六个董事。我一个人对六个,不同意,不同意你也拦不住一个事。还不如做个人情直接同意了吧。后来干脆我就不去了,委托董事长就完了,我也不负责任。反正我也不知道我也不反对,就这样。董事会你签个字,你以为你随随便便签个字,上市的时候那个字你敢签吗?你知道那个企业有什么漏洞,到底有没有假,对不对,你根本不敢签。所以,有时候就是没办法,签吧,反正就是这么一回吧。反正我是参加了四次董事会,应该不会出现什么大的问题。股东会和董事会都是这样。那监事会在什么时候有用,监事会在上市之前,监事会就是在什么时候有用,在准备夺权的时候,或者上市公司真正开始打架的时候,那个时候监事会才会有用。放法律上是有用的。但公司正常运营的时候,是一点用都没有的。更别说里面的独立组织呀什么的,基本上也没什么用。我还遇到好多我原来的国有单位的那些技术专家到企业。有时候在会上遇到了,我就问你们怎么跑这里来了,他们也问你怎么跑这里来了。后来发现他们是独立董事,我看他们在会上也基本没有作用,因为我也了解他们,他们也不可能说什么。说什么也基本没什么用。独立董事基本上就是每年拿五六万的董事津贴就完了,做个摆设。但是不是说这个东西不重要,他就不应该有这个东西。

但作为一个未来上市公司的一个公司来讲，他就必须要有公司治理了，因为将来上市公司的大股东的股份相对比较小了。怎么说，你看经历过公司的竞争和股权的稀释，特别是一代创始人基本上 over 之后，二代接不上来。在这样的时候，你看吧，在未来的十年，在中国公司需要治理的这么一个过程。在这个时候，公司建立的制度就会有效。为什么投资之后你要建这个东西呢，因为不建好，公司就养不成这样的习惯了，对公司有一定的风险。诸位股东把控不住，什么东西不开会就给定了，这个事他必须要有个约束。第二个你不做好，券商不干。券商不给出材料就上不了市。要做的是第二要定期去现场交流。我们给自己定的规则就每个企业大概过一两个月左右要到企业现场去一趟，要访谈一遍，了解一下实际的情况。现场也要走访走访，看看开工是不是正常。你看有些企业造假说很正常，你前脚走，他后脚就停火了。还有的特别假，我遇到过一个。是库存，当时仓库都堆不下了，都堆到走廊里去了。你去看仓库，确实都堆到门口了，连人都过不去。你要想进仓库，你得翻那个墙。然后我们就翻，翻过去之后就发现里面是空的。就一道墙，剩下的都在走廊里，就这种造假的。然后也有会计师，我也不是说那家会计师不好，会计师去盘货的时候也是这么盘。后我我说你为啥不进去呢，他说里面冷。因为里面是冷库，零下 10 度左右，如果不是夏天过去的话，谁也不愿意进那个地方去。门口看一眼，这么满，大概盘一下就走了，有这么干的。所以你投资的时候就要注意这个。后续的时候也要注意这个。你假设投的时候这个企业就骗你了，这样的情况虽然不多，但是也有。那肯定是各个方面的，很多地方都会是有假的。你不管是应收账款还是存货。你要从很多方面去看。你知道他，反正各个方面都有可能是假的。你要从很多方面去看。你如果是不去现场去看的话可能会不大了解。所以现场交流的话有一个好处就是他企业的一举一动你都能看到眼里。就是他临时有什么事，也瞒不了你，你比如说来个客户，来谈一谈，咱们也可以一块去听一听。他也不好意思说你不能听，你通过他和客户交流，你能知道他这个生意做得怎么样，或者你去看一看是不是天天有供应商过来催款，或者你看职工态度怎么样，你看他职工每天工作的乐呵呵的，这说明工资发得比较正常。要是看着整天愁眉苦脸的或者看到你像看到敌人一样，那就说明高管他本身干得也不稳。这种东西是可以看得出来的。但是这些东西必须现场看，你打个电话也看不出来，发个邮件更看不出来。所以定期要去次现场做交流。

一个企业运作好了随时竞标，有时候企业就是有突发事件。对我们的工作职责来说，你要是全天下所有的人都知道了你才知道，那样也是一种失职行为。第三个就是他的财务业务指标，每个人得好好去看看。因为一个企业造假比较看出来的就是一个企业的财务指标和业务指标同时造假。这属于系统性造假，就比较难。如果仅仅是财务造假，可能有的时候还能蒙蔽你，但是如果能把业务上的报表拿出来看一看呢，就可以看出来。有时候他并不想让你看，特别是一些制造企业，生产报表这些东西，用电量或者出货量的指标。仓库盘货的单子,这些也能看出很多猫腻来。这些东西你要是一个比较成熟的投资机构呢,你签企业的时候都会有的,你要要求企业提供,提供上来你要看。有时候你要要,你不要他也不会给你。他不会每个人天天琢磨你在协议上有哪些权利。你不主动提这些权利,是没有人会主动让你行使这些权利的。所以,不是理所当然别人就会给你的,你要要。有的时候你还要不来,协议写了你也要不来。要不来就违反协议了你怎么办吧,我也有遇到过企业,我就不给你怎么办。我说你就不给我,上市的那些材料我也就不给你。当然是个别的,关系处理得不好。也有企业性格比较不好的,我就不给你。我说根据公司法你必须要给我,你要不给我我就诉讼你。我其实诉讼过一回这样的事,就是要求企业提供财务报表。一会儿我们再讲讲对诉讼的理解。然后还有就是签章的流程,你要做的时候也要注意。因为跟企业要往来,或许会往来很多资料,有的时候你感觉签个字盖个章不是特别注意,但是你每次签的字盖的章将来都会成为朝堂之墨。到时候你在法院上是讲不了的。这是你签的字盖的章,这没办法。因为你是一个法人机构,是一个具有完全行为责任人,所以这个东西是一定要注意的。特别是你个人,我看大家基本都是打工的,都不属于创业的。个人来说,你在处理企业关系的时候,要关注你个人的风险。你不能头脑一热,什么东西都签了,最后你个人是承担不起这些责任的。你说一个企业上市造假的话,要求你赔偿,你要承担连带责任的。你赔得起吗?你一辈子都赔不起。还有一些重点的事上你要重点跟踪。我的经验说,有的事情比较着急比较重要,都应去抓紧时间去解决,不能拖。企业喜欢拖,因为好多事情不太懂,利益也比较复杂。所以要及时去跟踪,去督促。不要同时干很多事,最后到年底一个事都没解决。

关于增值服务这个事情,刚开始我们讲的,是比较虚的东西。可能每个机构都会干点增值服务,但是每个人干的和他说的可能都不太一样。投资的时候你能吹的有十分的话,干出来五分我觉得就已经很不容易了。这是行规,大家都明白,只有企业不明白。就过往我们干的增值服务有哪些呢,五个方面吧。一个就是提供规划和建议。因为你别看企业经营上很懂,行业也很懂,但不影响你对他提供战略性指导意见。因为企业他毕竟有局限性,他是站在自己企业内部层面上去考虑问题的。有的时候他看不远,或者说他上下产业链看不通,或者对整个公关形式看不明白。经过一些案例我就感觉,有的时候在某一个行业的节点的时候,你给一个企业做投资,不见得是好事,会害了这个企业。就很简单,在一个行业高点的时候投一个企业,这个时候其实是害人害己。对投资机构来说,将来也不好赚钱,对企业来讲,也被你弄到阴沟里去了。比如说投一个养鸡的行业。比如说你是在 2011 年投的吧,那个时候养鸡还挺赚钱的,估计鸡肉的价格可能也比较高。你这个时候给他投一笔钱,企业拿了钱肯定不会存银行,基本上还是用于生产线上,那养鸡无非就是盖鸡笼子,买鸡,养鸡,卖鸡,就是干这些。他就是扩大厂房。但其实意识高点的话,就会发现干这个事情大错特错,但是这个时候你给企业投一笔钱,他可能就真的干这些了。还有就是你投一些制造业的企业,比如说投一些给重型机械加工零配件的企业。如果你在2011年投的时候,你可能也会害了企业。因为在2009年的时候不是推了4万亿嘛,4万亿在2010年和2011年是显示效果的时候。这个时候市场是火热的,就是相关的行业都会展现出欣欣向荣、蓬勃发展的局面。但是大家也发现从2012年开始就不是那样了。这个时候你再给企业投,可能他会有些问题。说这个什么意思,在宏观节点把握上,可能投资机构是要给企业提供一些建议的,除了像医药行业,不会有影响,而且年增长比较稳定。特别是中性行业的企业,你投了一笔钱,怎么用,这些投资机构确实应该给一些发展性建议的。我们也遇到过,怎么用,当时我们也没管,他也没用好。结果这个企业确实是不行。直接把利润从几千万变成亏损了。亏损意味着什么,亏损就意味着上市这件事就暂停了。大家你知道上市是不能有任何一年有亏损的。除非你上了创业板,但是你上的是主板,这是不可以的。

第二做一些业务开拓的业务。坦白讲,不是所有的机构都能做这种事。做这种事只有两种机构能做,第一个就是比较大型的综合性机构,像凤博这样的。因为凤博已经投了很多的项目,我们已经看过的项目可能就有上万家,竞调的客户也有几千家。就这样的情况下我们是可以给他们提供业务的。因为接触的项目比较多,而且还都是比较好的项目。另外一种能够提供这样的帮助的就是专业机构。比如说我们几个成立一个小机构。比如蔡总你是开茶馆的,我们去投个茶厂,你去提供一些业务上的咨询,这些是有可能的。但是你也只能投茶馆才能提供业务上的咨询,要是做挖掘机的,你也提供不了什么业务。就是这个意思。小的机构,但是专业性的,有独特资源的。这种是可以的。或者是从BAT那些巨头里出来的企业,自己做VC,然后给投互联网的企业提供一些业务合作是有可能的。除此之外,我认为都是忽悠。

第三个就是人才,人才这方面,我们有个理念就是投资机构做投资擅长的事情。企业做企业擅长的事情。人才方面呢,投资机构培养出来的人才是有数的。也就这么几个,一个是财务总监,还有一个是董秘,再大不了就是销售总监,就这么几个,其他的你也培养不了。特别是财务总监,那是很重要的,很多企业其实没有财务总监,竞调的时候你可以看到,进度比较慢,而且不成体系。里面就是一个老会计,可能也不知道是家里的亲戚还是什么,反正长期在企业干的那种。懂点基本的会计核算知识,会做报表,会记账。让他当上财务总监,可能比较难,因为一般年龄比较大,学习能力比较差。所以很多时候就要演一个财务总监。这个事我觉得投资机构必须要做。投资机构必须要做。为什么企业必须要去请财务总监。其实企业是不明白的,因为你根本不知道哪个人的财务能力高还是低。因为市面上这种职业经理人,职业董秘,职业财务总监,他都是比较油头的那种,就是比较会忽悠。企业也没干过上市这些事,所以他也没有分辨能力。如果请进来了,请神容易送神难。财务总监是很关键的环节,那企业的门门道道你必须和他和盘托出,否则上市怎么搞。但是你跟他托出来之后,你觉得他不爽,你请他走,或者不给股权了,还会怎么样。他会诉讼你,会举报你。很多企业上市不成,主要是在这。上市这个事,你看发审会统计出的结果,某某某企业未通过发审会审核,就这么一句话。第二天可能会有公告说未通过理由,然后和你讲讲都有那些理由。可是那些理由不是真实的。那些理由可能会涵盖财务虚假,但那个不会往上写。否则就会把企业从此判死刑了吧。但是那些造假是怎么出来的呢,基本都是内部举报的。内部人不举报,外部人士不会知道企业是怎么造假的。最严重的敌人都是来自于内部的战友。所以投资机构必须要敢这样的事情,必须要对这个人的专业能力和人品有一个综合的判断。然后还有一些个别的资讯管理服务工作也是可以做的。很多企业,比如说没有财务系统,我不知道大家有遇到过没有,你去竞调的时候他还是手工账。如果导不出账,你写报告都不好写。对我们来讲,关键是写报告。所以很多要上系统,教他用这些东西。很多企业对这些也排斥,你让他花几百万甚至上千万做这个。我们原来投的吉发农机,帮他们做 ERP 系统的时候,那就是一年花一千万。那都是利润。原来企业不需要花这些钱的。但你做这么大的连锁企业,不做 ERP 系统能行吗。像我们凤博自己这么小的机构,几百个人,也算很简单了,也没有什么文件,那你不做个成熟的系统,最后也会崩溃掉。所以像这种咨询服务,有的时候也能做。还有一些比如说股权激励。所以能做的都是和资本市场运作相关的。那些不相关的,比如说企业流程再造,人力资源绩效考核,你别掺和这些东西。这些是内部的事情。你进去就是吃力不讨好。你也不知道人家内部是怎么运作的。你看在座的年龄再大的也没有多大,都还是比较年轻。很多人还没有案子企业实践操作的经验,别去企业指手画脚的。有点可笑。表面上是尊重,因为你是股东,你是董事,求着你签字。你一走人家都笑话你。所以你要谈什么,你要谈他们不懂的事情,他就不敢这么说你了。你谈谈上市的事情,谈股权激励的事情,他们都不懂。这就是你发挥的地方。最后一个比较关键的地方就是后续的一些资本运作的事情,你们还是要有一个督导性。投资机构你进去可以帮他做很多这样的事情。因为企业缺钱是持续性的事情,不管是从银行拿钱,还是发债,还是上市,还是将来做并购,需要很多资本运作的活需要我们帮他干。作为投资机构,我认为我们应该当仁不让的把这些事给揽过来,因为企业做这些事情肯定没有经验。所以在这个事情上要是谦虚的话,也是一种不负责任。所以我们现在在这方面做得应该是比较深的,特别是企业在上市或者临近上市的阶段,我们都会帮他做很多这样的市场。所以未来你会看到我们投资的项目,并不是因为前面的一锤子买卖做投资,后面企业长远发展的资本运作的事情我们都会帮他去做。这是未来会强调,会着重做的一点。这就是增值服务,大家也可以讲一讲你们是怎么做增值服务的,都长长见识。然后有一些制度呢,就是每周每季每年会有一些报告的制度。这个我觉得没有什么可说的。

(问:这个报告精确到周了? 答:当然了,那你每个人都要管控,每个人要干什么,是不是要去企业,不多。就是你看 200 个企业多不多,我觉得不多。对我来说 200 个企业,分分钟我就能反映出哪个企业是什么事。你随便跟我谈哪个企业,我都知道什么情况。大概多少钱,多少的股权比例,业绩怎么样,在哪等等我都知道。所以一个人记200个我觉得不多。)

具体有几个事,我们可以着重讲讲。一个是上市的事情,这是所有投资机构都要去做到。一个是上市方案,一个是上市时间。还有一个就是上市的决心。我写东西还是比较抽象的。方案是什么意思呢?企业上市是一个很系统性工作,不是那种大家觉得或者很简单的一个流程。企业上市要解决很多问题,比如财务规范性的问题。这一个问题可能就要牵扯到很多其他的问题:可能过往的税有没有交够,是不是存在账内账外的问题,财务核算原则和财务政策是不是一致,这些会影响企业每年的利润。反正很多问题,这些问题都要在上市之前,或者股改之前就要解决,否则将来都会形成很大的问题。但是每个事又都不是小事,你说交税的问题,很多企业最大的成本都是交税成本。我刚干这个事情的时候,企业和我说上市要花一两个亿的成本。我还不太理解,怎么会花一两个亿,我们还在那算。券商前期收一两百万,律师100万,会计师100万~200万,财经公关要收400万~500万,最后打点打点,再交点。承销费用2000万~3000万,而且这些都是募集资金到账之后再付。后来我才明白,其实都是税的问题。所以一个企业要上市,要下多大的决心,我始终是强调一个企业,上市不上市,第一,要靠企业的业绩来说话,要持续增长。第二,企业的决心,你愿不愿意花这么大的精力去赌一个未来不确定的结果。因为上市的审核,按照现在的统计,我那天统计了一下,从报上去到进入到发审会的概率可能是在百分之六七十,可能百分之三十左右半路就给撤了,终止审核了。然后上会的企业会有75%。所以意味着你要是报上去,只有一半对一半的可能性最后成功上市。现在我感觉是这么个概率。对企业来讲,我付出这么大的成本,花一两个亿去赌50%对50%的概率的事情。那一两个亿就是身价。这个就是我所说的决心的问题。那方案里面的每一条想要落实了,那就需要花费巨大的决心去落实,没有决心是落实不了这件事情的。比如说同业竞争的问题。我就遇到过一个企业,这个企业是制造企业。他的小舅子也做了同样一个企业。这样两个企业肯定是同业竞争。但事实上,他和他小舅子历来都是反目成仇的。从实质上讲,他不是同业竞争,但从血缘关系上来讲,他又是同业竞争。但证监会不相信你。

同业竞争,但是事实上,他和小舅子都是成仇了。你要解决问题怎么解决,你只能把小舅子的企业给买了。他小舅子的企业大概是他本身企业体量的三分之一,但开出的价格比较高。同业竞争在上市是红线,花一个巨大的成本,买一个仇人的不值钱的资产,赌一个50%对50%的上市概率,这就是痛苦。这种事情太多了,我们申报的200个企业,多多少少都有这样的事情。我是一个小股东,我不同意。想让我同意可以,让我提前上市。按照上市的价格先把我的股票买了,我就同意。就是这么个情况。要不你就打官司。首先打完一审打再审,打完再审要打其他的审。我遇到一个诉讼打得比较厉害的,打了五年还没有结束。法律是形式上的正义。所以,上市方案要按照时间点去解决这些问题。所以投资机构要做到:第一,帮企业列一个上市的方案。要解决哪些问题,列清楚。第二,列一个时间表,哪些问题要在什么时候解决,按照上市时间倒排的时间表。第三个日常工作不要做太多,每天跑到老板那里去鼓励他。让他每天像打了鸡血一样去付出成本。只有这样,他才会按照时间点顺利把材料报上去。否则连50%的概率都没有,有些甚至都没有股改,有些问题解决不了就不能股改。股改是不能回头的一条路。这就是企业所面临的真实的问题。而客观上来说,中国的企业,在历史上都有各种各样的问题。而且企业家都不是资本家,刚开始都不会把企业做得很规范。跟我们现在再去做一个企业就不一样了。如果我要去做一个企业,从最开始我就知道要怎么样规范去做,从成立的那一天起,就是奔着上市去做的。他们不一样,有的企业很搞笑,马上要报了,又有问题解决不了,说过往出资有瑕疵,说出资不实,没有证据来支持。那个厂房,那个设备都是自己去买的,最开始十年前谁想着要上市,都没有票,那怎么才能呢过作为出资的凭证。再出一遍?谁愿意花几千万块钱再出一遍。那没凭证怎么办,就真不给报。就是这种重点问题,需要我们重点去解决的。那必须要把这些问题去克服了,其他小问题可以不用去管。反正我去开会的时候,只要是一千万以下的事情我都不发言。一千万以上的事情,就是重大的问题,你才发表发表意见。另外就是报上之后审核过程中有很多环节,这些大家都知道吧,很多潜规则和显规则都有。然后就是中介结构的选择的问题,这样的事情我们投资机构还是需要去帮助他们一把。不要让企业自己去选,选一个差的中介机构和选一个差的财务总监是一样的。选一个差的会计师事务所,结果也很糟糕。我们有的企业就是在上市的过程中就被举报了。是被会计师举报的。为什么会被会计师举报了呢?会计师事务所不会举报的,因为会计师事务所是一个机构,他还要生存。但是会计师可能在会计师事务所没有得到很好的待遇,或者被处罚了或者怎么样,心里不爽,他就离开了。他为了报复会计师事务所,就把会计师事务所的企业给举报了。然后我们就被连累了。因为你投得多了,什么鸟都见过。所以你选的时候要慎重。有些会计师事务所你要选一选,过两天你发现他没了,没了就再换一个。去年财务科查的时候,许多会计师事务所都没了。会计师事务所没了怎么办,没了就再换一个,这样就耽误时间,主要是这个问题。

然后要谈谈并购的事情,因为投的项目多了,可能并购的事情也多。第一个要考虑到企业并购的可能性,企业并购无非是两种:一种是被别人并购,一种是并购别人。我觉得投资机构也有很多同事,我们一个行业的人来找我,说你们投了那么多企业,有哪些企业要卖,你告诉我,我买,或者联系企业买。我后来就很少和这些串项目的人打交道。后来我发现微信群里,有投行圈什么的特别多,我感觉什么用都没用。动不动就甩出一个项目,你问他卖吗?他就会说请联系谁谁谁。没有任何意义。所以我和大家提建议,你要实实在在去企业看项目。你懂不懂,了解不了解项目,你都不知道,天天扯并购的事,根本就成不了。每天的生意都浪费在这个上面了。所以你要根据他并购的可能性是什么,我说凤博的项目,卖给你的可能性基本上是很小的,除非你是上市公司。为什么？或者说卖给其他的机构的可行性是很小的。因为你也是机构我也是机构，我如果想卖的话你也不会想买，你如果想买我也不会想卖。因为我也要赚钱，大家是一样的。所以说，机构和机构之间谈这个问题是没有用的。我要是能赚钱的话，不会把这个钱让给你去赚的。除非你傻，用更高的价钱来买，那是可以的。券商那边倒是有些可能，但是我特别讨厌那种，跟企业老板不认识的，可能就是跟财务总监或者董秘有过一面之缘的这种，这种也不靠谱。你要想做并购，必须要和实际控制人有联系。对于投的项目做并购，我觉得在上市之前做并购是不可能的。你在上市前是没有溢价的。你并购只能硬碰硬。你估值能估多少，你利润 5000 万，你估值 10 个亿。另外一家利润 2000 万估值 2 个亿。所以并购没什么意义。上市之前是不可能有大规模的并购的。你要卖给别人，你要考虑可能性。特别对于我们机构来说，你去卖掉，把他回购掉不是最优选择。如果大家买了一个东西，在上市前就为了把他卖出之后，就没有任何意义了。去二级市场上买也是一样的，所以轻易不要去卖东西。你 3 个亿估值投进去了，过了三年，4 个亿的估值卖出去了，收益 10%。这个生意没什么意思。天天很多人去谈并购，大部分是并购不成了，除非这个老板不想干了。那没办法，你只能帮他去做并购的事情。现在你看新三板打开了。我也觉得这个板块挺好的。好多企业新三板上去挂了，然后又卖了。我们也有企业挂完就开始做并购了，比估值能高一点点，这个辛苦还是值得的。可以通过这样一个方式去寻求被并购。并购是基于你做这个事之后去做比较靠谱一些。而且本身就是你投的企业，你帮他做并购，也顺理成章了，所以我就觉得我们不能老是寻求那种虚无缥缈的东西，内部自己的资源还没有利用好，我们凤博内部投的企业有 20 个上市了，那我先把这 20 个做好，然后我再去做别的。外面有 2500 个，那也不是我的东西，我也不想。每个人要珍惜自己已拥有的东西。

关于业绩补偿，这个事情比较敏感，一般不会对外讲这个事情。可能大家也都遇到过，可能会有人问，凤博怎么天天和企业谈业绩补偿这个事。因为我知道每个项目都有其他机构来谈这个问题。因为作为投资机构来说，你的客户主要还是投资人，你是个资产管理机构，你不帮助投资人赚钱你帮谁赚钱。你不能因为和企业关系好，就帮企业赚钱。企业的钱多了，你出资人的钱就少了。最理想的情况就是投资人和企业一块去分大蛋糕，但有时候不能实现这一步的时候，那就是一个利益相对方。每个企业都要谈这个问题。一个机构如果投 10 个项目，有 6 个需要谈业绩补偿。对我们来讲，谈这个事比较有经验了。我从 2010 年开始到现在，我前前后后谈到类似的事情或者单纯的业绩补偿，可能我谈了也有五六十个了。可能我谈的比很多机构谈的都多。我很明白他们想要什么。然后如果说你同意按照我的方向去弄，你就弄，不同意，就打诉讼。所以，我们投后谈业绩补偿已经变成流水线了，就是分几步走。谈这个事情，讲起来很简单，比如你和企业签了一个东西，每年的利润有一个亿，估值有 10 个亿。比如 2013 年他只实现了 5000 万的利润，你的 PE 就变成了 20 个亿，你要把他降低 10 倍，你要把你的投资本金拿一半回来。或者把你的股权比例翻一倍。但是你谈的最大的难度在哪里。你和企业谈这个事情,企业都是第一次谈。你跟任何一个企业谈业绩补偿,他的第一个反应就是你怎么还会和我谈这个事情。很多企业告诉我,你们开发人员告诉我不会追究这个事情。或者是这个事情,大家同股同权的,你凭什么要和我谈这个事情,你也是股东。企业赚了赔了你也要负责任。你们这个投资机构怎么是无风险套利呀。投进来当股东,就要承担企业的风险,反而会被教育一顿。就会经常遇到这样的情况。当然我们也有很多对付企业的套路,我也知道会怎么跟他讲。但不管怎么和他讲,有一些点要注意:第一,你要好好分析协议里面你真正有利的点是哪些,你要把这些协议分析透。有的时候就是没怎么看明白就和人家谈,这样就不好。有些时候谈来谈去发现原来有一个更好的想法可以提,我怎么谈了这样的话出来。谈完了怎么办,然后你再厚着脸皮说“对不起,我没看到那一条”,然后再重打,有这样的情况,我也干过这种事,乌龙。当时我急得出了一身冷汗,倒不是因为厚脸皮的事情,因为投资人和我一块谈的。我还天天和他吹我投后管理做得怎么好,我琢磨了好长时间,才把这个事情圆过去了。有的时候按照收入补偿,有的是按利润补偿。还有回购补偿。有的是逐年补偿的,有的是几年加一起补偿的,有的是先补,再退。有些是和回购相关的。这个事情你必须要当做一个整体去和企业谈。谈到一定时候,你要拿出解决方案的时候,可能好多事情需要结合到一起,这是一个有机的整体。比如说企业,如果你不看好,你不会谈回购的条款,会谈业绩补偿的条款。然后争取一个回购的利率,首先协议你要吃得特别准。这些协议里面哪些是你的权利义务,你要考察自己做到了没有。第二就是一些类似于证据的东西,你的证据是什么,证据就是财务报表,财务报表也要经过审计的审计报告。有的时候连这个东西都没有就和别人去谈,你谈完了别人重新去做一个。然后我还觉得有一些折中的方案大家是可以采纳的,比如说对一些好的企业,估值不是很高的,补偿的金额可以稍微打一下折,或者往后放一放,或者上市之后再让他付。

回购,我始终不建议大家如果有项目的话能回购就尽量回购,企业一般是希望我们回购的,很多企业谈一谈,最后不行的话就退了。道理很简单,退不退权利不是企业的,是投资机构的。投资机构有回购权,但是不是企业有钱让你回购。回购会涉及回购利率的问题,如果协议里有惩罚利率的话,你就要深挖里面是不是有惩罚情形存在,有些惩罚条款是需要你去证明的。这个时候你再谈的话就要把这个事情证明好,不要在谈完之后再证明,这个时候就比较难了。最后这个惩罚利率是可以打折的,如果企业里有超大利润的话,你要去挖。这个时候你要谈的时候就去证明好。有的惩罚率是30%。有的企业可能没什么钱,所以如果没有坚决的执行率和决心是要不回来的。这方面我们做的努力还是比较多的。而且在这方面我们是比较强势的。有时候确实根据白纸黑字,我们就是要坚决去执行,有时候不能过多地去顾及面子和感情。其实没有什么感情,你们觉得你们跟企业之间是有感情的,但是我觉得大部分的机构和企业,完全就是利益关系。平时他对你再好,如果有一天你不是他的股东,他的董事了,可能他对你也就那么回事。所以不要去过多谈感情。特别是我们比较年轻,有些时候特别容易感情用事。有时候去和企业谈的时候,他就不接你,有时候我们都在一起商量好了去和企业怎么谈,结果到那还没谈,他先倒折了。或者他先把尺度降了一半,有些是口头上挂的词,叫网开一面。所以我们比较坚决的结果是走诉讼这条路。不知道大家有没有接过传票。诉讼是一个很专业的词汇。很多企业认为投机机构不应该和企业诉讼。因为诉讼就意味着和企业的关系彻底闹崩了。因为你和这个企业诉讼了,其他企业看到了,会觉得害怕。也不敢让你投资了。因为对社会的影响,对形象很不好,别人会感觉比较强势。最开始我们也是这样认为的。我们打第一个诉讼的时候是比较谨慎的。从想打这个官司到最后立案,持续了半年时间。所以当时非常慎重,反复来论证这件事情。当时请的律师事务所也请了七八家。最后也没论证出很明确的结果。我们有个法务部,他们主要是审协议的非诉讼律师。她们在这方面也不够坚决,因为她们都是女士,所以可能做这些事情不是很适合。但是我们投后管理部都是男的。所以后来我们就下定决心。我跟公司讲,诉讼的事情不让法务部管,就划到我们这边管。但是我就安排我们投后内部人士去做。当时也是经过反复论证,不是蛮干。但是选了一个最优的方案去打,打完之后发现效果挺好,结果从此一发不可收拾,到现在也已经打了十几个了。你们能想象出来的什么样的情形包括形式的都有过。也抓过人,什么都干过,也有很强硬地去处理一些账务的问题。挺野蛮的,但都是按照商业诉讼程序来的。我们打的诉讼到现在,应该没有一个输的。有很多是没有打完,直接调解了。在西安打的那一次,最后是调解。那个案子调解的回购率是15%,非常理想,因为投的不是很高。所以还是有效果的。那个案子还不是我告他,是他告我。因为要抢诉讼地,因为原告是诉讼所在地,这就是诉讼的技巧,你要选一个诉讼比较占优势的地方。协议的签署地是可以打的。因为在当地,属于地头蛇,好做工作。另外还要明确知道自己要什么是最有利的,不是越多越好。要的越多,诉讼费也很多。先要自己最可能实现的,要法院最可能支持你的。具体问题还要具体分析的。还有证据,要想办法弄到。这是很难的事情。还要给别人施加压力,要保全。这个是很难的事情,不是每个人都可以做到的,不信你去查个房产。所以必须有特殊通道才能做到这个事情。谈到最后也没什么结果。好多企业都在观望,看我们要怎么收拾他。所以后来那个案子我是下了很大的力气。我们是要把他给打趴下了。也有很多企业和我们打完之后和我们关系还可以。这种事情在我看来不是什么事,不知道你们是怎么看的。不管怎么样,市场上缺少的还真不是项目,缺少的是钱。而且你有打的能力,也有别的能力嘛。这也是伸张正义。这是一个法治国家,在投资行业,也要树立一个契约精神。我觉得肯定是要严格执行协议的。君子无戏言,投资行业才有可能树立起自己的行业规范。所以这是对整个投资行业非常有意义的事情。这也是我对下面我们这些投资专员讲的道理,你们去打这些东西,不要有任何谦虚的地方和愧疚的地方。你们始终是站在道德的制高点去做这件事情的。所以我们的人在道德上要坚信自己是正确的。所以我们整个投后管理工作，都是在这样一种有利于保护投资人权益，有利于促进企业发展，有利于维护行业公平合理的规则的前提下来开的。这也是我们干了这么多年总结出来的自己的道路。

第四节　对投资项目经营的持续关注

一、对项目经营的持续关注

投资项目企业之后，在接下来的时间里，私募股权投资基金方和创业企业家将一起工作，他们将一同面对企业未来的发展，一起为企业的美好未来进行努力和奋斗，一起迎接来自各方面的风险和困难。虽然双方的直接目的都是为了企业能够改善经营管理，股东价值提升。但是，双方发展理念仍然是不同的。基金投资方的目标更为短期，主要是为了在把现今项目企业这头“小猪”尽快地养肥养大之后迅速脱手，从中赚取利润。而创始人的目标是长远的，更希望企业一直发展下去，而不是一夜之间发展，往后就难以发展。因此，在企业随后的运营中，难免会出现企业控制人的行动与私募基金方的预期不一致之处。虽然可能从企业控制人客观上和长远的目标来看对企业发展更为有利，但并不一定符合私募股权投资基金方的预期退出的利益。因此，双方之间应该就企业如何发展进行充分沟通协调。所以，在投资之后的企业运营过程中私募股权投资基金方还是要花费一定的精力对项目企业的经营持续关注。

（一）通过管理参与的持续关注

在私募股权投资基金方投资之前，私募股权投资基金方必须决定其想获取多大的对企业经营管理的参与度。绝大多数私募股权投资基金方都不是被动地进行投资。许多私募股权投资基金方都会一定程度地积极参与企业的管理，有的甚至还想在基金管理公司内部设立专门的部门进行监督，并聘用专门的管理咨询人员负责这项工作。私募股权投资基金方的咨询人员可以向目标企业提供技术或金融专业知识来帮助这些企业解决相应的问题。此外，这些管理咨询人员还可能协助整个企业进行管理。企业的所有关键决策都应该经过私募股权投资基金方和企业控制人讨论后达成。双方都有既定利益，因此应该就涉及企业发展的任何重大事件进行讨论。企业控制人和基金方最好把他们所做的关键决策都记录下来。这些记录应该是双方一起进一步讨论的基础。

（二）审阅财务报表

在对企业进行投资时，私募股权投资基金方往往要求企业控制人提供企业的财务报表。财务信息的作用是可以披露企业的财务状况和企业现在的经营状况，一方面方便私募对企业的经营状况进行把握，另一方面对未来的再融资和预期结果进行估算。反过来说，在缺乏定期财务报表的情况下，投资者很难对企业的经营状况做出理性的判断。迟到的财务报表对于私募股权投资基金方来说，可能是一个即将或者已经发生问题的警告信号，如果私募股权投资基金方并没有收到及时的财务报表和关于企业营运的其他报告，那么私募股权投资基金方就需要去及时地与企业控制人取得联系，查明此中的缘由。这种现象通常会意味着，企业可能存在比迟到的财务报表所显示的更多的问题。财务报表不仅需要及时，其准确性和真实性也很重要。出于各种动机，很多企业都会在年底对财务报表进行“调整”，做出良好运作的效果，让私募方放松警惕。所以，私募股权投资基金方应该关注财务报表可调整程度的范围。凡是企业任何年末财务报表出现重大调整的原因都应该对私募股权投资基金方进行详细与合理的解释。

（三）董事会/投资者会议

企业应该定期地召开董事会讨论企业的经营管理问题，在会议上私募股权投资基金方可以与管理层面谈和讨论企业经营管理中的重要事项。对于管理会议，企业应当提前为这些会议做好相关的准备。企业管理层应该制定投资人会议日程，并且应该像召开正式董事会或股东大会一样严格遵守日程安排。管理层的所有人员都应该参与该会议，私募股权投资基金方也可以与管理层中的人员单独接触，并且对每个管理层的人员进行提问。

会议的首要内容应该是对企业近期财务报表的讨论。管理层都应该对前期报表和未来预测进行分析和解释。如果管理层正在制定新的计划，那么对该计划应该有详细的解释和充分的论证。总体来说，整个会议应该主要是以财务问题为导向的，而不是营销或生产导向的。作为一名投资者，私募股权投资基金方应该特别关注财务数据，因为财务数据比文字更有说服力。企业管理层应该告知私募股权投资基金方目前企业的现金存量以及可用的银行信用额度。在早期的投资中，创业企业家也应该做一个现金对账单以说明私募股权投资基金方投入的资金流向。除了财务问题的讨论，投资者还应该简要地看一下工厂的实际情况以及被告知企业正在实施的改进。

如果企业管理层进行了任何市场研究或客户调查，这些研究或调查的结果应该向私募股权投资基金方通报。企业管理层获得的任何对市场竞争和商业活动的新信息，都应该告知私募股权投资基金方。平常的时候私募股权投资基金方应该主动向企业家追问是否进行过这些事项。私募股权基金投资方还需要跟踪企业是否雇用了新的关键人员或者企业已经解雇了原有的关键管理或技术人员，并且企业需要对此作出合理的说明。雇用一位新的营销总监或变更审计等重大决定、已知的管理费用变动以及是否有增加或者减少，私募股权投资基金方都应该让企业管理层解释。

私募股权投资基金方需要很清楚企业都做出了哪些资本性的支出，对于企业任何订单的重大变化，企业管理层都应该对私募股权投资基金方说明。作为投资者，私募股权投资基金方总应该寻找关于其参与投资企业的关键信息。虽然私募股权投资基金方并不希望被淹没在大量的统计数据中,但是对企业和行业最新动向的信息的把握越准确,私募股权投资基金方的投资就越安全。

(四)保持好记录

私募股权投资基金方的投资记录是把握企业和行业最新动向的信息和加深企业理解的关键。必须保证下列信息被准确记录下来。

1. 财务记录文档

除了法律文档和通信文档,私募股权投资基金方还须保存项目企业呈送的各种定期和不定期的财务报表及相关的审计报告。企业其他财务信息资料也应该予以妥善保存。此外,还应该保存有关项目企业真实数据的报表及预测,这些都对持续观察私募股权投资基金方所投资的企业的经营效果非常地有助益。

2. 董事会文档

董事会文档记录了企业重大事项决策的过程和内容。如果私募股权投资基金方被任命为董事会董事,或者其定期地与董事会成员进行交流,那么私募股权投资基金方可以专门设立一个文档,以保存其在董事会获取的所有信息。如果私募股权投资基金方指派自己的人在企业的董事会担任董事,那么这个单独的文档将有助于私募股权投资基金方回忆以往董事会会议的内容。这将使私募股权投资基金方能够从企业董事的角度观察企业的经营发展情况。而这一点是很重要的,因为这可以让私募股权投资基金方把握企业是否在向其所期望的方向发展。

3. 基础法律文件档案

有人说,法律文件就是私募股权投资基金方每项投资的圣经。无数实践证实了这一观点是确定无疑的。因此,私募股权投资基金方必须保管好记录完整的全部法律文件档案。此外,还应保管好与这些文件相互印证的所有的证券、企业章程、附章以及投资企业作为其中一方的相关文件,还有担保、授权信托、有条件转让的契约、抵押的文件等。另外,所有期权或员工激励计划、任何连锁经营或专利、任何法律意见以及其他的法律文件都应该妥善保存。所有这些文件都应该进行装订并制作逻辑清晰的目录索引以方便日后查阅。

4. 与企业管理层的往来通信

私募股权投资基金方应该保留专门的文档记录来记录私募股权投资基金方与企业管理层的往来通信。这些通信文档可以帮助私募股权投资基金方记住企业曾经发生过的重要事件。这些文档通常可以按照时间顺序来编档。一般的通信文档应该包括所有私募股权投资基金方计划记录的备忘录以及与管理层的交流。对于那些有特定意义日期的特定通信记录,可以进行特别的标示。私募股权投资基金方与企业家的会谈备忘录也需要设定专门的文件夹,记录会谈的要点,但并不需要记录私募股权投资基金方与企业家的每次会谈细节。

5. 分类跟踪文档

私募投资基金管理公司通常会在其内部设立专门的对外投资管理部门，并建立投资项目分类跟踪文档，以跟踪各项投资项目的发展情况，包括过去的预算和预测等关键信息的电子数据表。大多数投资项目跟踪文档都是电子数据，通常存放在私募股权投资基金管理公司的对外投资管理部门电脑的共用文件夹里，如果项目信息不是电子形式的，需要将其转换成电子数据表的形式。这些详细的项目信息对于观测一个企业来说非常重要，并且能够反映出该企业的运营情况。当新的信息出现时，私募股权投资基金方会把过去的以及预测的信息同现在的信息进行比较，以评估该企业的运营情况，评估企业是否在预算之内。这些跟踪文档通常包含许多关于企业的数据比率分析，因此私募股权投资基金方能够迅速地发现企业现有的财务问题。

二、监督的技巧

（一）监督中应该做的事情

作为企业的投资者，私募股权投资基金方如果想要对企业的发展状况进行追踪监督，有一些基本的事情是应该做的。

1. 坦诚相见

在私募股权投资基金方投资的时候，投资方应开门见山地将要求和期望讲清楚，并表现出对企业的兴趣和热情。这样，企业的负责人和控制者才会明白私募股权投资基金方的态度并向私募股权投资基金方持续提供充足的信息。因此，私募股权投资基金方应当确保，在其投资的时候，项目企业的负责人和控制者就明白私募股权投资基金方的投资目标，并明确这是一种合作伙伴关系，双方应该共同分享企业的各种信息。

2. 了解该企业及其产品或服务

私募股权投资基金方应当了解企业正在从事什么业务，以及该企业正在生产什么产品或提供什么服务。企业的负责人和控制者一般并不指望私募股权投资基金方是该企业的专家，但如果私募股权投资基金方根本不能区分各种企业所生产出来的产品或提供的服务，或是对该行业的情况没有任何基本认识，那么企业的负责人和控制者可能会认为私募股权投资基金方对该行业没有兴趣而消极地向私募股权投资基金方提供信息。所以，私募投资人应该要保持对该企业和产品的了解，这样才能跟企业的负责人和控制者进行深入且专业的交谈，而对方也会有兴趣向基金方持续提供相关信息。

3. 密切关注企业经营成果

私募基金方不仅要关注企业的销售和收入情况，还要留心企业的各种财务比率。即使私募股权投资基金方是企业的最高负责人最好的朋友，投资方仍然不可以放松警惕,否则可能某天早晨醒来时听到企业突如其来的噩耗。

4. 与企业的最高负责人经常见面

获得企业信息的最好方法就是与企业的最高负责人当面交流。和企业的最高负责人建立经常性会晤交流机制是很重要的,这是私募股权投资基金方们交流的基础。让他们明白,私募基金方并不是把自己当做经理或行业中的领头机构,而只是一位非常关心企业并提出善意建议的投资者。

5. 了解行业的竞争情况

谁是项目企业最大的竞争对手对于投资基金也是很重要的。所以投资方应当通过各种渠道获得关于该行业竞争的信息,特别是行业调查报告或行业总结,都应将其保留下来并通报给企业的负责人和控制者,这样私募股权投资基金方可以持续地关注该行业的竞争与发展状况,也能向企业管理方表明,私募股权投资基金方正在积极关注该企业的发展情况。如果该行业出了一份新报告,阅读这份研究报告并与企业的负责人和控制者交流分享关于这个行业的想法。私募股权投资基金方也可以订阅一些行业杂志。这些杂志不时会有一两篇具有启发性的文章让私募股权投资基金方对该行业有更多的了解,这将会是私募股权投资基金方和企业的负责人和控制者讨论内容的来源。

6. 了解企业里的人员

投资方还必须结识所投资的企业里面的核心人员,让他们成为私募股权投资基金方团队中的一员,经常与他们谈话。如果私募股权投资基金方有一个关于市场营销的问题,但投资方没办法联系上执行总裁,那么投资方可以打电话给市场营销负责人。这会使得投资人在处理紧急问题的时候更加的方便和及时,解决问题也更加有效。

(二)监督中易犯的错误

在对企业的监督中,也要避免一些问题。

(1)投资方不能只是在企业出现问题的时候才出现,那么私募股权投资基金方将不被企业的管理者认为是优秀的合作伙伴。

(2)对问题做出过激的情绪反应,投资方始终还是会被认为是局外人。资方应当适度参与到计划建立中来,并了解企业正想做什么。没有如期实现目标时,可以批评企业,但不要有过激的情绪反应。

(3)不要对企业做出过多的事后批评。每个人都希望企业赚钱。私募股权投资基金方并不希望过度参与企业的决策以至于成为企业管理者头痛的对象。当然,投资方力求能够事先助企业的管理者一臂之力,而在问题出现之后,喋喋不休的批评并不会更有效地解决问题,而只能更多地制造内部的矛盾和分歧。

三、问题预警信号

(一)问题的征兆

私募股权投资基金方应该对企业可能出现的各种问题保持警惕。有时候,基金方可能会因为对于企业的过度关注而招致企业管理层的敌对情绪。虽然基金方应当努力寻求与企业管理层的友好合作,但绝对不能对企业问题预警信号采取置之不理的态度。如果私募股权投资基金方预见到了问题,而企业管理层没有看到该问题或者故意隐瞒,那么这本身就是一个可能会致命的问题。通常来说,预示问题的信号包括:

1. 价格和市场份额的变化

销售下降是一个明显的问题,另一个问题是可能会存在企业的销售在增长,而企业的市场份额却在萎缩的情况。如果该企业所获得的市场份额小于它应该能在这个市场中占有的份额,就说明企业出现问题了。此外,如果企业迅速降价,这可能是由于企业产品滞销、产品本身有瑕疵或产品不适合目标客户群。销售下降也可能是因为该行业是受到政府严格管制的,也有的行业不是。但每个行业都或多或少会受到管理规则的约束。当政府监管规则发生变化时,整个行业都会受到影响,只不过行业内各企业受影响的程度不同而已。问题也可能是由于行业的主要客户因为本身的技术或市场变化而不再像以前那样对产品有需求,行业走向衰退。这类衰退在每个行业都会发生,企业管理层和私募股权投资基金方需要查明衰退为什么会发生、它会经历多长时间以及有什么办法重新定位企业的产品以发掘新市场。

2. 新技术和新工艺

新技术和新工艺可能改变企业在行业中的竞争地位和市场份额。企业管理层必须能够察觉这些变化并确定它们是否会对企业的竞争地位和市场份额产生影响。私募股权投资基金方必须知道企业能否迅速地应对这些改变并维持其市场地位。每次出现技术变革时,企业管理层和私募股权投资基金方必须迅速做出决策应对这个新挑战。

3. 缺乏计划

每个企业都需要对企业的经营制定预算和计划,一个拥有健全制定预算和计划系统的企业可以说出企业未来的发展趋势。当企业月度预算经常出现非正常偏差时,企业管理层和私募股权投资基金方应该尽快找出其中的原因所在。此外,如果企业没有完成其阶段性经营计划,也应该引起企业管理层和私募股权投资基金方的关注。该企业如果继续经营下去则不能在市场上成功。随着企业从创业阶段逐渐成长,财务和运营的预测将对决策起着越来越重要的作用。因此,企业管理层如果缺乏及时和准确的数据,是不能很好地把握企业的脉搏,控制好企业的发展方向的。

4. 员工问题

管理好企业的人力资源是企业管理层的责任,也是他们管理能力体现的一个方面。企业管理层应该持续激发和引导雇员对工作的热忱和对企业的忠诚。如果雇员觉得不满或罢工时,就说明企业管理层没有尽责或者缺乏领导能力。员工出现问题当然是企业出问题的征兆。

5. 客户关系恶化

客户关系管理是企业经营管理很重要的一个方面。客户关系恶化将会给企业带来很重大的损失,最明显的预警信号是丧失了重要的客户,这绝对是企业运营出现异常的征兆,而且将会导致丧失更多的客户。这种推论也适用于供应商或债权人。当一个供应商不愿再供应给一个企业或一个债权人不再愿意借贷,那么这肯定说明企业出现了问题,私募股权投资基金方应该警觉起来。

6. 比率分析中的预警信号

许多早期预警信号能体现在企业的关键比率分析中。这包括流动比率、股权与总资产之比、流动资金周转率、负债率等。每一个比率都会告诉私募股权投资基金方企业的发展状况。私募股权投资基金方越早开始用比率分析企业,越能了解企业现在存在的问题。

7. 拖延付款

如果企业管理层在支付可转债或银行债务时拖延付款,这显然是现金流紧张的表现。当私募股权投资基金方发现这些早期的预警信号时,确保私募股权投资基金方能参与企业经营并解决这些潜在的问题。

8. 财务报表上显示亏损

如果财务报表上显示亏损,那么私募股权投资基金方必须要关注。当然,亏损可能是暂时现象,但私募股权投资基金方必须迅速确认该亏损是否为暂时现象。不能够轻易相信企业管理层所做的短期内扭亏为盈的承诺。确保私募股权投资基金方跟企业家一起深入探讨这个问题,以确定企业管理层作出短期内扭亏为盈承诺的依据。私募股权投资基金方自己来调查这些数字,会使其对问题有更好的理解。

9. 财务报表报送延迟

企业延迟报送财务报表以及其他材料,对私募股权投资基金方来说,经常意味着企业运营状况不佳。财务报表的延迟通常是因为企业出现了坏消息。如果财务报表延迟,私募股权投资基金方一定要联系该企业的负责人并查找原因。

10. 草率的财务报表

有时候,企业家仓促地准备了不准确的财务报表。草率的财务报表被认为是不可靠的信息。对投资人来说,这绝对是企业运营发生异常的预警信号。一个企业家递交财务报表说企业处于微利状态,这是个好消息,因为企业以前一直亏损。随后,风险投资家发现包括租金和利息支出在内的多个项目被剔除出了财务报表。更糟糕的是,当风险投资家将这些支出项目加进去后,发现被低估了 20%,企业家说这只是很小的错误,但是 6 个月不到,该企业就破产了。

11. 资产负债表的重大改变

如果企业应付账款大幅增加,私募股权投资基金方应该怀疑企业是否资不抵债或者资金周转出现困难。对此,私募股权投资基金方需要尽快查明原因。如果企业的存货很多,这可能意味着企业的销售跟不上生产,导致存货堆积。同样地,应收账款的膨胀可能意味着企业不能够实现销售收入。

12. 无法联系到的企业家

当私募股权投资基金方打电话给企业负责人而经常得不到答复,那么这将是企业运营发生异常的预警信号。企业负责人可能是担心,私募股权投资基金方将要问企业的问题而发现问题很严重。另一个不详的信号是企业负责人不能够定时地组织召开董事会,这对私募股权投资基金方是清晰的问题预警信号。

13. 重大失窃

企业负责人很有可能用那些无法解释的存货重大失窃事件来掩盖资产损失的真正原因,特别是那些保险企业不负责赔偿的失窃,这通常意味着企业负责人不愿意保险企业插手调查。无法解释的火灾和其他的自然灾害也一样。在困境中的企业负责人往往盼望用一场大火来掩盖问题。

14. 财务数据的重大调整

财务数据在年终的重大调整经常会意味着管理层经营不善。如果企业必须要冲销大量的存货或不愿意将一些费用资本化,对损益表的影响将是非常大的。这确实说明管理层经营不善,这是一个非常严重的企业运营发生异常的预警信号。

15. 管理层成员重大变动

稳定的管理层是持续经营的基本条件,当管理层成员重大变动的时候就容易出现问题。缺乏稳定的管理层是企业向投资者、雇员以及债务人发出的企业运营出现异常的预警信号。私募股权投资基金方必须查明一个管理层成员是因为合理的理由而被解雇,还是这个管理层成员因为企业将要倒闭而另谋出路。如果可能,最好跟这位管理层成员进行面对面的直接交流,查明他离开的真正原因。

16. 销售订单的重大改变

作为一个投资者,私募股权投资基金方应该特别关注企业的销售订单状况,而不仅仅是看财务报表。任何订单的重大变化都需要管理层予以合理的解释。订单减少可能意味着企业在市场方面有一些问题。而订单的增加也可能会带来生产和运输上的问题。有时,订单增长是因为产品价格的下降和企业在新的价格形势下面临重大的问题。在毛利大幅减少时销售会保持增长,但利润将会被摊薄。要关注订单状况,因为它意味着企业必须修改生产时间来满足客户的需要。订单最终将影响销售。订单的增加也意味着企业必须扩大生产能力来满足客户的需要。

17. 存货变化

存货的数目可以给私募股权投资基金方提供有关企业现状的线索。如果企业的存货周转率低于行业中的其他企业,这意味着该企业的产品在市场上没有竞争力,太多资金被堆压在存货上。产品,尤其是快速生产的产品,出现脱销,这说明企业在生产方面肯定存在问题。任何存货记录的失实都表明企业在管理方面存在着漏洞和疏忽。一个合理的管理和记录的系统是一个好企业的基石。记录上面的重大改变可能意味着生产和存货管理不善。存货的变化最终将反映到损益表上并给企业造成损失。

18. 会计方法的改变

有时企业是为了掩盖那些债权人和潜在的债权人可能发现的问题,而改变会计方法。重要的改动包括对折旧计提的变动、对收入确认方法的变动以及改变存货计价方法。对于这些会计方法的改变,私募股权投资基金方都要予以警惕。

(二)需要特别注意的预警信号

除了前面所谈到的比较明显的问题预警信号之外,有一些问题可能还是需要多年经验才能察觉的。

1. 绝大多数的企业,特别是小企业,都需要企业的经营者随时地管理,企业的经营者不可能远距离地良好运营一家企业。所以,当企业的经营者打算搬到另外一个离企业现在所在地比较遥远的城市时,私募股权投资基金方应当意识到,这个企业的经营者很可能是想把企业搬到该城市。将业务或主要工厂搬迁对小企业来说可能是最危险的变动。业务中断本身可能会影响企业的各个方面。企业不仅仅会失去现有的熟练工人,而且通常需要六个月甚至一年的时间才能够在新的地点完全恢复生产运营。私募股权投资基金方不要投资于这种将要搬迁的企业。

2. 如果企业的经营者告诉私募股权投资基金方,他打算自己另行投资一个别的生意。这往往是一个重要的预警信号。如果当企业的经营者将他的时间精力放在任何别的事情上时,可以肯定,原企业难以得到很好的照料。企业的经营者一心二用、同时运营两个企业是非常困难的事,会分散企业管理者的精力,而且经常会产生两个企业之间的利益冲突。如果私募投资基金所投资的企业的管理者打算自己做另一个企业,那么私募投资基金所投资的企业很难做好。私募股权投资基金方应该尽力说服企业的管理者打消这个主意。

如果企业的管理者告诉私募股权投资基金方,企业现在已经将私募股权投资基金方和其他投资者给予的资金花光了,需要投资者继续注资才能继续经营,私募股权投资基金方应当拒绝这种求助,并让企业家自己承担这次危机。如果私募股权投资基金方以再次注资的方式帮企业的管理者解决了问题,那么这样的情况会在将来一次又一次地发生。私募股权投资基金方应该做的第二件事是,当其发现企业家已经到了难关的边缘,则应该想办法退出项目企业,尽可能地收回自己的投资。另外的选择是,进行企业的人事调整,解雇这个企业的管理者,让更有责任心的人来管理企业。

3. 研发型的企业是一个资金无底洞,投资者不断投入大量的资金却很难看得到回报。因此，那些热衷于科研发明的企业的管理者通常会带来麻烦。他们经常热衷于刚刚完成一个样品，甚至在第一种产品还没有任何盈利之前，就立即准备投入资金去研发下一种产品。私募股权投资基金方如果错误地投资到了这样一个研发企业，则需要尽早退出投资，或者，更换管理者。

另外，作为发明家的企业的管理者虽然会为私募股权投资基金方发明出非常不错的产品，但这个企业家也可能出于对科研发明事业的热爱，投入大量资金去研发那些跟私募股权投资基金方投资进入的行业无关的产品。每个发明家都笃信，他的发明将会带来一次技术革命，因此希望企业注入大量的资金于这些产品的研发中。私募股权投资基金方应当将资金撤离这种企业，否则私募股权投资基金方将会遭受损失。

（三）问题的主要原因

对于前面所提到的那些问题预警信号，尽管分析了它们产生的可能的直接原因，总结起来，它们主要是源于企业以下几方面的问题：

1. 财务问题

企业呈现强势增长，企业投资者从中获得丰厚回报，那么，一般来说，这个企业必定有完善的管理。如果企业出现问题，经常意味着那么这个企业的管理不善。企业最致命的两个管理不善的表现是：缺乏财务监管和控制、资本不足。

优秀的企业管理者除了可以写一个很好的商业计划书并且制定可行的计划，明了从银行和风险投资家获取所需资金的成本，还应当建立一个系统来监测进程并分析他们获得的信息。作为一个企业管理者，应该密切关注企业经营管理的各种数据。当成本和预期不符时，要尽快查明原因。如果预期并不准确，查明偏离的原因，并据此修改未来的预期以准确预算未来将需要多少资金。

即使是最优秀的企业管理者也会有面临企业现金流异常的时候。但是优秀的企业管理者知道他们的企业正面临什么，清楚资金什么时候会用光，准确地知道如何合理分配稀缺资源，更重要的是，他们知道他们要怎样做才能增加企业的现金流入。在发生企业运营异常时，他们知道大概需要多少资金才能帮他们渡过难关。每月的损益表的结果通常在他们的预料中。他们每周管理一次企业的资金，甚至是每天管理。

2. 人事问题

没有一个企业能保持在一个人的管理下发展，企业的运营经常需要一个优秀的管理团队。许多企业管理人可以很好地管理一个很小、很紧密的团体，但当企业发展成为较大的企业时，他们就会感到在管理方面力不从心。这时候，对该企业的运营就不能够依靠他一个人的力量，而是需要建设一支优秀的管理团队。

企业管理人通常习惯于应对没有定位的岗位职责。但随着企业的成长，专业化变得非常明显。一些工作必须被分离和明确定位其权责才可以聘请到合适的人才。作为企业的投资者，私募股权投资基金方必须确保企业管理人对企业的各个职位有清晰合理的定位。即使是职位确定下来,可能会出现的问题是,企业管理人可能会采取拙劣的选拔手段,经常是按私人关系而不是按业务能力来选拔合适的人选。这种做法显然很难产生一个强大的中层管理。作为投资者,私募股权投资基金方应该防范这一点。

企业为了吸引中层管理人才,需要制定一个有效的激励计划。对那些创业团队中的人员来说,他们会有很高的工作热情,是因为他们在企业中拥有很大份额的股份。企业兴衰与他们的利益休戚相关,他们当然会有动力投身于这个企业中并希望成功。企业中层管理人员不会有一样的回报。为了激励他们,高级管理层必须考虑各种传统的针对优秀中层管理人才的薪酬计划,包括股票期权、基于销售或完成计划的分红等。企业没有建立起合适的激励体系,很难激励他们努力地为企业工作。私募股权投资基金方应该帮助建立起合适的激励体系。

对于企业中层管理人员,他们需要通过传统的评估程序来确认他们的工作绩效。好的评估程序会预先提示私募股权投资基金方中层经理存在的问题,也会给私募股权投资基金方更多的解决这些问题的机会。私募股权投资基金方必须保证企业拥有与企业激励系统一致的评估系统。有时企业限制了中层经理的能力,使得他们并没有机会通过研讨会或其他形式来发挥他们的能力。通过让所有中层经理聚会并充分交流他们的意见和讨论企业里存在的问题可以避免上述情况。这种交流使得市场营销人员了解生产方面的情况并使得财务人员了解市场营销方面的问题,以及企业里的各个方面。

第九章
基金退出

私募股权投资基金的退出机制是指私募股权投资机构在其所投资的企业发展相对成熟后，将其持有的权益资本在市场上出售以收回投资并实现投资收益。基金投资的目的是获得收益，而收益的实现则是通过从所投资项目中退出来实现。简单地说，就是基金要将其低价买入的资产在其价格提升之后卖出。

第一节　退出时机的选择

股权投资的退出时机选择往往受到多种因素的影响。总体来说，退出时机的选择主要受宏观、创业企业以及股权投资方等三个方面因素的影响。因此，股权投资方也总是在客观因素（宏观因素、创业企业因素）和主观因素（股权投资方自身因素）制约下基于自身利益最大化来选择合适的退出时机。

一、宏观因素视角

创业企业和股权投资机构总是在特定的宏观环境中运营，肯定会受到宏观因素（如宏观经济景气状况、资本市场活跃度、产权交易市场成熟程度以及相关政策法规变化等）的影响。

良好的宏观经济环境在一定程度上可以促进创业企业的发展、促进股权投资机构的融资，进而影响创业企业的估值水平。一般来说，宏观经济周期处于向上循环周期阶段时，宏观经济的景气给予创业企业一个良好的外部环境，促进创业企业的经营与成长，有利于提高创业企业的估值水平；同时，对整体经济向好的预期、外部资金的充裕、投资者信心增强也对创业企业获得较高估值有所帮助；另外在经济处于景气周期时，资本市场活跃度的提高也可以为股权投资方提供较多的退出选择；这些都可以促进股权投资方以较高的退出价格实现投资退出。

而资本市场活跃度与产权交易市场成熟程度对于股权投资方能否实现顺利退出也关系密切。根据清科集团发布的报告显示，深圳创业板开板的前两年间，156 家国内

VC/PE 机构合计实现 299 笔退出,平均账面投资回报为 8.84 倍;16 家外资 VC/PE 机构合计实现 20 笔退出,平均账面投资回报为 14 倍;2 家合资 VC/PE 机构合计实现 4 笔退出,平均账面投资回报为 8.8 倍。创业板的开闸拓宽了股权投资机构的退出渠道。而 2012 年底以来,由于我国资本市场的持续低迷、IPO 的停摆让股权投资机构意图通过 IPO 退出的渠道受阻,股权投资机构们开始转向并购市场寻找"退出之路"。

二、创业企业因素视角

创业企业是创业投资活动的主体,创业企业的运营情况直接关系着股权投资方退出的可行性和退出收益,因此,准确掌握创业企业的动态对于股权投资方退出时机的选择非常关键。

(一)创业企业管理团队

股权投资行业有两句行话:一个是投人,一个是投未来。不管在美国、新加坡还是日本,很多股权投资机构在选择一个项目的时候重点是考察团队、考察人,通常会把创业团队的素质放在最重要的位置考虑。同样,股权投资方在选择退出时机时也要考虑人的问题。如果随着创业企业的发展,创业企业管理团队的素质不足以支撑创业企业的发展时,特别是企业管理、技术开发、财务运作及市场营销等核心管理层发生变动时,要么督促创业企业调整完善管理团队架构,要么就必须考虑退出。云峰基金创始人兼董事会主席虞峰坦言,"创业最关键的一点是创业者能不能坚定信心,只要你坚定信心,我们就支持你做下去,如果你动摇了,事先想好还有哪些路可以走,那对不起,你自己玩。今天回过头来看看国内几大互联网公司,腾讯、阿里巴巴、百度一开始做的事情与今天的事情差别很大,关键是这些团队对市场的适应能力和对技术不断追求的能力,让企业能与市场接轨。这才是最关键的"。

(二)创业企业生命周期

股权投资方在决定是否退出时必须考虑创业企业所处的生命周期阶段。一般而言,创业企业的生命周期包括种子期、导入期、成长期、扩张期和成熟期。从理论上来说,创业企业一经发展成熟,企业的成熟技术往往会使同业竞争中的技术壁垒不断消除,随着竞争者的大量进入,拥有高新技术的创业企业的垄断利润会逐渐消失,创业投资的高回报随即转变为常规利润,创业企业的高成长性的阶段业已结束。此时,股权投资方就必须考虑退出问题。从高盛全资子公司 GSPharma 退出海普瑞的案例我们可以看出,GSPharma 不管是在股权投资的进入还是退出时机方面都把握得非常好,特别是在海普瑞专利保护期结束且同业竞争加剧的背景下,GSPharma 顺利通过二级市场减持实现投资退出。

(三)创业企业盈利状况

创业企业的盈利状况也是影响股权投资方选择退出时机的关键因素。如果创业企业销售额的增长能够使其现金流量实现平衡,标志着企业基本拥有了造血能力,但是由于此时企业的财务报表可能还是亏损的,一个不够漂亮的财务报表不会很好地体现企业的价值,因此,对于着眼于成功退出的股权投资方而言,此时不能急于退出。当创业企业的市场范围已经很大,继续扩张难度加大,此时由于沉没成本的作用,企业的会计利润会有很大程度的提升,企业的财务报表也将表现靓丽。创业企业已完全变成一个具有丰富市场竞争经验、技术成熟和管理团队高效的成熟企业,此时股权投资方可以考虑采用适当的方式退出了。而如果创业无法找到好的盈利模式或在市场竞争中一直表现不佳,创业企业的财务状况持续恶化,此时对于股权投资方来说,应考虑尽快退出控制投资损失。

三、股权投资方自身因素视角

股权投资方是创业投资退出活动的实际执行者,在退出时机的选择方面起主导作用。股权投资方有可能因为其自身的原因而提前退出。

(一)股权投资方的经营情况

如果股权投资方因外部环境恶化导致筹资困难或经营状况不佳导致现金流紧张时,首要考虑的就是尽快退出一些项目,以收回现金,维持公司的正常经营。根据国外媒体报道,2008 年 11 月,在全球经济衰退大背景下,风险投资基金面临严重现金短缺,VC 正在采取极端措施,以确保他们有足够现金投资。不少投资机构开始“打折”出售其投资的创业企业股权。当然,对另一些风险投资人来说,现金匮乏也意味着机遇,他们可以用更低的价格购入创业企业股权。设在加利福尼亚州的 Onset Ventures 公司合伙人 Terry Opdendyk 表示,有资金紧张的风险投资人向他发出要约,期望以 1 折到 6 折的价格出售其投资的公司。Venrock 资本合伙人 Bryan Roberts 说,他最近从一个缺钱的投资人手中以 4 折的价格购买了一家保健创业企业的股份,参与了该公司最后一轮的融资。

如果股权投资方发现更好的投资机会,由于短期内其管理的资金供给一般是没有弹性的,则股权投资方可能会改变原来制定的退出计划,加快从原有投资中部分退出,转向新的投资项目。

(二)对声誉的追求及其对投资项目的期望收益

股权投资机构的声誉主要是建立在过往投资业绩的基础上。良好的声誉有助于股权投资机构吸引有成长潜力的项目、募集新的股权投资资金、推进与中介机构会计师事务所和投资银行的合作、吸引专业投资人才的加盟等。因此,股权投资机构会为了获得良好的业绩表现而提前退出一些投资项目,特别是那些新设立的股权投资公司急切需要在股权投资市场上树立声誉而提早实施投资退出。一般来说,股权投资方为美化其投资业绩往往会在绩效考核前期(如每季度末或每年末)筹划提前退出。

股权投资机构从事股权投资的目的就在于获得高于平均收益的风险回报。因此,当投资项目的退出已经达到股权投资方期望收益的时候,股权投资方一般会更倾向于选择退出。

第二节　上市转让退出

首次公开上市(IPO)是指企业在证券市场上第一次向社会公众发行股票,私募股权投资基金通过被投资企业股份的上市,将拥有的私人权益转化成公共股权,在市场认同获得投资收益,实现资本增值。私募股权投资基金企业所投资的企业经运营发展到符合上市条件后可以选择上市成为公众公司,私募股权投资基金企业在企业上市并限售期满后出售所持有的股份实现退出。

私募股权投资基金的退出是私募股权投资循环的最后一个环节,也是核心环节,其实现了资本循环流动的活力特点。就通过上市退出来说,选择境内上市还是境外上市,选择在哪个证券交易所上市,以及选择主板、中小板还是创业板上市,都需要结合所投资企业的具体情况,对于金融市场情况、交易所及板块的情况等进行综合考量来决定。选择 IPO 退出,既有优势,也有缺陷。采用首次公开上市这种退出方式可以保持企业的独立性,也可以获得在证券市场上持续融资的机会,私募股权投资基金则可以获得非常高的投资回报。但是公开上市所需时间周期比较长,加上限制出售的条款,私募股权投资基金投资后需要很长一段时间才能自由出售其所拥有的股份。

公司上市融资并不是一蹴而就的,而是一个相对漫长的过程。企业上市需要支付昂贵的费用,所需达到的标准和过程也比较繁琐。拟上市的企业首先得进行公司制的改造,而且要符合在一定时间内持续经营的要求。一般而言,拟上市企业通常很难在毫无准备的情况下就能符合监管机构与证券交易所规定的上市条件和要求。因此,拟上市企业需经过一段时间的努力。上市的流程大致经历了从企业内部决策到上市的一系列阶段。这一阶段通常会持续很长时间,有时候甚至历经数年。据估计,全国私募股权投资基金公司保守估计有万家以上,假设每家私募股权投资基金公司每年都投资于 2 ~ 3 个项目,则每年新增待上市公司数量将不低于 1 万家;而正常情况下,国内每年新上市的公司仅 400 家左右。照这样的数据估算,私募股权投资基金每年投资的公司排队等待上市,这个过程可能就需要至少 20 年。

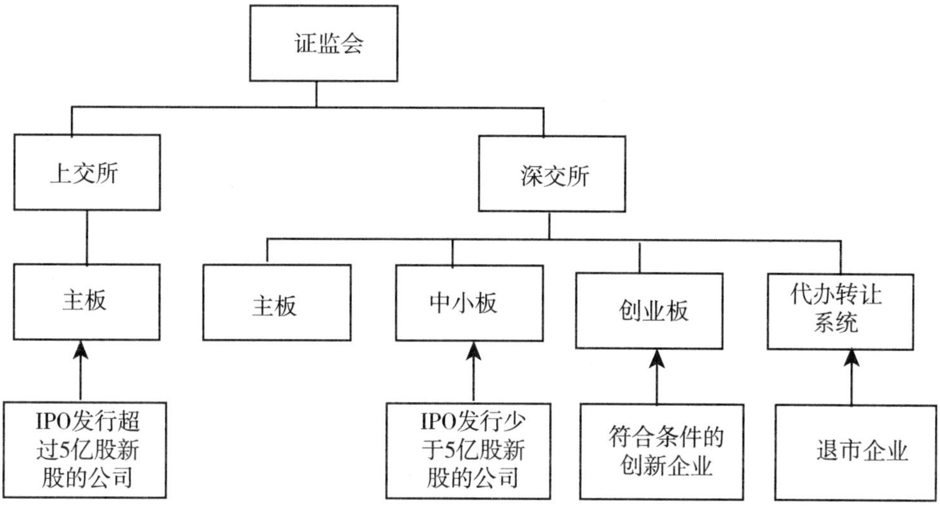
证监会
上交所
深交所
主板
主板
中小板
创业板
代办转让系统
IPO发行超过5亿股新股的公司
IPO发行少于5亿股新股的公司
符合条件的创新企业
退市企业

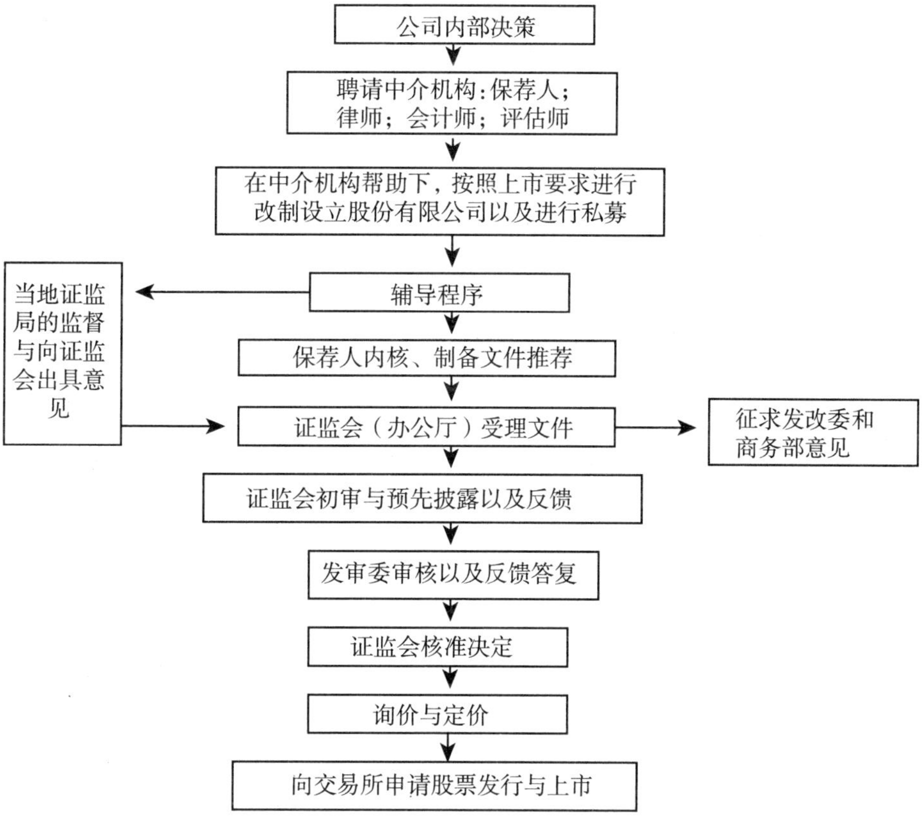
公司内部决策
聘请中介机构：保荐人；律师；会计师；评估师
在中介机构帮助下，按照上市要求进行改制设立股份有限公司以及进行私募
辅导程序
当地证监局的监督与向证监会出具意见
保荐人内核、制备文件推荐
证监会（办公厅）受理文件
征求发改委和商务部意见
证监会初审与预先披露以及反馈
发审委审核以及反馈答复
证监会核准决定
询价与定价
向交易所申请股票发行与上市

公司上市流程图

一、企业境内发行上市的条件及流程

(一)境内交易所发行上市条件

我国的公司在境内上市包括在主板市场、中小板市场和创业板市场上市,境内交易所包括上海证券交易所、深圳证券交易所中小板、深圳证券交易所创业板。所谓主板市场指的是供一般发行人发行股份,上市规则较为严格的证券市场,我国的主板市场包括上海证券交易所和深圳证券交易所。中小板市场成立于2004年5月,是指在深圳交易所主板市场内设立的、为规模较小的中小企业上市服务的独立板块,是在现行法律不变、发行上市标准不变的前提下,运行独立、监察独立、代码独立、指数独立的板块。创业板市场,是指在主板之外专为暂时未达到主板上市条件的中小企业和新兴公司提供融资途径和成长空间的第二股票交易市场,故而又被称为二板市场、另类股票市场、增长型股票市场等。

这几个板块发行上市的条件如下表所示:

我国证券交易所发行上市条件

交易所	上交所及深交所中小板	深交所创业板
发行条件、年限	(1)发行人应当是依法设立且合法存续的股份有限公司。经国务院批准,有限责任公司在依法变更为股份有限公司时,可以采取募集设立方式公开发行股票 (2)发行人自股份有限公司成立后,持续经营时间应当在3年以上,但经国务院批准的除外。有限责任公司按原账面净资产值折股整体变更为股份有限公司的,持续经营时间可以从有限责任公司成立之日起计算	发行人是依法设立且持续经营3年以上的股份有限公司 有限责任公司按原账面净资产值折股整体变更为股份有限公司的,持续经营时间可以从有限责任公司成立之日起计算
注册资本	发行人的注册资本已足额缴纳,发起人或者股东用作出资的资产的财产权转移手续已办理完毕,发行人的主要资产不存在重大权属纠纷	发行人的注册资本已足额缴纳,发起人或者股东用作出资的资产的财产权转移手续已办理完毕,发行人的主要资产不存在重大权属纠纷
利润水平	最近3个会计年度净利润均为正数且累计超过人民币3000万元,净利润以扣除非经常性损益前后较低者为计算依据	最近2年连续盈利,最近2年净利润累计不少于1000万元,且持续增长;或者最近1年盈利,且净利润不少于500万元。净利润以扣除非经常性损益前后孰低者为计算依据
成长性	不要求	最近1年营业收入不少于5000万元,最近两年营业收入增长率均不低于30%

续表

交易所	上交所及深交所中小板	深交所创业板
股本总额	公司股本总额不少于人民币5000万元，公开流通的部分不少于25% 发行前股本总额不少于人民币3000万元	公司股本总额不少于人民币5000万元，公开流通的部分不少于25%，公司股本总额超过人民币4亿元的，公开发行股份的比例为10%以上 发行后股本总额不少于3000万元
亏损	最近一期期末不存在未弥补亏损	最近一期期末净资产不少于2000万元，且不存在未弥补亏损
其他	(1)发行人的生产经营符合法律、行政法规和公司章程的规定，符合国家产业政策 (2)发行人最近3年内主营业务和董事、高级管理人员没有发生重大变化，实际控制人没有发生变更 (3)发行人的股权清晰，控股股东和受控股股东、实际控制人支配的股东持有的发行人股份不存在重大权属纠纷 (4)最近3个会计年度经营活动产生的现金流量净额累计超过人民币5000万元；或者最近3个会计年度营业收入累计超过人民币3亿元 (5)最近一期期末无形资产(扣除土地使用权、水面养殖权和采矿权等后)占净资产的比例不高于20%	(1)发行人应当主要经营一种业务，其生产经营活动符合法律、行政法规和公司章程的规定，符合国家产业政策及环境保护政策 (2)发行人最近2年内主营业务和董事、高级管理人员均没有发生重大变化，实际控制人没有发生变更

(二)境内发行审核条件

我国的证券发行实行核准制，即由证券监督管理委员会出具行政许可文件，核准后方可在交易所发行。在上海交易所发行上市以及在深圳交易所中小板发行上市的审核标准基本相同，创业板的审核标准与前两者不同。

1. 经营性指标

	条件	主板(中小板)	创业板
(1)	主体资格	依法设立且合法存续的股份有限公司	
(2)	经营年限	持续经营时间应当在3年以上，经国务院批准的除外(有限公司按原账面净资产值折股整体变更为股份公司，可连续计算)	持续经营时间应当在3年以上(有限公司按原账面净资产值折股整体变更为股份公司，可连续计算)

续表

	条件	主板(中小板)	创业板
(3)	主营业务	最近3年内主营业务没有发生重大变化	应当主要经营一种业务,最近2年内主营业务没有发生重大变化
(4)	盈利能力	不得有如下影响持续盈利能力的情形: ①经营模式、产品或服务的品种结构已经或者将发生重大变化,并对发行人的持续盈利能力构成重大不利影响 ②行业地位或发行人所处行业的经营环境已经或者将发生重大变化,并对发行人的持续盈利能力构成重大不利影响 ③最近1个会计年度的营业收入或净利润对关联方或者存在重大不确定性的客户存在重大依赖 ④最近1个会计年度的净利润主要来自合并财务报表范围以外的投资收益 ⑤在用的商标、专利、专有技术以及特许经营权等重要资产或技术的取得或者使用存在重大不利变化 ⑥其他可能对发行人持续盈利能力构成重大不利影响的情形	
(5)	募集资金	募集资金应当有明确的使用方向,原则上应当用于主营业务	募集资金应当用于主营业务,并有明确的用途
(6)	关于产业方向的特别要求	符合国家战略性新兴产业发展方向的企业,特别是新能源、新材料、信息、生物与新医药、节能环保、航空航天、海洋、先进制造、高技术服务等领域的企业,以及其他领域中具有自主创新能力、成长性强的企业 避免推荐如下企业:①纺织、服装;②电力、煤气及水的生产供应等公共事业;③房地产开发与经营,土木工程建筑;④交通运输;⑤酒类、食品、饮料;⑥金融;⑦一般性服务业;⑧国家产业政策明确抑制的产能过剩和重复建设的行业	

2. 财务性指标

	条件	主板(中小板)	创业板
(1)	自主创新能力	应当重点论述企业在技术和业务模式方面是否具有突出的自主创新能力,是否有利于促进产业结构调整和技术升级 重点关注企业的创新能力,深入核查企业是否拥有关键的核心技术、突出的研发优势、创新的业务模式以及较强的市场开拓能力,并在成长性专项意见中予以说明	
(2)	成长性	按照勤勉尽责原则,结合企业的行业前景及其地位、业务模式、技术水平和研发能力、产品或服务的质量及市场前景、营销能力等因素,同时考虑企业持续成长的制约条件,综合分析判断企业的成长性,出具结论明确的成长性专项意见 创业的内涵包括但不限于产品和服务的创新、技术的创新、持续研发的创新能力、生产和服务组织方式的创新、市场拓展策略的创新、收入盈利模式的创新、管理模式和企业文化的创新等多个方面	

续表

	条件	主板(中小板)	创业板
(3)	盈利要求	①最近3个会计年度净利润均为正数且累计超过人民币3000万元,净利润以扣除非经常性损益前后较低者为计算依据 ②最近3个会计年度经营活动产生的现金流量净额累计超过人民币5000万元;或者最近3个会计年度营业收入累计超过人民币3亿元	标准一:最近2年连续盈利,最近两年净利润累计不少于1000万元,且持续增长 标准二:或者最近1年盈利,且净利润不少于500万元,最近1年营业收入增长率均不低于30%。(注:以上两个标准为选择性标准,符合其一即可)
(4)	资产要求	①最近一期期末,无形资产(扣除土地使用权、水面养殖权和采矿权等后)占净资产的比例不高于20% ②最近一期期末不存在未弥补的亏损	①最近一期期末,净资产不少于人民币2000万元 ②最近一期期末不存在未弥补的亏损
(5)	股本要求	发行前股本总额不少于人民币3000万元,发行后股本总额不少于人民币5000万元	发行后股本总额不少于人民币3000万元,股东人数不少于200人

3. 公司治理指标

	条件	主板(中小板)	创业板
(1)	董事及管理层	最近3年内,董事、高级管理人员没有发生重大变化	最近2年内,董事、高级管理人员没有发生重大变化
	实际控制人	最近3年内,实际控制人没有发生变更	最近2年内,实际控制人没有发生变更
(2)	独立性	资产完整,业务及人员、财务、机构独立,具有完整的业务体系和直接面向市场独立经营的能力	
(3)	同业竞争	与控股股东、实际控制人及其控制的其他企业间不存在同业竞争	
(4)	关联交易	与控股股东、实际控制人及其控制的其他企业间不得有显失公平的关联交易;关联交易价格公允,不存在通过关联交易操纵利润的情形	与控股股东、实际控制人及其控制的其他企业间不存在严重影响公司独立性或者显失公允的关联交易
(5)	公司治理结构	建立健全股东大会、董事会、监事会、独立董事、董事会秘书制度	建立健全股东大会、董事会、监事会、独立董事、董事会秘书、审计委员会制度
(6)	财务制度	会计基础工作规范,财务报表的编制符合企业会计准则和相关会计制度的规定,在所有重大方面公允地反映了发行人的财务状况、经营成果和现金流量,并由注册会计师出具了无保留意见的审计报告	

续表

	条件	主板（中小板）	创业板
（7）	内部控制	内部控制制度健全且被有效执行，能够合理保证公司财务报告的可靠性、生产经营的合法性、营运的效率与效果，并由注册会计师出具无保留结论的内部控制鉴证报告	
（8）	资金管理	具有严格的资金管理制度，不存在资金被控股股东、实际控制人及其控制的其他企业以借款、代偿债务、代垫款项或者其他方式占用的情形	
（9）	对外担保	公司章程已明确对外担保的审批权限和审议程序，不存在为控股股东、实际控制人及其控制的其他企业进行违规担保的情形	

4. 合法性指标

	条件	主板（中小板）	创业板
（1）	注册资本	主板（含中小企业板）以及创业板发行人的注册资本已足额缴纳（分期出资均已到位），发起人或者股东用作出资的资产转移手续已办理完毕；发行人的主要资产不存在重大权属纠纷	
（2）	股权	股权清晰，控股股东和受控股股东、实际控制人支配的股东所持发行人的股份不存在重大权属纠纷	
（3）	税收	依法纳税，享受的各项税收优惠符合相关法律法规的规定；经营成果对税收优惠不存在严重依赖	
（4）	偿债风险	不存在重大偿债风险，不存在影响持续经营的担保、诉讼以及仲裁等重大或有事项	
（5）	董事、监事和高级管理人员的义务	董事、监事和高级管理人员已经了解与股票发行上市有关的法律、法规，知悉上市公司及其董事、监事和高级管理人员的法定义务和责任，具备法律、行政法规和规章规定的资格	董事、监事和高级管理人员已经了解与股票发行上市有关的法律、法规，知悉上市公司及其董事、监事和高级管理人员。忠实、勤勉，具备法律、行政法规和规章规定的资格
（6）	发行人的禁止性规定	①最近3年不存在损害投资者合法权益和社会公共利益的重大违法行为 ②最近3年不存在未经法定机关核准，擅自公开或者变相公开发行过证券，或者有关违法行为虽然发生在3年前，但目前仍处于持续状态的情形	
（7）	控股股东、实际控制人的禁止性规定	无	①最近3年不存在损害投资者合法权益和社会公共利益的重大违法行为 ②最近3年不存在未经法定机关核准，擅自公开或者变相公开发行过证券，或者有关违法行为虽然发生在3年前，但目前仍处于持续状态的情形

续表

	条件	主板（中小板）	创业板
(8)	发行决策	董事会做出决议，报股东大会批准	
(9)	保荐人专项意见	无	保荐人应对发行人的成长性进行尽职调查和审慎判断并出具专项意见。发行人为自主创新企业的，还应当在专项意见中说明发行人的自主创新能力
(10)	发审委	设主板发行审核委员会，委员为25名	设主板发行审核委员会，委员为35名
		主板发审委委员、创业板发审委委员和并购重组委委员不得相互兼任	
(11)	初审征求意见	征求省级人民政府、国家发展改革委意见	无
(12)	会后事项	发行申请核准后、股票发行结束前，发行人发生重大事项的，应当暂缓或者暂停发行，并及时报告中国证监会，同时履行信息披露义务。影响发行条件的，应当重新履行核准程序	发行申请核准后至股票发行结束前发生重大事项的，发行人应当暂缓或者暂停发行，并及时报告中国证监会，同时履行信息披露义务。出现不符合发行条件事项的，中国证监会撤销核准决定

（三）上市主要流程

公司上市是一个相对漫长的过程。拟上市的企业首先得进行公司制的改造，而且要符合在一定时间内持续经营的要求。一般而言，拟上市企业通常很难在毫无准备的情况下就能符合监管机构与证券交易所规定的上市条件和要求。因此，拟上市企业需经过一段时间的努力。上市的流程大致经历了从企业内部决策到上市的一系列阶段。这一阶段通常会持续很长时间，有时候甚至历经数年。我们在下表对于这个流程予以详细展示：

上市流程表

工作内容		参与方
(1)	企业通过股改决议（国企须经上级主管部门批准进行股改）	公司
(2)	审计和资产评估	会计师、资产评估师
(3)	制作、签署本阶段所需法律文件	公司、律师
(4)	国企或外企向相关部门申报审批股改方案	公司
(5)	有关部门作出批复	
(6)	注资和验资	公司、资产评估师

续表

工作内容		参与方
(7)	召开创立大会	公司
(8)	办理工商登记或变更登记	公司
(9)	确定中介机构以及工作人员小组	公司
(10)	召开第一次中介机构协调会,确定工作整体时间计划安排及具体方案	中介机构协调会
	律师进场尽职调查	律师
	会计师进场	会计师
	承销商进场尽职调查并制作上市方案	资产评估师
(11)	公司年度财务资料整理	公司、会计师
(12)	会计师进行近3年(包括当年最近季度)的财务审计	会计师
(13)	各方完成尽职调查,出具尽职调查报告	承销商、律师
(14)	与投资者进行增资谈判并完成相关法律文件	投资者、公司
(15)	召开董事会及股东会通过有关增资事项	公司
(16)	向工商局注册管理部门报送变更登记的相关资料,申请增资变更登记	公司、律师
(17)	完成增资工商变更登记	公司
(18)	各中介机构根据各自的职责工作	
	①持续审计工作	公司、会计师
	②律师起草公司章程及其他法律文书	公司、律师
	③资产评估师进行资产评估	公司、评估师
(19)	评估师出具评估报告	评估师
(20)	会计师就出具审计报告(近3年)	会计师
(21)	与保荐机构签订辅导协议	公司、保荐机构
(22)	准备辅导备案有关资料	公司、保荐机构
(23)	到相关监管部门进行上市辅导备案	公司、保荐机构
(24)	正式进入辅导期	公司、保荐机构
(25)	募集资金项目的准备,聘请有关机构撰写可行性研究报告	公司、保荐机构
(26)	募集资金投资项目的确定	公司、保荐机构

续表

	工作内容	参与方
(27)	项目可行性报告的完成	公司、保荐机构
(28)	项目审批备案	公司、保荐机构
(29)	完成辅导并取得有关监管部门的验收	公司、保荐机构
(30)	完成招股书初稿	公司、保荐机构
(31)	会计师对截至最新一季度进行财务审计	会计师
(32)	律师出具法律意见书和律师工作报告	律师
(33)	申报材料的制作初步完成	各中介机构
(34)	出具3年及一期的审计报告	会计师
(35)	保荐机构内核	保荐机构
(36)	正式申报材料	保荐机构
(37)	证监会预审	证监会预审处
(38)	证监会安排见面会	公司、保荐人
(39)	证监会提出反馈意见	证监会预审处
(40)	出具补充说明或意见	公司、各服务机构
(41)	证监会审核通过或继续反馈要求补充	证监会
(42)	证监会审核通过提交发行与审核委员会审核	发行审核委员会
(43)	投票决定是否准予公开发行	发行审核委员会
(44)	出具核准文件,安排刊登《招股说明书》	证监会
(45)	公司路演推介	公司
(46)	刊登发行公告后,投资者申购	公司
(47)	缴款认股	投资者
(48)	划拨股款并进行验资	会计师
(49)	证券登记结算机构接受统一托管股份,进行工商登记变更	中国证券登记结算公司、公司
(50)	证交所按申请核准时间挂牌交易	交易所

二、二级市场转让退出

(一)转让限制

在私募股权基金各种退出方式中,公开上市是最为成功的盈利模式。诸多投资者寻找境内优质企业,进行上市前的投资,并获得上市后丰厚的退出回报。私募股权投资基金所投资的企业在境内上市后,如果通过转让手中持有的股份来退出被投资的项目企业,还要受到我国资本市场中限售期规定的限制。对限售期的概念,我国证券法、公司法及上海交易所、深圳交易所的交易规则并没有明确规定。限售期是指法律法规以及交易所规定的特定类型的股东不得转让股票的特定期间。在限售期内，私募股权投资基金不能出让所持有的股份来退出投资。我国对限售期的规定，散见于法律、法规、证监会发布的规范性文件或者交易所的规则中，另外，公司股东可以自愿作出超过法定要求的承诺，发行前的所有股东都自愿承诺锁定 3 年。如境外私募股权基金作为战略投资人投资我国上市公司的，《外国投资者对上市公司战略投资管理办法》第 5 条规定，投资者进行战略投资取得的上市公司 A 股股份 3 年内不得转让。

对主板、中小板、创业板转让退出的相关规定

<table>
<tr><th>相关规定</th><th>主板</th><th>中小板</th><th>创业板</th></tr>
<tr><td rowspan="2">公司法</td><td colspan="3">第 142 条　发起人持有的本公司股份，自公司成立之日起 1 年内不得转让。公司公开发行股份前已发行的股份，自公司股票在证券交易所上市交易之日起 1 年内不得转让。</td></tr>
<tr><td colspan="3">公司股东、监事、高级管理人员应当向公司申报所持有的本公司的股份及其变动情况，在任职期间每年转让的股份不得超过其所持有本公司股份总数的百分之二十五；所持本公司股份自公司股票上市交易之日起 1 年内不得转让。上述人员离职后半年内，不得转让其所持有的本公司股份。公司章程可以对公司董事、监事、高级管理人员转让其所持有的本公司股份做出其他限制性规定。</td></tr>
<tr><td>深交所《关于进一步规范中小企业板上市公司董事、监事和高级管理人员买卖本公司股票行为的通知》</td><td>—</td><td>上市公司应当在公司章程中明确规定：上市公司董事、监事和高级管理人员在申报离任 6 个月后的 12 个月内通过证券交易所挂牌交易出售本公司股票数量占其所持有本公司股票总数的比例不得超过 50%。</td><td>—</td></tr>
<tr><td>《关于进一步规范创业板上市公司董事、监事和高级管理人员买卖本公司股票行为的通知》</td><td></td><td></td><td>上市公司董事、监事和高级管理人员在首次公开发行股票上市之日起 6 个月内申报离职的，自申报离职之日起 18 个月内不得转让其直接持有的本公司股份；在首次公开发行股票上市之日起第 7 个月至第 12 个月之间申报离职的，自申报之日起 12 个月内不得转让其直接持有的本公司股份。</td></tr>
</table>

续表

相关规定	主板	中小板	创业板
交易所股票上市规则	上交所股票上市规则2008年修订版	深交所上市规则2008年修订版	深交所创业板股票上市规则
	5.1.4 发行人公开发行股票前已发行的股份,自发行人股票上市之日起一年内不得转让。	5.1.5 发行人公开发行股票前已发行的股份,自发行人股票上市之日起1年内不得转让。	5.1.5 发行人公开发行股票前已发行的股份,自发行人股票上市之日起1年内不得转让。
	5.1.5 发行人向本所申请首次公开发行股票上市时,控股股东和实际控制人应当承诺:自发行人股票上市之日起36个月内,不转让或者委托他人管理其直接或间接持有的发行人首次公开发行股票前已发行股份,也不由发行人回购该部分股份。 但转让双方存在控制关系,或者均受同一实际控制人控制的,自发行人股票上市起1年后,经控股股东和实际控制人申请并经本所同意,可豁免遵守前款承诺。 发行人应当在上市公告书中披露上述承诺。	5.1.6 发行人向本所提出其首次公开发行的股票上市申请时,控股股东和实际控制人应当承诺:自发行人股票上市之日起36个月内,不转让或者委托他人管理其直接或间接持有的发行人公开发行股票前已发行的股份,也不由发行人回购其直接或者间接持有的发行人公开发行股票前已发行的股份。 发行人应当在上市公告书中公告上述承诺。 自发行人股票上市之日起一年后,出现下列情形之一的,经控股股东和实际控制人申请并经本所同意,可豁免遵守上述承诺: (一)转让双方存在实际控制关系,或者均受同一控制人控制的; (二)因上市公司陷入危机或者面临严重财务困难,受让人提出的挽救公司的重组方案获得该公司股东大会审议通过和有关部门批准,且受让人承诺继续遵守上述承诺; (三)本所认定的其他情形。	5.1.6 发行人向本所提出其首次公开发行的股票上市申请时,控股股东和实际控制人应当承诺:自发行人股票上市之日起36个月内,不转让或者委托他人管理其直接或间接持有的发行人公开发行股票前已发行的股份,也不由发行人回购其直接或间接持有的发行人公开发行股票前已发行的股份。 发行人应当在上市公告书中公告上述承诺。 自发行人股票和上市之日起一年后,出现下列情形之一的,经控股股东或实际控制人申请并经本所同意,可豁免遵守上述承诺: (一)转让双方存在实际控制关系,或均受同一控制人所控制; (二)本所认定的其他情形。

续表

相关规定	主板	中小板	创业板
			5.1.7　如发行人在向中国证监会提交其首次公开发行股票申请前6个月内(以中国证监会正式受理日为基准日)进行过增资扩股的,新增股份的持有人除需遵守5.1.5条的规定外,还需在发行人向本所提出其公开发行股票上市申请时承诺:自发行人股票上市之日起24个月内,转让的上述新增股份不超过其所持有该新增股份总额的50%。
证监会审核口径	1. 申请受理前6个月内利润分配或资本公积金转增股本所形成的股份,与原股份锁定相同。		
	2. 发行人在向中国证监会提交其首次公开发行股票申请前6个月内从控股股东、实际控制人转出的股份,比照控股股东和实际控制人,自上市之日起锁定3年。		
	3. 2010年保代培训: (1)申请受理前6个月内从控股股东、实际控制人处取得的部分,比照控股股东,自上市之日起锁定3年;申请受理6个月之前转让的股份,履行规定的限售义务,自行约定;申请受理前6个月内从非控股股东处取得的部分,自上市之日起锁定1年; (2)申请受理前6个月内新增的股份,工商变更登记之日起锁定3年; (3)没有控股股东、实际控制人,股东按持股比例从高到低累计至少到51%的部分,自上市之日锁定3年。		
	注:2008年修订稿之前一稿上市规则规定(上交所及深交所),如发行人在股票首次公开发行前12个月内(以刊登招股说明书为基准日)进行过增资扩股,新增股份的持有人在发行人向本所提出首次公开发行股票上市申请时应当承诺:自持有新增股份之日起(以完成工商变更登记手续为基准日)的36个月内,不转让其持有的该部分股权。而在2008年修订稿中,该条款被取消了。		

对首发、定向、增发等不同业务转让退出的相关规定

<table>
<tr><td rowspan="6">首发</td><td colspan="2">主板、中小板、创业板</td><td rowspan="5">创业板</td><td colspan="2">创业板和中小板的特别规定</td></tr>
<tr><td colspan="2">通用规则</td><td>特别规定</td><td>来源</td></tr>
<tr><td>基本规定</td><td>来源</td><td>【1－针对创业板离职】上市公司董事、监事和高级管理人员在首次公开发行股票上市之日起6个月内申报离职的，自申报离职之日起18个月内不得转让其直接持有的本公司股份；在首次公开发行股票上市之日起第7个月至第12个月之间申报离职的，自申报离职之日起12个月内不得转让其直接持有的本公司股份。</td><td>《关于进一步规范创业板上市公司董事、监事和高级管理人员买卖本公司股票行为的通知》第3条</td></tr>
<tr><td>【1－基本规定】(1)发起人持有的本公司股份，自公司成立之日起1年内不得转让；</td><td>《公司法》第142条</td><td>因上市公司进行权益分配等导致其董事、监事和高级管理人员直接持有本公司股份发生变化的，仍应遵守上述规定。</td><td rowspan="2">创业板上市规则5.1.7</td></tr>
<tr><td>(2)公司公开发行股份前已经发行的股份，自公司股票在证券交易所上市交易之日起一年内不得转让；</td><td>《上市公司章程指引》第28条</td><td>【2－针对创业板私募】如发行人在向中国证监会提交首次公开发行股票申请前6个月内(以中国证监会正式受理日为基准日)进行过增资扩股的，新增股份的持有人除需遵守5.1.5条的规定外，还需在发行人向本所提出其公开发行股票上市申请时承诺：自发行人股票上市之日起24个月内，转让的上述新增股份不超过其所持有该新增股份总额的50%。</td></tr>
<tr><td>(3)公司董事、监事、高级管理人员应当向公司申报所持有的本公司股份及其变动情况，在任职期间每年转让的股份不得超过其所持有本公司股份总数的百分之二十五；所持本公司股份自公司股票交易之日起一年内不得转让。上述人员离职后半年内，不得转让其所持有的本公司股份。公司章程可以对公司董事、监事、高级管理人员转让其所持有的本公司股份做出其他限制性的规定。</td><td>《上市公司董事、监事和高级管理人员所持本公司股份及其变动管理规则》第4条</td><td>中小板</td><td>【针对中小板离职】在申报离任6个月后的12个月内通过证券交易所挂牌交易出售本公司股票数量占其所持有本公司股票总数的比例不得超过50%。</td><td>《深圳证券交易所中小企业板上市公司规范运作指引》3.8.2
《关于进一步规范中小企业板上市公司董事、监事和高级管理人员买卖本公司股票行为的通知》第3条</td></tr>
</table>

续表

<table>
<tr><td rowspan="2"></td><td colspan="2">主板、中小板、创业板</td><td rowspan="2"></td><td colspan="2">创业板和中小板的特别规定</td></tr>
<tr><td colspan="2">通用规则</td><td>特别规定</td><td>来源</td></tr>
<tr><td rowspan="2">首发</td><td>【2－针对实际控制人】发行人向本所申请其股票上市时，控股股东和实际控制人应当承诺：自发行人股票上市之日起36个月内，不转让或委托他人管理其已直接或者间接持有的发行人股份，也不由发行人收购该部分股份。</td><td>《上交所、深交所上市规则、创业板上市规则》</td><td rowspan="2"></td><td rowspan="2"></td><td rowspan="2"></td></tr>
<tr><td>【3－上市前的承诺】上市公司董事、监事和高级管理人员所持本公司股份在下列情形下不得转让：（三）董事、监事和高级管理人员承诺一定期限内不转让并在该期限内的</td><td>《上市公司董事、监事和高级管理人员所持本公司股份及其变动管理规则》第4条</td></tr>
<tr><td>定向</td><td colspan="4">第9条　发行对象属于下列情形之一的，具体发行对象及其认购价格或者定价原则应当由上市公司董事会的非公开发行股票决议确定，并经股东大会批准；认购的股份自发行结束之日起36个月内不得转让：（1）上市公司的控股股东、实际控制人或者其控制的关联人；（2）通过认购本次发行的股份取得上市公司实际控制权的投资者；（3）董事会拟引入的境内外战略投资者。</td><td rowspan="5">《上市公司非公开发行股票实施细则》
《上市公司证券发行管理办法》第38条
《关于上市公司非公开发行股票的董事会、股东大会决议的注意事项》</td></tr>
<tr><td rowspan="4">增发</td><td colspan="4">第10条　发行对象属于本细则第9条规定以外的情形的，上市公司应当在取得发行核准批文后，按照本细则的规定以竞价方式确定发行价格和发行对象。发行对象认购的股份自发行结束之日起12个月内不得转让。</td></tr>
<tr><td colspan="4">1. 董事会决议确定具体发行对象的，应当明确具体的发行对象名称及其认购价格或定价原则、认购数量或数量区间，发行对象认购的股份自发行结束之日起至少36个月不得转让；</td></tr>
<tr><td colspan="4">2. 董事会决议未确定发行对象的，应当明确选择发行对象的范围和资格，定价原则、限售期。决议应当载明，具体发行价格和发行对象将在取得发行核准批文后，根据发行对象申购报价的情况，遵照价格优先原则确定；发行对象认购的股份自发行结束之日起至少12个月内不得转让；</td></tr>
<tr><td colspan="4">3. 发行对象属于下列情形之一的，董事会做出的非公开发行股票决议应当载明具体的发行对象及其认购价格或定价原则；发行对象认购的股份自发行结束之日起36个月内不得转让：（1）上市公司的控股股东、实际控制人或者其控制的关联人；（2）通过认购本次发行的股份取得上市公司实际控制权的投资者；（3）董事会拟引入的境内外战略投资者。</td></tr>
</table>

续表

其他	配股：由有限售条件的流通股配售得到的股票仍为有限售条件的流通股，其与原有的有限售条件的流通股流通时点相同。无限售条件的流通股配售得到的股票在配股完成后即可上市流通。	
	IPO 前受让股份：IPO 申报前 1 年从非实际控制人处受让股份的新股东上市后锁定期一般适用一年；从实际控制人处受让适用 3 年。	
	外国战略投资者：取得上市公司 A 股股份 3 年内不得转让。	《外国投资者对上市公司战略投资管理办法》第 5 条

（二）转让方式

投资者所投资的企业上市并在投资者所持有的股份限售期满之后，私募投资机构可根据自己持股量的大小选择不同的转让方式来转让所持有的上市公司股份。私募投资机构将其股份变现退出时须缴纳的税赋有所得税、印花税，不缴纳营业税。除此之外，还根据股份转让的不同方式，如大宗交易转让或者自动报价转让，向交易所缴纳手续费，向证券登记结算机构缴纳登记结算费。

1. 大宗交易转让

私募投资机构所投资的企业上市后，并在投资者所持有的股份限售期满之后，投资者将所持股份变现退出时，可以选择在股票二级市场上，在所持股票处于高价位时卖出。但是这样的转让方式效率较低，成本也高，还会引发股票价格剧烈波动。因此，私募投资机构在将所持股份通过二级市场变现退出时，如果拟转让股份的单笔交易规模远大于市场平均单笔交易规模，并且达到交易所规定的大宗交易的最低限额，投资者可以采用大宗交易的方式进行转让。

相对于普通投资者比如散户所采取的自动报价转让，大宗交易转让定价灵活。大宗交易转让的卖方和买方根据拟转让的股份及其数量，可以就交易价格和数量等要素进行议价协议，卖方容易取得更满意的价格。同时，大宗交易成交的价格被控制在一定范围内，比如，上海证券交易所大宗交易制度规则规定，大宗交易价格在当日已成交的最高价和最低价之间确定。这样，投资者的转让价格不会低于市场的最低价格。

此外，大宗交易转让具有效率高和成本低的特点。大宗交易转让是通过委托中介机构，按照交易所规定的大宗交易业务办理流程办理，其交易经手费比集中竞价交易方式下同品种证券的交易经手费低，不同的交易所对大宗交易的经手费率下浮的比例各有不同。

具体来说，上海交易所、深圳交易所大宗交易转让的规定如下：

（1）交易资格

①持有解除限售存量股份的股东预计未来一个月内公开出售的股份数量超过该公司股份总数 1% 的；

②持有解除限售存量股份的股东预计未来一个月内公开出售的股份数量虽未达到该公司股份总数1%，但达到或超过150万股的。

(2)交易限额

①在上海证券交易所单笔买卖股份达到如下最低限额，可以采用大宗交易方式：A股交易数量在50万股(含)以上，或交易金额在300万元(含)人民币以上；B股交易数量在50万股(含)以上，或交易金额在39万美元(含)以上；

②在深圳证券交易所单笔买卖股份达到如下最低限额，可以采用大宗交易方式：A股单笔交易数量不低于5万股，或者交易金额不低于30万港元。

(3)交易参与方

大宗交易的参与方是交易所的会员和交易所认定的合格投资者，方可直接参与。通过私募投资企业，企业上市准备退出的投资者如果是一般投资者，而非交易所认定的合格投资者，应委托交易所的会员办理大宗交易。需要注意的是，交易所对接受投资者委托进行大宗交易的会员，往往有职业纪律方面的要求，比如，上海交易所规定，最近一年内被相关监管机构处罚或受到上海交易所处分的会员不能接受委托进行大宗交易。投资者选择交易所会员进行大宗交易时，须对会员的资质和资格进行尽职调查，或者询问交易所。

(4)交易价格的确定

大宗交易的买方和卖方根据大宗交易的意向申报信息，就大宗交易的价格和数量等要素进行议价协商。当意向申报被其他参与者接受(包括其他参与者报出比意向申报更优的价格)时，申报方应当至少与一个接受意向申报的参与者进行成交申报。大宗交易的成交价格，由买方和卖方在当日最高和最低成交价格之间确定。该证券当日无成交的，以前日收盘价为成交价。有涨跌幅限制的证券由买卖双方在当日涨跌幅价格限制范围内确定，而无涨跌幅限制的证券由买卖双方在前日收盘价的上下30%或当日已成交的最高、最低价之间自行协商确定。

(5)交易时间

上海证券交易所规定大宗交易的时间仅有半小时，即交易日的15点至15点30分，投资者应提前进行交易准备。如果15点前拟交易的公司股票仍处于停牌状态时，亦无法申报交易。

(6)经手费用

上海交易所大宗交易的交易经手费按集中竞价交易方式下同品种证券的交易经手费率标准下浮。其中，股票下浮30%。深圳交易所的大宗交易收费：A股大宗交易按标准费率下浮30%收取；B股大宗交易按标准费率下浮50%收取。

2. 要约收购

要约收购是指收购人向被收购的公司发出收购的公告，待被收购上市公司确认后，方可实行收购行为。私募投资机构所投资的公司上市后，在出现要约收购事件时，也可以借机转让退出。

收购人自愿选择要约方式收购上市公司股份的，可以向被收购公司所有股东发出收购其所持有的全部股份的要约（以下简称全面要约），也可以向被收购公司所有股东发出收购其所持有的部分股份的要约（以下简称部分要约）。但在以下条件下，收购人必须采取要约收购的方式，即强制性要约收购：

通过证券交易所的证券交易，投资者持有或者通过协议、其他安排与他人共同持有一个上市公司已发行的股份达到30%时，继续进行收购的，应当依法向该上市公司所有股东发出收购上市公司全部或者部分股份的要约。收购上市公司部分股份的收购要约应当约定，被收购公司股东承诺出售的股份数额超过预定收购的股份数额的，收购人按比例进行收购。

3. 协议收购

如果收购人拟大量买入上市公司的股份，并且在股份的价款上能够与上市公司的股份持有人进行协商，不采用证券二级市场上公开自动报价的价格，则收购人往往采取协议收购方式收购上市公司的股份。收购人可以依照法律、行政法规、证监会规范性文件以及股份挂牌交易的交易所的相关规定，同被收购公司的股东以股东协议方式进行股份转让。

收购人通过协议方式可以收购上市公司的股份，但收购人在一个上市公司中拥有权益的股份达到或者超过该公司已发行股份的5%，但未超过30%的，应按照《上市公司收购管理办法》的相关规定进行权益披露。收购人拟通过协议收购方式收购一个上市公司的股份超过30%的，超过30%的部分，应当改以要约方式进行，进行要约收购，但符合《上市公司管理办法》规定的豁免情形的，收购人可以向中国证监会申请免除发出要约。

三、IPO上市须梳理的11大财务问题[①]

上市是一项复杂的系统工程，需要在各个方面满足上市的规范要求，而财务问题往往直接关系功败垂成。据统计，因财务问题而与上市仅一步之隔的企业占大多数。本文拟对企业发行上市过程中应当注意的有关财务问题，结合证监会审核关注点进行说明，以期对后来者所有帮助和借鉴。

（一）持续盈利能力（企业盈利能力是否具有可持续性）

能够持续盈利是企业发行上市的一项基本要求，从财务会计信息来看，盈利能力主要体现在收入的结构组成及增减变动、毛利率的构成及各期增减、利润来源的连续性和稳定性等三个方面。

① 资料来源：IPO案例库公众微信号。

从公司自身经营来看，决定企业持续盈利能力的内部因素包括核心业务、核心技术、主要产品以及其主要产品的用途和原料供应等方面。

从公司经营所处环境来看，决定企业持续盈利能力的外部因素包括所处行业环境、行业中所处地位、市场空间、公司的竞争特点及产品的销售情况、主要消费群体等方面。公司的商业模式是否适应市场环境，是否具有可复制性，这些决定了企业的扩张能力和快速成长的空间。

公司的盈利质量，包括营业收入或净利润对关联方是否存在重大依赖，盈利是否主要依赖税收优惠、政府补助等非经常性损益，客户和供应商的集中度如何，是否对重大客户和供应商存在重大依赖性。

（二）收入

营业收入是利润表的重要科目，反映了公司创造利润和现金流量的能力。在主板及创业板上市管理办法规定的发行条件中，均有营业收入的指标要求。

公司的销售模式、渠道和收款方式。按照会计准则的规定，判断公司能否确认收入的一个核心原则是商品所有权上的主要风险和报酬是否转移给购货方，这就需要结合公司的销售模式、渠道以及收款方式进行确定。

销售循环的内控制度是否健全，流程是否规范，单据流、资金流、货物流是否清晰可验证。这些是确认收入真实性、完整性的重要依据，也是上市审计中对收入的关注重点。

销售合同的验收标准、付款条件、退货、后续服务及附加条款。同时还须关注商品运输方式。

收入的完整性，即所有收入是否均开票入账，对大量现金收入的情况，是否有专门内部控制进行管理。对于零售企业等大量收入现金的企业，更须引起重点关注。

现金折扣、商业折扣、销售折让等政策。根据会计准则规定，发生的现金折扣，应当按照扣除现金折扣前的金额确定销售商品收入金额，现金折扣在实际发生时计入财务费用；发生的商业折扣，应当按照扣除商业折扣后的金额确定销售商品收入金额；发生的销售折让，企业应分别不同情况进行处理。

关注销售的季节性，产品的销售区域和对象，企业的行业地位及竞争对手，结合行业变化、新客户开发、新产品研发等情况，确定各期收入波动趋势是否与行业淡旺季一致，收入的变动与行业发展趋势是否一致，是否符合市场同期的变化情况。

企业的销售网络情况及主要经销商的资金实力，所经销产品对外销售和回款等情况，企业的营业收入与应收账款及销售商品、提供劳务收到的现金的增长关系。

（三）成本费用

成本费用直接影响企业的毛利率和利润，影响企业的规范、合规性和盈利能力，其主要关注点如下：

首先应关注企业的成本核算方法是否规范，核算政策是否一致。拟改制上市的企业，往往成本核算较为混乱。对历史遗留问题，一般可采取如下方法处理：对存货采用实地盘点核实数量，用最近购进存货的单价或市场价作为原材料、低值易耗品和包装物等的单价，参考企业的历史成本，结合技术人员的测算作为产成品、在产品、半成品的估计单价。问题解决之后，应立即着手建立健全存货与成本内部控制体系以及成本核算体系。

费用方面，应关注企业的费用报销流程是否规范，相关管理制度是否健全，票据取得是否合法，有无税务风险。

对于成本费用的结构和趋势的波动，应有合理的解释。

在材料采购方面，应关注原材料采购模式，供应商管理制度等相关内部控制制度是否健全，价格形成机制是否规范，采购发票是否规范。

（四）税务

税务问题是企业改制上市过程中的重点问题。在税务方面，中国证监会颁布的主板和创业板发行上市管理办法均规定：发行人依法纳税，各项税收优惠符合相关法律法规的规定，发行人的经营成果对税收优惠不存在重大依赖。

企业执行的税种、税率应合法合规。对于税收优惠，应首先关注其合法性，税收优惠是否属于地方性政策且与国家规定不符，税收优惠有没有正式的批准文件。对于税收优惠属于地方性政策且与国家规定不一致的情况，根据证监会保荐代表人培训提供的审核政策说明，寻找不同解决办法。

纳税申报是否及时，是否完整纳税，避税行为是否规范，是否因纳税问题受到税收征管部门的处罚。

（五）资产质量

企业资产质量良好，资产负债结构合理是企业上市的一项要求。其主要关注点如下：

应收账款余额、账龄时长、同期收入相比增长是否过大。

存货余额是否过大、是否有残次冷背、周转率是否过低、账实是否相符。

是否存在停工在建工程，固定资产产证是否齐全，是否有闲置、残损固定资产。

无形资产的产权是否存在瑕疵，作价依据是否充分。

其他应收款与其他应付款的核算内容，这两个科目常被戏称为“垃圾桶”和“聚宝盆”。关注大额其他应收款是否存在以下情况：关联方占用资金、变相的资金拆借、隐性投资、费用挂账、或有损失、误用会计科目。关注大额“其他应付款”是否用于隐瞒收入，低估利润。

财务性投资资产，包括交易性金融资产、可供出售的金融资产等占总资产的比重，比重过高，表明企业现金充裕，上市融资的必要性不足。

（六）现金流量

现金流量反映了一个企业真实的盈利能力、偿债和支付能力，现金流量表提供了资产负债表、利润表无法提供的更加真实有用的财务信息，更为清晰地揭示了企业资产的流动性和财务状况。现金流量主要关注点有以下几个方面：

经营活动产生的现金流量净额直接关系到收入的质量及公司的核心竞争力。应结合企业的行业特点和经营模式，将经营活动现金流量与主营业务收入、净利润进行比较。经营活动产生的现金流量净额为负数的要有合理解释。

关注投资、筹资活动现金流量与公司经营战略的关系。例如，公司投资和筹资活动现金流量净额增加，表明企业实行的是扩张的战略，处于发展阶段。此时需要关注其偿债风险。

（七）重大财务风险

在企业财务风险控制方面，中国证监会颁布的主板和创业板发行上市管理办法均作了禁止性规定，包括不存在重大偿债风险；不存在影响持续经营的担保、诉讼以及仲裁等重大或有事项；不存在为控股股东、实际控制人及其控制的其他企业进行违规担保的情形；不得有资金被控股股东、实际控制人及其控制的其他企业以借款、代偿债务、代垫款项或者其他方式占用的情形。

（八）会计基础工作

会计基础工作规范，是企业上市的一条基本原则。

拟改制上市企业，特别是民营企业，由于存在融资、税务等多方面需求，普遍存在几套账情况，需要及时对其进行处理，将所有经济业务事项纳入统一的一套报账体系内。

会计政策要保持一贯性，会计估计要合理并不得随意变更。如不随意变更固定资产折旧年限，不随意变更坏账准备计提比例，不随意变更收入确认方法，不随意变更存货成本结转方法。

（九）独立性与关联交易

企业要上市，其应当具有完整的业务体系和管理结构，具有和直接面向市场独立经营的能力，具体为资产完整、人员独立、财务独立、机构独立和业务独立五个方面的独立。尤其是业务独立方面，证监会对关联交易的审核非常严格，要求报告期内关联交易总体呈现下降的趋势。因此对关联交易要有完整业务流程的规范，还要证明其必要性及公允性。

(十)业绩连续计算

在IPO过程中,经常有公司整体改制,这就涉及业绩连续计算的问题,主板上市管理办法规定最近三年内主营业务和董事、高级管理人员没有发生重大变化,实际控制人没有发生变更。即使创业板也规定最近两年内上述内容没有变化。

对同一公司控制权人下相同、类似或相关业务的重组,在符合一定条件下不视为主营业务发生重大变化,但需掌握规模和时机,不同规模的重组则有运行年限及信息披露的要求。

(十一)内部控制

不可否认的是,政府相关机构对企业的内部控制越来越严格。主板及创业板上市管理办法均对发行人的内部控制制度进行了明确规定。值得一提的是2010年4月《企业内部控制应用指引第1号——组织架构》等18项应用指引以及《企业内部控制评价指引》和《企业内部控制审计指引》颁布,自2011年1月1日起在境内外同时上市的公司施行,自2012年1月1日起在上海证券交易所、深圳证券交易所主板上市公司施行,择机在中小板和创业板上市公司施行。因此,企业应按照相关要求,建立健全内部控制并严格执行。

第三节　并购与股权回购退出

除了上市退出外,并购转让退出是企业退出并获取投资收益的重要方式之一。近年来并购退出一直在各种股本退出方式中稳居第一位,而由所投资企业回购方式实现股本退出的案例占比一直较高。相比其他投资退出方式,股权回购退出方式具有简便易行、成本较低、收益较低、风险可控等特点。从狭义的角度来说,股权回购是指标的公司通过一定的途径购回股权投资机构所持的本公司股份;而从广义的角度来说,股权回购是指私募投资机构将受让而来的,或者是增资形成的标的公司股权回售给标的公司或其关联方包括其控股股东(创业股东)、管理层等。

一、并购与股权回购退出的法律依据

(一)现行公司回购的法律规则

《创业投资企业管理暂行办法》第24条规定,创业投资企业可以通过被投资企业回购等途径,实现投资退出。但是《公司法》第36条规定,公司成立后,股东不得抽回出资。《公司法》第75条则规定了有限责任公司中的异议股东之退股权。《公司法》

第143条对于股份有限公司回购股份进行了规制，即一般情况下，股份公司不得收购公司股份，只有四种情况下才可以收购本公司股份：首先，减少公司注册资本；其次，与持有本公司股份的其他公司合并；再次，将股份用于给本公司职工奖励；最后，股东因对股东大会作出的公司合并、分立决议持异议，要求公司收购其股份的。并规定，进行前三项回购时须经股东大会决议，同时，对所收购的本公司股份的注销或处置时限也进行了规定。

我国《公司法》原则上不允许股东退股，一般情况下也不允许公司回购股权。对有限公司而言，只有在异议股东提出请求这一法定事由下才能启动该程序，范围比较窄，而且公司法并没有规定在股东意见达成一致的情况下，公司可以回购股份。对于股份有限公司，《公司法》第143条明确规定了允许股份公司回购本公司的股份的四种情形，除了那四种情形，公司是不允许回购股权的。

（二）现行股东回购法律规则

按照《公司法》规定，有限责任公司的股东之间可以相互转让其全部或者部分股权。股东向股东以外的人转让股权，应当经过其他股东的过半数同意。转让股权的股东应就其股权转让事项书面通知其他股东征求同意，其他股东自接到通知之日起满30日没有答复的，将会被视为同意转让。其他股东半数以上不同意的，不同意的股东应当购买该转让的股权；不购买的将会被视为同意转让。经股东同意转让的股权，在同等条件下，其他股东有优先购买权。两个以上的股东主张行使优先购买权的，协商确定各自的购买比例；协商不成的，按照转让时各自的出资比例行使优先购买权。公司章程对股权转让另有规定的，从其规定。

二、并购与股权回购退出的实施程序

并购及股权回购（股权转让）的流程如下：

1. 交易各方协商达成收购/回购意向

并购过程的第一步是与目标企业的前期接触。一般来说，该阶段会包括对于目标企业的意向包括商业计划书以及相关的材料的书面审查以及对于并购目标企业进行的实地的初步了解等，进行一个初步的接洽，为后续工作的展开拉开序幕。实践中，通常是受让方与目标企业的创始人或管理层接洽，进行收购谈判。在部分案例中，股权和创业投资机构对于选择和接洽合适的受让方以及收购意向的确定里亦有可能发挥主导作用，尤其是在股权和创业投资机构决定启动“领售权”或“强制出售”等投资权益保障条款，选择第三方收购退出时。目标企业的创始股东在开始第三方收购意向谈判时，依据通常适用的投资条款的规定，有义务及时通知股权和创业投资机构股东。

对项目初审之后，如果双方有初步的合意，就可以签署初步的投资意向书。但是，虽然该意向书没有法律约束力，但也不能够过于随意而不把意向书当回事，因为其至少具有商业道德上的约束力,是双方当事人约定事项的书面证明。当然,在某些时候,意向书虽然名为意向,但是实际上约定的条款非常详细,具有合同的完备形式,因此对于双方具有法律约束力。只不过,意向书会约定是否投资,最终以尽职调查之后的结果是否符合意向书约定的标准为条件。意向书内容主要包括:明确收购的交易意向,确定收购的目标企业和目标资产范围,收购工作的时间安排,保密义务以及各方在签署最终收购协议前的其他权利义务等。

2. 受让方聘请中介机构,对目标企业开展尽职调查

在并购过程中,受让方需要通过尽职调查来对目标企业进行全面详尽的调查了解。尽职调查是公司投资并购的一项重要工作,也可以理解为一个工作阶段,它前承初步文件,后启合同谈判,而且在防避投资并购风险方面也有独特的意义。进行尽职调查,受让方通常会组建专业化的团队,包括:财务顾问、律师、会计师、评估师。在尽职调查过程中,目标企业及其股东的职责主要是积极配合受让方,提供必要资料、文件,并提供尽职调查所需的其他协助和便利。

尽职调查的主要内容是指,买方对目标公司的资产和负债情况、经营和财务情况、法律状况以及目标企业面临的机会和存在的风险进行全面的调查。通常而言的专业机构所做的尽职调查包括法律尽职调查、财务尽职调查和管理尽职调查。

机构	主要职责
公司的项目小组,包括来自研发、生产、营销、财务、法律、人事、信息技术等各方面的人员	审阅各项尽职调查审查资料 审阅各中介机构尽职调查报告 展开与对方管理层的对话。对对方企业高管人员和其他重要员工的素质和诚信状况评估 结合自身实际情况评估收购与兼并的可能性,可能遇到的问题和解决方案
财务顾问	尽职调查总协调人,负责整体规划和协调各中介机构 协助公司做好业务尽职调查 结合法律顾问、会计师和其他中介机构的尽职调查报告,分析对估值的影响和相应的谈判策略
法律顾问	审阅尽职调查中的各项法律文件 就存在的和可能发生的涉及法律的问题提出详尽的法律尽职调查报告书
会计师	审阅尽职调查中的财务和税务记录 就公司的历史财务报告和税务合规情况发表意见,提出调整建议
其他顾问(环境、人事、行业特有专业领域)	根据收购兼并所处行业的特殊性或项目的特点,额外聘请一些专业领域的其他顾问,协助公司发现、评估这些领导的潜在问题,提出解决方案

3. 内部审议及批准，相关法律文件起草和谈判

尽职调查之后，如果双方愿意继续交易，则须根据公司法和公司章程的规定，征求其他股东的意见，并由其他股东出具同意股权转让及放弃优先购买权的书面文件。如果投资机构系国有企业，则回购涉及的股权属于企业国有产权，由于国有资产管理制度的特殊性，使得公司并购过程中涉及国有产权转让时存在国有资产的取得、认定、管理、使用、收益等诸多方面的法律问题，应当履行国有产权转让的相关程序，比如聘请有资质的资产评估对股权进行评估，并选择依法设立的国有产权交易机构进行交易等。

在此过程中，交易各方将协商确定交易价格和交易资产的范围。同时，交易双方就尽职调查过程中的评估结果，协商确定交易价格和交易资产的范围。同时，交易双方就尽职调查过程中了解到的债务、风险或其他或有事项的承担与处理进行协商，合理分担目标企业现有债务及交易过程中发生的相关费用。

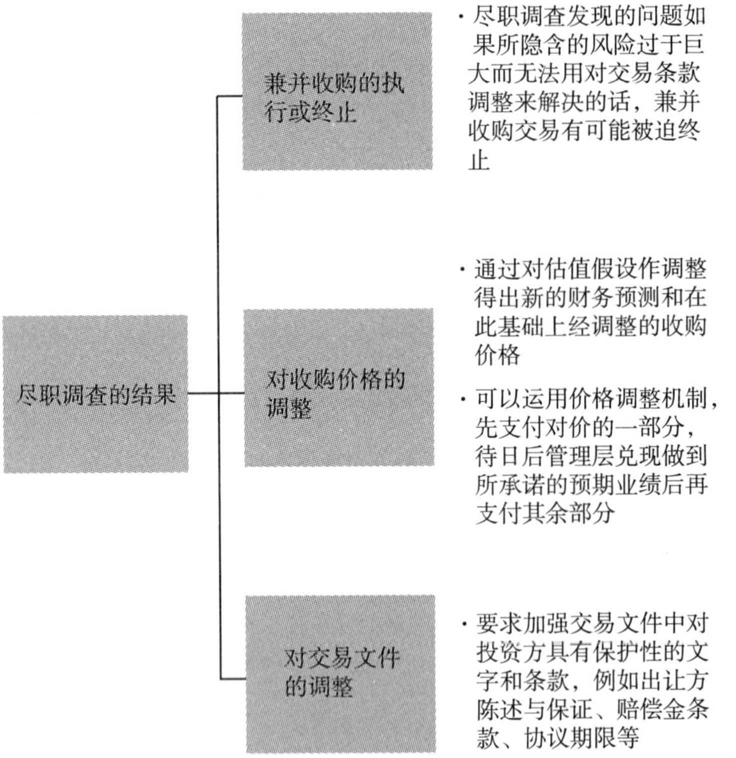

尽职调查结果对交易的影响

尽职调查后对收购价格的调整

类别	调整项
行业	调整市场增长预测和市场份额预测 调整产品单价
业务	调整毛利率水平的预测 调整扩张导致的费用上升速度 增加对改造旧厂房、机器、设备的改造投入 增加维护的资本开支
财务	调整坏账计提 调整财务费用中的贷款利率假设
会计	剔除历史财务报表中的一次性项目的影响 补缴少申报的税款
法律	计提知识产权纠纷的诉讼和和解费 增加所有权变更后需额外补缴的土地使用费
监管	增加企业履行社会主义的额外开支
人事	补缴少缴的养老金、失业、医疗报险 调整员工工资的涨幅预测
环境	增加处理环保问题所需的资本开支

4. 签订收购或回购协议及其他相关法律文件

交易各方经过协商谈判，最终签署《股权转让协议》以及其他相关法律文件，如股东会相关决议、公司章程修正案、公司重要印章、财务物品移交清单等。有些项目的股权回购方案是在商定投资的同时确定的，也就是说在投资实施之前，由回购主体通过磋商谈判签订股权回购协议就股权回购的条件、程序、双方权利义务进行明确约定，如涉及其他相关方（如其他股东），还应同时由相关方出具确认文件，以保证将来的股权回购协议能如约履行。

5. 履行交易协议，完成股权交割

在签署完投资协议之后，双方当事人就会按照投资协议的内容，进行相应的注资、股权转让、企业改组等一系列活动，从而完成收购方的资金注入阶段的工作。交易各方面应当清点财产、存货、并封存公章、印鉴、会计凭证，按照约定支付价款，办理股权过户转让相关工商登记手续，以及目标企业印章印鉴、人员、财产物品、档案资料的移交。交易完成与否通常是以办理完毕工商变更登记手续为依据，并按新的股权结构对公司章程进行修改，并变更公司的股东名册，签发新的《股东出资证明书》，标的公司应就股权变动事宜到工商机关办理变更登记等。对于私募股权投资基金企业在目标企业被收购或回购中所获得的股权转让收入，还应当根据我国税收相关法律法规的规定缴纳企业所得税或个人所得税。

6. 如系标的公司回购股权的，由标的公司依法处置所回购之股权

根据公司回购股权目的的不同，在回购后的一段时间内（6 个月）将已回购之公司

股权转让给职工,或者是回购后10日内将股权注销以减少公司注册资本。

三、核心条款

转让方和受让方达成的《股权转让协议》,通常会包括如下交易主要条款:

1. 陈述与保证条款

陈述与保证条款可谓是并购协议中的最长的条款。内容也极尽繁琐,但是这是必需的:因为这是约束目标公司的条款,也是保障收购方权利的主要条款。后面的其他条款又以该条款为基础,所以它对于收购方的重要性不言而喻。通常来说收购方的法律顾问的资历越深、相关业务水平越高,那么这一条款的内容就越详细,对收购方权利的保障也越全面。

陈述与保证条款在并购契约上通常表示为买方是"依契约约定的条件及出卖人的陈述及保证下,而同意购买该股份或资产"的形式。据此,卖方对于有关的公司文件、会计账册、营业与资产状况的报表与资料,均应保证它的真实性。尤其是关于公司负债状况,买方应要求出卖人就公司人对第三人所负的债务开列清单,并保证除该清单上所列债务外,对其他人不负任何债务。由于陈述与保证条款内容对于并购双方而言都极为重要,所以并购双方协商的主要时间,一般花在陈述与保证的范围的磋商以及如果卖方这些陈述有错误时,卖方应如何赔偿买方上。

2. 履行契约期间的义务

并购协议签订后也就是履行时,亦也就是卖方交付标的物(如股票),而买方交付价金。但是可能基于某些理由,而使收购契约签订后而尚未完成交割或支付价金。其理由可能是因为须等待政府有关机关核准或者此项股权移转须债权人同意方有效或者买方还须再作一番审查后才交割。此外,也可能须取得供应商、客户的同意,因为其与该公司的契约中规定,如公司控制权若有变更须其同意,方得延续卖方与该第三人原有的合约,否则可终止契约。

签订并购协议,是整个交易行为的开始,到了交割日,双方移转股份或者资产及交付价款时,那么为交易行为的终结。这一期间是双方一个敏感的过渡时期。对买方而言,因股份尚未正式移转,未能取得股东或者所有者的合法身份,从而无法直接参与目标公司的经营;就卖方而言,其可能因为股权将移转而降低经营意愿,从而影响公司的收益。因此,为了避免双方权利义务在这段期间内发生变动,最好在契约中明确规定双方当事人在此期间的权利与义务。

在此期间,双方应注意的事项包括:双方应尽快取得并购交易所需的一切有权第三者的同意、授权及核准;卖方承诺将于此期间内承担妥善经营该公司的义务;为维持目标公司的现状,防止卖方利用其尚为公司股东的身份,变相从公司获取其他利益,减少公司资产价值,卖方在此期间内,不得分派股利或红利,并不得将其股份出售、移转、质押或作其他处理。此外,非经买方同意,亦不得与第三人有任何对目标公司的营运或财务状况有损害的行为;双方对于收购契约所提供的一切资料,均负有保密的义务。

3. 履行并购协议的条件

并购双方签订并购协议的时候，常将协议的签署与标的的交付日期分开。因为签订协议之日，表示双方就收购股份一事已达成一致，但是只有当双方依协议履行一定义务及有关要件具备后，才开始互相转移标的与支付价金。

因此，契约履行的条件是指，如果一方没有达成预定的条件，另一方有抗辩的权利，可以在对方尚未履行预定的条件前，暂时拒绝履行自己的义务(也就是完成交易)。例如，一方要求他方须获得股东会与董事会必要的同意，此项条款是保障买方在卖方不完成其应作之事时，买方不须受任何处罚。

契约履行的义务及条件，主要应包括以下几点：至交割日时，双方于本次交易行为中，所作的一切陈述及保证均属实；双方均已依收购契约所订的条款履行其义务，如卖方已依约提供有关报表，以供买方审查；并购交易已取得第三者一切必要的同意、授权及核准；双方均已取得本项并购行为的一切同意及授权，尤其是各董事会及股东会关于收购行为的决议；待一切条件及义务履行后，双方始互负转让股份或者目标企业资产所有权及支付价金的义务；卖方应于交割日将股份转移的一切有关文件交付买方，同时，买方亦应依约支付价金给卖方。

至于交割日的确定，在签署并购协议的时候，双方通常难以预测交割要件何时才能够具备，因此无法确定交割日。所以，一般做法是在契约中约定，当交割条件具备时，买方以书面通知卖方指定交割日。但双方必须在契约中规定交割的期限，逾期仍无法交割者，除非双方另有延长的协议，此并购协议就失去其效力，以免双方的法律关系长期处于不确定的状态。

4. 股票及价金的提存

股份购买契约签署的目的，是当约定的条件及义务履行后，双方均能依约移转股票及支付价金。而在跨国性的收购活动中，若双方并无足够的信赖关系，为确保双方均能诚信履约，在收购契约签署的同时，亦可约定将股票与价金提存第三人(通常为银行或律师)。提存的意义，系指双方将尚未移转过户的股票及价金，提存给双方所同意的第三人保管，除经双方指定授权的代表外，任何一方不得自保管人处取回股票或价金。

5. 交割后公司的经营管理

假如收购方取得目标公司的全部股份或者全部资产，那么一般来说收购方可以取得目标公司全部控制权。日后关于公司的经营管理，可自主在法令许可的范围内自由制定。如果仅收购目标公司的部分股份，自应按照取得股份的比例，就有关经营管理的权限，作明确约定。另外关于雇员的留任问题，双方一般可以在并购协议中明确规定，如果内部雇用人员确实无法维持某一既定标准或无法达到某一预定的增长率时，有权加以更换。

6. 损害赔偿条款

在并购协议中，损害赔偿条款可以说是最难达成一致的项目之一。如果某方违反契约规定，另一方可要求损害赔偿。例如，如果卖方“陈述及保证”其拥有某项资产，结果发现并没有，那么买方可对此资产的价值，要求赔偿。买方通常要求将部分价金寄放于第三者，如果卖方违反保证而须偿付买方时，可直接用以偿付损失。此外，鉴于“损害额”在认定上非常困难，双方通常会另外预定“损害赔偿金额”。

7. 其他常见的条款

并购双方签订并购协议的时候还有一个问题值得注意也就是风险分担问题。因为并购交易的风险非常大，交易双方若能达成协议，签订收购契约，那么契约上的许多条款必然表现出双方在各项风险分担的共识。一方往往试图将无法接受的风险转嫁给对方，这种风险转嫁意图往往体现在以下几个方面。

卖方为限制本身由于未知晓而承担过多风险，故希望在契约上以“就卖方所知”作陈述，“卖方所知”仍然是一个非常模糊的用语，因此，双方进一步加以界定，如说卖方从目标公司内部人员所知的范围。

对于损害赔偿，卖方亦常要求交割后某期间内发现不实才予赔偿，如一年。但是，买方会要求更长的保证期间，甚至依不同的“陈述与保证”及发现不实的困难性，分别制定不同的保证期间。此外，卖方也常要求订出赔偿金额不可超过某一金额或者赔偿金额须达某一金额才赔偿，若只是一点点轻微损失就不必追究。买方则常希望保留部分价金，以备交割后发现资产不足或负债增加时加以抵销。但也可获得卖方承诺，以本身的资产作为担保，保证负责此项损害赔偿。

在股份收购的契约中，买方最关切的是是否有负债的承担。有的负债包括股权收购前，卖方因其所有的车辆出车祸、客户在其营业场所跌倒等正进行的诉讼的潜在赔偿或因过去侵犯商标或专利权、不良产品对客户造成伤害等使未来可能发生的损害赔偿，这些均非卖方故意不揭露或自己也搞不清的负债，而是发生损失的几率未定或赔偿金额未定的潜在负债。

因此，买方所争取的是“与卖方划清责任”，要求在正式交割前如果有负债完全归于卖方。此外，收购后若发现有任何以前卖方未披露的负债，不管是故意或过失，均由卖方负责。但仍要注意的是，公司股权的移转并不影响债权人求偿的对象，买方收购目标公司后，仍须先清偿该债务，要依“股份购买契约”向卖方求偿，但是卖方届时是否具清偿能力，尤应注意。

总之，买方对目标公司真实状况的“无知”，必须获得卖方的保证。但卖方是否愿意在契约上答应给予保证，取决于双方协商时的谈判力量及价格上的调整。在某种低价上，买方会同意放弃一切保护，在某种高价上，卖方也会同意一切保证。事实上，买方对风险的控制，除了在“陈述与保证”条款与损害赔偿条款上明确约定外，尚可通过“支付价金”的妥善安排，来达到目的。

四、上市公司并购重组行政许可审核工作流程

上市公司并购重组行政许可包括：

(1)要约收购义务豁免;

(2)上市公司收购报告书备案;

(3)上市公司发行股份购买资产核准;

(4)上市公司合并、分立审批;

(5)上市公司重大资产重组行为审批。

中国证监会上市公司监管部按照标准公开、程序透明、行为规范、高效便民的原则,依法对上市公司并购重组行政许可申请进行审核。

(一)审核流程图

1. 要约收购义务豁免、上市公司收购报告书备案等行政许可事项,审核流程为:

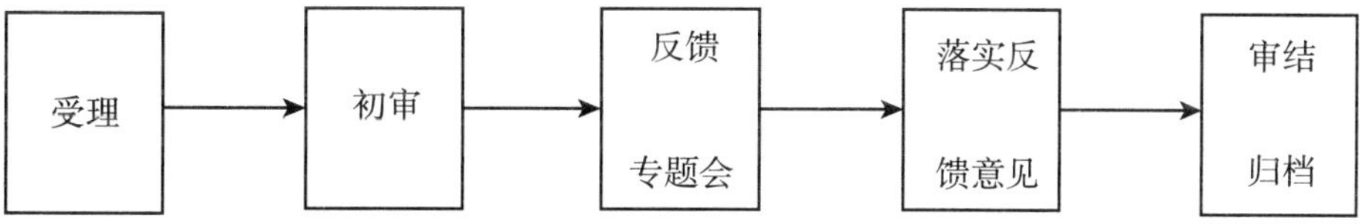

2. 上市公司发行股份购买资产核准,上市公司合并、分立审批,上市公司重大资产重组行为审批(需提交并购重组委审核)等行政许可事项,审核流程为:

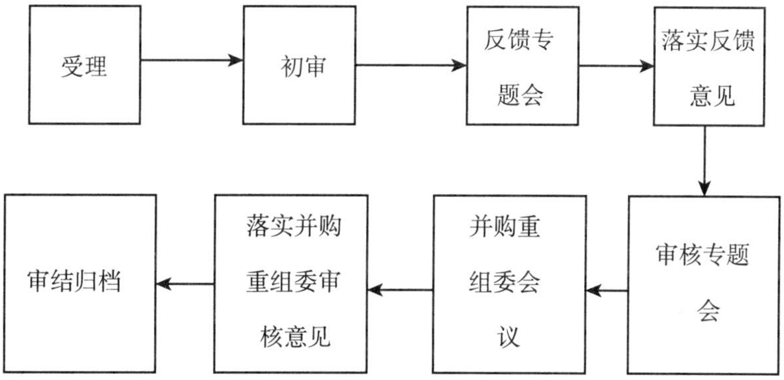

(二)主要审核环节简介

1. 受理

中国证监会受理部门根据《中国证券监督管理委员会行政许可实施程序规定》(证监会令第66号)和《上市公司收购管理办法》(证监会令第77号)、《上市公司重大资产重组管理办法》(证监会令第73号)等规则的要求,依法受理上市公司并购重组行政许可申请文件,并按程序转上市公司监管部。

上市公司监管部对申请材料进行形式审查:需要申请人补正申请材料的,按规定提出补正要求;认为申请材料形式要件齐备,符合受理条件的,按程序通知受理部门作出受理决定；申请人未在规定时间内提交补正材料，或提交的补正材料不齐备或不符合法定形式的，按程序通知受理部门作出不予受理决定。

2. 初审

上市公司并购重组行政许可申请受理后，上市公司监管部并购监管处室根据申请项目具体情况、公务回避的有关要求以及审核人员的工作量等确定审核人员。并购重组审核实行双人审核制度，审核人员从法律和财务两个角度对申报材料进行审阅，撰写预审报告。

3. 反馈专题会

反馈专题会主要讨论初审中关注的主要问题、拟反馈意见及其他需要会议讨论的事项，通过集体决策方式确定反馈意见及其他审核意见。反馈专题会后，审核人员根据会议讨论结果修改反馈意见，履行内部签批程序后将反馈意见按程序转受理部门告知、送达申请人。自受理材料至反馈意见发出期间为静默期，审核人员不接受申请人来访等其他任何形式的沟通交流。

4. 落实反馈意见

申请人应当在规定时间内向受理部门提交反馈回复意见，在准备回复材料过程中如有疑问可与审核人员以会谈、电话、传真等方式进行沟通。需要当面沟通的，上市公司监管部将指定两名以上工作人员在办公场所与申请人、申请人聘请的财务顾问等中介机构会谈。

5. 审核专题会

审核专题会主要讨论重大资产重组申请审核反馈意见的落实情况，讨论决定重大资产重组方案是否提交并购重组委审议。

审核专题会讨论决定提交并购重组委审议的，上市公司监管部通知相关上市公司向交易所申请停牌事宜。审核专题会讨论后认为重组方案尚有需要进一步落实的重大问题、暂不提交重组会审核的，上市公司监管部将再次发出书面反馈意见。

6. 并购重组委会议

并购重组委工作程序按照《中国证券监督管理委员会上市公司并购重组审核委员会工作规程》执行。

并购重组委会议拟定召开日的 4 个工作日前发布会议公告，公布审核的申请人名单、会议时间、参会重组委委员名单等。并购重组会以记名投票方式对重大资产重组申请进行表决，提出审核意见。每次会议由 5 名委员参会，独立表决，同意票数达到 3 票为通过。并购重组委会议对并购重组申请进行表决后，中国证监会发布审核结果公告。并购重组委会议认为申请人应就相关问题进一步落实的，将形成书面审核意见。

7. 落实并购重组委审核意见

对于并购重组委会议的表决结果及书面审核意见，上市公司监管部将于会议结束之日起 3 个工作日内向申请人及其聘请的财务顾问进行书面反馈。

申请人应当在并购重组委审核意见发出后10个工作日内向上市公司监管部提交书面回复材料。上市公司监管部对审核意见的落实情况进行核实，并将核实结果向参会委员反馈。

8. 审结归档

上市公司监管部履行核准或者不予核准并购重组行政许可的签批程序后，审结发文，并及时完成申请文件原件的封卷归档工作。

（三）与并购重组审核流程相关的其他事项

在审查申请材料过程中，根据审核需要，上市公司监管部可以按照《中国证券监督管理委员会行政许可实施程序规定》第19条的规定，直接或者委托派出机构对申请材料的有关内容进行实地核查；对有关举报材料，可以要求申请人或负有法定职责的有关中介机构作出书面说明、直接或委托有关中介机构进行实地核查。

并购重组审核过程中的终止审查、中止审查分别按照《中国证券监督管理委员会行政许可实施程序规定》第20条、第22条的规定执行。

审核过程中遇到现行规则没有明确规定的新情况、新问题，上市公司监管部将召开专题会议进行研究，提出处理意见，并根据程序形成规则，一体遵循。

五、2014年度上市公司并购重组审核案例

截至2014年12月25日，2014年度中国证监会并购重组委召开76次会议，其中第77、78次会议将于12月26日、30日召开。2014年度76次会议共审核重组并购事宜186次，尚有5公司重组并购事宜将于第77、78次会议审核。已审结186次重组并购事宜，共有9个公司未通过审核，占比为4.84%；98个公司有条件通过审核，占比52.69%；79个公司无条件通过审核，占比42.47%。具体情况如下：

（一）未通过

<table>
<tr><td rowspan="2">序号</td><td>公司名称</td><td>会议次数</td><td>时间</td></tr>
<tr><td colspan="3">未通过原因</td></tr>
<tr><td rowspan="2">1</td><td>北京北斗星通导航技术股份有限公司</td><td>2014年第76次会议</td><td>2014年12月25日</td></tr>
<tr><td colspan="3">北京北斗星通导航技术股份有限公司发行股份购买资产方案的审核意见为：
标的企业华信天线实际控制人在其担任华颖锐兴总经理期间投资设立同业标的企业，导致相关知识产权存在法律纠纷风险，且工商局查询信息显示其目前仍为华颖锐兴股东，标的企业未来经营存在重大不确定性，不符合《上市公司重大资产重组管理办法》第11条第4项、第5项的规定。</td></tr>
</table>

续表

<table>
<tr><td rowspan="2">序号</td><td>公司名称</td><td>会议次数</td><td>时间</td></tr>
<tr><td colspan="3">未通过原因</td></tr>
<tr><td rowspan="2">2</td><td>江苏长海复合材料股份有限公司</td><td>2014 年第 53 次会议</td><td>2014 年 10 月 15 日</td></tr>
<tr><td colspan="3">江苏长海复合材料股份有限公司发行股份购买资产方案的审核意见为：
1. 本次重组标的资产部分事项会计处理不恰当，导致相关财务信息披露不准确，不符合《上市公司重大资产重组管理办法》第 4 条关于“上市公司实施重大资产重组，有关各方必须及时、公平地披露或者提供信息，保证所披露或者提供信息的真实、准确、完整”的规定。
2. 标的资产未来持续盈利能力存在重大不确定性，不符合《上市公司重大资产重组管理办法》第 42 条第 1 款关于“上市公司发行股份购买资产，应当符合下列规定：(一)有利于提高上市公司资产质量、改善公司财务状况和增强持续盈利能力”的规定。</td></tr>
<tr><td rowspan="2">3</td><td>广州市鸿利光电股份有限公司</td><td>2014 年第 44 次会议</td><td>2014 年 9 月 1 日</td></tr>
<tr><td colspan="3">广州市鸿利光电股份有限公司发行股份购买资产方案的审核意见为：
标的资产股权变更及其披露不清晰，不符合《上市公司重大资产重组管理办法》第 10 条第 4 项的规定。</td></tr>
<tr><td rowspan="2">4</td><td>运盛(上海)实业股份有限公司</td><td>2014 年第 33 次会议</td><td>2014 年 7 月 9 日</td></tr>
<tr><td colspan="3">运盛(上海)实业股份有限公司发行股份购买资产方案的审核意见为：
本次重组拟注入标的资产两年及一期均亏损，未来持续经营能力存在重大不确定性，不符合《上市公司重大资产重组管理办法》第 42 条第 1 款第 1 项的规定。</td></tr>
<tr><td rowspan="2">5</td><td>北京翠微大厦股份有限公司</td><td>2014 年第 31 次会议</td><td>2014 年 7 月 2 日</td></tr>
<tr><td colspan="3">北京翠微大厦股份有限公司发行股份购买资产方案的审核意见为：
本次交易的备考财务信息披露不准确、完整，不符合《上市公司重大资产重组管理办法》第 4 条的相关规定。</td></tr>
<tr><td rowspan="2">6</td><td>成都天兴仪表股份有限公司</td><td>2014 年第 23 次会议</td><td>2014 年 5 月 28 日</td></tr>
<tr><td colspan="3">成都天兴仪表股份有限公司发行股份购买资产方案的审核意见为：
标的资产 2012 年两次股权转让价格以及与本次交易价格之间存在巨大差异，缺乏合理解释。标的资产客户依赖大，应收账款占比高，未来毛利率预测缺乏合理解释。不符合《上市公司重大资产重组管理办法》(证监会令第 73 号)第 10 条第 3 项“重大资产重组所涉及的资产定价公允”的规定。</td></tr>
<tr><td rowspan="2">7</td><td>浙江杭州鑫富药业股份有限公司</td><td>2014 年第 19 次会议</td><td>2014 年 4 月 2 日</td></tr>
<tr><td colspan="3">浙江杭州鑫富药业股份有限公司发行股份购买资产方案的审核意见为：
标的公司会计基础薄弱，内控制度与上市公司的规范要求差距较大，不符合《上市公司重大资产重组管理办法》第 10 条第 7 项的规定。</td></tr>
</table>

续表

序号	公司名称	会议次数	时间
	未通过原因		
8	芜湖顺荣汽车部件股份有限公司	2014 年第 18 次会议	2014 年 3 月 27 日
	芜湖顺荣汽车部件股份有限公司发行股份购买资产方案的审核意见为： 申请材料中关于吴氏家族、李卫伟、曾开天三者之间是否构成一致行动人的认定不符合《上市公司收购管理办法》第 83 条的规定。		
9	湖北武昌鱼股份有限公司	2014 年第 1 次会议	2014 年 1 月 2 日
	湖北武昌鱼股份有限公司发行股份购买资产方案的审核意见为： 申请人根据重组委审核会议的要求新提交的申请人与采购方所签署的购销合同并不能使评估报告所依赖的标的资产的产品预测销售数量具备充分的保障和充分的执行力。所以，依据该等购销合同进行的标的资产价格评估的依据不可靠，本次交易不符合《上市公司重大资产重组管理办法》（证监会令第 73 号）第 10 条第 3 项“重大资产重组所涉及的资产定价公允，不存在损害上市公司和股东合法权益的情形”的规定。		

（二）有条件通过

序号	公司名称	会议次数	时间
	有条件通过		
1	安徽皖维高新材料股份有限公司	2014 年第 76 次会议	2014 年 12 月 25 日
	安徽皖维高新材料股份有限公司发行股份购买资产方案的审核意见为： 本次交易的标的企业主要产品处于小批量试生产阶段，未来经营存在不确定性，请申请人补充披露上市公司实际控制人保障本次关联交易不会损害上市公司利益的相关安排。请独立财务顾问核查并发表明确意见。		
2	武汉道博股份有限公司	2014 年第 75 次会议	2014 年 12 月 24 日
	武汉道博股份有限公司发行股份购买资产方案的审核意见为： 1. 请申请人补充披露上市公司对标的资产 2 亿元资金支持的详细安排，以及对标的资产业绩承诺的影响。请独立财务顾问和会计师核查并发表明确意见。 2. 请申请人补充披露本次重组后维持标的资产核心经营管理团队稳定的措施。请独立财务顾问核查并发表明确意见。 3. 请申请人补充披露本次重组募集配套资金的资金来源。请独立财务顾问和会计师核查并发表明确意见。		

续表

<table>
<tr><td rowspan="2">序号</td><td>公司名称</td><td>会议次数</td><td>时间</td></tr>
<tr><td colspan="3">有条件通过</td></tr>
<tr><td rowspan="2">3</td><td>申科滑动轴承股份有限公司</td><td>2014 年第 75 次会议</td><td>2014 年 12 月 24 日</td></tr>
<tr><td colspan="3">申科滑动轴承股份有限公司发行股份购买资产方案的审核意见为：
1. 请申请人补充披露本次交易置出资产剩余 1.5 亿元资金在未来经营中的安排及对业绩承诺的影响。请独立财务顾问、会计师、评估师核查并发表明确意见。
2. 请申请人补充披露标的公司将编剧等创作资源列为公司核心资源的依据，以及目前的合作模式对标的公司未来盈利能力的影响。请独立财务顾问核查并发表明确意见。</td></tr>
<tr><td rowspan="2">4</td><td>北京神州绿盟信息安全科技股份有限公司</td><td>2014 年第 74 次会议</td><td>2014 年 12 月 17 日</td></tr>
<tr><td colspan="3">北京神州绿盟信息安全科技股份有限公司发行股份购买资产方案的审核意见为：
1. 请申请人补充披露王建国担任董事职务的其他公司与标的公司是否有业务竞争，以及王建国解决董事义务潜在冲突的措施，是否存在法律风险。请独立财务顾问、律师核查并发表明确意见。
2. 请申请人补充披露标的公司最近两次交易作价之间差异的原因。请独立财务顾问、评估师核查并发表明确意见。</td></tr>
<tr><td rowspan="2">5</td><td>广东雪莱特光电科技股份有限公司</td><td>2014 年第 74 次会议</td><td>2014 年 12 月 17 日</td></tr>
<tr><td colspan="3">广东雪莱特光电科技股份有限公司发行股份购买资产方案的审核意见为：
1. 请申请人补充披露标的公司主要产品报告期内售价及单位成本大幅度波动的原因。请独立财务顾问和会计师核查并发表明确意见。
2. 请申请人充分识别并确认标的公司可辨认无形资产，并补充披露对商誉和盈利预测的影响。请独立财务顾问和会计师核查并发表明确意见。</td></tr>
<tr><td rowspan="2">6</td><td>徐州海伦哲专用车辆股份有限公司</td><td>2014 年第 73 次会议</td><td>2014 年 12 月 11 日</td></tr>
<tr><td colspan="3">徐州海伦哲专用车辆股份有限公司发行股份购买资产方案的审核意见为：
请申请人充分识别并确认标的公司可辨认无形资产，并补充披露对商誉和备考盈利预测的影响。请独立财务顾问和会计师核查并发表明确意见。</td></tr>
<tr><td rowspan="2">7</td><td>中源协和干细胞基因工程股份有限公司</td><td>2014 年第 72 次会议</td><td>2014 年 12 月 10 日</td></tr>
<tr><td colspan="3">中源协和干细胞基因工程股份有限公司发行股份购买资产方案的审核意见为：
请申请人补充披露本次锁价发行募集配套资金的资金来源、德源投资目前所持上市公司股份的减持安排，以及本次募集配套资金的必要性。请独立财务顾问、会计师核查并发表明确意见。</td></tr>
<tr><td rowspan="2">8</td><td>湘潭电化科技股份有限公司</td><td>2014 年第 72 次会议</td><td>2014 年 12 月 10 日</td></tr>
<tr><td colspan="3">湘潭电化科技股份有限公司发行股份购买资产方案的审核意见为：
请申请人补充披露标的公司取得污水处理特许经营权是否履行了必要的法律程序，是否存在潜在的法律风险。请独立财务顾问、律师核查并发表明确意见。</td></tr>
</table>

续表

序号	公司名称	会议次数	时间
	有条件通过		
9	烟台正海磁性材料股份有限公司	2014 年第 69 次会议	2014 年 12 月 9 日
	烟台正海磁性材料股份有限公司发行股份购买资产方案的审核意见为： 请申请人补充披露本次募集配套资金是否符合《创业板上市公司证券发行管理暂行办法》第 11 条的规定，并进一步补充说明本次配套募集资金的必要性。请独立财务顾问和律师核查并发表明确意见。		
10	广东明家科技股份有限公司	2014 年第 71 次会议	2014 年 12 月 4 日
	广东明家科技股份有限公司发行股份购买资产方案的审核意见为： 请申请人补充披露标的公司搜索引擎平台返点业务会计处理的合理性。请独立财务顾问、会计师核查并发表明确意见。		
11	北京久其软件股份有限公司	2014 年第 70 次会议	2014 年 12 月 3 日
	北京久其软件股份有限公司发行股份购买资产方案的审核意见为： 请申请人补充披露标的公司终止《股权期权激励计划》后，是否存在潜在的法律或经济纠纷风险；是否存在因终止前述激励计划而对核心员工的其他激励措施安排，以及对未来盈利预测的影响。请独立财务顾问、律师和会计师核查并发表明确意见。		
12	华邦颖泰股份有限公司	2014 年第 68 次会议	2014 年 12 月 1 日
	华邦颖泰股份有限公司发行股份购买资产方案的审核意见为： 1. 请申请人充分识别并确认标的资产可辨认无形资产，并进一步披露对商誉和备考盈利预测的影响。请独立财务顾问和会计师核查并发表明确意见。 2. 请申请人进一步补充披露标的资产销售毛利率、期间费用、研发费用的合理性。请独立财务顾问和会计师核查并发表明确意见。 3. 请申请人补充披露新马药厂新厂区建设立项、规划、环评、施工许可等一系列审批手续的进展情况，是否存在法律障碍。请独立财务顾问和律师核查并发表明确意见。		
13	北京飞利信科技股份有限公司	2014 年第 68 次会议	2014 年 12 月 1 日
	北京飞利信科技股份有限公司发行股份购买资产方案的审核意见为： 请申请人补充披露标的公司股东私有化过程中股权结构及 2010 年部分股权无偿和低价转让的原因。请独立财务顾问和律师核查并发表明确意见。		
14	宜华地产股份有限公司	2014 年第 67 次会议	2014 年 11 月 28 日
	宜华地产股份有限公司发行股份购买资产方案的审核意见为： 请申请人补充披露标的公司在合同签署方面的内部控制制度设计及运行的有效性。请独立财务顾问、会计师、律师核查并发表明确意见。		

续表

<table>
<tr><td rowspan="2">序号</td><td>公司名称</td><td>会议次数</td><td>时间</td></tr>
<tr><td colspan="3">有条件通过</td></tr>
<tr><td rowspan="2">15</td><td>广东金刚玻璃科技股份有限公司</td><td>2014 年第 66 次会议</td><td>2014 年 11 月 28 日</td></tr>
<tr><td colspan="3">广东金刚玻璃科技股份有限公司发行股份购买资产方案的审核意见为：
请申请人说明重组方案中对标的公司法定代表人、总经理任职约定是否有利于保护上市公司利益。请独立财务顾问、律师核查并发表明确意见。</td></tr>
<tr><td rowspan="2">16</td><td>河北先河环保科技股份有限公司</td><td>2014 年第 65 次会议</td><td>2014 年 11 月 27 日</td></tr>
<tr><td colspan="3">河北先河环保科技股份有限公司发行股份购买资产方案的审核意见为：
1. 请申请人补充披露 2014 年截至目前标的资产经营业绩完成情况及应收账款的回款情况，并说明对本次重组评估以及重组后上市公司未来持续经营的影响。请独立财务顾问、会计师和评估师核查并发表明确意见。
2. 请申请人补充披露应付广州启恒进出口贸易公司款项的形成过程，是否存在潜在的法律纠纷。请独立财务顾问、律师和会计师核查并发表明确意见。</td></tr>
<tr><td rowspan="2">17</td><td>郑州宇通客车股份有限公司</td><td>2014 年第 65 次会议</td><td>2014 年 11 月 27 日</td></tr>
<tr><td colspan="3">郑州宇通客车股份有限公司发行股份购买资产方案的审核意见为：
请申请人结合独立第三方的类似产品价格补充披露宇通客车与标的资产关联交易定价的公允性。请独立财务顾问、会计师核查并发表明确意见。</td></tr>
<tr><td rowspan="2">18</td><td>深圳翰宇药业股份有限公司</td><td>2014 年第 65 次会议</td><td>2014 年 11 月 27 日</td></tr>
<tr><td colspan="3">深圳翰宇药业股份有限公司发行股份购买资产方案的审核意见为：
请申请人全面、如实披露安徽医药集采中心取消标的资产 2014 年在该省基本用药集中招标采购中的招、中标资格事宜的具体情况，请独立财务顾问、律师明确说明未披露上述事项的原因；并说明上述事项对标的公司未来生产经营的影响，请独立财务顾问、律师核查并发表明确意见。</td></tr>
<tr><td rowspan="2">19</td><td>骅威科技股份有限公司</td><td>2014 年第 64 次会议</td><td>2014 年 11 月 26 日</td></tr>
<tr><td colspan="3">骅威科技股份有限公司发行股份购买资产方案的审核意见为：
请申请人进一步补充披露本次配套募集资金的必要性、控股股东认购的资金来源以及对原持有股份的减持安排。请独立财务顾问、律师核查并发表明确意见。</td></tr>
<tr><td rowspan="2">20</td><td>上海飞乐股份有限公司</td><td>2014 年第 62 次会议</td><td>2014 年 11 月 20 日</td></tr>
<tr><td colspan="3">上海飞乐股份有限公司发行股份购买资产方案的审核意见为：
1. 请申请人补充说明中恒汇志认购配套融资发行股份的资金来源的合规性，并结合置出资产回款及置入资产日常经营现金流等情况补充说明本次配套融资的必要性。请独立财务顾问、律师、会计师核查并发表明确意见。
2. 请申请人进一步完善并披露本次重组后上市公司防范关联资金占用、规范关联交易、避免同业竞争的具体制度和措施。请独立财务顾问、律师、会计师核查并发表明确意见。</td></tr>
</table>

续表

序号	公司名称	会议次数	时间
	有条件通过		
21	上海飞乐音响股份有限公司	2014 年第 61 次会议	2014 年 11 月 5 日
	上海飞乐音响股份有限公司发行股份购买资产方案的审核意见为： 请申请人补充披露标的公司应收账款大幅增加以及坏账准备计提政策与同行业上市公司的差异的原因。请独立财务顾问、会计师核查并发表明确意见。		
22	福建冠福现代家用股份有限公司	2014 年第 61 次会议	2014 年 11 月 5 日
	福建冠福现代家用股份有限公司发行股份购买资产方案的审核意见为： 请申请人调整并披露业绩奖励对象。请独立财务顾问、律师核查并发表明确意见。		
23	杭州初灵信息技术股份有限公司	2014 年第 59 次会议	2014 年 11 月 3 日
	杭州初灵信息技术股份有限公司发行股份购买资产方案的审核意见为： 1. 请申请人进一步说明标的公司历史股权变动中无偿转让、代付股权转让款等情况，以及是否存在潜在法律纠纷。请独立财务顾问、律师核查并发表明确意见。 2. 请申请人补充披露标的公司向雷果等股东拆借资金的回收情况。请独立财务顾问、会计师核查并发表明确意见。		
24	神州数码信息服务股份有限公司	2014 年第 58 次会议	2014 年 10 月 31 日
	神州数码信息服务股份有限公司发行股份购买资产方案的审核意见为： 请申请人补充披露标的资产利润补偿协议及相关补充协议涉及 2014 年及未来 3 年利润承诺和利润补偿的具体方式。请独立财务顾问、会计师核查并发表明确意见。		
25	山东丽鹏股份有限公司	2014 年第 57 次会议	2014 年 10 月 30 日
	山东丽鹏股份有限公司发行股份购买资产方案的审核意见为： 1. 请申请人补充说明并披露“齐鲁定增 1 号集合资产管理计划”的运作机制、决策及转让程序，该计划是否构成股权激励、是否需按照股份支付进行会计处理。请独立财务顾问、律师、会计师核查并发表明确意见。 2. 请申请人补充披露配套募集资金中用于标的公司运营的 3990 万元资金对其业绩补偿方案的影响。请独立财务顾问、会计师核查并发表明确意见。		
26	瀚蓝环境股份有限公司	2014 年第 56 次会议	2014 年 10 月 29 日
	瀚蓝环境股份有限公司发行股份购买资产方案的审核意见为： 请申请人就创冠中国与安全生产相关的制度设计及运行的有效性出具内部控制评价报告。请独立财务顾问核查并发表明确意见。		

续表

序号	公司名称	会议次数	时间
	有条件通过		
27	北京东方国信科技股份有限公司	2014年第56次会议	2014年10月29日
	北京东方国信科技股份有限公司发行股份购买资产方案的审核意见为： 1. 请申请人按照《企业会计准则》相关规定对重组报告书中标的公司超额业绩奖励的会计处理进行修正，并披露上述事项对上市公司业绩可能产生的影响。请独立财务顾问、会计师核查并发表明确意见。 2. 请独立财务顾问、会计师核查标的公司人工成本构成的合理性并发表明确意见。		
28	北京华谊嘉信整合营销顾问集团股份有限公司	2014年第56次会议	2014年10月29日
	北京华谊嘉信整合营销顾问集团股份有限公司发行股份购买资产方案的审核意见为： 请申请人、独立财务顾问、会计师、律师核查报告期标的公司税收缴纳的合规情况，并充分披露可能存在的税务风险。		
29	吉林光华控股集团股份有限公司	2014年第54次会议	2014年10月16日
	吉林光华控股集团股份有限公司发行股份购买资产方案的审核意见为： 1. 请申请人进一步规范标的资产商标授权许可使用的安排。请独立财务顾问、律师核查并发表明确意见。 2. 请申请人就标的资产社保计缴率偏低的情形予以充分披露。请独立财务顾问、会计师、律师就上述情形的合规性发表明确意见。		
30	浙江华智控股股份有限公司	2014年第54次会议	2014年10月16日
	浙江华智控股股份有限公司发行股份购买资产方案的审核意见为： 请申请人明确披露标的资产业务收入分成比例触发调整的具体条件及调整方式。请独立财务顾问、律师、会计师核查并发表明确意见。		
31	步步高商业连锁股份有限公司	2014年第53次会议	2014年10月15日
	步步高商业连锁股份有限公司发行股份购买资产方案的审核意见为： 1. 请申请人补充披露标的资产未取得产权证的门店物业投入使用是否存在法律障碍。请独立财务顾问、律师核查并发表明确意见。 2. 请申请人及审计机构进一步完善申报材料中有关的财务资料。		
32	北京北纬通信科技股份有限公司	2014年第53次会议	2014年10月15日
	北京北纬通信科技股份有限公司发行股份购买资产方案的审核意见为： 1. 请申请人进一步完善标的公司超额奖励会计处理。请独立财务顾问、会计师核查并发表明确意见。 2. 请申请人按照《企业会计准则》对标的公司可辨认的无形资产的公允价值予以计量。请独立财务顾问、会计师、评估师核查并发表明确意见。		

续表

<table>
<tr><td rowspan="2">序号</td><td>公司名称</td><td>会议次数</td><td>时间</td></tr>
<tr><td colspan="3">有条件通过</td></tr>
<tr><td rowspan="2">33</td><td>江阴中南重工股份有限公司</td><td>2014 年第 52 次会议</td><td>2014 年 9 月 25 日</td></tr>
<tr><td colspan="3">江阴中南重工股份有限公司发行股份购买资产方案的审核意见为：
1. 请通过独立第三方核查等手段确认唐曼华、王姬等标的资产股东是否具有外籍身份，本次重组是否符合外商投资产业政策并补充披露。请独立财务顾问、律师核查并发表明确意见。
2. 请申请人补充披露标的资产可辨认无形资产相关会计处理的合理性。请独立财务顾问和会计师核查并发表明确意见。</td></tr>
<tr><td rowspan="2">34</td><td>广西皇氏甲天下乳业股份有限公司</td><td>2014 年第 52 次会议</td><td>2014 年 9 月 25 日</td></tr>
<tr><td colspan="3">广西皇氏甲天下乳业股份有限公司发行股份购买资产方案的审核意见为：
请申请人补充披露标的资产可辨认无形资产会计处理的合理性。请独立财务顾问和会计师核查并发表明确意见。</td></tr>
<tr><td rowspan="2">35</td><td>四川依米康环境科技股份有限公司</td><td>2014 年第 51 次会议</td><td>2014 年 9 月 24 日</td></tr>
<tr><td colspan="3">四川依米康环境科技股份有限公司发行股份购买资产方案的审核意见为：
请申请人如实披露 2014 年 3 月标的企业股东间无偿转让股权的原因。请独立财务顾问、律师核查并发表明确意见。</td></tr>
<tr><td rowspan="2">36</td><td>安徽桑乐金股份有限公司</td><td>2014 年第 49 次会议</td><td>2014 年 9 月 17 日</td></tr>
<tr><td colspan="3">安徽桑乐金股份有限公司发行股份购买资产方案的审核意见为：
请申请人补充披露标的资产未依法缴纳员工社保、住房公积金不构成重大违法情形的依据。请独立财务顾问、律师核查并发表明确意见。</td></tr>
<tr><td rowspan="2">37</td><td>拓维信息系统股份有限公司</td><td>2014 年第 49 次会议</td><td>2014 年 9 月 17 日</td></tr>
<tr><td colspan="3">拓维信息系统股份有限公司发行股份购买资产方案的审核意见为：
1. 请申请人补充披露标的资产核心团队是否存在违反竞业禁止相关承诺的情形。请独立财务顾问、律师核查并发表明确意见。
2. 请申请人补充披露标的资产可辨认无形资产公允价值和投资收益确认的依据、合理性及一致性。请独立财务顾问、会计师和评估师核查并发表明确意见。</td></tr>
<tr><td rowspan="2">38</td><td>北京佳讯飞鸿电气股份有限公司</td><td>2014 年第 48 次会议</td><td>2014 年 9 月 12 日</td></tr>
<tr><td colspan="3">北京佳讯飞鸿电气股份有限公司发行股份购买资产方案的审核意见为：
请申请人补充披露标的资产“驾驶行为分析系统技术”的后续改进及相关专利权、软件著作权申请情况。</td></tr>
</table>

续表

序号	公司名称	会议次数	时间
	有条件通过		
39	金龙机电股份有限公司	2014 年第 47 次会议	2014 年 9 月 11 日
	金龙机电股份有限公司发行股份购买资产方案的审核意见为： 1. 请申请人补充披露上市公司对标的公司的后续财务支持对标的公司利润承诺的影响及相关安排。请独立财务顾问、会计师核查并发表明确意见。 2. 请申请人补充完善并披露标的公司超额利润奖励相关条款及会计处理。请独立财务顾问、会计师核查并发表明确意见。 3. 请申请人补充完善可比案例交易作价情况。请独立财务顾问、评估师核查并发表明确意见。		
40	上海鼎立科技发展(集团)股份有限公司	2014 年第 46 次会议	2014 年 9 月 4 日
	上海鼎立科技发展(集团)股份有限公司发行股份购买资产方案的审核意见为： 请申请人补充披露本次重组标的公司股东是否属于一致行动人，本次重组完成后上市公司的实际控制人是否发生变化。请独立财务顾问、律师核查并发表明确意见。		
41	上海柘中建设股份有限公司	2014 年第 45 次会议	2014 年 9 月 3 日
	上海柘中建设股份有限公司发行股份购买资产方案的审核意见为： 请申请人对本次吸收合并资产中对金融资产的估值合理性进行说明并作出相应调整。请独立财务顾问、评估师核查并发表明确意见。		
42	江苏鹿港科技股份有限公司	2014 年第 43 次会议	2014 年 8 月 29 日
	江苏鹿港科技股份有限公司发行股份购买资产方案的审核意见为： 请补充披露考虑标的公司可辨认资产公允价值后的备考财务状况。请独立财务顾问、会计师核查并发表明确意见。		
43	华闻传媒投资集团股份有限公司	2014 年第 43 次会议	2014 年 8 月 29 日
	华闻传媒投资集团股份有限公司发行股份购买资产方案的审核意见为： 1. 请申请人补充披露四家标的公司报告期内是否存在潜在税务风险；如存在，请提供有效的解决措施。请独立财务顾问、会计师、律师核查并发表明确意见。 2. 请申请人补充披露本次重组完成后标的公司漫友文化的经营业务是否符合国家外商投资产业政策。请独立财务顾问和律师核查并发表明确意见。		
44	广东星河生物科技股份有限公司	2014 年第 42 次会议	2014 年 8 月 28 日
	广东星河生物科技股份有限公司发行股份购买资产方案的审核意见为： 请标的公司原股东对标的公司对外担保提供有效的反担保。请独立财务顾问、律师核查并发表明确意见。		

续表

<table>
<tr><td rowspan="2">序号</td><td>公司名称</td><td>会议次数</td><td>时间</td></tr>
<tr><td colspan="3">有条件通过</td></tr>
<tr><td rowspan="2">45</td><td>北京荣之联科技股份有限公司</td><td>2014 年第 42 次会议</td><td>2014 年 8 月 28 日</td></tr>
<tr><td colspan="3">北京荣之联科技股份有限公司发行股份购买资产方案的审核意见为：
请申请人补充披露标的公司原股东以非专利技术“GSM/TD 无线网络空口协议动态解码方法”和“基于智能手机协议栈的网络优化处理系统及方法”作价出资是否存在法律纠纷风险；如存在，请提供有效可行的保障措施。请独立财务顾问、律师核查并发表明确意见。</td></tr>
<tr><td rowspan="2">46</td><td>陕西坚瑞消防股份有限公司</td><td>2014 年第 41 次会议</td><td>2014 年 8 月 20 日</td></tr>
<tr><td colspan="3">陕西坚瑞消防股份有限公司发行股份购买资产方案的审核意见为：
1. 请申请人披露标的企业的有关资质续展的审批进展情况、未能续展的风险及获得续展前从事相关业务的合法性。请独立财务顾问、律师核查并发表明确意见。
2. 请申请人补充披露账面未确认的可辨认无形资产对商誉和备考盈利预测的影响。请独立财务顾问、会计师核查并发表明确意见。</td></tr>
<tr><td rowspan="2">47</td><td>东方日升新能源有限公司</td><td>2014 年第 40 次会议</td><td>2014 年 7 月 30 日</td></tr>
<tr><td colspan="3">东方日升新能源有限公司发行股份购买资产方案的审核意见为：
请申请人进一步披露本次重组是否考虑了配套募集资金所增加产能对估值的影响。</td></tr>
<tr><td rowspan="2">48</td><td>上海爱使股份有限公司</td><td>2014 年第 40 次会议</td><td>2014 年 7 月 30 日</td></tr>
<tr><td colspan="3">上海爱使股份有限公司发行股份购买资产方案的审核意见为：
请申请人补充披露标的公司股东不谋求上市公司控制权的具体措施。</td></tr>
<tr><td rowspan="2">49</td><td>天马微电子股份有限公司</td><td>2014 年第 39 次会议</td><td>2014 年 7 月 24 日</td></tr>
<tr><td colspan="3">天马微电子股份有限公司发行股份购买资产方案的审核意见为：
请申请人补充披露政府补助的会计处理是否符合企业会计准则的要求。请会计师核查并发表明确意见。</td></tr>
<tr><td rowspan="2">50</td><td>山东美晨科技股份有限公司</td><td>2014 年第 39 次会议</td><td>2014 年 7 月 24 日</td></tr>
<tr><td colspan="3">山东美晨科技股份有限公司发行股份购买资产方案的审核意见为：
1. 请申请人补充披露标的资产违规占用基本农田事项未来是否存在被行政处罚的风险，是否符合《上市公司重大资产重组管理办法》第 10 条的规定。请独立财务顾问、律师核查并发表明确意见。
2. 请申请人补充说明标的资产市政 BT 项目的收入确认原则是否符合企业会计准则相关要求。请会计师核查并发表明确意见。</td></tr>
<tr><td rowspan="2">51</td><td>大唐高鸿数据网络技术股份有限公司</td><td>2014 年第 38 次会议</td><td>2014 年 7 月 23 日</td></tr>
<tr><td colspan="3">大唐高鸿数据网络技术股份有限公司发行股份购买资产方案的审核意见为：
请申请人在重组报告书中就标的资产通过自然人账户进行结算的法律风险和经营风险进行风险提示。</td></tr>
</table>

续表

<table>
<tr><td rowspan="2">序号</td><td>公司名称</td><td>会议次数</td><td>时间</td></tr>
<tr><td colspan="3">有条件通过</td></tr>
<tr><td rowspan="2">52</td><td>江苏吴通通讯股份有限公司</td><td>2014 年第 38 次会议</td><td>2014 年 7 月 23 日</td></tr>
<tr><td colspan="3">江苏吴通通讯股份有限公司发行股份购买资产方案的审核意见为：
请申请人进一步补充披露标的资产 2013 年 5 月股权转让行为是否构成股份支付，如构成，请按照《企业会计准则 11 号——股份支付》的相关规定作相应会计处理。请独立财务顾问和会计师核查并发表明确意见。</td></tr>
<tr><td rowspan="2">53</td><td>山东胜利股份有限公司</td><td>2014 年第 37 次会议</td><td>2014 年 7 月 18 日</td></tr>
<tr><td colspan="3">山东胜利股份有限公司发行股份购买资产方案的审核意见为：
请申请人确认标的企业青岛润昊历次股权转让是否履行了所有的法定程序。请独立财务顾问、律师核查并发表明确意见。</td></tr>
<tr><td rowspan="2">54</td><td>杭州解百集团股份有限公司</td><td>2014 年第 36 次会议</td><td>2014 年 7 月 17 日</td></tr>
<tr><td colspan="3">杭州解百集团股份有限公司发行股份购买资产方案的审核意见为：
1. 请申请人补充披露杭州大厦划拨土地的作价依据以及对未来可持续经营的影响。请独立财务顾问、会计师核查并发表明确意见。
2. 请申请人进一步补充说明标的资产评估方法选择的依据。请独立财务顾问、评估师核查并发表明确意见。
3. 请申请人补充披露杭州大厦商号权属和使用安排。请独立财务顾问、律师核查并发表明确意见。</td></tr>
<tr><td rowspan="2">55</td><td>宁夏银星能源股份有限公司</td><td>2014 年第 36 次会议</td><td>2014 年 7 月 17 日</td></tr>
<tr><td colspan="3">宁夏银星能源股份有限公司发行股份购买资产方案的审核意见为：
1. 请本次重组标的资产解除对其大股东中铝宁夏能源的担保事项。请独立财务顾问和律师核查并发表明确意见。
2. 请申请人进一步补充披露标的资产的盈利预测合理性以及标的资产的定价公允性。请独立财务顾问核查并发表明确意见。</td></tr>
<tr><td rowspan="2">56</td><td>通化双龙化工股份有限公司</td><td>2014 年第 36 次会议</td><td>2014 年 7 月 17 日</td></tr>
<tr><td colspan="3">通化双龙化工股份有限公司发行股份购买资产方案的审核意见为：
请申请人补充披露标的资产历史上股权变动涉嫌违反股份公开发行转让的有关规定可能承担责任的法律风险，并对风险承担作出安排。请独立财务顾问、律师核查并发表明确意见。</td></tr>
<tr><td rowspan="2">57</td><td>苏州宝馨科技实业股份有限公司</td><td>2014 年第 34 次会议</td><td>2014 年 7 月 10 日</td></tr>
<tr><td colspan="3">苏州宝馨科技实业股份有限公司发行股份购买资产方案的审核意见为：
1. 请申请人补充披露本次交易如募集配套资金未到位，上市公司通过银行贷款支付收购款，对上市公司业绩的敏感性分析。请独立财务顾问核查并发表明确意见。
2. 请申请人补充披露标的资产主要产品的市场情况及其核心竞争力，以及本次重组后上市公司的具体整合安排。请独立财务顾问核查并发表明确意见。</td></tr>
</table>

续表

序号	公司名称	会议次数	时间
	有条件通过		
58	四川双马水泥股份有限公司	2014 年第 33 次会议	2014 年 7 月 9 日
	四川双马水泥股份有限公司发行股份购买资产方案的审核意见为: 请申请人补充披露如上市公司控股股东拉法基集团与豪瑞公司进行对等合并,则该合并事项对拉法基集团履行历史上作出的解决同业竞争承诺的影响,并作风险提示。请独立财务顾问和律师核查并发表明确意见。		
59	浙江杭州鑫富药业股份有限公司	2014 年第 32 次会议	2014 年 7 月 3 日
	浙江杭州鑫富药业股份有限公司发行股份购买资产方案的审核意见为: 1. 请申请人补充披露本次交易形成的商誉减值风险,以及对上市公司未来业绩的影响。请独立财务顾问和会计师核查并发表明确意见。 2. 请申请人进一步补充披露标的资产的盈利模式与核心竞争力。请独立财务顾问和律师核查并发表明确意见。		
60	江苏省交通科学研究院股份有限公司	2014 年第 32 次会议	2014 年 7 月 3 日
	江苏省交通科学研究院股份有限公司发行股份购买资产方案的审核意见为: 请申请人进一步补充披露标的公司 2013 年 12 月工会委员会转让股权的原因、价格,以及是否符合会计准则中股份支付的相关规定。请独立财务顾问、会计师核查并发表明确意见。		
61	北京中创信测科技股份有限公司	2014 年第 31 次会议	2014 年 7 月 2 日
	北京中创信测科技股份有限公司发行股份购买资产方案的审核意见为: 1. 请申请人进一步补充披露标的资产买方信贷模式的担保风险,如出现代偿情形时,对上市公司未来经营的影响及相关的解决措施。请独立财务顾问和律师核查并发表明确意见。 2. 请申请人补充披露标的资产历史上的股份代持、对赌事项的解决是否为当事人的真实意思表示,是否存在潜在的法律纠纷。请独立财务顾问和律师核查并发表明确意见。		
62	华芳纺织股份有限公司	2014 年第 30 次会议	2014 年 7 月 1 日
	华芳纺织股份有限公司发行股份购买资产方案的审核意见为: 请申请人补充披露标的资产热电联产机组扩建项目在"十二五"期间的投运是否符合环评验收条件,以及对标的资产未来盈利预测的影响。请独立财务顾问和律师核查并发表明确意见。		
63	内蒙古远兴能源股份有限公司	2014 年第 30 次会议	2014 年 7 月 1 日
	内蒙古远兴能源股份有限公司发行股份购买资产方案的审核意见为: 请申请人进一步补充披露标的资产股权转让涉及国有资产管理部门确认的文件依据。		

续表

序号	公司名称	会议次数	时间
	有条件通过		
64	浙江世纪华通车业股份有限公司	2014 年第 30 次会议	2014 年 7 月 1 日
	浙江世纪华通车业股份有限公司发行股份购买资产方案的审核意见为： 1. 请申请人补充披露本次重组后上市公司控股股东为保持股权结构稳定而延长锁定期的协议安排。请独立财务顾问和律师核查并发表明确意见。 2. 请申请人补充披露七酷网络和天神互动自 2013 年以来的关联交易情况，并补充披露规范关联交易的有效措施。请独立财务顾问和律师核查并发表明确意见。		
65	华润锦华股份有限公司	2014 年第 29 次会议	2014 年 6 月 30 日
	华润锦华股份有限公司发行股份购买资产方案的审核意见为： 请申请人完整、准确地披露标的资产盈利预测补偿的数据，并说明盈利预测审核报告和评估报告中关于盈利预测数据不一致的原因。请独立财务顾问核查并发表明确意见。		
66	广东盛路通信科技股份有限公司	2014 年第 28 次会议	2014 年 6 月 25 日
	广东盛路通信科技股份有限公司发行股份购买资产方案的审核意见为： 请补充披露标的企业历史上主要股东之间的借贷关系及其发生原因。请独立财务顾问、律师核查并发表明确意见。		
67	江苏常铝铝业股份有限公司	2014 年第 27 次会议	2014 年 6 月 18 日
	江苏常铝铝业股份有限公司发行股份购买资产方案的审核意见为： 1. 请申请人按照现行企业会计准则的规定，重新计算并补充披露会计估计变更对 2014 年度盈利预测的影响。请会计师出具审核意见；请独立财务顾问核查并发表明确意见。 2. 请申请人补充披露未来业绩承诺是否包含募投项目产生的收益。请独立财务顾问和评估师核查并发表明确意见。 3. 请申请人补充披露本次重组后标的资产的公司治理安排。		
68	大连科冕木业股份有限公司	2014 年第 26 次会议	2014 年 6 月 17 日
	大连科冕木业股份有限公司发行股份购买资产方案的审核意见为： 1. 请申请人补充披露标的资产知识产权的保护措施。请独立财务顾问和律师就知识产权是否存在潜在侵权纠纷，以及该等潜在风险对上市公司未来持续经营的影响发表明确意见。 2. 请申请人进一步补充披露标的资产的主营业务不属于互联网文化经营行业的理由。请独立财务顾问和律师核查并发表明确意见。		
69	常州天晟新材料股份有限公司	2014 年第 26 次会议	2014 年 6 月 17 日
	常州天晟新材料股份有限公司发行股份购买资产方案的审核意见为： 请申请人补充披露标的资产 2013 年 9 月股份支付公允价值的确认方式和计算过程。请独立财务顾问和会计师核查并发表明确意见。		

续表

序号	公司名称	会议次数	时间
	有条件通过		
70	湖北省广播电视信息网络股份有限公司	2014 年第 26 次会议	2014 年 6 月 17 日
	湖北省广播电视信息网络股份有限公司发行股份购买资产方案的审核意见为： 请独立财务顾问和律师就楚天视讯有线电视收费权质押事宜及土地、房屋权属瑕疵事项是否符合《上市公司重大资产重组管理办法》第 10 条第 4 项及第 42 条第 3 项的规定发表明确意见。		
71	上海海隆软件股份有限公司	2014 年第 25 次会议	2014 年 6 月 16 日
	上海海隆软件股份有限公司发行股份购买资产方案的审核意见为： 本次发行股份购买资产与配套募集资金方案互为条件，同时实施，均为本次重大资产重组不可分割的组成部分。请申请人说明配套募集资金的目的和必要性，以及本次重组是否符合《上市公司重大资产重组管理办法》第 12 条的规定。请独立财务顾问和律师核查并发表明确意见。		
72	浙江方正电机股份有限公司	2014 年第 25 次会议	2014 年 6 月 16 日
	浙江方正电机股份有限公司发行股份购买资产方案的审核意见为： 关于金英杰于 2013 年 12 月获得高科润公司股权的事宜，请遵照《企业会计准则第 11 号——股份支付》的规定进行会计处理，请申请人对相关申报材料予以修正。		
73	深圳浩宁达仪表股份有限公司	2014 年第 24 次会议	2014 年 6 月 13 日
	深圳浩宁达仪表股份有限公司发行股份购买资产方案的审核意见为： 1. 请申请人进一步披露对主业协同在未来战略和经营上的考虑和安排。 2. 请申请人进一步细化并披露对标的资产整合中的管控措施。 3. 请申请人进一步披露宏观经济情况对标的资产未来经营模式、盈利水平、竞争力所造成的经营和财务风险。		
74	北京汇冠新技术股份有限公司	2014 年第 23 次会议	2014 年 5 月 28 日
	北京汇冠新技术股份有限公司发行股份购买资产方案的审核意见为： 请申请人补充披露福万方实业股权购买方支付股权受让款的能力及具体安排，是否存在潜在的法律风险。请独立财务顾问和律师核查并发表明确意见。		
75	湖北兴发化工集团股份有限公司	2014 年第 23 次会议	2014 年 5 月 28 日
	湖北兴发化工集团股份有限公司发行股份购买资产方案的审核意见为： 1. 请申请人就许可使用协议中的授权除“无偿、无期限及不可撤销”外，另加“无条件”，并就相关授权协议完善有关备案手续。另请申请人补充披露未来在保持技术独立性、自主研发方面有何具体措施。请独立财务顾问核查并发表明确意见。 2. 请申请人对备考报表中商誉的认定以及原持有的标的公司 24% 股权所对应的投资收益按照会计准则相关规定予以修正。请会计师核查并发表明确意见。		

续表

序号	公司名称	会议次数	时间
	有条件通过		
76	福建南纺股份有限公司	2014 年第 22 次会议	2014 年 5 月 27 日
	福建南纺股份有限公司发行股份购买资产方案的审核意见为： 1. 请申请人补充披露本次重组后保持上市公司独立性的具体措施。请独立财务顾问和律师核查并发表明确意见。 2. 请申请人取消本次配套募集资金方案。		
77	芜湖顺荣汽车部件股份有限公司	2014 年第 22 次会议	2014 年 5 月 27 日
	芜湖顺荣汽车部件股份有限公司发行股份购买资产方案的审核意见为： 请申请人进一步完善曾开天放弃表决权的承诺并补充披露。请独立财务顾问和律师核查并发表明确意见。		
78	广东广州日报传媒股份有限公司	2014 年第 21 次会议	2014 年 4 月 16 日
	广东广州日报传媒股份有限公司发行股份购买资产方案的审核意见为： 请申请人补充披露标的资产业务模式、自有和代理广告屏的具体情况，并根据标的资产的业务特点进一步补充披露收入确认的会计政策。		
79	陕西秦川机械发展股份有限公司	2014 年第 21 次会议	2014 年 4 月 16 日
	陕西秦川机械发展股份有限公司发行股份购买资产方案的审核意见为： 1. 请申请人进一步补充说明并披露上市公司提前偿还公司债的有效保证措施。请独立财务顾问和律师核查并发表明确意见。 2. 请交易对方作出承担由于本次重组导致上市公司提前偿还公司债而增加的资金成本的承诺。 3. 请申请人补充披露上市公司与交易对方签订的标的资产的业绩补偿协议。		
80	南方风机股份有限公司	2014 年第 20 次会议	2014 年 4 月 3 日
	南方风机股份有限公司发行股份购买资产方案的审核意见为： 1. 请申请人结合未来收益预测对业绩承诺期做出妥善安排，并补充披露业绩补偿不能覆盖风险时的有效措施。请独立财务顾问核查并发表明确意见。 2. 请申请人结合申请材料中管理层股东确定的原则，说明未将朱秀仁、朱卫红、茅洪中认定为管理层股东的原因及合理性。请独立财务顾问、律师核查并发表明确意见。 3. 请申请人补充披露未来收益预测的依据及定价合理性的分析。请独立财务顾问、评估师核查并发表明确意见。		
81	山东天业恒基股份有限公司	2014 年第 18 次会议	2014 年 3 月 27 日
	山东天业恒基股份有限公司发行股份购买资产方案的审核意见为： 1. 请申请人按照《上市公司监管指引第 4 号——实际控制人、股东、关联方、收购人以及上市公司承诺及履行》的规定，进一步完善并补充披露解决同业竞争的承诺。 2. 请申请人补充披露金价、汇率大幅波动对标的资产盈利预测实现的影响及相应的风险防范措施。		

续表

序号	公司名称	会议次数	时间
	有条件通过		
82	云南绿大地生物科技股份有限公司	2014 年第 15 次会议	2014 年 3 月 20 日
	云南绿大地生物科技股份有限公司发行股份购买资产方案的审核意见为： 1. 请申请人补充披露标的资产收入预测的依据。 2. 请申请人进一步明确并补充披露对赌协议的补偿方式。		
83	上海凯利泰医疗科技股份有限公司	2014 年第 15 次会议	2014 年 3 月 20 日
	上海凯利泰医疗科技股份有限公司发行股份购买资产方案的审核意见为： 1. 请申请人补充披露标的资产 20% 少数股权转让协议、少数股权转让后续安排及对标的资产的影响。请独立财务顾问、律师核查并发表明确意见。 2. 请申请人补充披露王秀琴、李薇同意股权过户后上市公司支付现金对价的承诺。请独立财务顾问、律师核查并发表明确意见。		
84	国机汽车股份有限公司	2014 年第 14 次会议	2014 年 3 月 19 日
	国机汽车股份有限公司发行股份购买资产方案的审核意见为： 1. 请申请人补充披露标的资产土地、租赁房产所存在的权属瑕疵对公司未来可能产生的资产损失和经营损失，并请国机集团对该问题作出切实可行的补偿方案。请独立财务顾问发表明确意见。 2. 请申请人补充披露标的资产所涉两项诉讼的具体情况，以及对本次重组估值的影响。请独立财务顾问和律师核查并发表明确意见。		
85	安徽精诚铜业股份有限公司	2014 年第 13 次会议	2014 年 3 月 12 日
	安徽精诚铜业股份有限公司发行股份购买资产方案的审核意见为： 1. 请申请人进一步补充披露楚江集团委托森海高新进行期货交易的具体安排和原因，该行为是否符合楚江集团和森海高新的相关内控制度规定，相关会计处理是否合理。请独立财务顾问、律师、会计师就上述问题核查并发表明确意见。 2. 请申请人进一步补充披露楚江集团在停牌前卖出股票和本次重组以资产认购股票是否构成短线交易。请独立财务顾问和律师核查并发表明确意见。 3. 请申请人补充披露现行经济环境下标的企业面临的经营风险和应对措施。		
86	深圳市联建光电股份有限公司	2014 年第 13 次会议	2014 年 3 月 12 日
	深圳市联建光电股份有限公司发行股份购买资产方案的审核意见为： 请申请人进一步完善并补充披露标的企业超额利润奖励措施的具体安排及该等安排对上市公司的影响。请独立财务顾问核查并发表明确意见。		

续表

<table>
<tr><td rowspan="2">序号</td><td>公司名称</td><td>会议次数</td><td>时间</td></tr>
<tr><td colspan="3">有条件通过</td></tr>
<tr><td rowspan="2">87</td><td>北京联信永益科技股份有限公司</td><td>2014 年第 12 次会议</td><td>2014 年 2 月 28 日</td></tr>
<tr><td colspan="3">北京联信永益科技股份有限公司发行股份购买资产方案的审核意见为：
1. 请申请人提供并补充披露有权部门对紫光捷通历次国有股权变动审批程序合法性的确认文件。请律师就上述问题是否存在法律风险发表明确意见。
2. 请申请人补充披露确保陈俭履行其就联信永益负债转移尚未取得部分债权人同意函作出的承诺的有效措施。请独立财务顾问核查并发表明确意见。
3. 请申请人补充披露业绩补偿不能覆盖风险时的有效措施。请独立财务顾问核查并发表明确意见。
4. 请申请人提供拟购入资产历次股权转让过程中相关方的纳税证明文件。请律师核查并发表明确意见。
5. 请申请人提供掌诚传媒更新后的评估报告，并对相关披露进行修改。</td></tr>
<tr><td rowspan="2">88</td><td>利亚德光电股份有限公司</td><td>2014 年第 11 次会议</td><td>2014 年 2 月 27 日</td></tr>
<tr><td colspan="3">利亚德光电股份有限公司发行股份购买资产方案的审核意见为：
请申请人根据企业会计准则的相关规定，补充披露标的公司大股东 2013 年 8 月股权转让对标的公司财务报表的影响。请独立财务顾问、会计师核查并发表明确意见。</td></tr>
<tr><td rowspan="2">89</td><td>北京掌趣科技股份有限公司</td><td>2014 年第 10 次会议</td><td>2014 年 2 月 26 日</td></tr>
<tr><td colspan="3">北京掌趣科技股份有限公司发行股份购买资产方案的审核意见为：
1. 请申请人补充披露上市公司股权激励计划对上市公司备考盈利预测的影响。
2. 请申请人补充披露本次重组完成后针对标的资产合法合规运营的制度保障措施。
3. 请申请人补充披露标的资产玩蟹科技各个游戏产品营业收入预测的具体过程及参数。</td></tr>
<tr><td rowspan="2">90</td><td>梅花伞业股份有限公司</td><td>2014 年第 10 次会议</td><td>2014 年 2 月 26 日</td></tr>
<tr><td colspan="3">梅花伞业股份有限公司发行股份购买资产方案的审核意见为：
请申请人针对标的资产游族信息历史上著作权侵权行为补充披露相应的知识产权保护措施。</td></tr>
<tr><td rowspan="2">91</td><td>大唐电信科技股份有限公司</td><td>2014 年第 10 次会议</td><td>2014 年 2 月 26 日</td></tr>
<tr><td colspan="3">大唐电信科技股份有限公司发行股份购买资产方案的审核意见为：
1. 请申请人补充披露标的资产 2013 年支付税收滞纳金 160 万元的原因、涉及的补税金额、对应的收入及期间。请独立财务顾问和律师就标的资产受到税务机关处罚是否对本次重组构成障碍发表明确意见。
2. 请申请人补充披露标的资产两位创始股东是否构成一致行动人。请独立财务顾问和律师就两位创始股东对标的资产是否形成共同控制发表明确意见。</td></tr>
</table>

续表

序号	公司名称	会议次数	时间
	有条件通过		
92	广东奥飞动漫文化股份有限公司	2014 年第 10 次会议	2014 年 2 月 26 日
	广东奥飞动漫文化股份有限公司发行股份购买资产方案的审核意见为： 1. 请申请人就标的资产方寸科技历史盈利记录较短对未来经营的影响在重组报告书中作风险提示。 2. 请申请人完善并补充披露交易对方避免同业竞争的承诺。		
93	广东省广告股份有限公司	2014 年第 9 次会议	2014 年 2 月 20 日
	广东省广告股份有限公司发行股份购买资产方案的审核意见为： 请申请人补充提供泉州市泉润文化传播有限公司和武汉电视广告传媒有限公司的相关评估资料。		
94	科大智能科技股份有限公司	2014 年第 8 次会议	2014 年 2 月 19 日
	科大智能科技股份有限公司发行股份购买资产方案的审核意见为： 1. 请申请人补充披露标的资产股权激励方案的公允价值确定基础及对报告期和盈利预测期间的损益影响。 2. 请评估师说明采用资产基础法评估时未考虑专利权、商标权、销售网络、客户关系等无形资产的原因，请申请人补充披露。		
95	北京神州泰岳软件股份有限公司	2014 年第 4 次会议	2014 年 1 月 17 日
	北京神州泰岳软件股份有限公司发行股份购买资产方案的审核意见为： 1. 请申请人进一步完善标的资产业绩承诺安排，包括但不限于延长标的资产大股东股份锁定期等方式。 2. 请申请人补充披露标的资产股权激励安排对报告期和盈利预测期间的损益影响。		
96	江苏宏宝五金股份有限公司	2014 年第 3 次会议	2014 年 1 月 16 日
	江苏宏宝五金股份有限公司发行股份购买资产方案的审核意见为： 1. 由于报告期标的公司的经营性现金流量持续为负，请补充披露借壳上市后解决上市公司资金压力的具体措施。 2. 请申请人补充披露标的资产未来收入预测依据。		

续表

<table>
<tr><td rowspan="2">序号</td><td>公司名称</td><td>会议次数</td><td>时间</td></tr>
<tr><td colspan="3">有条件通过</td></tr>
<tr><td rowspan="2">97</td><td>华谊兄弟传媒股份有限公司</td><td>2014 年第 3 次会议</td><td>2014 年 1 月 16 日</td></tr>
<tr><td colspan="3">华谊兄弟传媒股份有限公司发行股份购买资产方案的审核意见为:
1. 请申请人提供标的企业历史上换股收购美国 OTCBB 公司以及拆除 VIE 结构两个事项中对美国 SEC 的所有申报文件。
2. 请独立财务顾问、法律顾问发表明确意见:银汉科技未实际履行与 VIE 结构有关的 5 份合同是否违反美国证券法律法规及有关规则。
3. 请独立财务顾问、法律顾问分析说明上述未实际履行是否会给上市公司、银汉科技带来潜在的法律风险。
4. 请申请人说明应对上述风险的措施,明确责任承担主体。
5. 请申请人补充披露标的资产未来收入预测的依据,请独立财务顾问、评估师核查并发表明确意见。</td></tr>
<tr><td rowspan="2">98</td><td>远东实业股份有限公司</td><td>2014 年第 2 次会议</td><td>2014 年 1 月 9 日</td></tr>
<tr><td colspan="3">远东实业股份有限公司发行股份购买资产方案的审核意见为:
1. 请独立财务顾问、律师根据《证券期货法律适用意见第 1 号》第 3 条的规定,就汉华易美实际控制人最近三年没有发生变更逐条发表意见。
2. 请申请人延长承诺补偿期至 2018 年,并完善补偿承诺安排。</td></tr>
</table>

第四节 清算退出[①]

一、清算的基本涵义

清算退出主要是针对投资失败项目的一种退出方式。清算,是指合伙企业或公司因解散、或因公司破产,为终结合伙企业或公司的所有法律关系并消灭公司法人资格,处理企业的各项未了结的事务,特别是清偿债务并分配企业剩余财产的法律行为。相对来说,清算退出是私募股权投资最不理想的退出方式。清算退出是在私募股权投资基金所投资的企业由于各种原因解散的情况下,经过清算程序使私募股权投资基金所投资的企业法人资格终止,仅仅在股东之间分配剩余财产。在绝大多数情况下,可供私募股权投资基金企业分配的公司剩余财产很少,甚至为零。这显然意味着投资失败。对于投资者而言,清算退出时主要是考虑投资风险与损失的最小化。

从私募股权投资基金退出的角度来说,我们要谈的清算包括公司清算和合伙企业清算。公司清算,指对于公司组织的清算,其又分为解散清算和破产清算。所谓解散清算,是一种比较自然的公司终止而对公司实务、财产进行的了解过程。当公司章程

① 参考关志群、关健主编:《中国股权和创业投资法律实务指引》,中国经济出版社 2013 年版。

规定的营业期限届满或者公司章程规定的其他解散事由出现时,或者是当股东会或者股东大会决议解散,或者依法被吊销营业执照、责令关闭或被撤销,或者是公司因解散之诉自行进行清算,或者是由法院经申请指定有关人员组成清算组进行的清算。

相对来说,破产清算显得不是那么自然,它是指公司依破产程序进行的清算。就解散清算来说,它又可以分为自行清算和强制清算。其中自行清算是指公司自公司解散事由出现之日起 15 日内成立清算组开始的清算。而强制清算,则是指公司应自公司解散事由出现之日起 15 日内成立清算组开始清算,但逾期没有成立清算组进行清算,经债权人或股东申请,由法院指定有关人员组成清算组进行的清算。

对于合伙企业清算的界定主要是由于主体是合伙企业而已,具体是指因合伙企业法规定的合伙企业解散事由出现,依法清理合伙企业财产、处理与清算有关的合伙企业未了结事务、清缴所欠税款、清理债权债务、处理合伙企业剩余财产等法律活动。

对于私募股权投资基金来说,清算是其最不愿意选择的退出方式,经常会令基金无法取得预期收益,甚至遭受损失,更会给其在业界的声誉造成不良影响,影响其未来的资金募集和项目投资。私募股权投资基金为了在最大程度上降低投资风险,确保自己能够收回投资,往往会在与被投资企业签订投资协议的时候加入一些有利于自己的条款。其中优先清算条款要求被投资企业在清算时,应当优先将私募股权投资方的投资甚至是固定投资收益分配给私募股权投资方,然后再在其他股东之间进行分配。

二、清算程序

(一)清算的主要程序

不同的清算程序,退出成本的计算并不尽相同,不同的被投资企业的清算情况会有不同,私募股权投资基金企业要积极主动把握清算程序,尽量降低投资由于清算而产生损失。

企业不同清算比较

	自行清算	强制清算	破产清算
清算事由	公司解散	逾期(15 日)不成立清算组清算	不能清偿到期债务,并且资产不足以清偿全部债务或者明显缺乏清偿能力,或者有明显丧失清偿能力的可能
申请人	无	债权人或股东	债务人;债权人;清算义务人
负责清算的有关机构	清算组:有限责任公司由股东组成;股份有限公司由董事或者股东大会确定的人员组成	强制清算组:人民法院指定(股东、董事、监事、高级管理人员、管理人名册中的中介机构或个人)	破产管理人:人民法院指定有关部门、机构的人员组成的清算组或者社会中介机构及在该社会中介机构中具备相关专业知识并取得执业资格的人员

续表

<table>
<tr><th></th><th>自行清算</th><th>强制清算</th><th>破产清算</th></tr>
<tr><td>清算机构职责</td><td colspan="2">(1)清理公司财产，分别编制资产负债表和财务清单
(2)通知、公告债权人
(3)处理与清算有关的公司未了结的业务
(4)清缴所欠税款以及清算过程中产生的税款
(5)清理债权、债务
(6)处理公司清偿债务后的剩余财产
(7)代表公司参与民事诉讼活动</td><td>(1)接管债务人的财产、印章和账簿、文书等资料
(2)调查债务人财产状况，制作财产状况报告
(3)决定债务人的内部管理事务
(4)决定债务人的日常开支和其他必要开支
(5)在第一次债权人会议召开之前，决定继续或者停止债务人的营业
(6)管理和处分债务人的财产
(7)代表债务人参加诉讼、仲裁或者其他法律程序
(8)提议召开债权人会议
(9)人民法院认为管理人应当履行的其他职责</td></tr>
<tr><td>通知和公告债权人</td><td colspan="2">清算组应当自成立之日起 10 日内通知债权人，并于 60 日内在报纸上公告</td><td>人民法院受理破产申请后，应当确定债权人申报债权的期限。债权申报期限自人民法院发布受理破产申请公告之日起计算，最短不得少于 30 日，最长不得超过 3 个月</td></tr>
<tr><td>清算方案/变价方案、分配方案</td><td colspan="2">清算组在清理公司财产、编制资产负债表和财产清单后，应当制定清算方案，并报股东会、股东大会或者人民法院确认</td><td>(1)管理人应及时拟定破产财产的变价方案，交债权人会议通过
(2)债权人会议通过破产财产变价方案；未通过的，由人民法院裁定
(3)管理人应按照变价方案适时变卖出售破产财产(拍卖，债权人会议另有决定的除外)
(4)管理人应及时拟定破产财产的变价方案，交债权人会议通过；并且经人民法院裁定认可
(5)管理人应按照分配方案以货币分配方式进行破产财产的分配(债权人会议另有决议的除外)</td></tr>
<tr><td>债务清偿顺序</td><td colspan="2">(1)清算费用
(2)职工的工资、社会保险费用和法定补偿金
(3)缴纳所欠税款
(4)清偿公司债务</td><td>(1)破产费用和共益债务
(2)破产人所欠职工的工资和医疗、伤残补助、抚恤费用，所欠的应当划入职工个人账户的基本养老保险、基本医疗保险费用，以及法律、行政法规规定应当支付给职工的补偿金
(3)破产人欠缴的除前项规定以外的社会保险费用和破产人所欠税款
(4)普通破产债权</td></tr>
<tr><td>剩余财产分配</td><td colspan="2">有限责任公司按照股东的出资比例分配，股份有限公司按照股东持有的股份比例分配</td><td>通常不涉及</td></tr>
</table>

续表

	自行清算	强制清算	破产清算
向破产清算的转化	清算组在清理公司财产、编制资产负债表和财产清单后，发现公司财产不足清偿债务的，应当依法向人民法院申请宣告破产 公司经人民法院裁定宣告破产后，清算组应当将清算事务移交给人民法院。		不涉及
企业注销程序	公司清算结束后，清算组应当制作清算报告，报股东会、股东大会（自行清算）或者人民法院确认（强制清算），并报送公司登记机关，申请注销公司登记，公告公司终止。		（1）管理人在最后分配完结后，应当及时向人民法院提交破产财产分配报告，并提交人民法院裁定终结破产程序 （2）人民法院应当自收到管理人终结破产程序的请求之日起15日内作出是否终结破产程序的裁定。裁定终结的，应当予以公告 （3）管理人应当自破产程序终结之日起10日内，持人民法院终结破产程序的裁定，向破产人的原登记机关办理注销登记。

（二）清算程序的转化

1. 自行清算向强制清算转化

按照现行法律规定，在某些情况下，企业的债权人可以申请人民法院指定清算，从而启动强制清算程序。具体来说，这些情形包括公司解散逾期不成立清算组进行清算；虽然成立清算组但故意拖延清算；违法清算可能严重损害债权人或者股东利益。如果债权人未提起清算申请，公司股东可以申请人民法院指定清算组对公司进行清算。

2. 解散清算向破产清算转化

解散清算与破产清算的区别在于是否涉及企业剩余财产的分配。通过解散清算退出，私募股权投资基金企业通常仍然能够收回投资及一定投资收益。相比之下，破产清算退出就不那么乐观了，因为，不同于解散清算，破产清算都是因为企业的财务出现问题而不得已为之的，通常破产财产不足以清偿企业全部债务，经常是到最后鲜有剩余财产可供分配。

按照公司法的规定，清算组在清理公司财产、编制资产负债表和财产清单后，发现公司财产不足清偿债务的，应当依法向人民法院申请宣告破产。根据审判经验，法院可以指定的强制清算组与债权人协商有关债务清偿方案；债务清偿方案经全体债权人确认且不损害其他利害关系人的利益后，应当向人民法院申请裁定终结清算程序。如此一来，可以简化程序，节省各方成本，并使得清算程序提前终结。

三、优先权条款与约定清算

(一)优先权条款的应用

优先清算权,是指投资人在被投资企业清算过程中,有权优先于普通股股东获得每股数倍于原始购买价格的回报以及宣布但尚未发放的股息。优先权是公司的一种股份权益形式,相对于普通股而言,持有优先股的股东先于普通股股东享受分配。通过优先股的设计,私募股权投资基金企业可以优先分配公司剩余财产(其理想结果是投资金额加上一定回报,保守目标是尽可能收回投资),分配后的余额(如有)由其他股东根据股份比例再次分配。可转换优先股是指允许优先股持有人在特定条件下把优先股转换成为一定数额的普通股。否则,就是不可转换优先股。

按照现行法律规定,股东按照实缴的出资比例分取红利;公司新增资本时,股东有权优先按照实缴的出资比例认缴出资。但是,全体股东约定不按照出资比例分取红利或者不按照出资比例优先认缴出资的除外。《创业投资企业管理暂行办法》也规定,创业投资企业经与被投资企业签订投资协议可以用股权和优先股、可转换优先股等准股权方式对未上市企业进行投资。从《公司法》的规定来看,股东可以约定股权比例与分红比例不一致,虽然优先股和可转换优先股在我国尚未得到普遍应用,但优先股的应用已不存在制度障碍。

(二)约定清算的应用

清算退出是私募股权投资基金企业及其所投资的企业都不愿意看到的结果,经常意味着投资失败。但是,现实是,没有哪一个人能够确保其投资都一定能够成功而不会失败,因而,私募股权投资基金企业应当事先考虑在投资失败的情况下如何应对。然而,无论强制清算还是破产清算,法院和债权人都更深地介入到清算中去,都主要是属于企业中之前清理未结债权债务的活动,在规则上具有一定的共通性,如债权申报、债权人会议、债务人财产的管理与变价,都存在较为严格的限制。在这种情况下,难以实现约定清算目的。

约定清算便是私募股权投资基金企业预先考虑的投资风险控制措施。约定清算是指投资者通过《公司章程》、股东会或股东大会决议等方式,约定解散事由和清算办法,以实现依约定及有关法律法规规定自行组成清算组进行清算。约定清算有利于尽量减少私募基金的投资损失,在目标企业清偿债务后,使投资者可分配财产最大化。

约定清算最为稳妥的方案是通过与公司股东约定而修改目标公司章程。通过章程约定清算的实施要点包括关于解散事由的约定与公司章程落实以及清算方式的约定。私募股权投资基金企业实际投资前,应促使目标企业及其既有股东在公司章程中相应落实这些约定,作为投资到位的前提条件。

退而求其次的是通过股东会或股东大会决议解散。但由于股东会或股东大会决议解散公司须经代表三分之二以上表决权的股东通过或经出席会议的股东所持表决权的三分之二以上通过，则相对较难被私募股权投资基金企业所控制，会产生较高的磋商成本。

（三）约定清算条款

中国创投委根据实践经验，组织一些专业的律师团队以《有限责任公司章程》为例，建议约定清算时的清算条款如下：

（1）公司股东会行使下列职权：对公司合并、分立、解散、清算或者变更公司形式做出决议。

（2）股东会会议作出修改公司章程、增加或者减少注册资本的决议，以及公司合并、分立、解散或者变更公司形式的决议，必须经代表三分之二以上表决权的股东通过。

（3）董事会对股东会负责，行使下列职权：制定公司合并、分立、解散或者变更公司形式的方案。

（4）公司因以下事由解散：公司章程规定的营业期限届满；因公司合并或者分立需要解散；依法被吊销营业执照、责令关闭或者被撤销；公司净资产已不足公司注册资本的____%，且在30日内未能补足；公司股东会通过解散公司的决议；公司被依法宣告破产；法律、行政法规及本章程规定的其他解散情形。

（5）公司经营管理发生严重困难，继续存续会使股东利益受到重大损失，通过其他途径不能解决的，持有公司全部股东表决权百分之十以上的股东，可以请求人民法院解散公司。

（6）公司章程规定的营业期限届满或者公司章程规定的其他解散事由出现，经持有三分之二表决权的股东通过，可以通过修改公司章程而使公司存续。

（7）公司章程规定的营业期限届满或者章程规定的其他解散事由出现，股东会会议通过决议修改章程使公司存续的，对股东会该项决议投反对票的股东可以请求公司按照实时股权评估价格收购其股权。

自股东会会议决议通过之日起30日内，股东与公司不能达成股权收购协议的，股东有权要求对股东会该项决议投赞成票的股东按照实时股权评估价格收购其股权。

（8）公司章程规定的营业期限届满或者公司章程规定的其他解散事由出现，且公司未能通过修改公司章程而存续，公司清算组应当自公司清算结束之日起30日内向原公司登记机关申请注销登记。

（9）公司因公司章程规定的营业期限届满或者公司章程规定的其他解散事由出现而依法需要清算的，应当在解散事由出现之日起15日内成立清算组，开始清算。清算组由股东组成。

（10）公司解散，依法应当清算的，清算组应当自成立之日起10日内将清算组成员、清算组负责人名单向公司登记机关备案。

（11）清算组在清算期间行使下列职权：清理公司财产，分别编制资产负债表和财产清单；通知、公告债权人；处理与清算有关的公司未了结的业务；清缴所欠税款以及清算过程中产生的税款；清理债权、债务；处理公司清偿债务后的剩余财产；代表公司参与民事诉讼活动。

（12）清算组应当自成立之日起10日内通知债权人，并于60日内在报纸上公告。债权人申报债权并提供证明材料的，清算组应当对债权进行登记。

在申报债权期间，清算组不得对债权人进行清偿。

（13）清算组在清理公司财产、编制资产负债表和财产清单后，应当制定清算方案，并报股东会确认。

公司财产在分别支付清算费用、职工的工资、社会保险费用和法定补偿金，缴纳所欠税款，清偿公司债务后的剩余财产，按照股东的出资比例分配。

清算期间，公司与清算组不得开展与清算无关的经营活动。公司财产在未依照前款规定清偿前，不得分配给股东。

（14）清算组在清理公司财产、编制资产负债表和财产清单后，发现公司财产不足清偿债务的，应当依法向人民法院申请宣告破产。

公司经人民法院裁定宣告破产后，清算组应当将清算事务移交给人民法院。

（15）公司清算结束后，清算组应当制作清算报告，报股东大会（股东会）确认，并报送公司登记机关，申请注销公司登记，公告公司终止。

（16）清算组成员应当忠于职守，依法履行清算义务。

清算组成员不得利用职权收受贿赂或者其他非法收入，不得侵占公司财产。

清算组成员故意或者重大过失给公司或者债权人造成损失的，应当承担赔偿责任。

第五节 “新三板”上市退出

一、新三板简介

为解决初创期高新技术企业股份转让及融资问题，规范证券公司从事中关村科技园区非上市股份有限公司股份代理报价转让业务，2006年1月，经国务院批准，中国证券业协会在证监会的统一部署下推出了股份报价转让系统。同年1月23日，随着世纪瑞尔、中科软成为首批挂牌公司，宣告中关村科技园区非上市股份有限公司股份报价平台正式拉开序幕。因为挂牌企业均为高科技企业而不同于原转让系统内的退市企业及原STAQ、NET系统挂牌公司，故业内形象地称之为“新三板”。全国中小企业股份转让系统是经国务院批准设立的全国性证券交易场所，全国中小企业股份转让系统有限责任公司为其运营管理机构。全国中小企业股份转让系统的简称为“全国股份转让系统”或“全国股转系统”或“股转系统”。但在业内，大家依然习惯称其为“新三板”，本书中遵循此约定俗成的名称。

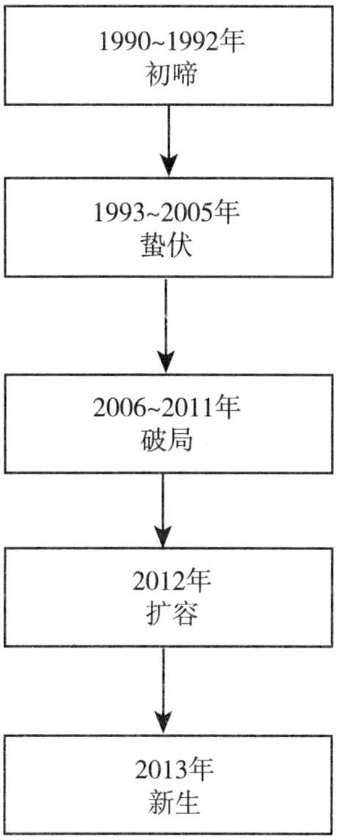

全国中小企业股份转让系统
NATIONAL EQUITIES EXCHANGE AND QUOTATIONS

（一）短盛长衰的“两网”

在我国国有企业股份制改造的过程中，法人股的设立颇具特色。法人股指企业法人或具有法人资格的事业单位和社会团体，以其依法可经营的资产向公司非上市流通股权部分投资所形成的股份。法人股持有股份主要包括：发起单位（对新建股份公司而言）以及其他各种性质的法人（单位）以其自有资金认购的股份；原集体企业以其资产重估后折算成的股份；原有企业改组为股份公司时，将原企业多余未发的职工奖励基金转作职工共有股份，其所有权仍归单位，个人没有使用、占有和处分权；按照有关规定，可以持股的银行或其他金融机构所投资持有的股份。

然而，在改革开放能否不问姓“资”还是姓“社”以及“股份制是否等于私有化”的历史纷扰下，法人股的设立、募集与流通从一开始就颇受争议。1990 年 12 月 5 日，全国证券交易自动报价系统（STAQ 系统）正式开始运行。STAQ 系统是一个基于计算机网络进行有价证券交易的综合性场外交易市场，系统中心设在北京。1992 年，在深沪上市的近 40 家公司流通股占企业总股本不足 15%。不仅这些上市企业本身的法人股未进入流通，大量法人持有的募集公司股份更不具备流通性。这使得当年深化改革中热热闹闹设立的大量定向募集公司流于形式，既未达到合理配置资源的目的，也难以通过股权的运作筹措到资金。这种情况下，不仅是募集公司、投资人，可以说整个股份制改革都处于尴尬的境地，建立法人股流通市场的呼声日渐高涨。经过一年多的筹划，经国务院批转的《1992 年经济体制改革要点》的法人股内部流通试点于当年 7 月 1 日开始试运行。《要点》明确指出，“选择若干有条件的股份制企业和进行股份制试点的企业集团，通过指定的证券市场试行法人股内部流通”。与此同时，国家体改委批准中国证券市场研究设计中心主管的全国证券交易自动报价系统——STAQ 为指定的法人股流通市场。

1992 年 7 月 6 日，珠海恒通置业股份有限公司作为首家试点企业通过分布于国内 10 个省（市）的 17 家 STAQ 系统会员公司组成的承销团，定向募集恒通公司法人股 3000 万股获得成功，共募集资金约 1.2 亿元。在 STAQ 法人股市场运行 9 个月后，经国务院主管部门批准，由人行、工行、农行、中行、建行、交行、人保公司及华夏、国泰、南方三大证券公司共同出资组建的 NET 法人股市场于 1993 年 4 月 28 日正式在北京开通。NET 系统由中国证券交易系统有限公司（以下简称中证交）开发设计，由交易系统、清算交割系统和证券商业务系统这三个子系统组成。当时，在 NET 系统进行交易的只有中兴实业、东方实业、建北集团、广州电力、湛江供销、广东广建和南海发展等 7 只股票，市场规模较小。按有关规定，凡具备法人资格且能出具有效证明的境内企业、事业单位以及民政部门批准成立的社会团体，均可用其依法可支配的资金，通过一个 NET 系统证券商的代理，参与法人股交易。

NET 与 STAQ 两个法人股交易市场开通的影响波及海内外。普遍认为，这是中国股份制改革进程中迈出的一大步。至 1993 年底，STAQ 系统有上市公司 10 家，NET 系统有上市公司 7 家，会员公司近 500 家，开户的机构的投资者约 32000 人，累计交易金额达 220 亿元。此时，STAQ、NET 法人股市场与深沪个人股市场已然形成了中国证券市场“两所两网”的新局面。

在上述背景下，投资者构成已经不仅仅局限于单一的机构法人，众多个人股民通过不同方式开设账户进入法人股市场。那个时候，法人股备受追捧的原因在于：一方面是价格低廉，市盈率仅五六倍，远低于深沪股市。另一方面是，挂牌公司业绩优良，每股税后利润多高于深沪股票。加之深沪股市持续低迷，资金纷纷涌向两网市场。1993 年 5 月初，NET 指数扶摇直上，5 月 11 日达到其历史最高点 225 点，当时这个市场仅有的三只股票短短几天均有 100% 升幅。STAQ 市场也冲劲十足，仅仅 5 月 7 日这一个交易日就成交3400万股,成交金额高达2.7亿元,指数从4月底的100点左右直冲5月10日的241点。

面对繁荣的法人股市场,不容忽视的事实是,市场的实际运行俨然已经背离了市场设计者的初衷:名义上的流通法人股开始逐渐向个人手中转移,并且这种趋势不可逆转,这使得试点之初"限定在法人之间转让"的规定成为空谈。STAQ和NET两个交易系统日益萎缩,上市公司效益也不尽如人意。由此,1993年6月21日,中国证券业协会向两个法人股系统发出了《暂缓审批新的法人股挂牌流通的通知》。政策的转变使得"两网"系统一蹶不振,法人股交易市场由短盛走向长衰。

1999年9月9日,为整合中国证券市场多头管理,以及防范亚洲金融危机,因"国庆彩排和设备检修",经上级电话通知,关闭了STAQ网,至此"两网"正式停止运营。

(二)昙花一现的"三板"

"两网"的停运使得原先挂牌的国有企业法人股再次陷入无法流通的僵局,为了使得国有企业法人股走出困境,中国证券业协会在2001年6月发布了《证券公司代办股份转让服务业务试点办法》,确定由申银万国等6家证券公司代办原"两网"系统挂牌公司的股份转让业务,这是我国由证券公司代办股份转让业务的场外交易制度的确立。2001年7月16日,证券公司代办股份转让系统正式开通。首批挂牌交易的公司包括大自然、长白、清远建北、海国实、京中兴和华凯。2001年底,水仙股份从主板退市,转而在代办股份转让系统挂牌,代办股份转让系统从此被寄予了化解退市风险,弥补我国证券市场结构性缺陷的期望。自2002年下半年开始,该系统对自然人投资者开放,这一举措使得"两网"系统一度出现了短暂的繁荣期。在业内,这个"证券公司代办股份转让系统"被称为"三板"。三板市场目前共有50家原"两网"挂牌企业,6家主板退市公司,以及30家代办转让券商。

不论是因为法人股不能上市流通而在代办股份转让系统挂牌转让原STAQ、NET市场的挂牌公司,还是退市公司,他们都是公众公司,均经过合法的公开发行程序,需要符合我国关于证券发行的资格规定。所以,在投资主体和交易机制上三板都类似于主板。三板自2002年起就未区分自然人和机构投资者,向所有投资者开放。交易制度则采用集中竞价的方式进行配对成交。另外,三板还根据股份转让公司的质量实行股份分类转让制度,根据挂牌公司的净资产情况分别实行每周1次、3次和5次的转让方式,涨跌停板限制为5%。另外,三板的挂牌公司信息披露的标准根据相关法律法规的规定,也是参照上市公司执行。

三板市场对主板退市公司的接纳,可以看做是证券业协会对三板扩容的一次尝试。证券业协会的初衷是,为解决原"两网"挂牌公司法人股的流通问题,以及为主板退市公司股份提供转让平台,意图利用上市公司的公众性带动三板市场的投资热情,从而把三板市场建设成为与主板市场配套的场外交易市场。但事实却是,这样的三板市场被认为是装载退市企业的“垃圾桶”，缺乏融资功能。进入三板的公司或是有难以转让的法人股，或是达不到主板上市条件需要重组整顿，投资价值并不显著。另外，随着股权分置改革的推进，法人股的流通问题逐渐得以解决，而退市公司在股权结构稳定或重组后也不具有股份转让的需求，三板市场所能发挥的作用捉襟见肘。

（三）新三板

2006 年，国家科技部发布了《国家中长期科学和技术发展规划纲要（2006 ~ 2010 年）》，其中明确将“实施促进创新创业的金融政策”和“加速高新技术产业化”作为亟待实施的重要政策和措施。而后，国务院发布的《关于实施〈国家中长期科学和技术发展规划纲要（2006 ~ 2020 年）〉若干配套政策的通知》第 19 条明确规定：“推进高新技术企业股份转让工作。启动中关村科技园区未上市高新技术企业进入证券公司代办系统进行股份转让的试点工作。在总结试点经验的基础上，逐步允许具备条件的国家高新技术产业开发区内未上市高新技术企业进入代办系统进行股份转让。”

伴随着证券业协会对三板市场的扩容探索和国家政策对高新技术产业的鼎力支持，经国务院批准，根据中国证券业协会发布的《证券公司代办股份转让系统中关村科技园区非上市股份有限公司股份报价转让试点办法》，中关村代办股份转让试点于 2006 年 1 月正式启动，它是一个以证券公司及相关当事人的契约为基础，依托深圳证券交易所、中国登记结算公司的技术系统和证券公司的服务网络，以代理客户买卖挂牌公司股份为核心业务的股份转让平台，其主要功能是为非上市股份有限公司提供股份转让和股权私募服务。

2006 年 1 月 23 日，两家中关村科技企业——世纪瑞尔和北京中科软进入代办股份转让系统挂牌交易，成为三板市场首次出现的非公开发行股份的公司和 2002 年以来首次出现的非沪深交易所退市公司。紧接着，中关村园区其他高新技术型企业也开始关注三板市场。此后，中关村科技园区非上市股份有限公司股份报价转让即正式成为三板市场的一部分，为了与原先的三板市场相区分，被业界称之为“新三板”。“新三板”的服务对象主要为四类企业：

（1）有进入资本市场的意愿但暂不符合主板、中小企业板或创业板条件的，或虽符合条件但不愿意漫长等待的公司；

（2）已有一定的业务规模，但资金紧张制约业务规模扩大的公司；

（3）希望借助资本市场力量扩大规模、做大做强、规范经营实现跨越式发展的公司；

（4）具有创新业务模式，需要提升品牌、提高公司估值水平的公司。

新三板自 2006 年成立以来，陆续实施了以下措施完善组织建设和市场机制：成立中国证监会、科技部、中国证券业协会、深交所、中关村管委会五方联合工作组，建立了联席会议工作制度，各方配合良好，形成了协调合作机制，把握好节奏，保证了试点的有序推进。2009 年 6 月 12 日，中国证监会和中国证券业协会对中关村代办试点制度进行了五个方面的调整，试行投资者适当性制度、调整公司挂牌条件、完善转让结算制度，提高股份转让效率、完善信息披露制度、改进股份限售安排，建立股东分类限售的制度。新的制度于2009 年7 月6 日正式实施，新制度调整后试点的范围仍限于中关村园区非上市股份公司。随后，中国证监会在总结中关村代办股份转让试点制度实施效果和经验的基础上，将试点范围扩大到其他具备条件的高新区，在此基础上探索建立统一监管下的全国场外交易市场。中关村管委会对于企业改制、代办股份转让系统挂牌，分别给予人民币 20 万元、50 万元的资助。

试点以来，挂牌公司数量逐步增加，总体运行平稳有序，实现了试点的预期目标。中关村代办股份转让系统已逐步成为非上市股份公司股权顺畅流转的平台、创投与股权私募基金的聚集中心、多层次资本市场上市资源的“孵化器”和“蓄水池”。

“新三板”挂牌报价转让实行备案制。公司申请到代办股份转让系统挂牌，须先向北京市政府取得股份报价转让试点资格，然后由证券公司对其进行尽职调查并出具推荐报告，报中国证券业协会备案。备案程序完成后，园区公司即可在代办系统挂牌。随着“新三板”对于创业、高新科技型企业发展的助推作用愈发的明显，“新三板”逐渐受到了更广泛的关注。

但当时它只为中关村科技园区非上市股份公司股份转让提供报价服务，其他地方的公司不能到这里挂牌，享受不到该平台的益处，于是，就有了“新三板扩容”。“新三板扩容”主要包括两个方面：一是指中关村科技园区非上市股份有限公司代办股份报价转让系统的试点园区范围的扩大；二是指代办系统的主办券商数量的增加。2012 年 8 月，“新三板扩容”正式获批。首批扩大试点除中关村科技园区外，又新增上海张江高新产业开发区、东湖新技术产业开发区和天津滨海高新区。

（四）全国中小企业股份转让系统

2012 年 9 月 20 日，全国中小企业股份转让系统有限公司（NEEQ）在国家工商总局注册成立。NEEQ 注册资本 30 亿元，注册地址为北京市西城区金融大街丁 26 号。股东分别为上海证券交易所、深圳证券交易所、中国证券登记结算有限责任公司、上海期货交易所、中国金融期货交易所、郑州商品交易所、大连商品交易所。NEEQ 以坚持公开、公平、公正的原则，完善市场功能，加强市场服务，维护市场秩序，推动市场创新，保护投资者及其他市场参与主体的合法权益，推动场外交易市场健康发展，促进民间投资和中小企业发展，有效服务实体经济为宗旨，主要负责组织安排非上市股份公司股份的公开转让，为非上市股份公司融资、并购等相关业务提供服务，为市场参与者提供信息、技术和培训服务。

全国股份转让系统目前已成为全国性场外市场。2013 年 6 月 19 日，国务院常务会议研究部署金融支持经济结构调整和转型升级的政策措施。会议决定，加快发展多层次资本市场，将中小企业股份转让系统试点扩大至全国，鼓励创新、创业型中小企业融资发展。这样，能在全国股份转让系统挂牌的公司，已不仅仅局限于中关村科技园区、上海张江高新产业开发区、东湖新技术产业开发区和天津滨海高新区这四个园区，而是全国所有地方的中小企业。

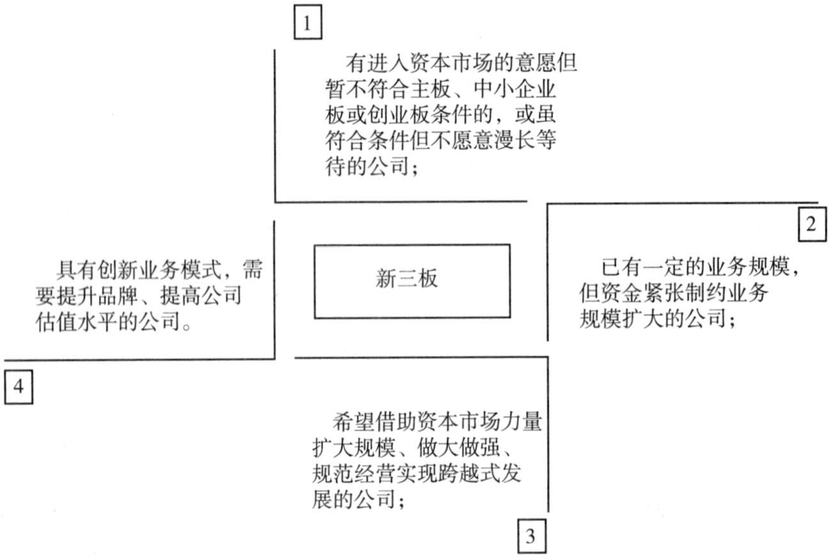

全国中小企业股份转让系统有助于加快我国多层次资本市场建设。全国中小企业股份转让系统不断改善中小企业金融环境，大力推动创新、创业，积极推动我国场外市场健康、稳定、持续发展。

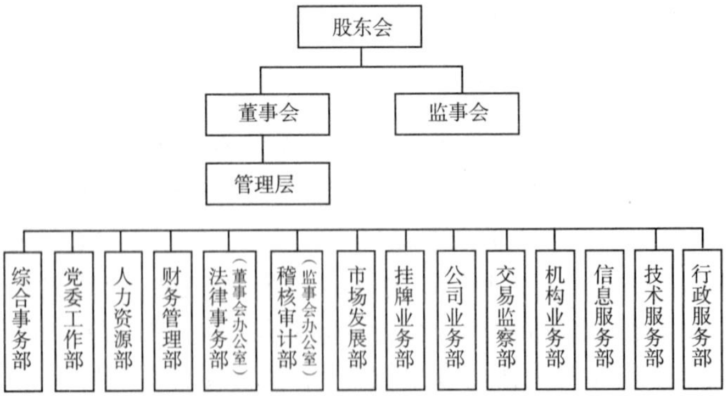

组织架构

业务咨询电话：

接收服务窗口：010－63889512、63889513

市场发展部：010－63889551

挂牌业务部:010 -63889583

公司业务部:010 -63889549

机构业务部:010 -63889557

交易监察部:010 -63889700

信息服务部:010 -63889548

业务咨询邮箱:info@ neeq. org. cn

通信地址:北京市西城区金融大街丁 26 号金阳大厦全国股份转让系统

邮编:100033

全国股份转让系统运行的基本制度框架如下表所示:

规章名称	主要规定
《非上市公众公司监督管理办法》及监管指引	确定了非上市公众公司的范围,提出了公司治理和信息披露的基本要求,明确了公开转让、定向转让、定向发行的申请程序。《监管办法》包括总则、公司治理、信息披露、股票转让、定向发行、监督管理、法律责任和附则,共八章六十七条
《全国中小企业股份转让系统有限责任公司管理暂行办法》	确立全国中小企业股份转让系统及挂牌公司的法律地位;明确全国股份转让系统公司的职能,对其组织结构提出特殊要求,对其履行自律监管职责提出明确要求;建立全国股份转让系统的基本监管框架,在明确和突出全国股份转让系统公司自律监管职责的同时,规定证监会依法实行统一监管。
《全国中小企业股份转让系统业务规则(试行)》及相关细则、规定	对全国股份转让系统的推荐挂牌、交易制度、主办券商管理、投资者准入等做出详细规定,与前两个文件共同构成新三板的基本制度框架

北京市西城区金融大街丁 26 号金阳大厦

二、操作流程

企业在新三板挂牌操作程序比较简单，基本上是按照挂牌要求对企业进行股份制改造和规范，然后由相应中介机构制备材料之后，向有关机构递交材料，经核准后在全国股转系统挂牌。

（一）前期决策准备

这个阶段，企业一般会了解新三板市场的基本情况和在此挂牌的条件，查询相关法规，就挂牌相关问题咨询有关市场人士，并就公司本身的基本条件是否符合挂牌的条件进行对比。公司的决策层在了解新三板市场的基本情况后，对公司是否需要挂牌，是否具备挂牌的基本条件进行研判并作出决策。一旦公司决策层作出公司准备在新三板挂牌的决策，则公司首先应聘任中介机构帮助公司完成新三板挂牌的事宜。

在新三板挂牌过程中，中介机构发挥着至关重要的作用，为公司出具和撰写改制重组过程中必不可少的法律文件、协助公司搭建完善的治理结构和合理的组织架构、健全公司各项内部控制制度、直至最终完成挂牌申请文件的制作等工作都是由中介机构承担的。一般而言，在公司挂牌过程中涉及的中介机构包括主办券商、法律顾问、审计机构、评估机构以及土地评估机构等。

1. 主办券商，一般为具有主办券商资格的证券公司，是公司挂牌的总协调机构。在公司挂牌过程中，主办券商负责协调其他中介机构与公司一起制定改制挂牌方案；按监管审核机构的要求对公司进行挂牌前的专业帮助；依法对挂牌申请企业各方面的情况进行核查；协助公司起草申请挂牌的相关文件；向监管审核机构出具推荐意见，尽职推荐公司挂牌和发行股票。通常情况下，主办券商亦是公司挂牌发行股票的主承销商。在公司挂牌成功后，主办券商仍应持续督导挂牌公司履行规范运作、信守承诺、信息披露等义务。

根据规定，存在下列情形之一的，主办券商不得推荐申请挂牌公司股票挂牌：

（1）主办券商直接或间接合计持有申请挂牌公司百分之七以上的股份，或者是其前五名股东之一；

（2）申请挂牌公司直接或间接合计持有主办券商百分之七以上的股份，或者是其前五名股东之一；

（3）主办券商前十名股东中任何一名股东为申请挂牌公司前三名股东之一；

（4）主办券商与申请挂牌公司之间存在其他重大影响的关联关系。

主办券商以做市目的持有的申请挂牌公司股份，不受本条第一款限制。主办券商应对申请挂牌公司进行风险评估，审慎推荐该公司股票挂牌。

2. 法律顾问，一般为从事证券法律业务的律师事务所。律师在挂牌过程中的作用在于从法律的角度参与公司挂牌方案的制定，对公司的基本情况、历史沿革等事项做法律上的尽职调查工作,起草公司挂牌过程中需要的各类法律文件,并向监管审核机构出具关于公司挂牌的法律意见书。

3. 审计机构,公司挂牌业务中的审计工作必须由具有证券从业资格的会计师事务所承担。审计机构对公司报告期内的财务报表进行检查与审验,工作主要包括审计、验资、盈利预测(如有)以及就公司的内部控制情况进行评价,同时也为公司提供财务咨询和会计服务。

4. 资产评估机构,在公司改制和挂牌过程中进行资产评估,需要聘请具有证券从业资格的资产评估机构。评估机构一般会选择审计基准日作为评估基准日,通过对公司各项资产、负债等情况进行评估并出具评估报告,验证公司资产、负债的实际价值。

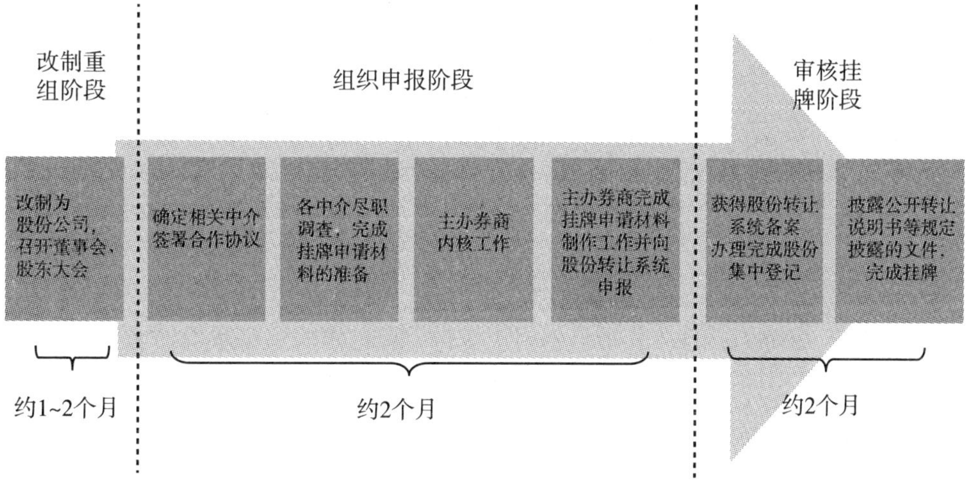

(二)改制重组阶段

企业进行股份制改造的准备阶段的工作内容主要是由发起人在中介机构的帮助下,拟定设立方案,其主要内容包括股份公司的设立方式、发起人选定、注册资本规模的规划、业务范围和组织结构以及改制工作进度时间表等。除此之外,企业可能还需要进行私募,引入战略投资者。如果需要引入新投资者的,企业还需要考虑其引入新投资者时的增资额度及增资价格。

改制的核心环节是确定改制方案,需要中介机构在尽职调查的基础上,与企业共同制定,以确保改制后的公司符合《公司法》、《全国中小企业股份转让系统业务规则(试行)》等法律法规所规定的新三板挂牌及公开转让的基本条件。在此过程中,中介机构可通过初步尽职调查,帮助企业梳理和规范业务流程,建立并完善内控制度,针对企业历史发展过程中可能存在的法律瑕疵、内控缺陷提供相应的解决方案并协助企业实施,从而帮助企业进一步提高规范运作的程度,降低业务中的法律风险,提高经营效率,从而有利于企业在挂牌之后持续稳定发展。改制方案制定并经过审慎论证其可行性之后，应当实施改制方案。企业先要成立筹委会或挂牌工作小组，主办券商作为总协调人，统一协调各机构按照时间表的规划来推进改制中的各项工作。在此过程中，会计师负责改制过程对企业财务的审计工作，评估师负责对企业资产的评估工作，而律师负责起草相关法律文件如公司章程、发起人协议等，以保证改制工作的合法性。

在具体实施过程中，企业需要根据改制方案，确定发起人，并共同签署发起人协议，明确各自在公司设立过程中的权利义务；全体发起人指定的代表或者共同委托的代理人，向公司登记机关申请拟设立股份公司的名称预先核准。同时，在律师和券商的帮助下，发起人起草公司章程、"三会"议事规则等制度。然后，进入公司股份制改造过程中最重要的工作内容，即由会计师根据事先确定的改制基准日对公司财务状况进行审计并出具审计报告，评估师根据改制基准日对公司资产、负债进行评估并出具评估报告。发起人根据经审计报告验证的净资产确定折股比例，确定拟设立股份公司的注册资本，并由会计师进行验资并出具验资报告。公司还需要召开创立大会，选举董事会和监事会，通过"三会"议事规则等公司治理文件，之后由公司董事会的名义向公司登记机关报送公司章程、验资证明以及法律、行政法规规定的其他文件，申请设立登记。

(三)组织申报

改制工作完成后，挂牌工作即进入组织申报阶段。组织申报阶段的主要工作内容包括：

1. 充分尽职调查

在公司选定中介机构为其挂牌提供中介服务，并与之签署相关服务协议后，各中介机构开始从各自的角度对公司进行尽职调查工作。尽职调查是指中介机构遵循勤勉尽责、诚实守信的原则，以形成有利于投资者做出投资决策的信息披露文件为目的，对公司进行的业务技术、财务处理、公司治理、合规运作等方面的调查。尽职调查工作贯穿挂牌工作始终，是中介机构为公司提供服务的基础，企业的挂牌进程、改制重组方案、中介机构撰写并出具的挂牌申请文件等均建立在各中介机构独立的尽职调查基础上。中介机构通过尽职调查可了解公司的历史沿革和当前生产经营等方面的情况，发现公司可能存在的法律、财务、业务等方面的问题。主办券商会就尽职调查过程中发现的须由企业进行整改或完善的各个事项组织其他中介机构进行讨论和分析，完成不同中介机构尽职调查的对接工作，在重大问题上达成一致意见，最终形成各项建议或整改方案，要求企业在一定期限内予以落实，从而扫清企业在挂牌上市中可能存在的障碍，为下一步组织挂牌申请文件的制作奠定良好的基础。中介机构对拟挂牌公司尽职调查的主要内容如下表所示：

项目	具体规定
业务调查	1. 调查公司商业模式、经营目标和计划 2. 通过搜集与公司所处行业有关的行业研究或报道,与公司管理层交谈,比较市场公开数据
公司治理调查	1. 查阅公司章程,了解公司组织结构,查阅股东大会、董事会、监事会 2. 公司董事会对公司治理机制进行讨论评估 3. 调查公司股东的情况,核实公司股东股权的合法性和真实性
公司财务调查	1. 调查公司是否建立会计核算体系、财务管理和风险控制等制度 2. 通过与公司管理层和员工交谈,查阅公司相关规章制度等,评价信息沟通与反馈是否有效,包括公司是否建立了能够涵盖其全部重要活动 3. 通过调查公司的财务风险,综合评价公司财务风险和经营风险,判断公司财务状况是否良好
公司合法合规调查	1. 调查公司设立及存续情况 2. 调查公司最近二年是否存在重大违法违规行为 3. 调查公司主要财产的合法性,是否存在法律纠纷或潜在纠纷以及其他争议

2. 制作申请材料

尽职调查工作完成且申请挂牌公司根据中介机构出具的方案或建议对企业相关事项完成整改后,主办券商根据申请挂牌公司的委托,组织编制挂牌申请文件。申请挂牌公司申请股票在全国中小企业股份转让系统挂牌,应按照相关规定的要求制作和报送申请文件。如部分文件对申请挂牌公司不适用,可不提供,但应在申请文件中事先书面说明。申请挂牌同时股票发行的,应按照全国股份转让系统公司规定在挂牌申请文件中增加有关内容。申请文件一经接收,非经全国股份转让系统公司同意,不得增加、撤回或更换。

申请文件的范围和申报步骤按照申请挂牌公司的股东人数是否超过 200 人而存在不同,根据《非上市公众公司监督管理办法》的规定,股东人数未超过 200 人的公司申请其股票公开转让,中国证监会豁免核准,由全国中小企业股份转让系统进行审查;股东人数超过 200 人的股份有限公司,公开转让申请须先经中国证监会核准后,再行向全国股份转让系统公司申请挂牌。

3. 中介机构内核

申请材料制作完成后,各中介机构会将其负责出具的文件分别上报其内部审核部门进行内部审核,各机构内部审核委员会根据其内核制度对相关申请文件的内容及其挂牌准备过程中开展的工作进行审核,根据审核结果提出须进一步调查某个事项的指示或对申请文件的修改、补充意见,并决定是否同意向全国中小企业股份转让系统有限责任公司提交申请材料。

4. 申报文件

如各中介机构内核结果均为同意申报，则各中介机构项目小组在其落实内核部门的意见，相应修改、补充申请文件并形成最终的申请文件后，由申请挂牌公司和主办券商共同向全国中小企业股份转让系统有限责任公司提交申请材料。

向股转公司提交的申请文件的相关要求如下：申请时股东人数未超过200人的股份公司报送申请文件应提交原件一份，复印件两份；申请时股东人数超过200人的股份公司报送申请文件应提交原件一份（单行本）。每次报送书面文件的同时，应报送一份与书面文件一致的电子文件（WORD、EXCEL、PDF及全国股份转让系统公司要求的其他文件格式）。申请挂牌公司不能提供有关文件原件的，应由申请挂牌公司律师提供鉴证意见，或由出文单位盖章，以保证与原件一致。

向证监会提交的申请文件的相关要求如下：申请人报送申请文件，初次报送应提交原件一份、复印件二份。申请人不能提供有关文件的原件的，应由申请人律师提供鉴证意见，或由出文单位盖章，以保证与原件一致。如原出文单位不再存续，由承继其职权的单位或作出撤销决定的单位出文证明文件的真实性。

申请文件所有需要签名处，均应为签名人亲笔签名，不得以名章、签名章等代替。申请文件中需要由申请挂牌公司律师鉴证的文件，申请挂牌公司律师应在该文件首页注明“以下第××页至第××页与原件一致”，并签名和签署鉴证日期，律师事务所应在该文件首页加盖公章，并在第××页至第××页侧面以公章加盖骑缝章。

申请文件的封面和侧面应标有“××公司股票挂牌申请文件”字样，扉页应标明申请挂牌公司法定代表人、信息披露事务负责人、主办券商主管领导、项目负责人，以及相关中介机构项目负责人姓名、电话、传真等联系方式。申请文件章与章之间、章与节之间应有明显的分隔标识，文件中的页码应与目录中的页码相符。申请文件应采用标准A4纸张双面印刷（需提供原件的历史文件除外）。

（四）审核挂牌

股东人数未超过200人的公司申请股票在全国股份转让系统公开转让、定向发行的审查工作流程如下：

1. 全国股份转让系统公司接收材料

全国股份转让系统公司设接收申请材料的服务窗口。申请挂牌公开转让、定向发行的股份公司（以下简称申请人）通过窗口向全国股份转让系统公司提交挂牌（或定向发行）申请材料。申请材料应符合《全国中小企业股份转让系统业务规则（试行）》、《全国中小企业股份转让系统挂牌申请文件内容与格式指引（试行）》等有关规定的要求。

全国股份转让系统公司对申请材料的齐备性、完整性进行检查，需要申请人补正申请材料的，按规定提出补正要求；申请材料形式要件齐备，符合条件的，全国股份转让系统公司出具接收确认单。

报送地点——北京市西城区金融大街第26号金阳大厦南门一层

报送时间——每个交易日上午8:30~11:30,下午1:30~5:00

报送要求——(1)申请书应当以公司红头文件印制,由公司法定代表人签发;

(2)法律意见书应当由律师事务所负责人和两名经办律师签字;

(3)中介机构出具的专项报告,应附有签字律师、会计师、评估师及其所在机构的证券从业资格证书复印件,该复印件由该机构盖章确认并说明用途;

(4)报送申请材料和领取公文时,请出具单位介绍信、身份证及复印件等身份证明文件。

2. 全国股份转让系统公司审查并出具审查意见

在整个申请挂牌并接受审核的过程中,主办券商负责协调各中介机构及其签字人员参与该公司股票挂牌的相关工作。全国股份转让系统有限责任公司审查的具体流程如下:

(1)审查员提出反馈意见

全国股份转让系统有限责任公司接受材料后,对于审查中需要申请人补充披露、解释说明或中介机构进一步核查落实的主要问题,审查人员撰写书面反馈意见,由窗口告知、送达申请人及主办券商。

(2)落实反馈意见

申请人及主办券商在收到全国股份转让系统有限责任公司的反馈意见后,须根据意见情况组织反馈回复材料,并应当在30个工作日内向窗口提交反馈回复意见。

申请挂牌公司应根据监管机关对申请文件的反馈意见提供补充材料。相关中介机构应对反馈意见相关问题进行尽职调查或补充出具专业意见。对公开转让说明书修改或补充的,应进行标示。主办券商应当配合全国股份转让系统公司的审查,并承担下列工作:

①组织申请挂牌公司及证券服务机构对全国股份转让系统公司的意见进行答复;

②按照全国股份转让系统公司的要求对涉及本次挂牌的特定事项进行尽职调查或核查;

③指定项目小组成员与全国股份转让系统公司进行专业沟通;

④全国股份转让系统公司规定的其他工作。

(3)出具审查意见

全国股份转让系统有限责任公司收到反馈回复意见并审查后,出具同意或不同意挂牌或定向发行(包括股份公司申请挂牌同时定向发行、挂牌公司申请定向发行)的审查意见,窗口将审查意见送达申请人及相关单位。

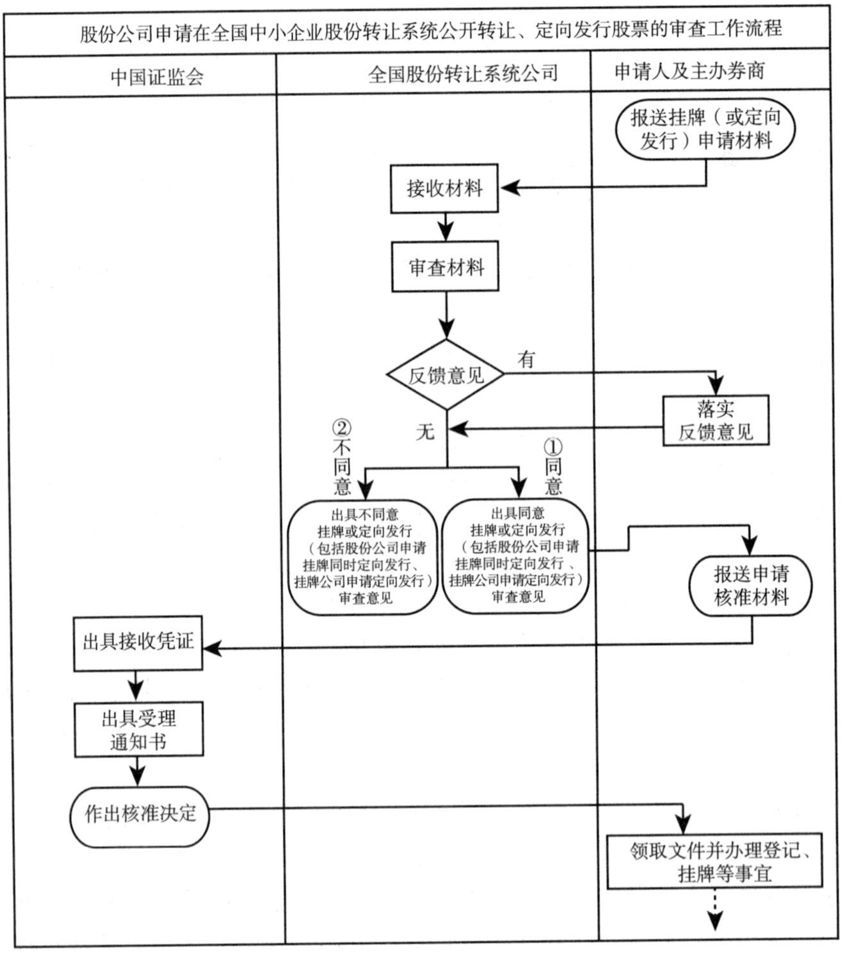

（五）中国证监会接收和受理材料并出具核准文件

股东人数超过 200 人的股份有限公司，公开转让申请须先经中国证监会核准，中国证监会审理流程如下：

1. 证监会接收和受理

中国证监会在全国股份转让系统公司办公地点（金融大街丁 26 号金阳大厦）设行政许可受理窗口。申请人通过受理窗口向中国证监会提交申请核准材料。申请核准材料应符合《非上市公众公司监督管理办法》、《非上市公众公司信息披露内容与格式准则第 2 号——公开转让股票申请文件》（中国证券监督管理委员会公告〔2013〕51 号）等有关规定的要求。中国证监会依法接收申请人的申请核准材料，并出具行政许可接收凭证和受理通知书。

2. 证监会反馈和回复

中国证监会受理材料后根据审核情况可向申请人出具反馈意见，申请人应及时回复，相关证券服务机构应对反馈意见相关问题进行核查或补充出具专业意见。根据审核需要，中国证监会可以要求申请人和相关证券服务机构补充文件。

3. 出具核准决定

中国证监会根据申请文件和反馈回复情况，依法对公司治理和信息披露以及发行对象情况进行审核，在20个工作日内（不包括反馈回复时间）作出核准、中止审核、终止审核、不予核准的决定。窗口将中国证监会核准文件送达申请人及相关单位。申请人领取批文后根据审核结果，办理后续事宜。

三、上市操作流程

为规范申请挂牌公司、主办券商在全国中小企业股份转让系统（以下简称全国股份转让系统）办理股票挂牌业务，根据相关法律法规、《全国中小企业股份转让系统业务规则（试行）》等有关规定，全国中小企业股份转让系统制定了业务操作指南。

（一）取得证券简称和代码及领取挂牌相关文件

1. 证券简称和代码

申请挂牌公司应于向全国中小企业股份转让系统有限责任公司（以下简称全国股份转让系统公司）报送申请挂牌文件时一并提交《证券简称及证券代码申请书》。

2. 缴费

根据全国股份转让系统公司发送的《缴费通知单》，申请挂牌公司缴纳挂牌初费和当年年费。

3. 领取文件

申请挂牌公司接到领取相关文件的通知后前往全国股份转让系统公司领取下列文件：

（1）在服务窗口领取全国股份转让系统公司出具的同意挂牌的函。

（2）在财务管理部领取缴费发票。

（3）在挂牌业务部领取《关于证券简称及证券代码的通知》，同时提交《信息披露业务流转表》、《主办券商办理股份公司股票挂牌进度计划表》。

（4）在公司业务部领取股票初始登记明细表。

公司股票办理初始登记时，无论是否存在首批解除转让限制情形，均须在全国股份转让系统公司公司业务部领取股票初始登记明细表。

4. 办理股份首批解除转让限制（如有）

公司股票挂牌时，如股份存在首批解除转让限制的情形，申请挂牌公司应向主办券商提交股份首批解除转让限制申请材料，主办券商审核后出具《挂牌公司股东所持股份解除转让限制明细表》，并提交至全国股份转让系统公司公司业务部，可先以传真或电子邮件方式发送，在领取同意挂牌的函时提交原件。

(二)办理信息披露及股份初始登记

1. 挂牌前首次信息披露

取得证券简称和代码的当日,申请挂牌公司及主办券商向深圳证券信息公司报送挂牌前首次信息披露文件;第二个工作日或之前相关文件在全国股份转让系统指定信息披露平台(www. neeq. com. cn 或 www. neeq. cc)披露。

挂牌前首次信息披露文件包括:

(1)公开转让说明书;

(2)财务报表及审计报告;

(3)补充审计期间的财务报表及审计报告(如有);

(4)法律意见书;

(5)补充法律意见书(如有);

(6)公司章程;

(7)主办券商推荐报告;

(8)股票发行情况报告书(如有);

(9)全国股份转让系统公司同意挂牌的函;

(10)中国证监会核准文件(如有);

(11)其他公告文件。

文件披露后,不得随意更改、替换或撤销。如确须修改,申请挂牌公司和主办券商或其他信息披露主体应当及时向全国股份转让系统公司挂牌业务部提交情况说明;经挂牌业务部确认后,发布更正公告及更正后的信息披露文件。

2. 股份初始登记

申请挂牌公司及主办券商应不迟于取得证券简称和代码的第二个工作日前往中国证券登记结算有限责任公司北京分公司(以下简称中国结算北京分公司)办理股份初始登记:

(1)主办券商应协助申请挂牌公司股东在证券公司开立证券账户;

(2)申请挂牌公司与中国结算北京分公司签署《股份登记及服务协议》;

(3)申请挂牌公司向中国结算北京分公司提交《股份初始登记申请书》;

(4)中国结算北京分公司为申请挂牌公司办理股份初始登记,出具《股份登记确认书》。

3. 挂牌前的第二次信息披露

申请挂牌公司及主办券商取得中国结算北京分公司出具的《股份登记确认书》的当日,向全国股份转让系统公司挂牌业务部报送《股份登记确认书》、《股票公开转让记录表》、《信息披露业务流转表》(加盖主办券商公章)等文件的原件或扫描件、传真件,确定公司挂牌日期(挂牌日为取得《股份登记确认书》后的第三个工作日),办理挂牌前的第二次信息披露事宜。

（1）披露时间

T－2日或之前（T日为挂牌日，下同），申请挂牌公司及主办券商向深圳证券信息公司报送第二次信息披露文件。

T－1日或之前，相关文件在全国股份转让系统指定信息披露平台（www.neeq.com.cn或www.neeq.cc）披露。

（2）披露文件

①关于公司股票将在全国股份转让系统挂牌公开转让的提示性公告；

②关于公司挂牌同时发行的股票将在全国股份转让系统挂牌公开转让的公告（如有）；

③其他公告文件。

（三）申请挂牌同时发行股票融资的流程

全国股份转让系统是公开市场，为提高投融资对接的效率，满足申请挂牌公司的融资需求，申请挂牌公司可在申请挂牌时或挂牌审查期间提出股票发行申请，履行董事会、股东大会审议程序，自主决定发行方式、发行价格和发行的比例。申请挂牌同时股票发行后股东不超过200人的，中国证监会豁免核准。

1. 披露发行意向

申请挂牌同时发行股票且尚未确定认购对象的，可在报送申请挂牌材料后向全国股份转让系统公司挂牌业务部申请在www.neeq.com.cn或www.neeq.cc披露股票发行意向。

2. 披露公开转让说明书等文件

取得证券简称和代码后，申请挂牌公司按照“二（一）挂牌前首次信息披露”流程办理《公开转让说明书》等文件的信息披露事宜。

3. 报送备案材料

在完成股票认购、验资后，参照《全国中小企业股份转让系统股票发行业务细则（试行）》及其指引的有关规定，申请挂牌公司向全国股份转让系统公司挂牌业务部报送备案材料单行本一份（原件）及电子文件（含WORD和PDF文件各一套）；取得全国股份转让系统公司出具的股份登记函。

4. 披露股票发行情况报告书等文件

在取得股份登记函后的第二个工作日，申请挂牌公司披露《股票发行情况报告书》、《关于公司挂牌同时发行的股票将在全国股份转让系统挂牌公开转让的公告》等文件。

5. 办理股份登记

《股票发行情况报告书》等文件披露后，申请挂牌公司、主办券商持股份登记函及其他材料前往中国结算北京分公司办理股份初始登记或新增股份登记。

6. 披露工商变更登记公告

申请挂牌公司完成工商变更登记后,发布《关于完成工商变更登记的公告》。

7. 注意事项

(1)关于新增股份的登记

①在股份初始登记前完成股票发行的

申请挂牌公司在股份初始登记前取得股份登记函的,初始登记的股份为发行完成后的全部股份。

②在挂牌日前完成股票发行的

申请挂牌公司在股份初始登记后、挂牌日前取得股份登记函的,持股份登记函及其他材料前往中国结算北京分公司办理新增股份登记。

(2)通过股票发行持有公司股份的股东

根据《全国中小企业股份转让系统投资者适当性管理细则(试行)》的规定,通过申请挂牌同时股票发行持有公司股份的股东,如不符合参与挂牌公司公开转让条件,只能买卖其持有或曾持有的挂牌公司股票。

(3)挂牌日后完成股票发行的

申请挂牌公司拟于挂牌日后完成股票发行的,其发行程序按照已挂牌公司股票发行的规定办理。

(四)挂牌仪式

申请挂牌公司拟举办挂牌仪式的,须填写《全国股转系统公司挂牌仪式申请》,发邮件至 guapaiyishi @ neeq. org. cn,与全国股份转让系统公司信息服务部沟通具体事宜。

(五)全国股份转让系统申请材料接收注意事项

根据全国中小企业股份转让系统 2013 年 3 月 19 日发布的《全国中小企业股份转让系统申请材料接收须知》,为方便各申请人办理业务申请事项,全国股份转让系统公司在其公司所在地南门一层设立接收服务窗口,设专职人员负责材料接收工作。各位申请人需按照以下须知要求到接收服务大厅办理业务:

1. 提出申请前,请及时了解、熟悉《非上市公众公司监督管理办法》、《全国中小企业股份转让有限责任公司管理暂行办法》等中国证监会部门规章及全国股份转让系统公司公布的各项业务规则中关于业务申请项目的有关规定,具体情况可登录全国股份转让系统公司网站进行查阅。

2. 如对全国股份转让系统公司公示内容有疑问,可向相关业务部门或接收服务窗口进行咨询。

3. 接收服务大厅是全国股份转让系统公司对外接收材料的窗口,统一负责材料接收、法定文件发送等工作。目前全国股份转让系统公司仅接收现场报送材料,不接收以邮寄、传真等非现场方式提交的材料。

4. 报送申请材料和领取公文时,请出具单位介绍信、身份证(附身份证复印件)等身份证明文件。如受他人委托报送申请材料和领取公文时,应提交相关授权委托书及受托人身份证明文件。

5. 报送申请材料时,首先应对照各项业务申请材料目录核查材料的齐备性。

6. 申请材料接收后,全国股份转让系统公司接收服务窗口将为申请人开具《申请材料接收确认单》,并于当日将所接收申请材料移交相关部门。

7. 根据要求应当提供申报材料原件而不能提供的,应提供复印件,并由申请人律师提供鉴证意见,或由出文单位盖章,以保证与原件一致。申请人在每次报送书面原件的同时,应按全国股份转让系统公司要求报送相应份数的复印件和标准电子文件。电子文件应以光盘形式提交。

8. 申请材料应统一编制目录,按目录标明页码,并以 A4 纸打印、硬壳文件夹装订。申请文件章节之间应有明显的分隔标识。报送材料首页应列明公司经办人员和有关中介机构的姓名(或名称)和联系电话。文件夹立面应注明公司名称和所办事项。

9. 申请书应当以公司红头文件印制,由公司法定代表人签发。

10. 中介机构出具的专项报告,应附有签字律师、会计师、评估师及其所在机构的证券从业资格证书复印件,该复印件须由该机构盖章确认并说明用途。法律意见书应由律师事务所负责人和两名经办律师签字。

11. 全国股份转让系统公司接收服务窗口工作时间为每个交易日的上午 8:30 ~ 11:30,下午 1:30 ~ 5:00。

12. 接收服务窗口咨询电话:010 - 63889513。

接收服务窗口地址:北京市西城区金融大街丁 26 号金阳大厦南门一层。

(六)全国中小企业股份转让系统挂牌协议的主要内容

全国中小企业股份转让系统有限公司公布了《全国中小企业股份转让系统挂牌协议》,申请挂牌公司拟在全国股份转让系统挂牌时,应与全国中小企业股份转让系统有限责任公司签署该协议。该协议不允许申请挂牌公司的法律部或律师提出修改意见,全国中小企业股份转让系统有限责任公司不会应申请挂牌公司的要求修改该协议。

全国中小企业股份转让系统挂牌协议

甲方:全国中小企业股份转让系统有限责任公司
法定代表人:
住所:
联系电话:
乙方:________________股份有限公司
法定代表人:
住所:
联系电话:

第一条 甲方是全国中小企业股份转让系统(以下简称全国股份转让系统)的运营管理机构,负责组织和监督挂牌公司的股票转让及相关活动,实行自律管理。乙方是经中国证监会核准的非上市公众公司,申请其股票在全国股份转让系统挂牌。乙方已向甲方提交了挂牌申请及相关文件,并取得了甲方同意挂牌的审查意见及中国证监会核准。

第二条 为规范乙方股票在全国股份转让系统挂牌行为,明确双方权利与义务,甲乙双方根据《合同法》、《公司法》、《证券法》、《非上市公众公司监督管理办法》、《全国中小企业股份转让系统有限责任公司管理暂行办法》、《全国中小企业股份转让系统业务规则(试行)》等规定,签订本协议。

第三条 甲方的权利:

(一)甲方有权在有关法律、行政法规、中国证监会相关规定授权范围内对乙方实施日常监管;甲方有权依据全国股份转让系统业务规则、细则、指引、通知等规定(以下简称甲方业务规则)对乙方的股票挂牌、公开转让、终止挂牌等行为进行管理。

(二)甲方有权依据经中国证监会批准的收费标准收取挂牌费。

第四条 甲方的义务:

(一)甲方应当依据有关法律、行政法规及中国证监会相关规定制定甲方业务规则并及时公布,为乙方及其他市场主体参与市场活动提供制度保障。

(二)甲方负责运营、管理全国股份转让系统、发布市场信息,为乙方及其他市场参与主体提供正常的信息环境。

(三)甲方负责提供股票转让平台及相关设施,安排乙方股票挂牌,组织乙方股票转让活动。

(四)甲方负责提供信息披露服务平台,安排乙方首次挂牌信息披露及日常信息披露。

(五)甲方应当接受乙方的咨询,对其股票挂牌操作提供必要的指导。

第五条 乙方的权利：

（一）乙方有权向甲方咨询股票挂牌操作事宜，并获得甲方的指导。

（二）乙方有权获得甲方提供的股票转让、信息披露平台及相关设施服务。

第六条 乙方的义务：

（一）乙方同意接受甲方的日常监管及管理。

（二）乙方承诺遵守法律、法规、规章等规范性法律文件。乙方进一步承诺遵守甲方业务规则，履行包括但不限于规范公司治理、信息披露等义务。乙方应保证并责成其包括董事、监事、高级管理人员在内的全体员工理解并遵守本协议内容。

（三）乙方及其董事、监事和高级管理人员在挂牌时和挂牌后作出的承诺文件为本协议不可分割的一部分，是本协议的附件。乙方应保证其董事、监事和高级管理人员签署该等承诺文件。

（四）乙方应按本协议约定向甲方缴纳挂牌费。

（五）乙方应按要求参加甲方组织的业务培训。

（六）乙方应当以书面形式及时通知甲方任何导致乙方不再符合挂牌要求的公司行为或其他事件。

第七条 挂牌费：

（一）挂牌费包括挂牌初费和挂牌年费，由甲方依据经中国证监会批准的收费标准收取。

（二）乙方应当在挂牌日前缴纳按照挂牌首日总股本计算的挂牌初费，并在每年7月15日以前一次性缴纳按照公司上一年度末总股本计算的本年度挂牌年费。

（三）挂牌当年的挂牌年费按照挂牌首日的总股本和实际挂牌月份（自挂牌日的次月起计算）予以折算，与挂牌初费一并缴纳。

（四）乙方逾期缴纳挂牌费，甲方有权每日按应缴纳金额的3‰收取滞纳金。

（五）经甲方催告后，乙方于10个工作日内仍未缴纳的，甲方有权对乙方采取监管措施，并保留向乙方主张其违约造成之全部损失的权利。

（六）乙方股票终止挂牌后，已经交纳的挂牌费不予返还。

第八条 本协议的执行与解释适用中华人民共和国法律。

第九条 本协议未尽事宜，双方应依照有关法律、法规、规章及甲方业务规则执行。

第十条 与本协议的解释或执行有关的争议及纠纷，应首先由甲乙双方通过友好协商解决。若自争议或者纠纷发生之日起的30天内未能通过协商解决，任何一方均可将该项争议提交中国国际经济贸易仲裁委员会按照当时适用的仲裁规则进行仲裁，仲裁地点为北京。仲裁裁决为最终裁决，对双方均具有法律约束力。

第十一条 双方一致同意，本协议生效后，如因适用的法律、法规、规章等规范性法律文件及甲方业务规则发生变化，导致本协议相关条款内容与修订或新颁布的上述法律、法规、规章、甲方业务规则等内容相抵触，本协议该部分条款将自动变更并以修订或新颁布的相关法律、法规、规章、甲方业务规则内容为准。

尽管有前款内容，本协议其他不与有关法律、法规、规章、甲方业务规则内容相抵触的条款持续有效。

第十二条 乙方申请终止或被甲方终止在全国股份转让系统挂牌的，本协议自终止挂牌之日自动解除。本协议解除不影响甲方依法向乙方主张本协议项下未结费用、滞纳金支付的权利。

第十三条 本协议自双方签字盖章之日起生效。双方可以以书面方式对本协议作出补充，经双方签字盖章的有关本协议的补充协议是本协议的组成部分，与本协议具有同等法律效力。

第十四条 本协议一式肆份，双方各执贰份。

甲方（公章）：________________

法定代表人
或授权代表（签字）：__________
________年____月____日

乙方（公章）：________________

法定代表人
或授权代表（签字）：__________
________年____月____日

（七）股份初始登记

申请挂牌公司应在获得全国中小企业股份转让系统有限责任公司同意挂牌的审查意见和中国证监会核准文件、证券简称和证券代码后，与中国证券登记结算有限责任公司（以下简称中国结算或中国结算公司）签订股份登记及服务协议，申请办理全部股份的集中登记。股份登记采取申报制，中国结算对申请挂牌公司提交的申请材料进行形式审核。申请挂牌公司应对申请材料的真实、准确与完整负责。

申请挂牌公司申请办理股份初始登记时，应当提供以下材料：

1. 股份登记申请；
2. 全国股份转让系统公司同意挂牌的审查意见和中国证监会核准文件；
3. 股份公司设立的相关文件；
4. 申请挂牌公司已签字盖章的《股份登记及服务协议》；
5. 涉及司法冻结或质押登记的，还须提供司法协助执行、质押登记相关申请材料；
6. 申请挂牌公司法人有效营业执照复印件、法人代表证明书、法定代表人授权委托书；
7. 中国结算要求提供的其他材料。

中国结算对上述材料审核无误后，办理股份预登记，向申请挂牌公司出具《网下登记持有人名册清单》。

申请挂牌公司核对确认《网下登记持有人名册清单》无误后，中国结算完成股份登记，并出具《股份登记确认书》。

挂牌公司申请定向发行股份登记，参照初始登记业务流程办理。

中国证券登记结算有限责任公司《非上市公众公司股份登记存管业务指南》对初始登记相关细节进一步明确如下：

1. 公众公司应按中国证监会有关规定向中国结算公司申请办理公众公司股份的初始登记手续。办理初始登记手续前，公众公司可与中国结算公司联系，咨询初始登记事宜。

2. 公众公司股份已经在经地方政府批准设立的地方股权服务机构管理的，应委托其地方股权服务机构向中国结算公司申请办理初始登记。

除前款规定情形外，公众公司可直接或委托地方股权服务机构向中国结算公司申请办理初始登记。

3. 公众公司首次办理公众公司股份的初始登记业务时，应与中国结算公司签订《证券登记及服务协议》，一式四份。

4. 公众公司向中国结算公司申请办理股份初始登记，应当提供以下申请材料：

(1)股份登记申请、发行人及证券基础信息表；

(2)中国证监会出具的相关核准文件(复印件须加盖公众公司公章)；

(3)持有人基础信息电子数据；

(4)股份持有人持股明细数据；

(5)涉及质押、司法冻结或限制转让等的，还须填制《关于协助办理股份质押登记、司法冻结的申请和承诺》，并提供质押登记、协助执法或限制转让等的相关申请材料；

(6)公众公司有效营业执照复印件(加盖公众公司公章)、组织机构代码证、法定代表人证明书(加盖公众公司公章)、法定代表人身份证复印件、法定代表人对指定联络人的授权委托书(首次登记时提供、指定联络人及其联系方式变更时须重新提供)、经办人有效身份证明文件原件及复印件；

(7)如委托地方股权服务机构办理的，还须提供地方政府出具的核准地方股权服务机构成立的批文(复印件加盖地方股权服务机构公章)、地方股权服务机构有效营业执照复印件(加盖地方股权服务机构公章)、法定代表人证明书(加盖地方股权服务机构公章)、法定代表人身份证复印件、法定代表人授权委托书、经办人有效身份证明文件原件及复印件；

(8)公众公司委托的地方股权服务机构的承诺书；

(9)中国结算公司要求提供的其他材料。

5. 上述材料经中国结算公司审核无误后，中国结算公司正式受理公众公司的股份登记申请，打印《申报股份登记确认通知》交公众公司盖章确认。

6. 公众公司确认无误后，中国结算公司完成初始登记，并向公众公司出具股份登记证明文件。

7. 公众公司申请股份定向发行登记、配股登记的,参照本指南办理。

8. 对公众公司未能确认具体持有人信息的股份,公众公司在确认相关持有人信息后,应及时向中国结算公司申请办理股份补充登记手续,并提供股份补充登记申请、经办人有效身份证明文件原件及复印件以及第4条第(3)、(4)、(5)、(9)项申请材料。如委托地方股权服务机构办理的,还须提供地方股权服务机构法定代表人授权委托书、经办人有效身份证明文件原件及复印件、地方股权服务机构的承诺书。

中国结算公司对公众公司提供的股份补充登记申请材料审核通过后,按初始登记的相关程序办理股份补登记手续。

9. 公众公司申请对初始登记结果进行更正的,中国结算公司依据生效的司法裁决或中国结算公司认可的其他证明材料办理更正手续。

四、企业挂牌新三板须解决的财务问题①

在备战新三板的过程中,企业不仅要考虑主营业务重组、历史沿革梳理、治理结构规范、持续盈利保障等关键问题,还必须得重视财务问题。在帮助协调企业挂牌新三板时我们发现:

1. 大多数企业的财务问题凸显,企业见过中介机构后就不愿推进,其中一方面是企业本身,另一方面是中介机构觉得难操作;

2. 由于企业资本市场资源有限,就算多比较几家中介机构也难以找到称心对口的券商、律师、会计师等中介机构为企业服务,毕竟企业主的专业在于企业经营上,也是专业的人做专业的事;

3. 除以上之外,企业所需要的是更多外界的智慧、资金、资源。

企业有问题不怕,关键是要有对口的专业人士提供合理的解决思路和方案来满足企业对接资本市场的各项需求。根据新三板挂牌的要求,参照拟上市企业IPO被否的原因分析,结合拟挂牌企业的普遍性特点,主要有以下几个方面的财务问题需要企业提前关注并解决。

(一)会计政策适用问题

拟挂牌企业在适用会计政策方面常见问题主要体现在:

一方面是错误和不当适用,譬如收入确认方法模糊;资产减值准备计提不合规;长短期投资收益确认方法不合规;在建工程结转固定资产时点滞后;借款费用资本化;无形资产长期待摊费用年限;合并会计报表中特殊事项处理不当等。

另一方面是适用会计政策没有保持一贯性,譬如随意变更会计估计;随意变更固

① 资料来源:新三板之家。

定资产折旧年限;随意变更坏账准备计提比例;随意变更收入确认方法;随意变更存货成本结转方法等等。对于第一类问题务必纠正和调整,第二类问题则要注重选择和坚持。

(二)会计基础重视问题

运行规范,是企业挂牌新三板的一项基本要求,当然也包括财务规范。拟挂牌企业,特别是民营企业,在会计基础方面存在两个方面的问题:

一方面是有"规"不依,记录、凭证、报表的处理不够规范,甚至错误,内容上无法衔接或不够全面;

另一方面是"内外"不一,由于存在融资、税务等多方面需求,普遍存在几套账情况。这不仅让企业的运行质量和外在形象大打折扣,还势必影响好企业挂牌,当然更会影响企业今后的IPO。建议严格执行相关会计准则,充分认识到规范不是成本,而是收益,养成将所有经济业务事项纳入统一的一套报账体系内的意识和习惯。

(三)内部控制提升问题

企业内部控制是主办券商尽职调查和内核时关注的重点,也是证券业协会等主管备案审查的机构评价的核心。从内部控制的范围来看,包括融资控制、投资控制、费用控制、盈利控制、资金控制、分配控制、风险控制等;从内部控制的途径来看,包括公司治理机制、职责授权控制、预算控制制度、业务程序控制、道德风险控制、不相容职务分离控制等。一般来说,内部控制的类型分为约束型控制(或集权型控制)和激励型控制(或分权型控制)。通常情况下,中小型企业以前者为主,规模型企业可采取后者。另外,内部控制不仅要有制度,而且要有执行和监督,并且有记录和反馈,否则仍然会流于形式,影响挂牌。

(四)企业盈利规划问题

虽然新三板挂牌条件中并无明确的财务指标要求,对企业是否盈利也无硬性规定,但对于企业进入资本市场的客观需要来说,企业盈利的持续性、合理性和成长性都显得至关重要。因此,要对企业盈利提前规划,并从政策适用、市场配套、费用分配、成本核算各方面提供系统保障。盈利规划主要包含盈利规模、盈利能力、盈利增长速度三个方面,必须考虑与资产负债、资金周转等各项财务比率和指标形成联动和统一。从真正有利于企业发展和挂牌备案的角度来看,盈利规划切忌人为"包装",而是要注重其内在合理性和后续发展潜力的保持。

(五)资本负债结构问题

资本负债的结构主要涉及的问题有:权益资本与债务资本构成;股权结构的集中

与分散；负债比例控制与期限的选择；负债风险与负债收益的控制等。以最为典型的资产负债率为例，过高将被视为企业偿债能力低、抗风险能力弱，很难满足挂牌条件，但过低也不一定能顺利通过挂牌审核，因为审批部门可能会认为企业融资需求不大，挂牌的必要性不足。因此，适度负债有利于约束代理人道德风险和减少代理成本，债权人可对当前企业所有者保持适度控制权，也更有利于企业挂牌或 IPO 融资。因此，基于这样的考虑，对企业的资产、负债在挂牌前进行合理重组就显得格外重要。

（六）税收方案筹划问题

税收问题是困扰拟挂牌企业的一个大问题。对于大多数中小企业来说，多采取采用内外账方式，利润并未完全显现，挂牌前则需要面对税务处罚和调账的影响。主要涉及的有土地增值税、固定资产购置税、营业收入增值税、企业所得税、股东个人所得税等项目。如果能够通过税务处罚和调账的处理解决，还算未构成实质性障碍，更多的情况是：

一方面因为修补历史的处理导致税收成本增加，另一方面却因为调整幅度过大被认定为企业内控不力、持续盈利无保障、公司经营缺诚信等，可谓“得不偿失”。因此，税收规划一定要提前考虑，并且要与盈利规划避免结合起来。另外，在筹划中还要考虑地方性税收政策和政府补贴对企业盈利能力的影响问题。

（七）关联交易处理问题

关联交易的正面影响反映在可提高企业竞争力和降低交易成本，负面影响在于内幕交易、利润转移、税负回避、市场垄断等。因此，无论是 IPO 还是新三板挂牌，对于关联交易的审查都非常严格。从理想状况讲，有条件的企业最好能够完全避免关联交易的发生或尽量减少发生，但是，绝对地避免关联交易背后可能是经营受阻、成本增加、竞争力下降。因此，要辩证地看待关联交易，特别要处理好三个方面的问题：

一是清楚认识关联交易的性质和范围；二是尽可能减少不重要的关联交易，拒绝不必要和不正常的关联交易；三是对关联交易的决策程序和财务处理务必要做到合法、规范、严格。

（八）员工激励衔接问题

员工激励，既是一个人力资源方面的管理问题，也是劳动关系方面的法律问题，更是一个财务问题，主要体现在：股从哪里来？股价如何定？钱从哪里来？股往何处去？业绩如何考评？行权价可否调整？会计如何入账？税收怎么征收？这些问题在企业发展初期多不被企业家所重视，或者无暇被顾及，但到了挂牌需要改制时，就自然会蜂拥而至，而往往这个时候的处理难度将瞬间加大。我们主张，企业在团队相对稳定后就应该考虑这个问题，并阶段性地设计相关法律方案和财务结构，并且预留出股份空间和资金周转余地。另外,还应该把员工激励与业绩考核、收益预测等因素有机结合起来。

(九)素质意识提高问题

在与拟挂牌企业接触过程中,我们发现,部分企业较为规范,人员配备较为齐整,现代化财务意识相对先进,大部分企业的财务人员主要分为三种类型:

一类是行政兼管型(即由办公室主任等行政人员代为处理日常账目);二类是亲信操作型(即由企业老板的亲属和关系方担任财务人员);三类是简单执行型(即虽由专业财务人员担任,但实际财务决策均由老板掌握),这里面有重经营轻管理的思想在作怪,更有老板紧抓财权和人权的意识在起作用,从某种意义上,这些想法都无可厚非,但如果长此以往,专业意识、现代意识、独立意识这三个财务工作的命脉将荡然无存,诸多财务问题将逐渐显现,因此,要真正解决财务的规划问题,还是要从财务人员的素质抓起,从老板的意识培养起。

第六节 PE 二级市场转让退出

一、PE 二级市场简介

伴随着市场募资难、投资人承诺资金不到位以及 IPO 退出案例减少等情况的出现,我国 PE 市场已经开始面临一个发展的转折点。PE 行业处在洗牌过程中,二级市场在这个时间点应该发展起来。PE 二级市场(PE Secondary Market)在国内尚属陌生概念,主要指从已经存在的 LP 投资人的手中购买相应的投资份额及相应权益,也包括从 GP 手中购买私募股权基金中部分或所有的投资组合。二级市场出现的价值在于,它是 PE 基金的一项新的退出渠道,能够满足现有投资人的获得投资流动性的需求。

金融行业中所谓的"二级市场"(Secondary Market,或 Aftermarket,或 Secondaries)是指金融权益或金融工具在首次发行之后进行转让交易的市场,其交易次数并不限于两次。具体来说,它是指针对已经发行的证券或金融工具,如股票、债权、期权及期货等,进行转让交易的一个金融市场。对于私募股权而言,所谓"二级市场",是指私募股权基金的 LP 将自己已经实际出资(funded)的出资份额(interest)以及尚未出资(unfounded)的出资承诺(commitments)出售给其他投资者的交易行为。此外,私募股权基金在 GP 的管理和运营下,将投资于一家、数家甚至全部被投资企业(portfolio)中的权益出售给其他投资者的行为,也是私募股权二级市场的一种重要类型。随着国内 PE 行业进入洗牌阶段,全民 PE 热潮逐渐降温,PE 二级市场开始受到越来越多的关注。目前我国 PE 投资的退出形式以 IPO 为主,占到披露案例的 70% 以上,而在美国等金融发达国家这个比例仅为 10% ~15% 。随着今年新股 IPO 价格大幅下降,PE 投资的回报率也明显回落。由于市场和监管环境的变化,我国 PE 投资机构想单独依靠 IPO 退出形式在基金存续期内实现高额回报已经变得非常困难,必然需要其他多元化的退出渠道将账面盈利转化为现实盈利。从国外市场的发展历史来看,在这种行业发展转折点上,投资人(LP)和资产管理人(GP)对于资产的流动性和项目退出的需求会尤其迫切,从而形成 PE 二级市场诞生和发展的新起点。

随着我国的 PE 行业陷入低潮,有迹象表明,越来越多的有限合伙人(LP)和基金管理人(GP)都开始利用 PE 二级市场这个"中途退出"渠道实现 PE 资产流动的目的,PE 二级市场的交易机会也随之出现。在私募股权制度下,二级市场主要具有以下几个特征:

其一,对于交易主体来说,PE 二级市场交易的卖方是 LP 或私募股权基金本身,而买方则是其他投资者。LP 所出售的是已经实际出资的合伙企业出资份额以及尚未实际出资的出资承诺,而私募股权基金出售的则是它在某一个或数个投资项目中所享有的权益份额。

其二,就交易目的来说,对接手的买家来说,这种通过二级市场进行的交易为其提供了一个投资机会,一个可能获得较低价格购买较高投资价值的渠道;对于卖方,这个二级市场则使它能够将自己手中的出资份额或者被投资企业的权益变现退出,这样不仅可以解决卖方的不时之需,而且也可以在该部分资本变现之后将变现之现金再投资于更加具有增值潜力的投资产品之中。此外,由于私募股权二级市场是一个能够多次交易的常设市场,买方可以将买来的资产进一步地转手,因而也给买卖双方提供了一个可以低买高卖的获得投资机会的交易场所。

其三,对于交易对象而言,LP 出售的是有限合伙企业中的出资份额或合伙人权益,交易过程主要依据《合伙企业法》等法律、法规设计交易结构与流程,而基金出售的是被投资企业中的权益,即一般是有限责任公司或股份有限公司的股权份额,其交易所依据的是《公司法》和《证券法》等法律、法规的规定。

其四,对于交易私密性而言,PE 二级市场通常强调和关注保密性与非公开性。由于多数 PE 二级市场的交易都是 LP 的份额转让,因此,交易多在私下进行。私募股权一级市场强调"私募",即非公开性和非公众参与性。因而其二级市场,也表现出与股票等二级市场的公开性和公众参与性不同的特点,即私募股权二级市场一般都是私下进行的,强调交易的保密性与非公开性。这是因为私募股权二级市场交易属于私人主体之间的非直接涉及公共利益的交易行为,所以没有必要向公众公开。而且,二级市场交易行为本身往往说明出售方的 LP 或基金可能出现了一定的财务危机或其他突发事件,公开交易可能对其声誉或形象造成一定的负面或不利影响。为此,保密性和非公开性一般是私募股权二级市场的一个显著交易特征。

二、北金所 PE 二级市场

2012 年 11 月 21 日，北京金融资产交易所（以下简称北金所）PE 二级市场联盟第二次理事会会议上，PE 联盟副秘书长沈翔表示，PE 二级市场发展联盟成立以来，联盟会员已经发展至 65 家。65 家联盟成员包括深创投、昆吾九鼎、银河金控、艾德维克、LGT、高能资本、同创伟业、天图创投、中信银行等在内的私募基金、风险投资基金和第三方中介机构等。

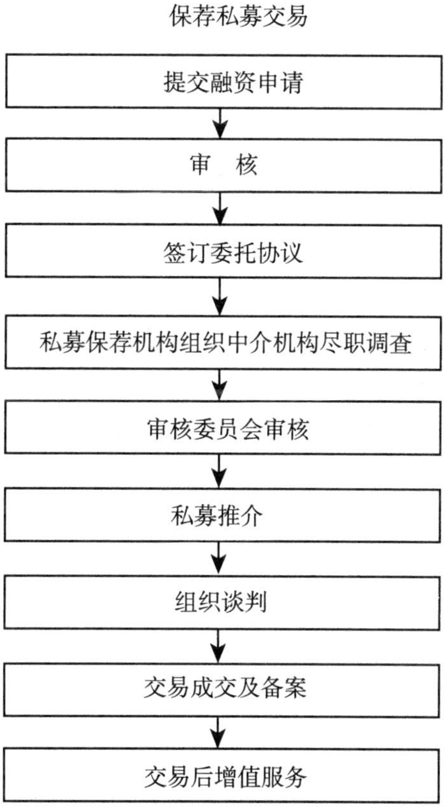

北京金融资产交易所私募股权交易流程

三、实际案例

2012 年 6 月 28 日，北京金融资产交易所（以下简称北金所）与北京产权交易所、北京股权投资基金协会、北京股权登记管理中心共同发起设立“中国 PE 二级市场发展联盟”。在联盟成立大会上，北金所发布了经过修订的 PE 二级市场交易规则体系。2012 年 10 月，PE 二级市场联盟完成了首笔 LP 份额转让交易，交易方为盛世神州一支房地产基金的LP。

在PE二级市场转让房地产项目，主要是因为国内金融产品不完善的被迫创新。国内房地产PE的退出渠道比较少，无法给投资者提供流动性，所以才有交易平台的需求。另一个原因，是一些房地产基金即将到期，但项目无法出售，故而急需转让平台，从而兑现对投资者的承诺，否则，投资者无法如期获得和受益，基金将面临违约风险。此次盛世神州项目就是两年前投资的，已接近兑付期限。而在国外，大部分的房地产信托投资基金产品可以上市交易。盛世神州这单交易本来是基金内部的交易，原来一个投资人代表了几个投资人对基金进行了一单投资，现在需要拆分。把这个基金内部的交易放到北金所进行，主要是希望以正常的程序看看每一个环节下要关注哪些东西，以后再有此类交易时就能娴熟地利用北金所这个平台。如果估值合理，交易过程透明，这些是增加房地产基金流动性，从而促进投资者进入的好举措；而如不能做到公平、公正交易，则难免出现内行坑外行的不良现象。

房地产基金的转让规则和已推出的PE基金转让规则基本相同，只是估价方式有区别。地产PE面对一个个具体项目，可由第三方审计、价值评估，所以其定价相对能得到认可，容易被接受，份额估值也相对容易。未来在北金所转让的地产PE份额将由全国房地产联盟估值，作为双方的参考价。北金所对交易进行形式审核，双方自担交易风险。在征集意向受让方这个问题上，此前国务院38号文明确叫停了做市商集中竞价、份额化交易等操作模式。地产PE交易将同样采用转让方在北金所平台发布信息或私下询问的方式征集受让方，不会采取“标准化”或份额化模式。转让方可选择由北金所信息发布或非公开定向的方式。如果双方在交易中发生争议，可申请由北金所来进行调解，或者向有管辖权的仲裁机构或法院提起诉讼。

当LP寻求PE二级市场转让其持有的出资份额时，其所面临的诸多实际困难之一就是交易价格的难以确定。而这种窘境整体上源于PE二级市场交易定价本身独特的专业性与复杂性，常规的PE资产买方或卖方一般均不具备所需的专业能力与实践经验，同时中国现有的常规资产评估机构也缺乏PE资产评估的经验与知识。

PE二级市场交易活动的定价评估与传统的资产评估之所以存在较大的区别，是由PE基金以及PE二级市场交易本身的结构复杂性与制度独特性所决定的。

我们前面提到，一般的资产的评估都存在一个较为透明和可观的参考价格与参照市场，然而，由于PE二级市场交易具有天然的私密性与非公开性，作为交易主体的LP经常并不希望其交易内容众所周知。为此，这一特征使得在对一项具体的PE二级市场交易进行估价时一般都缺乏一个可以参考的价格依据。一般的资产的价值实现通常仅需要一个交易结构即可完成，但PE二级市场交易的LP出资份额的价值实现则需要多层交易结构的参与，交易定价评估需要对多个交易结构都进行分析，而且需要同时考察不同交易结构之间的内在联系，最终才可以判断一项PE二级市场交易的资产价值。另一个特点是，传统资产评估是对一项资产当前价值的判断，而在PE二级市场中，我们不仅需要判断一项 PE 资产当下的价值，鉴于 PE 投资的特性，我们还要关注 PE 资产未来可能实现的价值。所以，PE 资产未来的价值是 PE 二级市场交易交割评估中最突出的特点。

此外，传统资产评估一般是对一项已经较为明确的资产进行价值判断，在判断该资产时一般不再需要考虑人的因素。然而，由于 PE 二级市场交易的 LP 出资份额的收益还没有实现，其价值实现还有赖于 PE 基金的管理人。所以，从本质上来看，投资人在 PE 二级市场接手 LP 份额转让，实际上是一种“基金中的基金”（FOF）的投资模式，它需要对 PE 基金的 GP 予以严格审核与判断。

图书在版编目(CIP)数据

私募股权投资基金实务操作指引/谷志威编著. --修订版. --北京:法律出版社,2015.8(2017.11重印)
(投资银行实务指导丛书)
ISBN 978-7-5118-7983-7

Ⅰ.①私… Ⅱ.①谷… Ⅲ.①股权-投资基金-基本知识 Ⅳ.①F830.59

中国版本图书馆CIP数据核字(2015)第104869号

私募股权投资基金实务操作指引(修订版)
SIMU GUQUAN TOUZI JIJIN SHIWU CAOZUO ZHIYIN (XIUDINGBAN)

谷志威 编著

责任编辑 郑导
装帧设计 汪奇峰

编辑统筹 独立项目策划部
出版 法律出版社
总发行 中国法律图书有限公司
经销 新华书店
印刷 三河市兴达印务有限公司
责任印制 张建伟
开本 787毫米×1092毫米 1/16
印张 27.5
字数 526千
版本 2015年10月第1版
印次 2017年11月第6次印刷

法律出版社/北京市丰台区莲花池西里7号(100073)
网址/www.lawpress.com.cn
投稿邮箱/info@lawpress.com.cn
举报维权邮箱/jbwq@lawpress.com.cn
销售热线/010-63939792
咨询电话/010-63939796

中国法律图书有限公司/北京市丰台区莲花池西里7号(100073)
全国各地中法图分、子公司销售电话:
统一销售客服/400-660-6393
第一法律书店/010-63939781/9782
西安分公司/029-85330678
重庆分公司/023-67453036
上海分公司/021-62071639/1636
深圳分公司/0755-83072995

书号:ISBN 978-7-5118-7983-7
定价:88.00元
(如有缺页或倒装,中国法律图书有限公司负责退换)